孙子兵书论解

陈宇 著

当代世界出版社
THE CONTEMPORARY WORLD PRESS

图书在版编目（CIP）数据

孙子兵书论解/陈宇著. —北京：当代世界出版社，2020.6
ISBN 978-7-5090-1448-6

Ⅰ.①孙… Ⅱ.①陈… Ⅲ.①兵法－中国－春秋时代 ②《孙子兵法》－研究 Ⅳ.①E892.25

中国版本图书馆 CIP 数据核字（2018）第 207093 号

书　　名：	孙子兵书论解
出版发行：	当代世界出版社
地　　址：	北京市复兴路 4 号（100860）
网　　址：	http://www.worldpress.org.cn
编务电话：	（010）83907332
发行电话：	（010）83908410（传真）
	13601274970
	18611107149
	13521909533
经　　销：	全国新华书店
印　　刷：	北京欣睿虹彩印刷有限公司
开　　本：	710 毫米×1000 毫米　1/16
印　　张：	24.75
字　　数：	398 千字
版　　次：	2020 年 7 月第 1 版
印　　次：	2020 年 7 月第 1 次
书　　号：	ISBN 978-7-5090-1448-6
定　　价：	65.00 元

如发现印装质量问题，请与承印厂联系调换。
版权所有，翻印必究；未经许可，不得转载！

说陈道孙（代序）

孙武与齐国的陈氏孙姓世系

关于孙武家族的世系，历来争论不已。以下所述，综合了各种史料，以便读者全面了解孙氏家族的来龙去脉。

从舜帝之后建立的陈国说起。公元前672年，中原大地上的陈国发生了一场争夺王位的斗争。宫廷内乱的结果，迫使陈厉公的儿子陈完成为落难公子。陈完，这位舜帝的第68代孙为了避难，逃离祖居之地陈国，直奔东临大海的姜姓齐国，在那里当了一个称之为公正的小官。陈氏家族开始在山东大地上繁衍生息，后发展成为一门旺族。陈、田在古代同音，陈完入齐后为避免与陈故国有关系之嫌，改陈姓为田姓，故陈完又称田完，他就是孙武的上八代先祖。

陈完及其家人在齐国受到齐王的器重，后世逐渐涉足齐国政坛，相继成为国家重臣。《史记·田敬仲完世家》《新唐书·宰相世系表》叙述，孙武祖宗在齐国的谱序是：1.陈完，2.陈稚，3.陈缗，4.陈须无，5.陈无宇，6.陈书，7.陈凭，8.陈武，即孙武。

以陈完的五代孙陈无宇为界，从陈完到陈须无这四代，多数都是或经商或从政，也许关心参与过国家军事谋略或个别军事行动，但并没有专门从事军务，成为职业军人。陈须无列为卿士后，仅有过参与齐国政坛上内争的斗争经历。从陈无宇开始，陈氏后世数辈则多以军事为职业。陈无宇辅佐齐庄公，统帅齐军，指挥了一系列对外战争，是一位军事经验丰富的卿大夫。陈无宇的儿子陈书，即孙武的祖父，陈完之六代孙，也是齐国的一位著名统帅，公元前547年，因建立赫赫战功，齐景公封采地，赐姓"孙"，陈武（田武）改姓名为孙武，他那年12岁。齐国陈氏中的孙姓也由此开始。

由以上孙武家族的祖上八代可以看出，孙武"兵法"的源头显然起自

陈无宇，后经陈书、陈凭补充完善，到孙武时更加完备，最终形成后人所看到的《孙子兵法》。当然，这其中还有孙武的学门弟子的智慧和整理之功不可埋没。

胸怀大志的孙武携带世传兵书出齐奔吴，那年他仅18岁，大约是在齐景公三十一年（公元前517年）。5年后，23岁的孙武在伍员（伍子胥）的推荐下，将整理好的兵法十三篇呈于吴王阖闾，以求重用。史籍有记载"武以伍员荐入吴为上将，伐楚入郢，及秦人救楚，乃班师。后见阖闾荒游无度，辞官归齐，数年而亡。"综合其他史料，笔者认为这一说法是比较合理和贴近史实的。关于孙武的生平，特别是关于兵书的写作，笔者的见解与当前流行的说法存在较大差异，将以另题论述，在此不赘。

孙武去了南方，世居齐鲁大地的陈氏族人虽然也曾有过辉煌的成就，但其结局却不如孙武这一支显赫于世。关于齐国陈完后代在此后垄断齐国政权，取姜齐而代之的概略情况是：陈完后代孙陈无宇，为齐景公大夫，施惠于民，大得民心，于是乘机抓大权于手。陈田之后世代为相，齐公如同傀儡。公元前404年，在田盘之孙田和时，终于夺取了姜姓齐国，自立为齐太公，并获得周王朝和诸侯国的承认。公元前379年，齐康公被废除，田齐政权正式建立于东海之滨。公元前356年，太公之孙田因齐继位，称为齐威王。这时，田齐国力强盛，成为战国时的强国七雄之一，显赫天下。公元前221年，威王的玄孙齐王建时，田齐被秦始皇所灭。田齐政权共传八君，历时184年。

盛极一时的齐国在秦国大军兵临城下后，迅速土崩瓦解。齐王建出城投降，整个家族蒙受极大羞辱，最直接的后果是齐王建的子孙纷纷改姓。齐王建有4个儿子，其中主支在亡国后很快改姓"王"，另外两支也在第二、第三代被汉王朝所灭时分别改姓"王"，改姓"王"的深层含义是不忘原为齐王室之后，他们成为山东、河南等地王姓的始祖。如齐王建的八世孙王莽（公元9年曾建立新朝为帝），这一支从五世祖田遂起改王姓。只有齐王建的第三个儿子田轸，齐国灭亡时在楚国做官，封为颍川侯，因迁入颍川，复姓陈氏为陈轸。在山东的齐王建一脉自此不再有田姓，而令后人惊诧的是陈轸的复姓归宗，却成为现代陈姓最重要的源头。若干年后，陈姓在山东境内的主支不显，而由陈轸带到南方的这一支繁衍极盛，其后裔发展到今天几乎占中国陈氏人口的70%以上，也就是说今日中国14亿人口中，约有0.5亿是从陈轸这一支繁衍出来的。

真可谓沧海桑田，家族史的变迁如此大起大落，有时会让人惊讶得目瞪口呆。大约就在春秋战国时代，陈姓的39大分支主要从春秋时的陈国和战国时的田姓齐国分析出去。齐国灭亡后，陈氏进入一个长达千年的衰落期。

斗转星移。陈氏家族的再次崛起是公元557年陈霸先建立陈朝，定都金陵（今南京），帝位继传文帝、宣帝、后主。公元589年，陈朝被隋朝所灭，陈朝仅存33年。此后，陈氏这一支又曾出现过家族史上的一大奇迹，陈宣王第五子、后主陈叔宝之弟陈叔明的后代陈旺，于公元832年举家迁居江西江州义门，其后人发展成为一个庞大的家族。公元1026年，义门陈氏合家多达3700余人，有田庄300多处，19代（230多年）聚族同居共饮。这也引起了统治者的高度注意，为了便于控制，当朝皇帝于公元1063年派重臣到江州，将义门这个陈氏大家族一分为291庄，撒向全国各地16个省、市所辖的125个县。自此，江州义门陈姓家族子孙遍布全国各省。分迁到安徽怀宁的陈汝心，即是中国共产党创始人之一陈独秀的先祖。还有近现代著名军政要人如陈云、陈毅、陈赓、陈光、陈诚、陈果夫、陈立夫、陈明仁、陈布雷、陈炯明、陈铭枢、陈济棠等都是江州义门陈氏分迁到各地支派的子孙，后人从他们的业绩中，似乎能看到孙武斡旋于政坛之上、运筹帷幄于军旅之间的影子。

中华孙姓族源及流变

中华民族中的孙姓，姓源头绪较多，古代中原地区许多诸侯国都出现过孙氏。在先秦时期，孙氏主要有三支：

1. 上述由陈姓而来的齐国孙氏。

2. 姬姓卫国孙氏，周文王之后。公元前771年，卫国武公姬和帮助周王室平定北方少数民族的叛乱，被周平王赐以公爵。姬和有子名姬惠孙，姬惠孙有子名姬耳，姬耳有子名姬乙，字武仲。依照周朝的宗法制度，诸侯国国君的儿子称公子，孙子称公孙，再向后的子孙可用其祖父的字为姓氏，另外繁衍出派支。姬武仲便以其祖父姬惠孙的"孙"字为姓，改姓名为孙乙、孙武仲。孙武仲为周文王第十二世孙中的一支，主要居住生活于戚（今河南省濮阳县北部地区）。

3. 芈（读音米）姓楚国孙氏。芈姓为西周时期的楚国国姓，楚国的高级官员令尹孙叔敖，是楚国芈姓的源头。

以上三支孙氏族人，尤以齐国孙氏在此后繁衍发展规模最大，影响远远超过其他两支。还有其他一些孙氏族人，在多次中华民族大融合中也相继加入进来，但其影响也远不如齐国陈氏这一支。秦汉之后，又时有别的家族通过改姓、赐姓等途径，成为孙氏族人。唐宋之后，许多少数民族在汉化过程中，也有相当部族加入孙姓的行列。明初，中央政府要求将复姓更改为单姓，一批带有孙字的复姓氏族变成孙姓族中一员。（参见杨师群著：《中华姓氏谱·孙》，北京，现代、华艺出版社，2000）

由陈完入齐后繁衍生息所脱颖而出的陈、田、孙氏军事家除孙武外还有许多，著名的有：孙膑（约公元前380—前320），1972年山东省临沂银雀山汉墓出土有竹简《孙膑兵法》；田穰苴（司马穰苴），所著《司马法》是其著名兵书，《史记》称其为齐景公时人；田单，战国末期人，田齐王室的远支，以成功大摆火牛阵著称；孙坚、孙策（孙坚之子）、孙权（孙策之弟），是三国时期东吴著名的开国将帅、帝王；西汉西域猛将孙建；明兵部尚书孙承宗（1563—1638）；清代河西名将孙思克（1628—1700）；晚清抗法名将孙开华（1839—1893）及其长子孙道员、次子孙道仁，等等。孙氏族人显赫于史书的还有医学家孙思邈、政治家孙中山等一大批名人贤达。

山东、河南是孙姓族人的主要发源地，先秦的齐国孙氏、卫国孙氏，这两大主干便产生在山东北部与河南北部，而另一支楚国孙氏有部分源头也在河南南部。这些地区从古到今，孙氏家族虽然经历了沧桑巨变，甚至颇为悲壮的战争劫难，然而却总能保持长盛不衰。据第六次全国人口普查统计资料，全国孙姓人口近2000万，约占当时全国总人口的1.52%，是中国人口最多的19个姓之一。

考察中见到，如今全国各地孙氏族人所保存的族谱，绝大多数都以孙武为先祖，并没有再向孙武之上溯源，孙武是当今孙姓族源中的核心人物。也有以孙膑为始祖的，如鲁西南地区东阿、鄄城、悍城的孙氏族谱，有记作"吾始祖讳膑号伯灵者，曾为齐威王军师，因功晋左丞，诞生于兹"。但是，关于孙武、孙膑的家世却因史料极缺，而让研究者感到极大困惑。有的史书中干脆不录孙武、孙膑家世，甚至有些《陈姓》专著中，论说田齐先祖陈完，以至陈无宇再到改姓田氏的各代田齐君主之名都列入其中，全书却唯独只字不提孙武,更不提孙膑,这似乎有失偏颇。

也当是血浓于水的缘故。笔者不仅是作为军人,更重要的是作为齐鲁陈氏子孙,对世传兵法有着特殊的情结。现积 20 余年学习琢磨《孙子》之心得,并吸取和借鉴众学长及同仁之学术精华,在诚惶诚恐地捧出此拙作时,一种对祖宗的敬重感情油然而生。

陈　宇

于北京西山竹窗前

说陈道孙（代序）

目 录

始计篇——孙武军事思想的总纲

原　文 …………………………………………………… (2)
原文意解 ………………………………………………… (2)
原句辨释 ………………………………………………… (4)
专题解论 ………………………………………………… (9)
　（一）中国古代最早从战略意义上明确论述战争观 ……… (9)
　（二）"诡道论"揭示了战争的本质 ……………………… (11)
　（三）政治挂帅，战争以"道"为首 ……………………… (13)
　（四）战争展行于"天地"之间 …………………………… (15)
　（五）破解"庙算"与"庙示""祈庙" …………………… (16)
　（六）将帅"五德"论 ……………………………………… (17)
　（七）"法"是治军的基础 ………………………………… (22)
经典战例：官渡之战——未战庙算，得算多胜 ………… (23)
点　评 …………………………………………………… (28)

作战篇——打有准备之仗，速战速决

原　文 …………………………………………………… (32)
原文意解 ………………………………………………… (32)
原句辨释 ………………………………………………… (34)
专题解论 ………………………………………………… (37)

（一）不打无准备之仗，准备充足方可举师 ……………………（37）
　　（二）"兵贵胜，不贵久"是本篇中心思想 ……………………（38）
　　（三）为"将"要重后勤 …………………………………………（42）
　　（四）"十万之师"是否不符合春秋时代的战争规模 …………（44）
　　（五）因粮于敌、以战养战的重要原则 …………………………（48）

经典战例： 长平之战——有备征战，速战速决 ……………………（51）

点　　评 ……………………………………………………………（60）

谋攻篇——军事战略战术的用谋预测科学

原　　文 ……………………………………………………………（66）
原文意解 ……………………………………………………………（66）
原句辨释 ……………………………………………………………（68）
专题解论 ……………………………………………………………（70）
　　（一）孙武谋攻的主体内容 ………………………………………（70）
　　（二）孙武谋攻策略四部曲 ………………………………………（74）
　　（三）"十围五攻"的"分合为变"战术指导原则 ……………（76）
　　（四）预测胜负的"知胜有五"理论 ……………………………（79）

经典战例： 城濮之战——伐谋知胜，伐交伐兵 ……………………（80）

点　　评 ……………………………………………………………（86）

军形篇——据军事实力对比称量出胜负

原　　文 ……………………………………………………………（90）
原文意解 ……………………………………………………………（90）
原句辨释 ……………………………………………………………（92）

专题解论 ……………………………………………………………… (99)
 （一）孙武"所措必胜""以不败而求胜"的胜负观 ………… (99)
 （二）"何时攻，何时守"与"怎样攻，怎样守" ……………… (100)
 （三）孙武是中国军事运筹学的开山祖师 …………………… (104)
 （四）破解孙武言"古"说祖传兵法 …………………………… (105)
 （五）集中优势兵力作战思想理论的渊源 …………………… (106)

经典战例：襄樊之战——善守自保，善攻全胜 ……………… (109)

点　评 …………………………………………………………… (119)

兵势篇——概说军事指挥学

原　文 …………………………………………………………… (124)
原文意解 ………………………………………………………… (124)
原句辨释 ………………………………………………………… (126)
专题解论 ………………………………………………………… (130)
 （一）破解具有"双高"（高位、高速度）特点的孙武
　　　之"势" ……………………………………………………… (130)
 （二）"造势"与顺势而治 ……………………………………… (134)
 （三）奇正是造"势"用"势"的诀窍 …………………………… (136)
 （四）奇正指挥制胜原则，上承"五行说"，下启
　　　《三十六计》 ………………………………………………… (138)
 （五）"治众如治寡"的组织管理制度 ………………………… (141)

经典战例：淝水之战——择人任势，奇正相合 ……………… (143)
点　评 …………………………………………………………… (153)

虚实篇——纵论兵形得胜之道

原　　文	(158)
原文意解	(159)
原句辨释	(161)
专题解论	(165)
（一）争取战争主动权的要点是"致人而不致于人"	(165)
（二）解读"示形诱敌"的奥妙所在	(168)
（三）解读"兵形像水"的精要所在	(170)
（四）解读"形人而我无形"与集中优势兵力	(172)
（五）"我专而敌分"是集中兵力战法的经典性表述	(173)
经典战例：桂陵之战——围魏救赵，避实击虚	(175)
点　　评	(180)

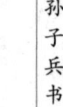

军争篇——争胜争利的制敌法术

原　　文	(184)
原文意解	(184)
原句辨释	(187)
专题解论	(191)
（一）军争的主要战略指导原则	(191)
（二）军争中的六种战术行动模式和三条基本原则	(194)
（三）军争主要受后勤、外交、地理环境等因素的制约	(195)
（四）军争的危险性	(196)
（五）中国古代军事通讯、战场指挥信号的重要论述	(197)
（六）以"四治"战法为主要内容的孙武"士气论"	(199)
（七）孙武关于冷兵器时代的八种基本战术	(202)

经典战例：柏举之战——以迂为直，争利争胜 ………………… (204)
点　评 ………………………………………………………… (211)

九变篇——趋利避害的变通之法

原　文 ………………………………………………………… (214)
原文意解 ……………………………………………………… (214)
原句辨释 ……………………………………………………… (216)
专题解诠 ……………………………………………………… (219)
　（一）高明的将帅在作战中善于兼顾利与害两个方面 ……… (219)
　（二）在五种有害地形上的用兵基本原则 …………………… (220)
　（三）特殊情况下的"五利"（五种"有所不能"）
　　　战术原则 ………………………………………………… (222)
　（四）"君命有所不受"与一切行动听指挥 ………………… (223)
　（五）将帅潜在着的"五危"不良素质 ……………………… (224)
经典战例：昆阳之战——围地则谋，死地则战 ………………… (227)
点　评 ………………………………………………………… (233)

行军篇——战车时代的军事侦察术

原　文 ………………………………………………………… (238)
原文意解 ……………………………………………………… (239)
原句辨释 ……………………………………………………… (242)
专题解诠 ……………………………………………………… (249)
　（一）四种地形上的作战基本原则 …………………………… (249)
　（二）"处军"问题的总原则 ………………………………… (252)

（三）"令之以文，齐之以武"的治军原则 ………………（254）
　（四）侦察判断敌情的"相敌"三十二种方法 …………（256）

经典战例：长勺之战——察微知著，处军相敌 ……………（261）

点　　评 …………………………………………………………（268）

地形篇——军事地形学经典论著

原　　文 …………………………………………………………（274）
原文意解 …………………………………………………………（274）
原句辨释 …………………………………………………………（277）
专题解论 …………………………………………………………（281）
　（一）军事地形学六论 ……………………………………（281）
　（二）战场成败得失六论 …………………………………（284）
　（三）对将帅素质的严要求 ………………………………（287）

经典战例：马陵之战——减灶诱敌，地形兵助 ……………（289）

点　　评 …………………………………………………………（293）

九地篇——因地制宜随敌应变的名篇

原　　文 …………………………………………………………（298）
原文意解 …………………………………………………………（299）
原句辨释 …………………………………………………………（304）
专题解论 …………………………………………………………（314）
　（一）九种地形及其作战原则 ……………………………（314）
　（二）兵贵神速与缓兵之计 ………………………………（316）
　（三）由"常山之蛇率然"的故事说协同作战 …………（317）

（四）"践墨随敌，以决战事"是本篇精髓 ············(318)
（五）"愚兵"与军纪的辩证关系 ············(319)

经典战例：巨鹿之战——破釜沉舟，投之于险 ············(322)

点　评 ············(330)

用间篇——无形战线上的战争

原　文 ············(334)
原文意解 ············(334)
原句辨释 ············(336)
专题解论 ············(340)
（一）隐蔽战线上的五类间谍 ············(340)
（二）用间基本方法和原则 ············(341)
（三）孙武"用间"的重要思想 ············(343)
（四）孙氏家传兵书中的用间经典句与本篇相通之处 ············(344)

经典战例：鸣条之战——上智为间，里应外合 ············(348)

点　评 ············(351)

火攻篇——特殊战术论的杰作

原　文 ············(356)
原文意解 ············(356)
原句辨释 ············(358)
专题解论 ············(361)
（一）火攻与兵攻相结合，以火佐攻 ············(361)
（二）"火攻"主要使用于毁敌军需 ············(363)

（三）将帅要警惕"心头火" ……………………………………（364）

（四）解读孙武言"利" ………………………………………（365）

经典战例：赤壁之战——以火佐攻，因时制宜 ……………（369）

点　评 ………………………………………………………（374）

主要参考书目 ………………………………………………（378）

【始计篇】

孙武军事思想的总纲

〖原文〗

孙子曰：兵者，国之大事。死生之地，存亡之道，不可不察也。

故经之以五事，校之以计，而索其情：一曰道，二曰天，三曰地，四曰将，五曰法。道者，令民与上同意也，故可与之死，可与之生，而不畏危。天者，阴阳、寒暑、时制也。地者，远近、险易、广狭、死生也。将者，智、信、仁、勇、严也。法者，曲制、官道、主用也。凡此五者，将莫不闻，知之者胜，不知之者不胜。

故校之以计，而索其情。曰：主孰有道？将孰有能？天地孰得？法令孰行？兵众孰强？士卒孰练？赏罚孰明？吾以此知胜负矣。

将听吾计，用之必胜，留之；将不听吾计，用之必败，去之。

计利以听，乃为之势，以佐其外。势者，因利而制权也。

兵者，诡道也。故能而示之不能，用而示之不用，近而示之远，远而示之近。利而诱之，乱而取之，实而备之，强而避之，怒而挠之，卑而骄之，佚而劳之，亲而离之。攻其无备，出其不意。此兵家之胜，不可先传也。

夫未战而庙算胜者，得算多也；未战而庙算不胜者，得算少也。多算胜，少算不胜，而况于无算乎！吾以此观之，胜负见矣。

〖原文意解〗

孙武先生讲：战争与军事，是国家的大事。这一重要领域关系到军民的生死，其深刻的原因和道理关系着国家的存亡。所以，对战争不可不严肃地对待，并认真地进行研究和考察。

因此，应通过对敌我双方五个方面的分析，从总体战略上对敌我状况进行计算和对比，探索军队建设是否符合实战要求和决定战争胜负的基本因素：第一是讨论政治；第二是讨论天时；第三是讨论地利；第四是讨论将帅；第五是讨论法制。

所谓"道"，在于使民众和君主统一意志，国君与民众同生共死，民众无离异之心，社稷江山也就没有什么大的危险了。

所谓"天"，是指昼夜阴晴、寒冬酷暑、时令季节变化规律等天时条件。

所谓"地"，是指路途的远与近、地势的险要与平坦、战场的广阔与狭窄、地形的死地与生地等地形条件。

所谓"将"，是指统兵将帅的才智、诚信、仁慈、勇敢、威严等基本素质。

所谓"法"，是指军队的组织编制、各级将吏的职责与管理、军需物资及费用的供应与管理等制度。

凡是属于这五个方面的情况，作为将帅不能不知晓，必熟记在心。熟悉掌握这些情况的将帅就能打胜仗，不了解这些情况的将帅则不能取得战争的胜利。

因此，根据上述敌我双方五个方面的估量、计算和比较，可从以下七个方面探求和判断战争胜负的趋势。我认为取得战争的胜利：一是要看哪一方的君主政治比较开明，善于治国安民，施政方针深得民心？二是要看哪一方的将帅指挥更高明，有驾驭战争的才能？三是要看哪一方占有了天时地利的有利条件？四是要看哪一方能够严格贯彻执行法令、军规？五是要看哪一方的军事实力比较强大，兵器先进、品种齐全、装备优良、部队阵容强大、人多势众？六是要看哪一方的军队训练有素、士卒素质高？七是要看哪一方的赏罚比较严明公正？通过对这些情况的分析和对比，我们在战争开始前就可以判明谁胜谁负了。

君主您如果听从我的军事谋略，用兵作战一定会取得胜利，我就留下来辅佐您；否则，您如果不相信我，不采用我的军事谋略，用兵作战一定会失败，那样的话，我就离此而去别处了。

我相信，君主您在权衡利弊得失后，一定会赞同和采纳我的军事谋略。如果这样做，在军事谋略上我方即已对敌国先形成了一种优势，我完全可以辅佐君主您的军队决胜于千里之外。所谓优势的形成，就是在战前根据利害得失等情况，而做出的各种谋略和兵力部署；根据如何作战对己有利，而进行机动和权变。"势"这个东西，就是指利用有利的条件，因势利导，灵活掌握。

用兵打仗这一行当，是智力的较量，充满诡诈欺骗行为。所以，我军能打，并可立即出兵，却向敌人显示出我军不能打，不会立即出兵；我军要打，很快就出兵发动进攻，却向敌人显示出我军不想打，不会马上出兵发动进攻；我军向近处调兵遣将，却让敌人误以为我军要向远处调兵遣将；我军向远处调兵遣将发动进攻，却让敌人误以为我军向近处调兵遣将发动进攻。

敌方贪利，则以小利加以引诱；敌方出现混乱，则乘机攻取。

敌方兵力充实，我方则应严加防备；敌方兵锋强盛，我方则应暂时避战。

敌方将领如果容易被激怒，那就设法挑逗他发脾气，而暴躁之敌容易被干扰；敌方将领如果卑视、瞧不起我方，那就顺势故作谦卑，表现出自己的弱小、麻痹、骄纵敌人，而骄兵必败。

敌军安闲，休整得好，那就应设法调动、疲惫它；敌军内部和睦、亲密团结，那就应设法挑拨、离间、分化它。

在敌人毫无戒备的时机和地点发起攻击，在敌人始料不及的地点和时机突然出击。

以上这些用兵基本概则，是军事家克敌制胜的法宝秘诀之总结，在君主您没有确定是否让我留下来之前，我是不可能先做详细解释、说出其中奥秘的。

开战前，交战双方最高级军事指挥机关在祖庙中用筹码对战争结果进行全面计算和预测。凡是计算预测到能取胜的一方，是因为在计算双方力量和条件时，该方得到的胜算筹码多；凡是计算预测到不能取胜的一方，是因为该方得到的胜算筹码少。筹算中得分多的一方占优势，得分少的一方处于劣势。由此也可想象一筹未得、处于绝对劣势一方的结果了！所以说，我以此标准来观察分析战局，根据战前筹算的优劣态势，就可大体判断和预测战争双方谁胜谁负了。

〖原句辨释〗

（一）对"道者，令民于上同意也，故可与之死，可与之生，而不畏危"之句的辨释

此句中的"不畏危"可有两种意解：

1. 就民众而言，是说民众愿为国君生和死，而不怕危险。意解为：所

谓"道"，是指治民之道，国家要施行得民心的政治，使民众与国君的意志相一致，大家同心同德，这样就可以患难与共，使平民百姓能为君主而生，能为君主赴死，患难与共而不惧怕危险。

2. 就国君而言，是说君民如果可共生死，国君就可不必为政权担惊受怕。意解为：所谓"道"，在于使民众和君主统一意志，国君与民众同生共死，民众无离异之心，社稷江山也就没有什么危险了。

从本章语境看，孙武是在向吴王晋言献用兵计策，他所面对的谈话对象是一国之君。所以，本书采用第二种意解。

(二) 对"将听吾计，用之必胜，留之；将不听吾计，用之必败，去之"之句的辨释

对此段的理解，当前军事理论界有不同的意见，大致有如下三种：

1. 个人自荐角度。可解释为：君主您如果听从我的军事谋略，用兵作战一定会胜利，我就留下来辅佐您；否则，您如果不相信我，不采纳我的军事谋略，用兵作战一定会失败。那样的话，我就离此而去别处了。

2. 兵法谋略角度。可解释为：如果听从我的军事谋略，运用它去指挥作战，必定能够战胜对方，那么就保存它。如果不相信和使用我的军事谋略，即使用我本人指挥作战，也一定会失败，就不如辞去我。

3. 将领用兵角度。可解释为：将领如果听从我的计谋，用他指挥作战，必能取胜，就任命重用他；将领如果不听从我的计谋，用他指挥作战，一定不能取胜，就撤免他的职务。

本书采用的是第一种解释。认为孙武在出齐奔吴后，欲把自己所掌握的家传秘籍中的用兵韬略献给吴王，以施展军事谋略才华，即使有别人的引见，也必须有一个自我"推销"荐举的过程。史书记载的"吴宫教战"是一个自荐练兵的实例，而系统的军事理论则是他从齐国带到吴国欲献出的这部兵书。所以，孙武在与吴王对话开篇就开门见山提到了这个问题，是公开的讨价还价，也是孙武对自身价值的肯定和自信心的充分表现。

另外，在"孙氏传书"中也有"一朝听旨，柔烈豪刚"的词句，并且也放在开篇中。"柔刚"是文武相兼之道。意思是献策者盼望有一天能登朝入室，得到帝王的赏识和重用，自己会竭尽全力，以韬略之文，柔顺豪强，以刚烈之武，为襄助辅佐君主甘洒一腔热血，使自己的才智得到发挥，成就一番事业。

由此分析，可认为本篇是整部兵法自荐的前言，孙武在得到吴王的首肯后，又与吴王进行了多次深谈，下面各章便是孙武亮出底牌，相继向吴王献出的治军治国韬略。

（三）对"计利以听，乃为之势，以佐其外"之句的辨释

对此句的理解，可谓众说纷纭，有不同的解释。概略有如下四种：

1. 有利的计谋已被采纳，就要造成军事上的强大态势，从外部辅助计划的实施。

2. 分析双方的利害条件，使计谋能够被采纳，然后造成有利的态势，作为外在的辅助条件。

3. 谋划作战，在计算权衡有利于己方后就下定决心，据此调动部队，进行作战部署，以实现既定作战计划。

4. 依据力量对比制定的有利于我的作战方略被采纳后，就要造就态势，借以将我军之潜能转化为战场上的优势。

本书则认为，联系上下文，孙武在此仍是在说"自荐"的话。紧接上句，孙武向吴王说："君主您在权衡利弊得失后，一定会赞同和听从我的军事谋略。如果这样做，在军事谋略上我方即已对敌国先形成了一种优势，我完全可辅佐君主您的军队决胜于千里之外。"

（四）对"势者，因利而制权也"之句的辨释

何为"势"，当前军事理论界大致有"态势""形势""位势""气势""优势"等解释。本书认为，通览《孙子兵法》全书，细体会中可明显感到孙武在军事上所说的"势"，有一种居高临下、压倒一切敌人的"霸气"。这即是在物质准备的数量、质量上具有以众击寡、以强击弱的绝对"优势"，在斗志精神上有大山压顶的"气势"。在孙武的兵法中，这种"势"绝不是弱势，若提"势"，必然是绝对的优势。因此，本书认为，对"势"的理解，在各自具体场合可有细微差别的不同含义，但在总体上以理解为"优势"为恰当。所以，对"势者，因利而制权也"之句的理解，可解释为"所谓优势的形成，就是在战前根据利害得失等情况，利用有利的条件做出各种谋略和兵力部署，因势利导，并根据如何对己有利而进行机动和权变，

灵活掌握"。

(五)对"怒而挠之,卑而骄之"之句的辨释

此句可有不同的解释,本书认为分歧点主要在于是站在敌、我哪一方说话?"怒""挠""卑""骄"是指谁怒,谁挠,谁卑,谁骄?立足点不同,解释自然也就不同。

1. 你急我缓,你冷我热,从反其义而制敌的角度,可解释为:敌人来势甚猛,怒气冲冲,那就采取以柔克刚的方法,设法挑逗他,疲软他;敌人卑辞慎行,谨小慎微,那就采取激将法,设法使之骄傲,让他贸然出兵。另外,"怒"又含有"高涨"之意,如百花怒放、浪涛怒涨,而"挠"在古汉语中又含有"削弱"之意,如苏轼《上皇帝书》:"古之英主,无出汉高,郦生谋挠楚权,欲复六国,高祖曰善,趣刻印。"因此,"怒而挠之"可解释为"敌人的士气如果正高涨,那就设法使其削弱。"

2. 火上加油,过极必反,从顺其意而制敌的角度,可解释为:敌人兵力强大,气势汹汹,那就设法再挑逗他,激怒他,使他觉得不可一世,而暴躁之敌容易被干扰,被击破;敌方将领如果卑视、瞧不起我方,那就顺势故作谦卑,表现自己的弱小,麻痹、骄纵敌人,而骄兵必败。

3. 从我方慎重出兵、鼓舞斗志的含义,可解释为:我方将领如果怒而出兵,容易中敌人的圈套,就不会有好的结果,那么作为一国之主的国君就要设法阻挠这种冒失举动,待将领情绪稳定下来后再付诸行动。我方将领如果心怀卑微、怯敌,那么就应激励士气,鼓足勇气,使将士充满必胜的信心。

本书根据上下文多是在指敌方的语句,认为本句的立足点也应是在讲敌方,而且是从反其义而制敌的角度讲的,所以认为取第一种解释更合理一些。并且这两句为一个对句,不宜拆开讲,所以,对"怒而挠之"之句,采取的是对敌将领、而非对敌全军的释义。

(六)对"此兵家之胜,不可先传也"之句的辨释

历史上注释家、兵家对此句的解释,主要有以下两种:

1. "以上这些用兵方法,是军事家克敌制胜的秘诀,不能在战前预议或事先声张,以免走漏风声。"

2."这些都是军事家指挥战争、取得胜利的奥妙,要灵活运用,不能呆板规定,不能事先向部属讲明、预先传达布置。"

本书根据本篇语境和上下文,认为应采取如此意解:"以上这些兵法基本概则,是军事家克敌制胜的秘诀总结,在君主没有确定是否让我留下来之前,我是不可能先做详细解释、传出其中奥秘的。"只有这样解释,才比较符合当时的对话环境和人物。

孙武向吴王所献兵法十三篇,并非孙武个人作战心得,而是其祖上传下来的,是其父辈、祖辈的作战治军经验总结。所以,对献兵书非常慎重的孙武,在没有取得吴王的充分信任之前,是不准备把家传兵书全盘托出的。就现有史料说明,事实上,除此十三篇外,孙武也没有把家传兵书的其他部分外露。《孙膑兵法·见威王》:"夫兵者,非士恒势也,此先王之傅道也。"其中也有这层含义(详见拙著《孙膑兵法解论》)。由以上推论可见,孙武在这里卖了一个关子,欲擒故纵,这与本章前面所讲"将听吾计,用之必胜,留之;将不听吾计,用之必败,去之",是前后呼应的。

(七)对"夫未战而庙算胜者,得算多也;未战而庙算不胜者,得算少也"之句的辨释

本书认为,此句可有多种解释。综合看来,主要有下面两种解释:

1.从算筹得分看,可意解为:凡是开战前在祖庙(最高级军事指挥机密机关)中进行全面筹算,预计到能取胜的一方,是因为在计算双方力量和条件时,该方得到的胜算筹码多;凡是开战前在祖庙中进行全面筹算,预计到不能取胜的一方,是因为该方得到的胜算筹码少。

2.从战前准备是否充分的条件看,可意解为:凡是在开战以前预计可以胜利的,是因为取得胜利的条件多。开战之前预计不能打胜仗的,是因为缺少取得胜利的条件。或意解为:开战之前,在庙堂上事先预计可以取胜的,在于运筹充分、占据有利条件多;开战之前就预计不能取胜的,在于运筹不充分、占据有利条件少。

本书认为孙武在这里主要讲根据算筹的得分,将双方的战斗力细化、量化,而不是笼统地讲概况条件优劣,所以本书在意解上采取了第一种说法。

(八) 对"多算胜，少算不胜，而况于无算乎"之句的辨释

依据字面，本书认为可有以下三种意解。

1. 从对作战双方势力的对比计算得分推论，可意解为：筹算中得分多的一方占优势，得分少的一方处于劣势，由此可想象一筹未得、处于绝对劣势一方的结果了！

2. 站在敌我双方的角度，从运筹谋划的次数对比上看战前充分运筹谋划的极端重要性，可意解为：多加运筹谋划的一方，就能取胜于运筹谋划少的一方，而不做任何运筹谋划就贸然开战的一方的结果也就可想而知了！

3. 站在己方的角度，从运筹谋划的数量上看战前充分运筹谋划的极端重要性，可意解为：多做运筹谋划，胜于少做运筹谋划，何况不做任何运筹谋划。或意解为：反复运筹、条件充分就能取胜；筹划不周、条件不足就会失败。更何况不作筹划、毫无条件呢？

孙武在这里一方面是重点强调战前谋略的重要性，以引起吴王的重视；一方面也是为了自荐，推销自己的谋略思想。因此，本书对此句的意解采取的是第一种说法，孙武是从对作战双方势力的对比计算得分而做推论的。

〖专题解论〗

(一) 中国古代最早从战略意义上明确论述战争观

战略，是现代军事科学的概念。在源远流长的中国军事史上，人们常把战略称之为谋、猷、韬、方略、兵略等。而且，在不同的历史时期，不同的民族和国家有着不同的解释。在西方，古希腊所说的"将道""将兵术"也具有战略的含义。苏联兵学家将其定义为："军事学术的组成部分和最高领域，它包括国家和武装力量准备战争、计划和进行战争及战略性战役的理论与实践。"孙武在本篇首句明确指出了"战略"的内涵，即"兵者，国之大事，死生之地，存亡之道，不可不察也"。

如何看待战争这一特殊的矛盾运动形式，是古今中外军事家必须首先提出并回答的问题。孙武从战略的高度概括了战争的意义。战争从产生之日起，作为阶级与阶级、民族与民族、国家与国家、政治集团与政治集团之间的最高斗争形式而存在。战争作为一种暴力，破坏力极强。无论是正

义还是非正义的战争都将以物资的消耗、生命与鲜血为代价,以取得一方胜利的结局。战争有胜利的一方,必然就有失败的一方,甚至是两败俱伤,但没有严格意义上的"双赢"。正是因为战争决定着一个国家的生与死、存与亡,因此,只要"国家"尚未消亡,战争就随时存在着爆发的可能性。人们祈求着地球上永远和平,特别是必须去参与战争的军人,他们比其他一切人更虔诚地祈祷和平,因为他们必须承担战争最深重的创伤。出身军人世家的孙武对此深有体会,因此他对战争的态度是非常严肃的,战争观是非常鲜明的。

战争绝不是疆场上的旅游、消遣娱乐,也不是赌场上的下注争个输赢、寻找刺激。当战争为某种特殊的目标而演变成暴力冲突时,无论打败仗还是打胜仗,面临的现实都是相当严峻的。战争作为国家之大事,它关系到军民的生死,国家的存亡,必须认真地加以考察和研究。孙武把战争与国家的命运紧密地联系起来,不仅指出了战争在国家事务中的地位与作用,而且也阐明了战争的政治目的在于确保国家的生存与发展。指出要对军队胜败的原因、国家存亡的规律加以认真考察研究。其要求在于重视战争、研究战争,并审慎地运用战争手段。由此说,《孙子兵法》是一部研究、反映古代战争规律的"兵学圣典"。

任何思想理论的产生或发展都具有历史的继承性,存在着一个由浅入深的认识过程。一个时期新的思想理论的出现,首先是社会发展变化的结果,同时也是吸收和改造前人思想资料并加以提高的结果。孙武关于战争观问题的论述也不是凭空产生的,而是在当时的历史条件下,在前人思想资料、家传兵书的基础上,经过自己的独立思考而提出的。春秋时代,是中国历史上大动乱、大变革和思想大解放的时代,诸侯列国变法图强,诸子百家应运而生。作为重大社会现象的战争问题,社会各阶层都有所体验和观察,尤其是活跃于社会舞台上的各方名士贤达纷纷发表言论,有许多观点已具有相当高的思想深度。如《左传》:"国之大事,在祀与戎"(《左传》成公十三年),认为战争具有"禁暴、戢兵、保大、定功、安民、和众、丰财"(《左传》宣公十二年)等多项功能和意义。道家创始人老子则指出:"祸莫大于轻敌,轻敌几丧吾宝"(《老子》第六十九章),并认为"兵者不祥之器,非君子之器,不得已而用之。恬淡为上,胜而不美;而美之者,是乐杀人。夫乐杀人者,则不可以得志于天下矣"(《老子》第三十章)。孙武吸取了上述观点中的有益成分,通过对当时战争的实际观察,从而在对战争问题的认识方面提出了自己的深刻见解。

(二)"诡道论"揭示了战争的本质

"兵者,诡道也",是孙子兵法的核心内容之一。兵无谋略无以为战,这个原理揭示了战争实践的本质,高度概括了战争行为的特点。

"诡"字出现在《孙子兵法》十三篇中,这是绝无仅有的一次。《孙膑兵法》中虽然通篇在谈用兵诡诈之术,全篇却没有一个"诡"字。然而,用兵必"诡",是构成孙子祖传兵法的主体。孙子兵法十三篇,实际上篇篇几乎都论及战争的"诡"道观。因为在战争实践中,敌我双方的斗争,用兵作战,不单纯是军事力量的对比,也不仅是军事实力的较量,而是政治、经济、文化等多种因素的决斗。这种决斗,不是简单的斗力、斗勇,还要斗智,不可避免地进行智力的交锋。战争是在以有生力量为主的物质基础上进行的智力斗争,使用诈术是它的特征。战争史上的任何一次出其不意的成功,都是以诡诈为基础的。用兵作战是以欺诈为原则的,要领就在于诡诈。运用指挥军队,充满了诡诈欺骗行为,必须"兵不厌诈"。这不仅要靠兵力、武器等物质的因素形成有利态势,更要靠指挥员的智慧谋略去创造和夺取胜利。有勇无谋的硬干,不仅消灭不了敌人,往往还保存不了自己。

孙武的"诡道"是历史经验的总结和提高。在春秋时代频繁的战争中,已有许多运用诡诈之法取胜的实例,这些实例为孙武"诡道"战法的形成提供了直接的经验材料。为了造成有利于己的战场态势,孙武不仅在中国军事史上第一个鲜明地提出了"兵者诡道"这一关于战争本质特点的理论命题,而且总结出了"诡道十二条"。孙武在本篇中把"诡道"概括为:(1)能而示之不能;(2)用而示之不用;(3)近而示之远;(4)远而示之近;(5)利而诱之;(6)乱而取之;(7)实而备之;(8)强而避之;(9)怒而挠之;(10)卑而骄之;(11)佚而劳之;(12)亲而离之。

这"诡道十二条",就其实施方法而言,可分为两大类:

第一,孙武"诡道"前四条,是以相反之形象迷惑对方,以假乱真,使对方不辨真假虚实,以致失误。

将领要随时掌握敌方尽可能多的可靠情报,以争取主动。战争中有许多以假乱真的情况，战场外有许多我方不能一目了然的诡秘情况。因此，必须使用一切可能与必要的侦察手段，了解敌方部署、地形、道路、民情，获得敌方真情。要审慎对待战争，战前的"庙算"决策是必需的。各种决策的思维设计要以战争情报为参照物，战争的侦察学是决定战争胜负的重要因素之一。

用诡诈智取敌方时，务必遵守"攻其不备，出其不意"的原则。"诡道"理论是孙武对军事斗争本质和规律的深刻揭示，而"攻其无备，出其不意"是"诡道十二法"的要旨。所谓"攻其无备，出其不意"，就是要通过运用"十二条诡道"，迷惑敌人，调动敌人，分散敌人，进而达到在敌人没有意料或没有防备的情况下，给以出其不意的打击目的。

要防备敌人施"诡诈"于我方，所得信息必须通过认真筛选，以获取真实的情报。战争具有多元的复杂性，是以"诡诈"为运动方式的。敌我双方在战争中都行"诡道"于对方，常制造真真假假、虚虚实实、迷离变幻的迹象，使对方分辨不出战争的实况。因此，对于来自敌人的信息，一定要辨别真伪，不可轻率地接受或排斥。

第二，孙武"诡道"后八条，是因势而利导，造成不利于敌方而有利于我方的势态，即所谓"因利而制权"。

由于战争的诡诈性，常常有意想不到的机变。将士可根据战场上的特殊情况，采取相应措施。考察古今中外军事历史上的战例可见，任何将领在准备作战中都有预案，但没有一个作战计划的想定图能与实际作战经过图完全重合。所以，保证计划的灵活性，依敌情变化来用兵，就能使军队处于相对优势地位，掌握战场上的主动权，从而因敌制胜。

诡诈之术不可照抄照搬。"诡道"在概念上属于软科学，而软科学是多学科的宏观研究，常从动态角度对研究对象进行全面考察、剖析和测算，提供可选择的方案，作为决策的依据。所以，诡诈之术不可能以准确的、确定的模型为依据，它的范例对于后人仅有认识的参照价值。

"诡道十二条"的直接目的是以"利"为宗旨的造势。孙武在阐明"兵者，国之大事也"，必须"经之以五事，校之以计"的观点以后，紧接着提出了另一个重要命题："计利以听，乃为之势，以佐其外。势者，因利而制权也。"孙武认为在有利的计谋已被采纳、决策已定之后，就要造势于外，以保证其实现。这就是"造势"，即判明利害关系，向有利于己的方面采取

行动，灵活机变，因利制权。也即在战争指导者客观地把握了战争全局每一个现实条件而做出决策的前提下，再最大限度地发挥主观能动作用，审时度势，战法多变，巧妙伪装，进而夺取战争的胜利。

（三）政治挂帅，战争以"道"为首

战争是关于国家、军民生死存亡的大事，必须以审慎的态度去决策，以求全胜。孙武在阐明"兵者，国之大事"的战争观以后，随即提出了决定战争胜负的主要因素。他认为："道、天、地、将、法"是战略决策的五件大事，称："经之以五事，校之以计，而索其情。一曰道，二曰天，三曰地，四曰将，五曰法……凡此五者，将莫不闻，知之者胜，不知者不胜。"孙武在论述"五事"的要旨之后，提出了战略决策的七个问题，作为比较敌对双方强弱的标准：①主孰有道？②将孰有能？③天地孰得？④法令孰行？⑤兵众孰强？⑥士卒孰练？⑦赏罚孰明？古代兵学家、注释家，如曹操，将其概括为"七计"，流传成俗，连同上述"五事"，在解读《孙子兵法》中合称为"五事七计"，这些都是从战略高度研究和探索战争基本规律的重要因素。"五事七计"之论，集中体现了孙武战略思想的全貌，充满了古代军事家的积极追求。

孙武把"道"视为决定战争胜负的第一因素。他认为，在分析战争形势时首先要比较敌我双方"主孰有道"。在"五事七计"之论中，孙武把"道"放在"五事"榜首，又把"道"作为"七计"第一，可见"道"在孙子兵法中的重要地位。《孙子兵法》中共使用"道"字24次，本篇即用了6次，是13篇全书中用"道"字最多的一篇，也可见本篇专门论"道"的重要性。那么，孙武所说的"道"为何物呢？

回溯到2500多年前孙武生活战斗的春秋时代看，"道"的广义内涵，是指诸子百家各自创立的政治、道德、伦理及学术主张。在中国古代文献中，"道"字本义是指道理、法规、规律等。作为理论概念，最早流行于春秋战国时期。春秋之时，思想活跃，各种思潮的代表人物都想以其道行于世，实践自己的政治主张。比较有代表性的，如：儒家之"道"，主张仁爱忠恕；道家之"道"，主张无为而治；杨朱之"道"，主张为我、贵己；荀卿之"道"，主张人定胜天；战国晚期的邹衍之"道"，主张"阴阳循环，天人感应"。此外，还有商鞅"贵法"；申不害"贵术"；韩非以"刑名之术"，

力主赏罚并用以治世，等等。各路贤达都以各自的见解和政治抱负，或坐而论"道"，或游说诸侯，自立学派，以求得安邦治国。孙武的兵家之"道"，则是集中了春秋战国之时新兴地主统治阶级关于军事学的主张。

孙武在本篇中解说"道"，认为："道者，令民与上同意也，故可与之死，可与之生，而不畏危。"又说："修道而保法，故能为胜败之政。"由此可见，孙武在这里所说的"道"，属于政治范畴，即君主要政治开明，实行符合时代要求的、得民心的政策，以求得全国军民的拥护和举国上下的团结一致。它反映了孙武关于政治决定战争胜负的重要思想，体现了当时统治阶级意志的政治。

孙武在兵法中"不信天命，必取于人"的战略见解和动员民众，使民众与"上"（国君）同心同德的呼吁，正是历史发展的产物。这一政治内容构成了孙武所倡导的"道"，必须取信于民，实施开明政治，使百姓与国家共患难。政治对于军事起着主导作用，这是因为政治关系着民心的向背，而人民则是"战争的伟力之最深厚的根源"（毛泽东：《论持久战》）。政治开明，则人民拥护，上下同欲，士气高昂，坚不可摧；而君主无道，则民不聊生，上下离心，不仅毫无战斗能力，而且还会引起反对君主的内乱，以致诸侯列国乘弊而起。因此，孙武把"令民与上同意""可与之死，可与之生"的"道"，作为决定战争胜负的首要因素，是符合战争客观规律的。

战争是以剑代笔的政治，战争与政治有着直接联系。政治是战争的母体，战争的轮廓都是在政治活动中积累隐蔽形成的；战争是政治的外在表现，客观上就是暴力政治的形式。战争作为阶级社会的一种特殊运动形态，总是与一定阶级的政治紧密联系。欲在战争中取胜，经济基础的雄厚和军事力量的强大固然重要，但还必须具有良好的政治条件。因此，根据政治因素、政治目标、政治关系来认识战争的本质是必然的。孙武以"道"为决策战争之本，已被历史证明了它的合理性。

克劳塞维茨在《战争论》中公开宣称："战争不仅是一种政治行为，而且是一种真正的政治工具，是政治交往的继续，是政治交往通过另一种手段的实现。"英国的富勒，美国的乔治·莱因哈特、尼克松等许多西方战略家都透彻地揭示了政治与战争两者的关系，强调战争必须服务于政治的论点。无产阶级的战略家也精辟论述了两者的关系，列宁明确指出："战争无非是政治通过另一种手段（暴力）的继续。"毛泽东认为："政治是不流血的战争，战争是流血的政治。"由此可知，孙武以"道"为第一，明确阐述了战争与政治的关系，可谓人类对这一问题认识的先驱。

（四）战争展行于"天地"之间

孙武把"天"和"地"作为决定战争胜负的第二、第三位因素。他说："天者，阴阳、寒暑、时制也，顺逆、兵胜也。地者，高下、广狭、远近、险易、死生也。"① 他认为"天地孰得"是衡量敌我双方胜负的重要条件，是制约战争胜负的关键，绝不可轻视。他在《谋攻》《虚实》《军争》《地形》《九地》《用间》《火攻》等篇中，又将这一思想进行了深入的阐述。《孙子兵法》共使用"天"字19次，本篇3次；使用"地"字88次，本篇4次。本篇只是从战略的高度，揭示了天、地因素参与战略决策的意义。

孙武在此所言"天"，即天时，指适应昼夜阴晴，严冬酷暑，四时节令气候。包括天气的寒暑、阴晴，昼夜的长短，月亮的盈亏，四季的更迭，以及年、月、日、时、分、秒等时制的划分。战争同宇宙间其他事物一样，在一定的空间、时间内运动着，战争指导者必须掌握天时的变化规律，以使战争行动适应天时的变化。

孙武在此所言"地"，即地利，指利用路途远近，险要平坦，广阔窄狭，生地死地。有战争必有战场，有战场必须占据一定的空间。从古至今，战争主要是发生在陆地上，而地形有高有低，距离有远有近，有险要与平坦、广阔与狭隘的不同，对于军队的生存和部队的机动性有便利或不便利的区别。战争指导者应该熟知地形地貌对军队行动和作战的影响。

孙武的天、地论，充满了朴素的唯物精神。他在兵法中所说的"天"，并非先秦诸子中的"天命"之天，显然指的是自然环境。春秋末期，正值"天命论"流行于世。孙武在那个时代能重自然、重人事、不信天命，其精神是难能可贵的，代表了2500年前冷兵器时代的进步思想。

无数战例说明，两军作战，取得胜利的军队除了在政治、经济、将士素质、武器装备等方面具有优势之外，展现在战场上重要的指挥艺术，就是巧妙地选择与利用了有利于己而不利于敌的天候、地形条件，而败者则相反。古今战争由于军事技术装备发展水平的不同，从而使得军队在利用

---

① 银雀山汉墓竹简《孙子兵法》上编〔计〕，文物出版社，1976年版。

地形、天候等自然条件的能力上存在着很大的差异。但是，千变万化中，天时和地利仍是军队作战行动的主要客观因素，对战争的胜负有着重大影响。所以，孙武将其列入决定战争胜负的因素之列，至今有着重要的指导意义。

当今世界，军事学已发展成为以诸多学科为基础的科学门类。但是，尽管军事学科包罗万象，如策划"星球大战"，建立"天军"，战场向天外深海拓展，却最终离不开人类生活的空间——天与地。战争总是在一定的空间和时间中进行的，发生在地球上的任何战争都受一定的天候和地形条件的影响和制约。所以说，如果要做一个真正的军事专家，必须在天文、地理方面也是专家。只有熟悉地形、气象并科学地利用它们，才能立于不败之地。

（五）破解"庙算"与"庙示""祈庙"

"庙"是祖庙、祠堂等庄重的地方。本篇中孙武所说之"庙"，也即是祭祖的祠堂，是古代出师前进行筹划军谋的地点，是召开最高军事指挥会议的机密机关所在地。古代部落、氏族之间的战争多是"家族"之间的争斗之战，而祖庙、祠堂则是本族人认为最神圣的聚集地，因此也就成为本族人面对列祖列宗商议大事的聚会地，也是本族人出征前的宣誓出发地和大本营。"算"在古代是计算用的竹制"筹码"器具。古代兵家常在战前以"筹码"计算，量化战斗力，然后根据得分预测胜负。"庙算"即是在祖庙中用算筹谋略战争，是古代兴师作战前的会议。将帅们在庙堂中集合，谋划作战大计，以预测战争胜负。

在孙氏家族传书的过程中，至今仍有"庙示"的说法，可印证孙武的"庙算"决策过程。据孙氏传人讲，家传兵书最早是全部烙在36块木板上的，把它们串起来，折成一幅后容易保存，打开后就可悬挂在墙壁上，阵图兵法一目了然。每逢有重大事情（不仅是出兵打仗）需要集体决策，或是逢重大节日祭祖时，孙氏族人就在祖庙中把这幅祖上传下来的"宝书"进行供奉展示，并期望从中得到解决问题的办法，这就叫"庙示"。"庙示"中，针对现有问题进行新的解读，产生新体会，以寻求解决问题的锦囊妙计，然后集中大家的智慧，最后做出决策，这一瞻仰和思考过程其实也就是"庙算"。

孙氏世传家书中有"祈庙议会，统悉三军"之语。"祈庙"表示的是一种对先人的尊敬。统：统一。悉：知道，了解。三军：古代指前军、中军、后军，意指全军。本句意指出师之前祈求先人的保佑，运筹作战方案，制订歼敌计划。力战不如心战，两军相遇勇者胜，两将相交智者利。准备工作要做充分，对全军要了如指掌，统一部署，不能有薄弱环节，然后调动各部进军。由此可见，"庙算"过程，也就是根据从各方获得的信息，加以综合分析，从而制订作战方案，最后做出集团决策。孙氏世传家书中还有"祈庙烧香，仙坐龛堂"之语，也可作参考理解。

庙示、庙算，是孙氏兵家独一家的说法。从形式上看，"庙算"具有今日行为科学中所讲的"集团决策"意义。这种决策相对于个人决策而言，是指在一定条件下由集团成员为实现集团的总体目标而进行的智力活动。参与集团决策者享有"法定"的发言权、表决权。他们自身都有一定的职权、技能、专长，对集团负有特定的责任。作为参加这种军事会议的将领，应是某个"山头"方面的代表，通晓军事，或是某个方面的专家。面对"庙示"祖训，他们应有独立的思考，具有参与集团决策的基本素质，并能在集团决策中发挥个人的才智，与诸将领同心协力，产生出集团决策的智慧结晶。

《孙子兵法·九地篇》中又有："是故政举之日，夷关折符，无通其使，厉于廊庙之上，以诛其事。"厉：磨砺；廊庙，即庙堂。"厉于廊庙之上"的意思是在庙堂之上反复计议作战大事。可见《孙子兵法》中的"庙算""厉于廊庙之上，以诛其事"，与"祈庙议会""祈庙烧香"在本意上是相通的，可互为引证。

（六）将帅"五德"论

择帅选将是战争的关键，也是治国、治军的关键。孙武十分强调将帅的地位，说："夫将者，国之辅也。辅周，则国必强；辅隙，则国必弱。"意思是说将帅导演的战争关系着国家的存亡、民族的命运。为此，《孙子兵法》中把择帅选将作为一个内容特别丰富的大论题来加以研究讨论。

历史证明，军事战略虽然从属于政治，从属于自然及社会物质基础，然而操纵战争，导演战争，决策战争方略，实施战争计划，最终要由人进行，要由将帅承担。其中，将帅决策的正与误，直接关系着战争的结果，

始计篇

完全可以说，将帅承担着夺取胜利之一半的重责。因此，将帅作为战略家参与战争活动的同时，又是指挥战争的战术家。他必须具备战略家的资格，信守兵家之"道"，具备本阶级、本集团所需要的政治素质、军事素质及优秀的人格品质。

《孙子兵法》中共使用"将"字49次，本篇6次。孙武在本篇中把"将"作为决定战争胜负的第四个因素。他说："将者，智、信、仁、勇、严也。"这是孙武对将帅才能的基本要求，习惯称为"五德"。孙武认为："将孰有能"是决定战争胜负的重要条件。在敌对双方的攻守作战中，欲取得战争的胜利，军队必须训练有素、战斗力坚强。而军队良好的素质和坚强的战斗力，又来自精明强干、善于统兵的将领。所以，孙武从战争实际出发，全面、系统地向将帅提出了应具备"智、信、仁、勇、严"五种品德，或说是严格的择帅选将标准。

第一德："智"。要求将帅天资聪敏，足智多谋，具有较高的军政素养，以正确判断敌情，实施指挥。

将帅应高瞻远瞩，放眼全局。能从人类生存的最大范围，把握战争的发展趋势。在孙武所处的时代，将帅必须能够把握诸侯国关系，才能称霸中原，若不能洞察国际舞台风云则是不能做出正确决策的。

将帅应有清醒的头脑和准确的判断力。在复杂的作战环境中，任何将帅都会面临盘根错节的各种现实问题，诸如政治、经济、文化、科学技术等对于战略、战术的制约。他们必须能够驾驭现实因素，使之有利于拟订战略规划，决策战术。因此，清晰的判断力是将帅必需的素养。法国的拿破仑说："主将的第一个条件便是头脑冷静，如此方能认识事情的真象，不能随便地被好消息或坏消息所影响。"主将之心应澄如明镜，时时揩拭，使之清晰透彻地反映外物，判断外物，从而果断而慎重地决策战机。

第二德："信"。要求将帅信赏明罚，言行一致，取信于众，军令划一。所传达的命令，必须"言必信，行必果"，决不可以拖拉、对立、自由、放任。

将帅之信，首先是指将帅个人的威信，能得到上下级的信任，以提高部队的战斗力。将帅个人威信来源于将帅固有的权力和智慧，来源于将帅个人的道德与品格。将帅因其个人的品格、经验、学识、赏罚分明以及爱兵之心所形成的威信，是他行使命令、指挥三军的基本保证。在战争中，有令不行，将有全军覆没的危险。

将帅威信，是军队集团荣誉的化身，是战斗力的"名牌"。将帅是军团的旗帜，是军团的灵魂，是军团的代称。古代出征，军团所执战旗多书以将帅姓氏为标志，现代战争也习惯以将帅姓名代称军团，足见将领的地位和价值。将帅威信，又是协理军内环境、凝集兵员的内聚力。历史证明，集团荣誉对士兵有着巨大的鼓舞作用。凡是勇武的军团，仅其名声对于敌人就具有强大的威慑力，名牌军团的效应是一种无形的战斗力。

将帅威信，产生于仁爱、勇敢、严毅。将帅威信不是孤立、游离的行为品质，而是与智慧、仁勇、严毅相辅相成，合成一体的将帅素质。

第三德："仁"。要求将帅在政治上、物质上关心爱护士卒，由此升华为爱人民、爱祖国的崇高感情，以团结部属，使士卒尽心竭力地效命疆场。

在孙武所处的时代，"仁"作为封建统治阶级的民主意识，要求人们用"仁"修身养性，忧民报国，热爱本集团，它与对敌施诡道、行诈术正是相反相成的统一。春秋时代，新兴的统治阶级主张仁爱，优惠士卒，无疑是对奴隶主贵族统治的冲击。西周奴隶制时代，军队组织以"甲士"编伍，奴隶没有资格做甲士，只能做"徒兵"，是军队中的"佣人"和奴仆，连姓名、人数都不计算在军队实力内。公元前7至前6世纪，晋、鲁、楚、郑等诸侯国，相继实行军制改革，废除井田制，允许奴隶充当甲士，承担军赋。新兴阶级的军制思想，废除了士兵的奴隶身份，提升"庶人工商"为甲士，以激发士卒的忠勇精神，管理军队，这正是孙武的"仁"德思想精华。

"仁"是春秋时代新兴统治阶级的进步社会思潮，具有浓厚的封建民主意识，在文化发展中逐渐成为儒家思想的核心。《孙子兵法》论将帅之德时，将"仁"德放在"智""信"两德之后，曾引起历史上一些研究者的非议，认为这种排列法是对孔子的不敬，并以此把兵家贬为"左道下品"。其实，"以智为先"与"以仁为首"，虽有序列差异，然而全面衡量孙武选将的"五德"内容，可见二者并不相悖。《十一家注孙子》中唐人杜牧注："先王之道，以仁为首；兵家者流，用智为先，盖智者，能机权，识变通也；信者，使人不惑于刑赏也；仁者，爱人悯物，知勤劳也；勇者，决胜乘势，不造巡也；严者，以威刑肃三军也。"杜牧指出了兵家论"智"为首的价值，《孙子兵法》是兵家施权谋布阵的专著，讲求"智"术的竞争交锋，"信"术的用兵聚众，所以它作为时代的产物也必然簇拥着时代的社会思潮，也就决定了孙武在"五事七计"中要以"道"为先。由此，"仁"德作为新兴统治阶级的思想武器，也理所当然地成为统帅必备之德。

将帅之"仁"主要表现在爱兵施"仁"上，以协调军内环境，加强官兵团结。军队是国家安全的基石，而军队的基石就在于士兵，士兵是构成军队的主体。军队是具有严格纪律的组织，是进行战争的工具，它集中了训练有素的士兵。这些士兵，年富力强，忠勇奋战，是奉献生命与鲜血的勇士。作为民族的精华，士兵理应享有真正的荣誉和地位。因此，处理战争中的人际关系，对将帅来说是非常重要的。

将帅在思想上首先要有与士兵平等的意识。部队是一个军人团体，军人以军营为第二家庭，官兵相处于友爱与平等的环境中，才能彼此交流，团结一心；将帅只有体贴仁爱士兵，才能训练士兵；只有受到部属信任和爱戴的将帅，才能向部属提出更高的要求。将帅与士兵保持精神上的联系，首要在于了解士兵的思想情感，并经常给予关怀。将帅与部属共同生活，同甘共苦，才能争取他们的信任。事实证明，全体将士在精神上团结愈紧密，他们的军团战斗力就愈强大。由此也可见，孙武所倡导的兵将之和、仁德精神，是协调军中和谐气氛的圭臬。

第四德，"勇"。要求将帅勇敢果断，临危不惧，冲锋在前，敢于拼搏，以激励士卒，使士卒顽强拼杀。在纷乱的险境中，大勇体现为大智，敢于否定众人意见而采取正确决心。

勇敢，是军人在战争实践中必备的品格。勇德，是将帅人格精神和职业化的集中显现。无将不勇，没有勇德是难为良将的。勇，是指将帅要具备一种刚毅的气质，泰山崩于前而色不变。主要表现在两个方面：

物质上的勇敢，指将帅勇于拼杀格斗，不畏强敌，不怕任何危险地献身，充满了神圣的自我牺牲精神。战争是充满了高度危险的领域，战争中的一切活动，连同后勤供应都是在危险的环境中进行的。在危险环境中斗争，最可贵的精神力量就是勇气。将帅的勇德，不是单枪匹马的"一夫之勇"，而是善于领导军团作战的"万夫不当之勇"，是深韬远略的领袖式"大勇"，是服从于战略目标、不计一时得失的真正的武德。

精神上的勇敢，指能够勇于决策布兵，兴师动众，号令杀敌，敢于负责做出重大的决定。在厮杀格斗的战场环境中，经常出现意想不到的偶然机遇，将帅指挥判断敌情时，除了智慧运筹之外，主要需要勇气支持。有勇有谋方是良将，"勇"与"智"并举的军队才能无敌于天下。良将不能只言勇，而没有任何谋略考虑。特别是在遭受挫折时，要有清醒头脑。胜败乃兵家常事，小胜不足为喜，小败也不必以为耻。在战争中即使打输，也总有可学、可圈点借鉴之处。败阵不败"人"，才是真正的勇德。

精神上的勇敢和物质上的勇敢，二者相辅相成，构成将帅取义成仁的勇德。

第五德，"严"。要求将帅严肃军令，严明军纪，严守机密。各级指挥员，特别是高级将领，能严于责人，更能严于律己，以统一军令，使部队进退有节，行动一致。

孙武所处时代的以法治军，是针对西周以来世卿制度的一种革新。主要强调号令严正，以作为将帅的行为准则。将帅具有凛然不可犯的威严气度：对敌人，勇毅敢战；对士兵，赏罚分明。孙武的主张代表了那个时代以法治军的主要思想，其要点有：

将帅严于治军，必先律己。将帅之威严，应具有令出即行，令全体将士肃然起敬的形象，可见自身形象很重要。常言道，严于律己，方能律人。"其身正，不令而行；其身不正，虽令不从。"将帅治军，自我严格要求，必然取信于军士，使令必行，行必果。军中无戏言，主将号令三军，其重在整肃。

将帅严于治军，必依法度。勇气是军人所有军事属性中最主要的基本品德，军纪则是军队在所有的属性中最重要的基本素质。将帅个人的才华无论怎样高超，都难以指挥乌合无制之众。即使部队的勇力不够，只能打游击，但严格的纪律也是绝不可缺的。随着时代的发展，军队组织的建制越来越系统化。一个庞大的组织系统，没有严格的制度，统一的意志和高度的协调性是不行的。

将帅严于治军，必重赏罚。有功必赏，有罪必诛的法制，是治军之要。赏罚是依法团结、训练士兵的手段，要使士兵人人知道军法、军情，人人懂得战争的意义，以求在作战时，能勇毅而严信。在赏罚的严明性上，"与其失之宽，不如失之严，法立然后知恩，威立然后知感，以菩萨心肠，行霹雳手段，此其时也。"赏罚必须以法度为依据。首先要有目的性，所谓："香饵之下，必有悬鱼，重赏之下，必有死夫。""军无赏，士不往。"这是古人用赏赐集中人才的主要方法。同时用赏罚教育大众，通过赏罚鼓舞士气,以顺民心。赏罚必须以事实为据。所谓"赏不加于无功,罚不加于无罪",才能使众军士信服。同时赏罚要有原则,"当赏不赏是为沮善,当罚不罚是为养奸"。过分的奖赏,使众人不以赏为荣,则失去了鼓励的意义;过分的惩罚,善恶不分,则失去了惩罚的意义。

将帅"五德"是孙武治军思想中人才学说的集中体现,与"五事七计"中的"法"原则统一为一体。这五条标准紧密联系,缺一不可,构成了将帅标准的完整体系。

(七)"法"是治军的基础

孙武认为"法"是决定战争胜负的第五项重要因素。《孙子兵法》中共使用"法"字21次,本篇3次。从孙武为"法"下的定义"法者,曲制、官道、主用也"的意思看,"法"是指依据战争规律和军队建设的需要所制定的军事法规,包括:"曲制"——军队的组织体制和编制;"官道"——军队赖以保持团结、维护秩序,以国家法律为准绳而颁布的各种条令、条例、法规、章程;"主用"——军队的装备器材、财务等后方勤务保障工作及财物分配、使用、消耗、补充的规定和制度。简言之,"法"就是军队的军事制度,军事组织结构。包括军队组织编制,将吏管理,信号规定,军用物资储备,军费开支,后勤供给等制度。

在治军过程中,完善军制是治军的基础。拟定与改革军制是国家统帅的权力,忠实地执行军制则是将帅的本分,这充分反映了孙武以法治军的思想。纵观古今中外军事历史,军队都要有完善而严格的法规制度。将帅参与军法的拟制,又是军法的执行者。明确、完善、严格的法规制度,是军队行动的准则和克敌制胜的重要保证。因而孙武指出,作战双方谁的法制完善而又能严格贯彻执行,谁就具备了一个重要的获胜条件。

在孙武预知战争胜负的"七计"之中,把"道""天地""将"归纳为"三计",以后"法令孰行?兵众孰强?士卒孰练?赏罚孰明?"这"四计"则归属为"法"的范围。所谓"法令孰行",是说敌对双方谁能严格执行"曲制、官道、主用"这一系列法规制度。

"兵众孰强"的"兵众",即指兵员和武器装备方面的实力。战争以军事实力为基础,兵员众多和武器装备优良是克敌制胜的重要条件。孙武朴素直观地认识到了兵员和装备的重要性,并将其作为分析战争胜负的一个重要条件提出来，是十分可贵的。

"士卒孰练"，是说敌对双方哪一方的军队训练有素。战斗力是军队履行职能的基础，军队建设的主要任务就是提高部队的战斗力。构成战斗力的要素固然很多，但最基本的要素是人和武器及其有机的结合。其中人又是主要因素，并起着主导作用。训练有素、具有坚强战斗力的军队必然能打败未经训练的乌合之众。因此，军队是否训练有素是分析战争胜负的重要条件之一。

"赏罚孰明"，是说作战双方哪一方的赏罚严明。这是孙武对以往战争实践的正确总结，也反映了古代建军与治军的共同规律。赏罚严明，是取得战争胜利的一个重要条件，也是以法治军的一个重要标志，是维护军队纪律、激励士气和调动作战积极性的有效手段。

〖经典战例〗

官渡之战——未战庙算，得算多胜

官渡之战，发生在中国古代三国时代的形成时期，是曹操与袁绍为争夺中国北部地区，于汉献帝建安五年（公元200年）在官渡（今河南省中牟县境）地区进行的一场战略大决战。此役，奠定了曹操统一中国北方的坚实基础。作为此役主角的曹操熟读《孙子兵法》，他在注解此篇时切中要害地写道："计者，选将、量敌、度地、料卒、远近、险易，计于庙堂也。"并在此役中融会贯通地应用了《孙子兵法》，特别是对"始计篇"的应用达到了叹为观止的效果。

割据战争群雄并起　袁曹两军拥兵争胜

东汉末年，轰轰烈烈的黄巾农民大起义被镇压了下去，但它却严重地动摇了东汉王朝，使腐朽的东汉政权分崩离析，名存实亡。在镇压黄巾农民起义的过程中，各地州郡大吏独揽军政大权，豪强纷纷拥兵占据地盘，形成大大小小的割据势力，转入争权夺利、互相兼并的长期战争。当时的割据势力，主要有河北的袁绍、河内的张杨、兖豫的曹操、徐州的吕布、扬州的袁术、江东的孙策、荆州的刘表、幽州的公孙瓒、南阳的张绣等。

在这些割据势力的连年征战中，袁绍、曹操两大集团逐步发展壮大起来。

建安元年（公元196年），曹操把汉献帝挟持到许昌，形成"挟天子以令诸侯"的局面，取得政治上的优势。次年春，袁术在寿春（今安徽寿县）称帝，曹操即以"奉天子以令不臣"为名，进讨袁术并将其消灭。接着又消灭了吕布，利用张杨部内讧取得河内郡，稳步向黄河以北发展。后又争取渔阳太守鲜于辅，以献帝名义任为将军，命督幽州六郡，牵制袁绍后方。接着派部将曹仁等渡黄河，攻斩归附袁绍的眭固，又自率军夺取要地射犬（今沁阳东北），命新任河内太守魏种领兵驻守，以固西北边境。曹操得知袁绍正筹划大举南攻，统军再渡黄河，抢占冀州重镇黎阳（今浚县境），另令臧霸攻克青州齐、北海（今山东淄博和寿光一带），以固东翼。继派于禁率步骑2000余人驻延津（今河南延津北），与守白马（今河南滑县东）的刘延呼应。曹操回许部署，分兵至官渡设防，保卫许都。曹操厚待初降的南阳割据势力，又争取荆州刘表中立，解除了后顾之忧。从此，曹操势力西达关中，东到兖、豫、徐州，控制了黄河以南，淮、汉以北大部地区，从而与袁绍形成沿黄河下游南北对峙的局面。

当时的情况是袁强曹弱。从兵士数量对比来看，袁绍占据绝对优势，士气高昂，号称70万，曹操只有7万。袁绍是北方最大割据势力，占有冀、青、并州，曹军所占据的地盘在战争中则所受损害较大，这使曹军的粮草供应比较紧张。袁绍自然不甘屈居于曹操之下，建安三年（198年），袁绍击败公孙瓒，占有青、幽、冀、并四州以及兖州的东部等地，同时授予北方少数民族的乌桓王塌顿等人单于印绶。袁军除在并州方向与关中有接触外，唯一的敌人就是曹操。曹军连年征战，部队没有时间进行休整和补充，而袁军相对只与公孙瓒进行了较大规模的作战，部队的状况好于曹军。因此，袁绍在击灭公孙瓒后，急欲南攻，决心同曹操一决雌雄。建安四年（公元199年）六月，袁绍挑选精兵10万，战马万匹，计划南下进攻许昌，官渡之战由此拉开序幕。

集中兵力扼守要隘　以逸待劳后发制人

袁绍举兵南下的消息传到许昌，曹操部将多认为袁军强大不可敌。但曹操却根据他对袁绍的了解，认为袁绍志大才疏，胆略不足，刻薄寡恩，刚愎自用，兵多而指挥不明，将骄而政令不一，于是决定以所能集中的数万兵力抗击袁绍的进攻。

为争取战略上的主动，曹操做出如下部署：派臧霸率精兵自琅琊（今山东临沂北）入青州，占领齐（今山东临淄）、北海（今山东昌乐）、东安（今山东沂水县）等地，牵制袁绍，巩固右翼，防止袁军从东面袭击许昌；曹操率兵进据冀州黎阳（今河南浚县东，黄河北岸），令于禁率步骑2000余人屯守黄河南岸的重要渡口延津（今河南延津北），协助扼守白马（今河南滑县东，黄河南岸）的东郡太守刘延，阻滞袁军渡河和长驱南下，同时以主力在官渡（今河南中牟东北）一带筑垒固守，以阻挡袁绍从正面进攻；并派人镇抚关中，拉拢凉州，以稳定侧翼。

从以上部署看，曹操所采取的战略方针，不是分兵把守黄河南岸，而是集中兵力，扼守要隘，重点设防，以逸待劳，后发制人。从当时情势而言，这种部署是得当的。首先，袁绍兵多而曹操兵少，千里黄河多处可渡，如分兵把守则防不胜防，不仅难以阻止袁军南下，且使自己本已处于劣势的兵力更加分散。其次，官渡地处鸿沟上游，濒临汴水。鸿沟运河西连虎牢、巩、洛要隘，东下淮泗，为许昌北、东之屏障，是袁绍夺取许昌的要津和必争之地。加上官渡靠近许昌，后勤补给也较袁军方便。

建安四年十二月，当曹操正部署对袁绍作战时，刘备起兵反曹操，遣使与袁绍共商攻曹，占领下邳，屯据沛县（今江苏沛县）。刘军增至数万人，并与袁绍联系，打算合力攻曹。曹操为保持许昌与青、兖二州的联系，避免两面受敌作战，抓住刘备兵力尚未集中和袁绍迟疑不决之机，于次年二月亲自率精兵东击刘备，迅速占领沛县，转而进攻下邳，一举获胜，俘刘备之将关羽。令振威将军程昱率兵700余人守鄄城，联络东线，自率军急回官渡，专注正面。刘备全军溃败，只身逃往河北投奔袁绍。当曹、刘作战正酣之时，有人建议袁绍"举军而袭其后"，但袁绍以儿子有病为辞，拒绝采纳，致使曹操从容击败刘备回军官渡。

攻其不备解鞍放马　奇袭乌巢袁败曹胜

建安五年（公元200年）正月，袁绍自恃兵多粮足，发布讨曹檄文，随即出兵。二月，袁绍统步兵10万人、骑兵1万人，进占黎阳，分兵攻延津守将于禁，企图渡河寻求与曹军主力决战。他首先派颜良进攻白马的东郡太守刘延，拟夺取黄河南岸要点，以保障主力渡河。四月，曹操为争取主动,求得初战的胜利,亲自率兵北上解救白马之围。此时,谋士荀攸认为袁绍兵多,建议声东击西,分散其兵力,先引兵至延津,伪装渡河攻袁后方,使袁绍分兵向西,然后遣轻骑迅速袭击进攻白马的袁军,"攻其无备,出其不意",定可击败颜良。曹操采纳了这一建议,袁绍果然分兵延津。曹操乃乘机率轻骑,派张辽、关羽为前锋,急趋白马。关羽迅速迫近颜良军,颜良仓促应战被斩杀,袁军溃败。曹操解了白马之围后,迁徙白马的民众沿黄河向西撤退,袁绍率军渡河追击,军至延津南,派大将文丑与刘备继续率兵追击曹军。曹操当时只有骑兵600多人,驻于南阪(在白马南)下,而袁军达5000多骑,尚有步兵在后跟进。曹操令士卒解鞍放马,并故意将辎重丢弃道旁,引诱袁军四散争相拾取。袁军中计,纷纷争抢财物。曹操趁其混乱之际,令骑兵约600人突然发起攻击,击败袁军,斩文丑,顺利退回官渡。同时,于禁、乐进等率步骑5000余人,自延津西南沿河至汲、获嘉(今河南新乡境),焚烧袁军30余屯,歼数千,俘将20多人。于禁南至原武(今原阳),击破袁军杜氏津营屯。袁军锐气大减。

曹操鉴于彼强己弱态势未根本改变,先让一步,主动撤回官渡防守,寻机再战。袁军初战失利,但兵力仍占优势。袁绍不听沮授宜于持久作战的建议,结营南进,七月进军阳武(今河南中牟北),准备南下进攻许昌。八月,袁军主力接近官渡,依沙堆为屯立营,东西宽约数十里。曹操也立营与袁军对峙。袁军接战不利,收兵坚守。九月,曹军一度出击,再次接战,仍未获胜,只得深沟高垒,退回营垒坚守。袁绍构筑楼橹,堆土如山,用箭俯射曹营。曹军将士皆蒙盾而行。曹军制作了一种抛石用的霹雳车,发石击毁了袁军所筑的楼橹。袁军又掘地道进攻,曹军也在营内掘长沟进行抵抗。双方相持3个月,曹操外境困难,前方兵少粮缺,士卒疲乏,后方也不稳固,曹操几乎失去坚守的信心。侍中兼尚书令荀攸建议曹操一方面决心坚持危局,加强防守,命负责后勤补给的任峻采取10路纵队为一部,缩短运输队的前后距离,并用复阵(两列阵),加强护卫,防止袁军袭击;另一方面积极寻求和捕捉战机,击败袁军,不久派徐晃、史涣截击、烧毁袁军数千辆粮车,增加了袁军的困难。在此期间,袁绍遣刘备领兵去汝南,扰乱曹操后方。又遣韩荀率步骑往西,欲切断曹军西道补给。曹操令曹仁领兵击败刘备等,继大破韩荀于鸡洛山(今新密东北)。曹军又得司隶校尉钟繇自关中输送战马2000多匹,战斗力有所增强。

袁绍一再拒绝分兵袭许建议，执意从正面歼灭曹军。曹军士卒疲惫，军粮将尽，曹操欲退守许。荀攸认为，曹军以弱敌强已半年之久，此时先退兵必为所乘，今袁军情势也必有变，不可失去出奇制胜良机。曹操纳其议，调补供给，坚守待机。不久，派部将徐晃等截烧袁军数千辆粮车于故市（今郑州境），继而准备近期决战。

同年十月，袁绍又派车运粮，并令淳于琼率兵万人护送，将军粮集中囤积在袁军大营以北约20公里的故市（今河南延津县内）、乌巢（今河南延津东南、封丘西）。沮授建议增派将军蒋奇守护乌巢侧翼，以防曹军袭击，袁绍不听。谋士许攸、将领张郃又建议轻骑袭许，袁绍仍不采纳。恰在这时，许攸得知留邺城家属犯法下狱，愤而投奔曹操，建议曹操轻兵奇袭乌巢，烧其辎重。曹操立即付诸实行，留曹洪、荀攸守官渡营垒，亲自率领步骑兵5000人，冒用袁军旗号，衔枚缚马口，每人带一束柴草，利用夜暗走小路，连夜潜行偷袭乌巢。到达后立即围攻，放火烧粮草。袁军惊乱。天明，守将淳于琼见曹兵不多，出击反扑。曹操挥军猛攻，迫其退保营屯。袁绍得知曹操袭击乌巢，不听张郃派重兵往救的建议，却做出错误处置，只派一部兵力救援乌巢，令张郃、高览等领主力猛攻官渡曹军营垒。哪知曹营坚固，攻打不下。当曹军急攻乌巢淳于琼营时，袁绍增援的部队已经迫近，曹操否决分兵拒援军的建议，仍集中兵力，一鼓作气，励士死战，大破袁军，杀淳于琼，并烧毁其全部粮草，大破乌巢守军。时乌巢粮草被烧的消息传到袁军官渡前线，袁军军心动摇，内讧又起，内部分裂。张郃见大势已去，与高览焚攻具，投归曹操。曹军继败其援军，乘胜还师，发起进攻，大获全胜。

袁绍兵败后，袁军绝大部分辎重文书、官员部队都来不及过河，除了最初攻克的白马渡外，其余的黄河渡口都控制在曹军手中。袁绍仓皇带八百骑兵渡河北逃，退回河北邺城。原跟袁绍过河的近十万大军有近八万人被曹操俘虏，连沮授这样的高级谋士都来不及逃走。曹军先后歼灭和坑杀袁军七万余人，袁绍实力大损，从此一蹶不振，再也没有缓过气来，直至袁氏集团彻底覆灭。如果当时曹操没有防备以处处把守，让袁军尽数撤回，官渡之战那真的是白打了。袁绍在相持阶段也不是没有动作，比如曾派刘备去支援骚扰汝南的刘辟，也曾派韩荀从西线迂回包抄，都被曹操的留守部队击败，保证了战场始终被限制在官渡一地。实际上袁绍手下的许攸建议的偷袭许都之计划，并不是什么高招，曹操部署的曹仁军就是防备这一手的。

官渡之战，以曹胜袁败而告结束。

〖点评〗

经过近十年的诸侯割据混战，在中原地区逐渐形成的袁绍、曹操两大集团，通过官渡之战，曹操集团最终基本统一了北方，成为笑到最后的人。官渡之战，是袁曹双方力量转变、当时中国北部由分裂走向统一的一次关键性战役，对于三国历史的发展有着极其重要的影响。《孙子兵法·始计篇》在此役中也被演绎得令人拍案称奇。

曹军获胜的原因

1. 曹军占天时，顺应历史潮流。《孙子兵法·始计篇》云："道者，令民与上同意也，故可与之死，可与之生，而不畏危。"此战，曹军的胜利不是偶然的，袁曹间的兼并争斗，虽属于封建割据势力之间的争斗，但实现地区性的统一，客观上符合人民的愿望。曹操在政治上抑制豪强，得到中小地主阶级的拥护；"挟天子以令诸侯"，使自己处于有利的政治地位；注意网罗人才，得到地主阶级和知识分子的拥护；经济上实行屯田，不仅较有效地解决了后勤供应，且在一定程度上安定了社会生活，赢得了民心，内部团结，同仇敌忾。

2. 曹军作战指导高明，谋士庙算胜。《孙子兵法·始计篇》云："将者，智、信、仁、勇、严也。"从双方大将的水平看，当时两方的实力旗鼓相当。袁军有张郃、高览、韩猛、淳于琼等诸将，曹军有许褚、张辽、徐晃、李典等诸将。但是，张郃、高览投降曹操后，双方实力就相差悬殊了。从战术上看，双方也不相上下。袁军立土山射箭，曹军建"霹雳车"还击；袁绍有"掘子军"，曹操则掘堑防御。但是，双方谋士的水平则不在一个档次上。《孙子兵法·始计篇》又云："未战而庙算胜者，得算多也；未战而庙算不胜者，得算少也。"在这次战役中，曹军谋士的作用体现得淋漓尽致。从整个战役的过程来看，曹操一方谋士组成的参谋部能力远远超过袁绍一方。上兵伐谋，谋士的作用更多的是体现在战场之外，体现在开战之前的战略部署。官渡之战的战役计划，是曹操众多高参组成的参谋部的一项杰作。袁绍的优势在实力，而曹操的优势则在于曹操个人及军事智囊团的能力，以郭嘉、荀攸、贾诩为代表，他们擅长军事斗争，专门负责收集各方情报，提供战略决策，正确分析敌我对比，根据己方优势，正确制订作战计划，充分限制了敌方优势的发挥，如郭嘉的四胜论等，这是官渡之战曹军胜利的根本原因。

曹军的战役计划有很大的冒险成分，但是如果不是冒险诱敌决战，而是双方慢慢比拼实力，曹军必输无疑。从"偷袭邺城"计划可以看出，曹方参谋部编制的计划比较详尽，考虑周全。作为其中一部分的"官渡拒敌"计划，经过不大的修改就能尽其用，确实保证了战略部署的顺利进行，争得了时间优势。即使在战役过程中，参谋部仍能保持冷静，给曹操正确的建议，如许攸来降，当时许多将领均以为偷袭乌巢很危险，只有荀攸、贾诩劝曹操出击，因为不去只有死路一条，去了还能有转机。

3. 曹军战术灵活机动。《孙子兵法·始计篇》云："兵者，诡道也。故能而示之不能，用而示之不用，近而示之远，远而示之近。利而诱之，乱而取之，实而备之，强而避之，怒而挠之，卑而骄之，佚而劳之，亲而离之。攻其无备，出其不意。"官渡之战，集中体现了曹操善纳良策及诡诈多奇、攻守兼施、注重火攻、集中兵力等用兵谋略和指挥才能。他在作战行动中，根据敌强己弱的具体情况，采取后退一步、以逸待劳、后发制人的作战方针。曹军在防御作战中，能从被动中力争主动，指挥灵活；面临危局，坚定沉着；善于捕捉战机，果断施行；善于听取部属意见，两次焚烧袁军粮草，紧紧抓住奇袭乌巢这一关键环节，对胜利起了显著作用。

反观袁绍失败的原因

1. 丧失天时。在政治上，袁绍纵容豪强，兼并土地，任意搜刮，因而遭到人民反对。所以，他的谋士说："今且宜静守以待天时，不可妄兴大兵，恐有不利。"

2. 错过地利。虽然应该说袁绍是有优势的，只要他抓住粮草这个"牛鼻子"，就能逼败曹操。可惜袁绍没有重视这个问题，把自己的优势变成劣势，反而自己造成了自己缺粮。

3. 短于筹谋，骄傲轻敌。袁绍不能采纳部属的正确建议，不善用人，

又刚愎自用,恃强骄躁,迟疑不决,一再丧失良机。

4. 内部不和,四分五裂,离心离德。重大失误有二:一是许攸投降,天赐曹操良机去偷袭乌巢的粮草;二是驱使张郃、高览投降。而曹操的人却没有投降袁绍的,双方势力就此发生逆转。

5. 士卒缺乏战斗力。袁军的沮授即说,"我军虽众,而勇猛不及彼军"。曹军的荀攸也说过,"绍军虽多,不足惧也。我军俱精锐之士,无不以一当十"。袁军终致粮草被烧,后路被抄,军心动摇,内部分裂,全军溃败。

《孙子兵法·始计篇》开篇云:"兵者,国之大事。死生之地,存亡之道,不可不察也。"袁绍以重兵攻打曹操,对此"国之大事",他和他的谋士不可能不察,他们在战前"察"的结果是什么呢?袁绍的谋士郭嘉对此即有曹胜袁败之论。他说,一是袁绍繁礼多仪,曹操体任自然,此道胜也;二是袁绍恤近忽远,曹操虑无不周,此仁胜也;三是袁绍逆势而动,曹操则掌握时机,顺势而行,此义胜也;四是袁绍专收名誉,曹操以至诚待人,此德胜也;五是袁绍听谗惑乱,曹操浸润不行,此明胜也;六是袁绍好为虚势,不知兵要,曹操以少克众,用兵如神,此武胜也;七是袁绍以宽济,曹操以猛纠,此治胜也;八是袁绍外宽内忌,所任多亲戚,曹操外简内明,用人唯才,此度胜也;九是袁绍多谋少决,曹操得策辄行,此谋胜也;十是袁绍有计无令,从宽管理,不按制度行事,是非混淆,曹操有令则行,法度严明,此文胜也。郭嘉是袁绍的部属,对袁绍的分析可谓入骨三分,所以后来他弃袁绍而投奔曹操。

郭嘉的分析,符合《孙子兵法》所云"主孰有道、将孰有能、天地孰得、法令孰行、兵众孰强、士卒孰练、赏罚孰明,吾以此知胜负"的原则。曹操的主要谋士荀彧,原先也是袁绍部属,很了解袁绍,也有此结论。在曹操困难的时候,荀彧鼓励曹操坚持,直至取得胜利。看来曹操除了在兵力上不占上风,远逊于袁绍之外,在其他方面则大占优势。战争没有开始,胜负已决。应该说不是曹操打败了袁绍,而是袁绍把自己打败了。袁绍的知底谋士都在为曹操服务,加上战中许攸、张郃、高览的临阵倒戈,袁绍不败才怪了。这说明,无论强弱,内部要保持高度一致,并从敌人的内部突破,分化瓦解敌人,才有机会取得胜利。

【作战篇】

打有准备之仗,速战速决

〖原文〗

　　孙子曰：凡用兵之法，驰车千驷，革车千乘，带甲十万，千里馈粮，则内外之费，宾客之用，胶漆之材，车甲之奉，日费千金，然后十万之师举矣。

　　其用战也，胜久则钝兵挫锐，攻城则力屈，久暴师则国用不足。夫钝兵挫锐，屈力殚货，则诸侯乘其弊而起，虽有智者，不能善其后矣。

　　故兵闻拙速，未睹巧之久也。夫兵久而国利者，未之有也。

　　故不尽知用兵之害者，则不能尽知用兵之利也。

　　善用兵者，役不再籍，粮不三载。取用于国，因粮于敌，故军食可足也。

　　国之贫于师者远输，远输则百姓贫；近于师者贵卖，贵卖则百姓财竭，财竭则急于丘役。力屈财殚，中原内虚于家。百姓之费，十去其七；公家之费，破车罢马，甲胄矢弩，戟盾蔽橹，丘牛大车，十去其六。

　　故智将务食于敌，食敌一钟，当吾二十钟；其秆一石，当吾二十石。

　　故杀敌者，怒也；取敌之利者，货也。故车战得车十乘以上，赏其先得者，而更其旌旗，车杂而乘之，卒善而养之，是谓胜敌而益强。

　　故兵贵胜，不贵久。

　　故知兵之将，生民之司命，国家安危之主也。

〖原文意解〗

　　孙武先生说：凡用兵作战，一般情况下都需要大量的财力保障。如要动用四马拉的轻快战车千辆，用牛皮遮盖的辎重车千辆，出动步兵十万，还要向千里迢迢之外的战场运送军需粮秣。如此前方后方的费用，招待来往国宾使节、食客等外事交往的花销，制作弓箭矛盾等所需胶漆器材的补充，车辆盔甲的维修和保养，每天耗资都非常巨大，需千两黄金。只有把这些准备工作都做好后，十万大军才能出动。

　　国家使用战争手段，即使每战都能取得胜利，时间拖久了也将耗损武器，挫伤部队锐气，如此情况下也就再无力攻城。军队长期处在作战状态下，国家的财力就会不足支付，造成国民经济困难。如此耗损武器，挫伤锐气，兵力受阻，军需物品缺乏枯竭，那么就会有许多诸侯邻国乘虚而入。这时，即便是智慧超群之人也难以做好善后工作，不能挽回危局了。

所以，在用兵上只听说过笨拙的速胜，而没有看到过巧妙的久拖。战争久拖不决的长期用兵，反而对国家有利的情形，是从来就不曾有过的。

所以，不能详尽地了解用兵打仗有害一面的人，也就不能完全了解用兵打仗有利的另一面。

善于用兵打仗的人，在一次战争中不进行第二次征兵，也即不再次征发兵役；不为作战部队第三次运粮，也即不多次运送军粮。武器装备取之于国内，由国内供给制式兵器装备；粮草则到敌国去夺取，靠在敌国或邻近战场的国家征集和采购，借以保证军食的供应。这样，军队的粮草给养供应就可以充足了。

国家之所以会因出动军队而贫穷，就是因为出师远征就要远程运输。远程运输部队去打仗，百姓就会因此贫困。在军队集中的附近地区，物价就会上涨。物价上涨，就会使得百姓财富枯竭。财政枯竭，国家因此就急于加征赋役，向老百姓摊派索取。这样就会造成在战场上致使军力耗尽，而国内百姓则家室贫困空虚。百姓的财产，将耗去大半，高达十分之七；国家的耗费，包括车辆的损坏，马匹的减少，甲胄弓箭、戟盾矛橹等武器装备以及征用民众的牛和大车，也要损失掉大半，直至十分之六。

所以，聪明的将领务必就食于敌国，从敌方取得粮草供应，因为战争经验证明远程运输的耗费太大了。我军能消耗敌方一钟粮食，相当于从本国运输二十钟；我军能用掉敌方的一石草料，等于从本国运输二十石。

所以，要使部队和士卒勇猛地冲锋陷阵杀敌立功，就要对部队进行政治动员，鼓起部队高涨的士气，激起战士对敌人的愤怒仇恨之心；要使士卒奋勇争先抢夺敌人的军需物资，就要使用物质奖励的方法。凡是缴获敌战车十辆以上的，就要奖赏最先夺得战车的人，并更换战车上的旗帜，将其混合编入自己的战车队列，让我军士卒和俘获的士卒掺杂乘坐在一起。在车战中，对俘获的兵车要妥善保养，优待和供养被俘的敌军士卒，使之为我所用。这就是所说的在战胜敌人的同时，更加壮大我军的实力。

所以，战争首要的是战胜敌人，而不是同敌人竞赛谁打得久。

所以，明智的、懂得战争规律和用兵的将帅，应明白自己肩负有保护士卒、平民百姓生存的重要使命，对国家的安全危亡担负着重大责任。

〖原句辨释〗

（一）对"其用战也，胜久则钝兵挫锐，攻城则力屈，久暴师则国用不足"之句的辨释

对此句解释的分歧点，主要在"其用战也"上，后几句的解释也略有差异。通常有以下两种解释：

1. 用这样的军队去作战，贵在速战速决，力求速胜。战事拖久了，就会使军队疲惫，挫伤锐气，攻取城池就会力量耗尽。长期出兵在国外，就会使国家的财政发生困难，造成供给不足。

2. 这样出兵作战，日子久了，军队就会疲惫，锐气受挫，攻占城池则更会使兵力遭受挫折，耗尽兵力。而军队长期在外也会导致国家财政发生困难。

本书认为，对"其用战"三字解释为"用这样的军队去作战"，即上段文字所说"日费千金"的"十万之师"，好像也解释得通，但接下来再解释"胜久"二字则就不那么顺当了，从上两例的解释即可看出不妥。"钝兵"之"兵"，在本句中不作"军队"而作兵器解释更贴切些。"攻城则力屈"是在前句"钝兵挫锐"的情况下发生的结果，两者具有因果关系，所以不能将此前后句分开来理解。因此，本书认为，此句应理解为："国家使用战争手段，即使每战都能取得胜利，时间拖久了也将耗损武器，挫伤部队锐气，如此情况下也就再无力攻城。军队长期处在作战状态下，国家的财力就会不足支付，造成国民经济困难。"

（二）对"兵闻拙速，未睹巧之久也"之句的辨释

此句是《孙子兵法》中的名言，已成为历史上各代兵家用兵打仗的格言。对此句的理解似乎众人皆明白，主要的意思就是"兵不贵久"。但是，对此句严格意义上的理解却存在差异。意解大致有以下四种表述情况：

1. 在用兵上，只听说过稳扎稳打地速战，没有看见过靠投机取巧而维持长久的。

2. 我们听说过作战行动虽然拙笨但能速胜为佳，没有见过同敌人比试巧久的。

3. 在军事上，只听说过不求工巧而求速胜的，没有见过只讲工巧而追求旷日持久的。

4. 在用兵上，只听说过笨拙的速胜，而没有看到过巧妙的久拖。

本书采取的是第四种意解，比较符合原意，在文字上比较简练，语言上也比较通俗上口。

（三）对"力屈财殚，中原内虚于家……公家之费……十去其六"之句的辨释

"力屈财殚，中原内虚于家"10个字，从字面上看，似乎不难理解。但是，从以下当前见诸注释《孙子兵法》各种版本的多种解释看，差别还是明显的。

1. 这样在国内就会力量耗尽，财富枯竭，家家空虚。

2. 这样就会造成在战场上致使军力耗尽，而国内百姓则家室贫困空虚。

3. 国家处于力量受挫、财政枯竭，人民负担不起，相率逃亡，以致国内十室九空。

4. 这样就会外则兵力耗损，内则百姓贫困空虚。

本书认为，"力屈财殚，中原内虚于家"是一个上下对句，下文明言"内"言"民"，上文必是在说"外"说"军"。"中原"当指"内地"，借指国内广大地区。"力"显然指的是军力。如此，本句可意解为"这样就会造成在战场上致使军力耗尽，而国内百姓则家室贫困空虚"。

对"百姓之费，十去其七；公家之费……十去其六"的解释，主要有两种：一是认为这"十去其七""十去其六"是个概数，并非确指；另一种意见则认为孙武没有用"大半""过半"之词，而特别用"七"，接着用"六"，说明他是确指，不能笼统地概而化之。因此应该解释为"百姓的家财，十成用去七成；国库的耗损……达到了十分之六"。本书权衡两种说法，联系十三篇全书特别是本篇上下文，感到两种说法似乎都有一定的道理，因此，采取了将两种解释融合的方法，意解为："百姓的财产，将耗去大半，高达十分之七；国家的耗费，包括车辆的损坏，马匹的减少，甲胄弓箭、戟盾矛橹等武器装备以及征用民众的牛和大车，也要损失掉大半，直至十分之六。"

（四）对"食敌一钟，当吾二十钟；萁秆一石，当吾二十石"之句的辨释

由于不同的注释家对此句的理解重点不同，解释也就各异：

1. 强调消耗：吃敌国的粮食一钟，相当于吃本国的二十钟；用敌国的草料一石，相当于用本国的二十石。

2. 强调运输力：在敌国得到一钟粮食，就相当于从本国运输二十钟；从敌国得到一石草料，就等于从本国运送二十石。

3. 强调节省：吃敌一钟粮，相当于我省二十钟，用敌一石草料，我就省下二十石。

本书认为，结合本篇全文，特别是"千里溃粮""粮不三载""因粮于敌""丘牛大车"等句，说明此句仍是在讲粮食的运输，但同时也在从敌我物力消耗上谋略大局。因此，本书认为此句既强调消耗，也强调运输力，可意解为："消耗敌方一钟粮食，相当于从本国运输二十钟；用掉敌方的一石草料，等于从本国运输二十石。"

（五）对"兵贵胜，不贵久。故知兵之将，生民之司命，国家安危之主也"之句的辨释

对"兵贵胜，不贵久"6个字的理解，一般解释为"用兵作战，贵在速战速胜，而不宜旷日持久不决"。本书认为这样解释有欠全面。

对此句理解的要点在于"胜"字上。从字面上看，"贵胜，不贵久"是个联句，然而"胜"和"久"并非一对反义词。本来"胜"应对"败"，"久"应对"速"。但是，既然孙武所著原文就是如此，后人也就只能根据原文来理解，而不能随意改动原字，或牵强附会地乱解释。必须根据"胜"和"久"的本义去理解。

本书认为"兵贵胜，不贵久"之句并非一般所解释的仅是在讲"兵贵神速"，而实是有两层含义。"兵贵胜"三个字是在讲战争的最终目的，也即是"胜利"，并非讲时间。否则，孙武就不如直接讲"兵贵速"了。而下句"不贵久"三个字讲的才是时间。所以，本书对此句意解为："因此，战争首要的是战胜敌人，而不是同敌人竞赛谁打得久。"

对"故知兵之将,生民之司命,国家安危之主也"之句的理解,主要有两种:

1. 所以,明智的、懂得战争规律和用兵的将帅,应明白自己肩负有保护士卒、平民百姓生存的重要使命,对国家的安全危亡担负着重大责任。

2. 因此,精通军事的将帅,掌握着士卒、平民百姓的命运和生杀大权,是国家安危存亡的主宰。

本书采取的是前一种解释,是说明智的将帅应明白自己肩负的重大责任,这样解释才比较符合语境。而后一种解释则显得较生硬,并且在"知兵之将"的前提下,再说掌握士卒、平民百姓的生杀大权,就有些文不对题,前后语义难连贯。因为那些把士卒、平民百姓当草芥,玩国家命运于股掌之上的鲁莽将领和大军阀,并不见得都是真正的"知兵之将"。

〖专题解论〗

(一) 不打无准备之仗,准备充足方可举师

本篇主要讲战争准备,可谓《孙子兵法》的后勤论。后勤是后方勤务的简称,原是与军事前方相对应的一个概念。有辞书对"军事后勤"如此解释:是运用人力、物力、财力、设施及技术手段,保障其对象(军队、单位、部别)所从事各项工作的顺利进行。作为军队来说,后勤为战场服务,是一种调动军队的实际艺术。后勤的许多工作都是在战前完成的,也即战前的准备。

本篇篇名"作战",不能简单地理解为今日"作战"也即打仗的含义。此篇中之"作",是"始作"的意思。"作战"即始战,也即是开始进行战争准备。张预注《孙子兵法》言:"计算已定,然后完车马,利器械,运粮草,约费用,以作战备,故次计。"经济是实施战争的基础,战争严格受物质条件的制约。只有在充足的物质条件保证下,才能确保战争的胜利。同时,战争又会严重地破坏经济,致使国家处于困境而无力再完成战争。孙武通过对战争费用的实际考察,认为充足的物资保障是实施战争的前提条件。所以,孙武在本篇中较系统地完成了中国古代军事学后勤理论,说明战争极大地依赖于后勤,只有物资齐备,方可兴众举师征伐。

早在黄帝时期,中国就有了军事后勤概念的萌芽。《左传》中提到的

《军政》《军志》及《典全》等已经失传的中国早期兵书资料中，已有关于军事后勤的零散论述。到了春秋时代，孙武才使军事后勤的概念理论化和完善化。他在本篇中认为，武器、粮草、给养、交通工具的准备，是进行战争的物质基础。兴兵作战，动员"驰车千驷，革车千乘，带甲十万"；出征时，还要千里送粮，供给士卒武器和物资；而且还要供给使者来往所需的经费。每日消耗千金，并不足奇。孙武所指出的战争对人力、物力、财力的依赖关系，就是军事对于后勤物资准备的依赖关系。孙武所处的时代是冷兵器时代，兵器及运输装备主要是长矛、大刀、盾牌、弓箭、头盔、车辆等，所谓"甲胄矢弩、丘牛大车"等，还有粮食、旌旗等作战物资约10余种。

军事后勤随战争的现代化发展着自己，完善着自己。冷兵器时代，战争对于后勤发展影响不很明显。热兵器问世后，情况则发生巨大变化。截至16世纪，仅如手榴弹、炸弹、炮弹、手枪弹、燃烧弹等弹类武器就有20多种。到了17世纪，各种"弹"已达上百种。而热兵器对物资、交通和防卫的依赖性越来越强。当机动的车轮代替了马蹄，动力代替了风帆，枪炮代替了弓箭的时候，战争所需的后勤供应，发生了物质结构的改变。

当今世界，由于现代各种尖端武器装备的需要，以及各种现代技术在军事领域的普遍应用，军队需用的作战物资已达300多万种，仅油料型号就有100多种，雷达指挥仪1万多种，可见后勤发展之迅速。军队所需的作战物资不仅在种类上激增，而且在数量上也日益膨胀。在1760年俄军夺取柏林时，炮兵共发射炮弹1200发，消耗弹药量2.5吨；1945年苏军攻打柏林时，消耗弹药量为26230吨，即增加了1万多倍。

（二）"兵贵胜，不贵久"是本篇中心思想

孙武认为，战争的目的，是获得胜利，而不是持久的迟疑不决的消耗。战争是不能久耗的，只有节约时间，才能避免不必要的力量消耗。古今中外军事家都主张速战，而旷日持久对战争则是不利的。孙武在本篇中指出，战争依赖于人力、物力、财力，用兵作战必须确立"兵贵胜，不贵久"的指导思想。他强调说："兵闻拙速，未睹巧之久也。夫兵久而国利者，未之有也。故不尽知用兵之害者，则不能尽知用兵之利也。"基于这种认识，孙武站在战略的高度，对战争旷日持久的危害性及其速胜的重要性，从四个方面做了阐述。

1. 战争物资所需甚巨，国家难支长期重负

关于"兵贵胜，不贵久"的军事思想，孙武首先是从经济消耗巨大来考虑的。经济是军事的基础，长期的战争耗散是任何一个民族、国家都无法承受的重负。因此，孙武主张速决战，反对"久暴师"，以减少国家的经济耗费，这是符合战争的实际情况的。事实说明，进行战争所需要的大量物资消耗最终要转移到民众身上：一是民众要交纳税赋，供应军需；二是因为运输困难。而战争时期军队要就地取用粮草，这就导致军队驻扎区域的物价猛增，军需物价猛增，就越加征集赋役，恶性循环，终使百姓家资耗尽，财力枯竭。

中国春秋时代（前770－前476），军队编为7级：军、师、旅、卒、偏、两、伍。军辖12500人（一般约1万人）、师辖2500人、旅辖500人、卒辖100人、偏辖50人、两辖25人、伍辖5人。每军5个师，每师5个旅，每旅5个卒，每卒2个偏，每偏2个两，每两5个伍。多数诸侯国编成3个军，或4～6个军，每军有正、副指挥官2人，称为军师或军佐。战时，每军成方阵，排成125×100的长方形阵，或100×100的正方形阵，与战车混编，以战车为中心，编成75人的单位，称为"乘"。这10万人的军队当时所需的后勤保障需多少呢？据计算，每乘75个士卒，需攻、守车各一辆，炊子（炊事人员）10人，守装（负责武器装备物资）5人，厩养（养马匹的）5人，樵汲（打柴打水的）5人，共25人。也就是说100人的队伍中，就有1/4的人为后勤人员。

从孙武的兵法中可知，那个时代已能举兵10万人出征，当属于大兵团作战了。如此大兵团在外作战，对于经济的消耗无疑是巨大的。孙武以10万之师的规模为例，认为军队一旦出动，则所需要的武器装备、后勤供应以及其他有关开支，将日耗千金。正如他在本篇中指出："凡用兵之法，驰车千驷，革车千乘，带甲十万，千里馈粮；则内外之费，宾客之用，胶漆之材，车甲之奉，日费千金，然后十万之师举矣。"他在《用间篇》中也说道："兴师十万，出征千里，百姓之费，公家之奉，日费千金。"这"兴师十万""日费千金"的战争消耗，在21世纪的现代社会，也不是一个小数目，何况是在当时生产力水平十分低下的情况下。孙武还特别指出，军队如果长期深入敌国，不能速战速决，这种耗费将会与日俱增，其数额之大

更是不可想象。

据统计资料,世界各国的军费开支总额,是用于人类经济文化发展的公共费用的20倍。而且军火工业集中了世界上50多万最优秀的科学家与工程师,使用了世界上科技设备的40％,雇用着1亿人员。这意味着军事后勤占有的巨大经济及人员的实力。这些人员统计还不包括现役职业军人在内。

2. 久战会使国家在国际战略上陷入危险境地

孙武认为,军队长期地出国作战,国力消耗巨大,经济上会造成"国用不足""屈力殚货",加重国家的负担;军事上则会"钝兵挫锐""攻城则力屈",造成武器装备的损失和人员的伤亡。特别要注意的是,在这种情况下会出现"螳螂捕蝉,黄雀在后"的复杂危险局面。因为久战不仅增加了军队行动的困难,而且还会引起国际战略环境的意外变化,陷入两面乃至多面受敌的不利境地,有敌对势力会乘虚而入,趁火打劫。到那时,再有能力的人也无法挽回既成的败局。

孙武的担心和提醒是十分必要的。因为在春秋时期,大国争霸,小国图强,战争连绵不断,各国相互觊觎,均有吞并他国之心。孙武正是针对这一微妙的复杂国际形势,警示吴王:"其用战也,胜久则钝兵挫锐,攻城则力屈,久暴师则国用不足。夫钝兵挫锐,屈力殚货,则诸侯乘其弊而起,虽有智者,不能善其后矣。"因此,兵贵拙速,不尚巧迟。如果一味穷兵黩武,连年征战,会导致"钝兵""挫锐""力屈""殚货",陷入不可自拔的泥潭,战争的双方会两败俱伤,在多极的国际社会中,最终往往会被站立一边静观事态变化的强国所吞灭。

3. 久战会给国家和人民造成严重的经济负担

战争所耗物资,终是取之于民。军事活动自古至今都是民众所承受的巨大负担。老百姓供应军队的物资,是巨大的消耗。同时,世界上资源总是有限的,用于军事即不能用于发展经济和繁荣文化事业。据统计资料,古代要以七比一的人口数量来养活军队,即10万大军要70万人养活。今日也是如此。

久战将使远征运输难上加难,耗费大量人力物力,耽误农时。孙武认为:军队远征,必然要远道运输,这样就会造成百姓的贫困。国家处于贫困的原因,正在于长期地兴师用兵。在春秋战国的冷兵器作战时代,陆路

运输是保障军队后勤的主要方式，运输主要依靠人力、畜力和极其简陋的运输工具，再加上道路条件极差，因而十分困难。孙武在《用间篇》中又指出，千里运粮中，大量的人力将因"怠于道路"而不得从事农耕生产。农村缺乏足够的劳动力，田地就会荒芜，从而对社会经济造成严重破坏。

久战会引起物价飞涨。孙武在本篇中强调指出，久战会引起一连串的不良反应，最终导致战争失败的恶果。为了维持庞大的军费开支，国家将不得不加征课税赋役。孙武指出其原因是，战争将导致这样一个三段式："近于师者贵卖"——"贵卖则百姓财竭"——"财竭则急于丘役"。随着进行战争时间的延长，军力不断消耗，百姓的财产将"十去其七"，国家的财力也将"十去其六"。所以说，长期地兴师作战，对于国家和人民都是极为不利的，将使老百姓劳苦贫困，将使国家财竭力屈。

4. 久战会失去稍纵即逝的绝妙"战机"

实战证明，神速是军队取得胜利的秘诀。而"战机"是至关重要的，错过了机会，就会打败仗。因为战争就在于选择一个重创敌军，而又能保全自我的"时机"行动，而这一时机，就需要用兵神速。在战争中能抓住"战机"，表现为分秒必争的时间观念，时间因素在参与战争全过程中具有特别重要的意义。"战争是一场充满了激情的戏剧，而不是一门精确的科学"。打仗需要轻捷、敏锐、高速、灵活，抓住"战机"，善于把握"战机"者走向胜利，已是战争艺术的规律。春秋战国时代几次决定战局的大战都进行得较快速，历代战史也都有以速取胜的经验。

抓住战机，体现在战役中必须以快速作为军队行动的方针。"兵贵速"作为一种战术方法常被使用，先发制人贵速，主动攻击贵速，捕捉战机贵速。在战略持久的内线作战中，进行战役战斗的进攻的外线作战，也贵在速战速决。如在众多的战术行为中，突然袭击是一种常见的战术方法，它是指一支部队为攻取某个军事据点时，采取的果断行动。从形势上看，突袭行动几乎纯属于战术范畴，但不可否认快速突袭的全部价值是有战略意义的。所以说，速战速决，不仅是一个战术原则，而且是一个战略原则。俄国著名的军事统帅苏沃洛夫把军队的迅速机动和闪电般的冲击，说成是真正的战争灵魂，他说："1分钟决定战斗结局，1小时决定战局胜负，1天决定帝国的命运。"拿破仑狂呼："前进吧，奔驰吧！不要忘记，6天就创造了世界。"在现代战争中，神速性越来越明显地成为战争的属性。如有人使用洲际导弹、火箭等现代远程武器，很可能会在数分钟内毁灭一个国家，或结束一场战争。

"兵贵胜，不贵久"与持久战有着辩证的关系。孙武在本篇中强调速战速决，这与依靠持久作战的战法并不矛盾。有学者认为，孙武过分强调速战速决的进攻战，而忽视了防御性的持久战。实际上，孙武的速胜是以更大全局上的持久战为前提的，是为适应战略上的持久而提出来的。孙武虽然没有使用持久战的提法，然而它所奉行的却是战略上的持久和战役上的速决。在当时的条件下，如果没有长期备战，速胜也是不可能的。此外，从本篇内容可看出，孙武的"速胜"理论建立在"千里馈粮"出兵远征的客军基础之上，远道征伐，显然利在速战速决。但被征伐的国家多是弱国，他们在本土上抗战，也就自然反其道而用兵，你想速胜，我则要拖延战事的进行，这种自卫性作战并且是拖得越久越好，直拖到远征者失败退兵为止。中国20世纪30年代开始的抗日战争，正是采取的这一战略战术，毛泽东的抗日"持久战"理论，成为中国人民打败日本侵略者的重要理论指导。

（三）为"将"要重后勤

军事后勤，是战争的物质基础，对战局的发展有着至关重大的作用。古今中外军事家、军事理论家对后勤建设无不非常重视。拿破仑在决战胜利后，曾把第一枚勋章挂在他的后勤部长的胸前；毛泽东极力强调军队生产队的作用，等等。时至今日，军事后勤理论日臻完善，但追本溯源可见到，军事后勤这一思想理论体系框架，正是基于我国古代兵法名著《孙子兵法》而建立的。古代简陋的兵器和原始落后的作战方式与指挥方式，不仅没有阻碍，反而促进了先进的军事理论的诞生，《孙子兵法》至今仍被兵家奉为兵经。所以，总结探讨《孙子兵法》中的军事后勤思想，对指导军队工作具有不可低估的重要意义。

战争是经济力量的对抗，是人与人之间在智力上的争斗和体力上的厮杀。尤其是在古代，由于生产力很不发达，人的体力与马匹的强弱甚显重要，因而作为将帅在谋略消灭敌人同时，必须首先考虑到保存自己。显而易见，饥困几天的士兵是谈不上有很强战斗力的，兵强马壮无疑是取得作战胜利的前提。而人要吃饭，马要食草，损坏了的兵器装备要有及时补充，由此必须有切实可靠的后方勤务。对于这一点，2500多年前的孙武是独具慧眼的，他在兵书中直截了当地指出："军无辎重则亡，无粮食则亡，无委积则亡。"（《军争篇》）在那时，军事术语中还没有"后勤""军需"等词，但他在这里所列举的"辎重""粮食""委积"，却大体上包括了现代军队所说的后勤军需的基本内容。孙武的这段话，明白无误地向人们昭示着这样一句战争信条：军队无后勤不战自亡。

1. 为"将"重后勤，首先在于将领要从战争与经济的关系，深刻领悟到后勤建设的重要性。孙武把敌对双方军事经济实力的对比，作为判断作战胜负的重要标准。他说：军事上有五个相互联系又相互转化的方面，"一曰度，二曰量，三曰数，四曰称，五曰胜。"（《军形篇》）并解释说，敌对双方都有土地，有了土地就产生土地面积大小不同的"度"的问题；双方土地面积大小"度"的不同，就产生物产资源多少不同的"量"的问题；量的不同又产生能动员和供给兵卒众寡及强弱"数"的问题；数的不同，则产生军事力量轻重对比"称"的问题；称的不同，就构成了成败的物质基础。孙武的这一后勤经济指导思想，重点在于强调要以自己的经济实力为后盾，做好充足的物质基础"量"的准备，以"立于不败之地"，达到"自保而全胜"的目的。

2. 为"将"重后勤，又表现在将领要在平时高度重视军需物资的提前储备性。后勤有一显著特点，就是它的储备性。作为将领，对即将打的战争，心中要有一套人力、物力、财力在"量"上的全盘计划，需要多少？能带多少？将补多少？都应有预见性。特别是举国之战，更应慎之，"兴师十万，出征千里"，身为将领，对"百姓之费，公家之奉"，如此"日费千金"，更有战中"内外骚动，怠于道路，不得操事者七十万家"，在平时就应有一个备战思想，从而方能"相守数年，以争一日之胜"（《用间篇》）。对于攻城作战的一些工具也都应有充足的准备。孙武具体讲道：要用三个月才能完成修造攻城用的大盾和四轮车以及准备好其他器械，又要再用三个月才能完成构筑攻城用的土山（《谋攻篇》）。

3. 为"将"重后勤，还表现在将领统帅军队储备军需的充足性上。战争对军需物资需要有一定"量"的准备，而若准备了，却不达"度"，对即将打的这一仗物资准备不够充分，也就同样说不上掌握了取胜的物质基础，此时出兵无疑是冒险。孙武为此在本篇中告诫："凡用兵之法，驰车千驷，革车千乘，带甲十万，千里馈粮；则内外之费，宾客之用，胶漆之材，车甲之奉,日费千金,然后十万之师举矣。"由此可见到孙武"举兵十万"时之慎重态度,只有在充分准备了"千驷""千乘""千金"等军需物资后,方可出兵。为此,孙武对军事后勤的重要作用做了充分肯定,把后勤军需提到一个将帅不容忽视的高度。他从国家的全局论述说:"兵者,国之大事,死生之地,存亡之道,不可不察也。故经之以五事,校之以计,而索其情:一曰道,二曰天,三曰地,四曰将,五曰法。……法者、曲制、官道、主用也。凡此五者,将莫不闻,知之者胜,不知者不胜。"(《始计篇》)这里所讲的"官道、主用",曹操解释说:"道者,粮路也。主用者,主军费用也。"(《十一家注孙子》)也即是现代军队常讲的军需物资的供应管理。将帅只有对此进行深入的"校之以计,而索其情",高度重视军事后勤,深刻了解其规律,方能决胜千里之外,做到兵马未动,粮草能先行。

(四)"十万之师"是否不符合春秋时代的战争规模

"十万之师"之语,在《孙子兵法》十三篇中共出现3次:除本篇段首句中有"带甲十万"一语,结句里又有"十万之师"一语。《用间篇》第一段首句又有"凡兴师十万"之语。

仔细品味"十万之师"之语,可见在各句中的用意多是借以泛论当时的战争规模,以说明动员人数巨多,所需费用浩大,因此必须速战速决。孙武为引起吴王阖闾的注意,特别用当时各大国在战时可能动员的最大限度人数"十万之师"加以举例,所以这并不是具体记载战时动员的具体实际人数。《孙子兵法》中的"驰车千驷,革车千乘,带甲十万"里的"千"和"十万"等数字,都是举整数而言。

多年来,有学者根据本段首句里有"带甲十万"之语,结句里又有"十万之师"之语,来怀疑孙武所说战争规模不符合春秋时代的战争事实,并进而推论此《兵法》并非孙武所撰写。清代有学者即称:"春秋大国用兵不过数百乘,未有兴师十万者也。况在阖闾乎!"参考对比《左传》等各种史料,可见这种说法是值得商榷的。

在孙武时代,藏兵、养兵于民的管理制度是很具体的。一般说来,各国君主根据征兵的法规,控制国家军队的总数、武力装备及兵员编制、将帅任用等军务事宜。据《周礼》记载:"上地,家七人,可任也者,家三人;中地,家六人,可任也者,二家五人。下地,家五人,可任也者,家二人。凡起徒役，勿过家一人。"这段文字说明，当时的人口每户平均有6人，可服兵役者2.5人；但是应征数量，不超过每户1人，征兵数量占人口总数的16.7%。《孙子兵法·用间篇》中有"兴师十万，出征千里……不得操事者，七十万家"，即指出征人口占人口总数的1/8，出征人数占全国人口总数的12.5%。可见孙武所言与《周礼》所记载的比例相差不多。

《左传》所载史实可证明，孙武向吴王阖闾晋献兵书的春秋末期，秦、晋、楚、齐四大国，都拥有较大的军事潜力，都足可出动10万人作战。孙武向吴王献策，本来就不是专就吴国立论，特别是孙武携带之"兵书"来自在当时为"超级大国"的齐国。孙武出身生长在为齐国建立军功的将门世家，显然耳熟"十万之师"常谈，行文交谈中用此语便也是顺理成章之事。

春秋以前，周王朝对各诸侯国的军队编制曾有一定的规定：周天子建立6个军，诸侯中大的国家可建立3个军，次国2个军，小国1个军。按照《周礼·夏官·司马》的定员标准："凡制军，万有二千五百人为军。"也就是说，每军大约12500人，3个军就是37500人。在整个春秋时期，这种编制规定是具有一定约束力的。如《国语·鲁语》记载：鲁国原有上、下两军，鲁襄公十一年（前562，孙武时约5岁），季武子准备再建立1个军，扩大为3个军。然而，这一议案遭到了大臣的反对，他们认为鲁国已经衰落成为小国，若组建3个军，一定会激怒晋、齐、楚诸大国。季武子不听，将上、下两个军扩编为3个军，结果招来齐、楚两国的轮番征讨，鲁襄公以及后来的鲁昭公被迫向楚国称臣，带着礼品亲自到楚国赔礼道歉。《左传》也有记载：鲁襄公十四年（前559），老牌霸国晋国的军队攻打秦国回来时，部队因战争需要曾有所扩充，为了合于礼法，晋侯在班师后便立即撤销了新军，仍然保持战前的3个军。因为大国的军队按规定不得超过天子军队的一半，即3个军，约4万人。

但是，到了孙武生活的春秋末年，特别是春秋战国交替之时，各国兵力开始突增。从有关史料中可大致推论出当时各主要国家的总兵力。

1. 晋国总兵力。鲁昭公五年（前521，孙武约46岁），据楚大夫对楚子说，当时晋国的总兵力已达4000乘。据《司马法》记载："每辆战车甲士三人，步卒七十二人。"即每辆战车应为75人。按照上项折合法来计算，那时晋国的总兵力当在30万人。即使楚大夫所说这个数字有故意夸大之词，减半后至少也有 15 万人。按《诗经·鲁颂》："公车千乘，公徒三万"的配员比例计算，"四千乘车"也需要配备士卒 12 万人。

2. 楚国总兵力。鲁昭公十二年（前 530，孙武约 37 岁），楚国的总兵力，据楚灵王（前 540～前 529 在位）说，仅陈、蔡和东、西两不羹 4 县的兵力就有 4000 乘。再加上楚国直属的部队和所属其他各县的部队，全国的总兵力，至少也有 7000 多乘，20 万人以上。楚国军队在诸侯列国中最为庞大，但后来却败给了孙武做军师的吴国，也间接说明了吴国的实有兵力。

3. 齐国总兵力。鲁哀公十一年（前 484，孙武如在世，年龄约 83 岁），吴、鲁联军与齐军战于艾陵。齐军大败，被鲁军俘获的齐军革车就有 800 乘，甲首 3000 人，合计 6 万余人。况且鲁军俘获的不过是齐军的革车而已。革车系载重车（守车），因装载物资，行动迟缓，战败时撤离不及，致被鲁军俘获。至于驰车（攻车）因行动便捷，早已退去。如果按《孙子兵法》"驰车千驷，革车千乘"之说推算，齐军这次出动的驰车数量，虽然与其"革车"数量不完全相等，但也不会相差太远，兵员也当有 6 万余人。再说各军俘获的并不是齐军"革车"的全部，当日齐军"革车"因战败逃走，脱出战场和已被毁坏的，也一定有不少。吴军俘获之数《左传》没有明文记载，即使吴军俘获之数较少于鲁军，但必有所俘获。再加上齐军因战败死于战场和战败逃走的溃兵，其总数当然比被俘的人数为多。可推算出这次战役中齐军参战的部队至少在 10 万人。另外，参战人数总是少于总兵员人数的。齐国肯定还有留守国内各处的部队。如果按常规战争中后援和留守兵力与投入一线兵力多为 1/3 的比例推算，那时齐国的总兵力当在 30 万人以上。

4. 越国总兵力。公元前 482 年夏，吴王夫差为争霸中原，亲率吴军主力，自江水出发，沿邗沟、淮水、泗水、济水，一路北上近 2000 公里，来到宋、卫、郑、晋四国交界之地——黄池（今河南封丘县），与晋定公、鲁哀公以及周王朝卿士单平公举行会盟。其间，为争当盟主，吴王夫差让 3 万名甲士在晋军营外排列成战阵，逼迫晋定公让出盟主地位。然而，越王勾践见吴军倾巢出动，"精兵从王，独留老弱与太子留守"，于是就率领"司流"（水兵）2000 人，"教士"（士卒）4 万人，"君子"（私卒）6000 人，外加将帅士官 1000 人，共约 5 万人，分两路伐吴，迫使吴王夫差急忙返回并卑辞求和。越王勾践出兵 5 万抄别国的"后院"，他自然也会留下足够的兵力保护本国的后方。由战争实例看，一般情况下，出一必留二，甚至更多，即使按出兵和留守各占一半算，在当时可勉强为二等国的越国，其总兵力也已有10万人。

5. 吴国总兵力。第一，《国语·越语》中有关于吴军兵员最为详细的文字记录：公元前475年，越王勾践准备与吴国进行决战，在誓师大会上，他说："寡人听说古代贤君忧患的不是兵众数量不足，而是将士的思想行为缺乏荣辱观念。今夫差拥有身披犀皮铠甲的将士十万三千。但他不是忧患吴军的思想行为少廉寡耻，却仍嫌兵力不够强大。今我将助天灭吴。"此处明确说明吴国总兵力是13万人。这个数字出自越王勾践之口，他自然不会故意夸大敌人的兵力而长敌人的威风。可见"今夫差拥有身披犀皮铠甲的将士十万三千"这个数量只能扩大，不会再缩小。第二，从吴国的国家地位推论总兵力。依照后世的用兵制度，就春秋时代各国的人力和物力来说，"兴师十万"对小国来说如果有困难，但对大国、二等国则不成问题。更何况吴国在当时虽然不能与秦、晋、楚、齐等大国的兵力相比，但也仅次于几个大国，属于二等国家中的"强国"，并非排不上档次的小国，其总兵力当在10万人之上。第三，就上述艾陵战役，从齐军总兵力推论吴国总兵力。此役中，假若吴、鲁两国没有足够的优势兵力，是不可能打垮拥兵30余万的齐军的。由此可推论，吴、鲁联军的总兵力也当在30万人以上。吴、鲁两国均分这个总兵力数，吴国的总兵力也有15万。而就史料记载看，吴国的军事在当时要比鲁国强大得多，总兵力当在15万人之上。

上述各战事除艾陵战役的作战时间较晚（鲁哀公十一年）外，其余多在鲁昭公之世（鲁昭公元年到十二年，前541至前530），基本与孙武向吴王献兵书同时。再根据《司马法》每辆战车"甲士三人"的配备，战车千辆，甲士应为3000人。而艾陵之役，鲁军俘获齐军甲首为3000人，其数恰合战车千乘所配备的甲士人数。看来这些数字并非巧合，孙武所生活战斗的年代，各诸侯国特别是大国的总兵力在出征时已多有10万人的规模。《孙子兵法》："凡用兵之法，驰车千驷，革车千乘，带甲十万"之说，于此也可得到强有力的佐证。

由此可见，孙武所说战争规模是符合春秋时代战争事实的，所言出征"十万之师""带甲十万"并非虚说。

（五）因粮于敌、以战养战的重要原则

春秋战国时代，绝大多数诸侯国，国小力薄、经济实力有限、战争规模和战争方式都比较原始。在那种情况下，坚持和确立速战速胜的思想就更显得尤为重要。为了确保这一作战指导思想的实现，解决战争需要和后勤补给困难的矛盾，孙武在本篇提出了"因粮于敌""胜敌而益强"的重要原则。

1. 用兵制胜，以粮为先

"军以粮为本"。战马要粮草，兵员要吃饭，所以战时粮食是后勤物资中的基础。特别是在古代，在对敌作战中，无论采取何种作战形式，也不论采取何种作战指导思想，足够的粮食是克敌制胜的前提。"军无辎重则亡，军无粮食则亡"（《孙子兵法·军争篇》）。春秋时代的管仲也说："地之守在城，城之守在兵，兵之守在人，人之守在粟。"把"粟"归结为军事物资中最基本的东西，足见粮食的重要性。因此，孙武在本篇中把军粮的供应，看作是后勤保障中最重要的问题。

2. 物资运输，是军事后勤的第一件大事

在战争中，运输线是军队的生命线，它也是军事后勤职能的核心内容。在战场上，后勤工作的大量内容就是前送、后运。运输的畅通与否直接关系着战争的胜负。孙武时代，在远途征战中，以马为高速运输动力，因此战马疲劳，就会造成运输危机。由于交通运输工具的落后，军队不能远途运粮，往往只好就地购买、征集当地老百姓的粮食，这样又致使当地物价飞涨，百姓财货枯竭，军力耗尽，战马疲惫，国家也陷于贫困中。正所谓"国之贫于师者运输，运输则百姓贫"。

3. "役不再籍，粮不三载"的征兵纳粮原则

孙武说："善用兵者，役不再籍，粮不三载；取用于国，因粮于敌，故军食可足也。""因粮于敌"意即深入敌境作战，必须就地征用粮秣。它是孙武取之于敌、以战养战方面的一个重要思想，是出国远征、快速机动作战十分有效的后勤补给方法，这一思想是顺乎民心的。

兵车转运千里，资财耗于道路，往返运粮，不仅耗力太大，而且有误战机。古人曾推算，需"以七十万家之力，供购十万之师于千里之外，则百姓不得不贫"。为此，孙子提供了千里行军作战"务食于敌"的方式。其

计算方法为："食敌一钟,当吾二十钟;萁秆一石,当吾二十石。"这个二十比一的价值,颇为历代兵家重视。一般说来,粮食是大体积,大重量,属大量消耗的物资,在古代运输条件落后的情况下,武器装备可由本国带出,粮食问题最好能在敌国解决。孙武的意图很明确,即在哪里打仗,就"吃用"在哪里。

4. 补充在前线的"因粮于敌"思想

凡战争,必有物资的损耗,有损耗则就需要有补充,这种必要的、急需的补充来自何方呢?按常理讲,军备充足的国家应是随军携粮带秣,军需物资由后方源源不断输送到前线。而孙武却认为,要反其道而行之,称"因粮于敌,故军食可足也"。道理何在呢?孙武列举诸多观点来说明补充在前线的好处:

其一,补充军需储备在"量"上的不足。孙武认为,只有"因粮于敌",才能做到在当时生产力水平低下,物产很不丰富条件下"役不再籍,粮不三载",方才能称为"善用兵者"。(《作战篇》)故他再三强调,"重地则掠",只有"掠于饶野",方"三军足食",并奉为深入敌国国土作战的一条原则。(《九地篇》)

其二,能解决远途运输的问题。春秋末期,由于各国军队车兵的减少,步兵的增加,作战方式也开始由车战向步战演变,呆板的列阵而战开始让位于灵活的运动作战,由此就产生了轻装与辎重、快速作战与后勤补给的矛盾。孙武在本篇中这样阐述说:"国之贫于师者运输,运输则百姓贫",且运输的车辆问题,由于战车损坏,战马疲病,装备兵器、战具的损耗,辎重车辆的损坏,粮委没等运到前线,则就会"十去其六",孙武提出的"因粮于敌",正是解决这一矛盾的有效方法。就地"因粮",则无远途运输之忧。

其三,能减轻战争给本国人民带来的沉重负担和创伤。战争具有很大的人力、物力、财力消耗性,更对战区具有强烈的破坏性。孙武用"百姓之费,十去其七"来量化战争给人民带来的浩劫。他仅就若在国内征粮说:"近于师者贵卖,贵卖则百姓财竭,财竭则急于丘役。"如此军力民力耗尽,财力枯竭,国内就会家家空虚,这是很危险的事。所以,"故智将务食于敌"。(《作战篇》)

其四,能有效地"损人利己"。"因粮于敌",不仅可以有力地保证军队快速机动地作战，免去"千里馈粮"的麻烦和困难，而且还可以保护己方的国力，削弱对方的战争潜力和后勤补给。孙武明确指出："故智将务食于敌，食敌一钟，当吾二十钟；萁秆一石，当吾二十石。"道理很简单，敌对双方国内经济实力的消长，决定着战局的发展方向，敌方经济实力的削弱，无疑等于我方经济势力的增强，况且敌方经济实力并不是由敌方本身消耗在战场上，而是直接纳入我方。犹如救火双方各有一桶水比赛，看谁能用最少的水先将火扑灭，我方是在备有一桶水的情况下，先抢用对方桶内的水救火，在等到对方无水可泼时，我方哪有不赢这场比赛的道理。因而孙武十分赞赏这一做法，如此里外都可赚的好事，何乐而不为呢？

其五，能就地取用俘获的敌资奖励部属，一则可鼓舞士气，二则可借敌资武装壮大自己。故孙武反复倡导说，在夺取了敌人资财后，就要分出一部分奖励部下，是为"掠乡分众"，在攻取土地后，就要分与有功者，是为"廓地分利"。(《军争篇》)"故杀敌者，怒也；取敌之利者，货也。故车战得十乘以上，赏其先得者，而更其旌旗，车杂而乘之，卒善而养之，是谓胜敌而益强。"(《作战篇》)而若仅依靠本国输送物资，则就不可能达到如此激励士气的好效果。这也从一个侧面反映了古代军队的疯狂掠夺性。

值得注意的是，在战场上"因粮于敌"有许多好处，但应"取用于国"。"掠于饶野"有着如此多的好处，那么，是否任何军需物资装备都可来自敌呢？对此，孙武在讲"因粮于敌"的同时，特意提醒诸兵家，说只能"因粮于敌"，却要"取用于国"。即是说：粮秣靠在敌国就地解决，但兵器等必须由国内补充。这是因为，"兵械之用不可假人，亦不可假于人。器之于人，固在积习便熟，而适其长短重轻之宜，与夫手足不相锟锘，而后可以济用而害敌矣。吾之器敌不便于用，敌之器吾不习其利，非国中自备而习惯于三军，则安可一旦仓卒假人之兵而给己用哉！"(《孙子十家注·遗说》)这一思想，就现代军队讲，有着它明显消极的一面，因为夺取枪支武装自己在当今世界已是常见，因而说"取用于国"之观念过于以偏概全和绝对化。但就整个"因粮于敌"思想而言，"取用于国"又必须是兵家考虑问题的出发点，把取胜的基本点放在自身力量基础之上。所以，"取用于国"有其积极合理的一面，不能全盘否定。

"因粮于敌"作为一种方法或一条原则，本身具有方法论的意义。要达到"胜敌而益强"的目的，确保"速胜"计划的实现，不能仅限于食敌之粮，而且还应包括获得敌人的"车"和"卒"等多种补充方式。即要求用奖赏的办法，鼓励士卒缴获敌人的战车，"而更其旌旗，车杂而乘之"；用优待降卒的政策，"卒善而养之"，使其为我所用。

孙武本篇的基本思想是经过战争实践证实的，是符合战争本质规律的理论。他不仅在理论上能有如此深刻的分析和见解，形成了具有普遍意义的指导思想，而且还能将其贯彻于自己的作战实践之中，具体地指导战争。历史上著名的"五战及郢"，即是孙武参与谋划并亲自指挥的。在这次战役中，孙武本篇的军事思想得到了淋漓尽致的发挥和运用。《左传·定公四年》载，公元前506年，吴王阖闾以孙武为主将兴师伐楚。此役，从九月至十一月，前后历时3个多月。从汉川经麻城、陨水、京山至江陵，行军路程近千里；动用了舟师、陆师，实施了机动、决战、追击、攻城，其作战形式之多样和战争规模之大是空前的。以当时的交通条件而论，其速度之快实在惊人，这是中国历史上实施迅猛追击和连续突破的第一个战例。如果没有速战速胜作战思想的指导，没有"因粮于敌"的后勤保障方法，取得这样的战绩是很难想象的。

孙武"因粮于敌""以战养战"的思想，不仅在中外历史上显示出了强大的生命力，而且即使是在现代战争中，仍然不失其存在的价值。

〖经典战例〗

长平之战——有备征战，速战速决

长平之战，发生于公元前260年（周赧王五十五年），是中国古代战国晚期秦国、赵国之间的一次战略决战，双方共投入100万大军，是春秋战国时期最大规模的主力决战。军事强大、国力雄厚的秦国注重用政治、外交、军事多种手段打击对手，伐谋用奇，军事指挥技高一筹。此战中，秦军在名将白起的指挥下，贯彻正确的战略指导方针，采用灵活多变的战术，以佯败诱敌，使其脱离既设阵地，尔后分割包围，在长平（今山西高平西北）一举歼灭赵军45万人，基本上摧毁了赵国赖以抗衡秦国的军事力量，创造了中国古代战史上时间最早、规模最大、战果最巨的围歼战范例，特别是其一次性投入兵力之规模和阵亡人数，在世界战争史上都是罕见的。从此，战国七雄唯秦独强，为秦统一中国奠定了基础。

秦国攻韩远交近攻　赵国贪利虎口夺食

秦国，原来是地处西陲的一个小国。公元前269年，秦国在阏与被赵国打败后，东进中原受挫，相当一段时间甘于沉寂于其他诸侯国的喧嚣中。自秦孝公任用商鞅实行变法以来，秦国制定正确的兼并战略：奖励耕战，富国强兵，国势如日中天；连横破纵，远交近攻，外交连连得手；旌旗麾指，铁骑驰骋，不断向外发展势力，军事胜利捷报频传。经过多代的努力，国势日益强盛，奠定了国家富强的基础。100余年中，秦国蚕食缓进，重创急攻，西并巴蜀，东侵三晋，南攻荆楚，取得了军事、政治、外交各方面的全面胜利，至秦昭王时，秦国已成为战国七雄中实力最强大的国家。

当时，秦国周边的韩、魏、燕、赵四国，为了遏制秦的扩张，形成了松散的联盟关系。四国之中，最强的是赵，最弱的是魏。在秦国的咄咄兵锋面前，韩、魏屈意奉承，这时南楚也自顾不暇，东齐力有不逮，北燕无足轻重。只有赵国，自公元前302年赵武灵王进行"胡服骑射"军事改革以来，国势较盛，军力较强。赵武灵王志向远大，大胆推行移风易俗，并选练精锐弩弓骑兵，赵国在六国中率先组建起了强大的骑兵部队，对外战争胜多负少。在公元前307年至前296年的十二年间，赵国西破林胡、楼烦，北灭中山，拓地千里。赵国君臣睦、将相和。蔺相如、虞卿、赵胜、赵奢、廉颇、李牧等一批能征惯战的良相名将辈出。赵国民风慓悍，崇武尚力，慷慨悲凉之士甚多，又得兵法之教，故迅速成为战国中后期的北方军事强国。其崛起速度之快，出乎天下人意料之外，足令六国为之侧目。此时，战国三强魏、齐、楚相继衰落，秦国之威独步天下，赵国也实为诸侯国的中流砥柱，其作用可谓举足轻重，尚可与强秦进行一番周旋。由此可见，赵国对秦国而言是东出的最大阻碍，秦国要完成统一六国的殊世伟业，一定要拔除赵国这颗钉子，而且赵国还有可能发展成为秦国未来潜在的竞争对手与军事宿敌。秦国是不会看着他的对手一步步壮大从而威胁自身地位的，而要伺机削弱并沉重地打击赵国。当然赵国也不是好惹的，岂甘心束手就擒？秦赵这两大军事强国之间，早晚会有一场恶战以决雌雄，两国之间的战略决战势所难免。

从公元前268年起，秦昭王为了称霸诸国，先拿魏国当作突破口，出兵攻占了怀（今河南武陟西）、邢丘（今河南温县附近），迫使魏国亲附于己。同时，兵锋直向赵国，但自两次奇袭赵要塞阏与失败后，认识到在地缘上超越韩、魏以攻赵是行不通的。公元前266年，范雎代魏冉为秦丞相后，实行其"远交近攻"的战略构想，认为"秦之有韩，若木之有蠹，人之病心腹"（《战国策·秦策三》），力主先攻韩国。秦国遂决定暂时结好于东方的齐国，先攻韩、魏，尔后再蚕食赵国，逐次推进。其时秦国已占有魏的安邑（今山西夏县西北）、新垣（今山西垣曲东南）、曲阳（今河南济源西）、南阳（今济源迤修武一带）、轵邑（今济源南），欲由此地区击赵，也必须先攻取韩国之战略要地上党郡（今山西长治一带）。

因此，自公元前264年始，秦国建立于"近攻"国策之上，连续4年不间断地向韩大举进攻。秦国大规模地伐韩意图非常明确，一是可削弱韩国，并为秦军东出，开辟通道；二是可抢前攻占太行山以西各军事要点，对赵、魏两国造成高屋建瓴之势，为下一步打击他们做准备。秦军先后攻取了陉（今济源西北）、高平（今济源西南）、少曲（今济源东北）等地。公元前263年，又攻占南阳（今河南境太行山南、黄河以北地区）；前262年，再攻占野王（今河南沁阳），将韩国拦腰截为两段，切断了韩本土与上党之联系。上党位于太行山西侧，秦得此郡，在战略上可形成夹击赵国的有利态势。秦军侵入韩境攻城略地的消息传到韩国首都邯郸，朝野上下一片惊恐，韩桓惠王在秦军凌厉的攻势之下大惧，知上党必不保，焦头烂额之下被迫急忙遣使入秦，表示愿意献上党予秦，以求和自保。然而，韩国的上党太守冯亭却不愿献地入秦，为促成赵、魏、韩三国联合共同抗秦的局面，他拒绝执行王命，与部下商议，私自做出了献上党之地17县于赵国的选择。他的用意非常清楚："以上党归赵，赵若受我，秦怒，必攻赵。赵被兵，必亲韩。"以转移秦军锋芒，促成赵、韩携手，联合抵御秦国。

赵国统治集团内部，在关于是否接受上党的问题上发生重大分歧。以平阳君赵豹为首的主和派认为，冯亭献上党是引秦赵相争的嫁祸之计，不可受地；以平原君赵胜为首的强硬派认为，如此不战而得上党17县，控山西形胜之地，机不可失，赵应迅速接收上党，以防被秦国占先。争论相持不决的情况下，赵孝成王目光短浅，决定采纳平原君的建议，贪利受地，不计后果，将上党郡并入自己的版图，封冯亭为华阳君，并立即派大将廉颇率领大军进驻上党长平。

赵国的这一举动，敢置秦国霸权于不顾，无异于虎口夺食，引起秦国的极大不满。强秦怎能容忍眼看着到口的肥肉让赵国夺去，实不甘心，秦、赵之间的矛盾因此而全面激化。本来秦攻赵是早晚的事，现在赵国自找麻烦，于是范雎遂建议秦昭襄王，不如乘机先调转兵锋大举伐赵，还之以颜色，既能破三晋和纵之势，又可绝韩、魏两国之后援。秦王发令，征全国男子参战，进行战争总动员，决心发倾国之师攻赵。

公元前260年年初，秦王指挥秦军兵分两路：派出一部兵力出宜阳，攻打韩国缑氏（今河南偃师东南），直趋荥阳，威慑韩国，牵制韩军使其无力援赵，用以掩护大军侧翼；秦军主力由左庶长王龁率领，出安邑以迅雷不及掩耳之势直取韩国上党。

浩浩荡荡的秦国大军，一路如入无人之境。由于实力悬殊，驻守上党的韩、赵两国兵力都不能敌，退守长平。秦军主力迅速向长平推进。

赵孝成王闻报秦军长驱东进，得上党之地的喜悦早消去了一半。他见情况危急，只好兴师应战，紧急征发大军由老将廉颇统率，驰援长平，企图重新占据上党。

秦、赵两国重兵集团之间的历史性大决战，由此在上党、长平展开。

廉颇率赵军进至长平，与上党败退至此的军民汇合，即向秦军发起迎头攻击。遗憾的是，秦强赵弱，赵前锋与秦先遣部队接战不久，即告失利，裨将赵茄战死。6月，秦军发起进攻，先攻下二鄣城，俘四尉。7月，又攻破西垒壁，俘二尉。后赵军又数战不利，损失巨大。

具有丰富战争经验的廉颇是一位明智的主将，他根据敌强己弱、初战失利的形势，决定及时改变战略方针，转取守势，以守为攻。鉴于连战失利的实际情况，而秦军劳师远征不利于持久战，赵军遂采取筑垒壁固守、伺机反击的防御战略，依托有利地形，以逸待劳，拒不出战，使秦军钝兵挫锐，陷于疲惫。廉颇的这一战法很快产生了效果，秦军多次挑战，赵国却不出兵。秦军的进攻势头被抑制，两军在长平一带相持不决。

瓦解合纵分化同盟　离间赵军主帅易人

从当时情况看，秦、赵双方军事力量的对比，基本上是势均力敌。秦军虽然占有相对的优势，但不占压倒性的优势。秦国是当时军事上最为强大的国家，秦军有奋击之士（轻锐步兵）百万，车千乘，骑万匹。秦地近西北，民风凶悍尚武，秦马优良，秦车迅猛，称得上是当时的超级军事大国。秦军被称为虎狼之师，大将王龁、蒙骜、白起皆是有勇有谋的军事统帅，士卒赤膊上阵厮杀，横冲直闯，如虎入羊群，勇猛无敌。其他国的士卒闻秦兵而丧胆。秦军又得兵法之教，注重各兵种协同作战，以步兵方阵为单位，令行禁止，进退有据，作战经验丰富，极难对付。赵国自齐国衰落后，成为东方六国中军事实力最强大的国家，有带甲之士（精锐步兵）60万，车千乘，骑万匹。赵国在总兵力的数量上不如秦军，但赵国以弩弓骑兵见长，赵组建骑兵部队较早，故赵骑兵训练有素，且军事素养高，经验丰富。所以，作战中以战车部队和弓弩骑兵为主的机动快速部队，秦、赵旗鼓相当，但赵军略占上风。秦赵开战，鹿死谁手，当初还真说不定。

这场大战，双方皆知是一次你死我活的决斗，都出动了倾国之兵。秦国投入兵力约60万左右，赵国投入兵力约50万以上。秦军参战的总兵力略高于赵军，兵力上占有一定的优势。此役仍是以步兵作战为主体，而赵军步兵的作战经验、勇悍程度不如秦军步兵，秦军步兵的战斗力高于赵军步兵。加之秦军有备而来，赵军被迫仓促应战，故战争初期秦军拥有战场主动权。特别是秦国的战争指导者棋高一招，明智地看到秦军出国远征，利于速决，难以持久。他们于是决定运用谋略来打开缺口，为尔后的战略进攻创造条件。先借赵国求和使者郑朱到秦国议和的机会，故意献殷勤，热情招待郑朱，使各国诸侯误认为秦、赵已和好，制造秦、赵和解的假象，动摇了齐、楚等国救赵的决心，使赵国在外交上丧失了与各国"合纵"的机会，陷于被动和孤立。秦国还暗割垣雍（今河南原阳西）于魏国，诱其不援赵国。

秦赵开战后，秦军见赵军廉颇重兵集团缩成一团，死守不战，一时难以吃掉，不能速胜，就决定采取"斩首"行动，欲先除掉赵军主将廉颇，具体方法是施以毒辣的离间之计。范雎遂派间谍携带重金前赴赵都邯郸，贿赂收买赵王的左右权臣，挑拨离间赵王与廉颇的关系。制造谣言，四处散布舆论，说廉颇早有降秦之意，不足为虑，他现在固守防御不战，是出于即将投降秦军的目的，秦军最害怕的还是马服君赵奢的儿子赵括为将。

赵王本来已经怨怒廉颇连吃败仗，士卒伤亡惨重，对赵军失利后却不接战不满，疑心廉颇坚壁固守、不肯出战是怯战，因此很容易轻信了谣言，中了秦国的离间计，决定改令赵括代廉颇为将。蔺相如及赵括之母得知后，急忙劝说赵王,说赵括不适于统兵,平时只能是"纸上谈兵",但赵王拒绝了这些谏言。蔺相如等反对赵王的这一易将决定,并不是反对赵王的速战速决方针,而是反对赵王用人不当。廉颇老成持重,自赵奢去世后,已是赵国唯一可独当一面的大将。赵括出身于赵国军事世家,聪明好学,有辩才,在赵国年轻将领中是佼佼者,但他缺乏实战经验的锻炼,在军事指挥上还是很不成熟的。赵王被其夸夸其谈的外表所迷惑,让他代替廉颇指挥大兵团作战,是不合适的,赵王可谓不知人善任。秦国终于借赵王之手,把廉颇从赵军主将的位置上拉了下来。

廉颇坚守不战,与秦军打消耗战、持久战,其目的在于以疲秦师,拖垮秦国。然而,廉颇的持久战方针,虽然在战役指导上是稳妥的打法,但是有悖于国力,宏观地看并不符合赵国国情,小国与大国拼消耗,只是权宜之计,岂能长久。因为从综合国力上看是秦强赵弱,秦国北有胡宛之利,南有巴蜀之饶,东控潼关之险,奖励耕战,战争经济十分雄厚,各种战略物资的储备非常充足。赵国虽然军事实力强大,但地处北方,经济在六国中较为落后,战争物资储备并不充足,无法支持大规模的连年战争。这场大战,赵国50万大军的后勤保障、粮草与武器装备的补给,每日消费支出巨大。战争已进行了8个月,赵国已经不堪重负,战略储备也消耗殆尽。这实际上是赵国本身难以克服的一个矛盾,同时也是国家统治者与军事指挥者经常发生的一个矛盾。对此,赵国决策层深为忧虑。赵王数次命廉颇出战,速战速决。应该说,赵王的速胜方针是符合赵国国情的,但廉颇鉴于战场形势,拒绝王命。所以,赵国决策层多数人认为廉颇是怯战,普遍对其不满,赵王也为此屡次责备廉颇不出战。在这种情况下,即使秦国不用反间计,赵国撤换廉颇也是迟早的事,遗憾的是赵国已无将可选择,再也选不出能与廉颇相比肩的将帅之才了,也是出于无奈,只好把赵括推向了前沿。

秦国在离间搞乱赵国的同时,也及时调整自己的军事部署。在得知赵军中计易将后,即立即增加军队,暗中征调骁勇善战的武安君白起为上将军,代替王龁统率秦军,王龁为副将,至长平指挥作战,制订了诱敌深入、分割包围、积极打援、聚而歼之的作战预案,并命令封锁一切消息。秦王知道,赵括虽自大骄狂,但他畏惧白起为将。为了避免引起赵军的注意,秦王下令军中严守这一机密:"有敢泄露武安君白起为将者,斩!"这个白起，看来可不是一个寻常人物，他又名公孙起，秦国郿县（今陕西郿县东北）人，素以深通韬略著称，久经沙场，是秦国历史上战功最为卓著的军事将领，曾率秦军大战伊阙，斩杀韩、魏联军24万人，南破楚国，入鄢、郢，焚夷陵，打得楚人丧魂落魄，兵锋所指，摧枯拉朽。他的作战指挥艺术，代表了战国时期战争发展的最高水平。

而只会背吟几句兵书词句的赵括，则是一个缺乏实战经验的庸人，他年轻气盛，行事轻率，给赵军带来了灭顶之灾。他上任后，在邯郸即全面推翻廉颇的既定方案，一反原来的兵力部署，不仅临战更改部队的制度，而且大批撤换将领，搞得赵军上下离心离德，斗志消沉，战斗力下降。为迎和赵王急欲取胜之心，赵括到长平后，错误地理解赵王的速胜方针，改变了廉颇原取的战略防御方针，而积极筹划战略进攻，企图一举而胜，夺回上党。在不辨虚实，不明地理，对秦军动态蒙昧无知的情况下，赵括统率赵军主力向秦军发起大规模的出击，意在决战。

秦将白起到任后，针对赵括没有实战经验、求胜心切、鲁莽轻敌等弱点，采取了诱敌入伏、分割包围而后予以聚歼的作战方针，对兵力做了周密细致的部署，造成了"以石击卵"的强大态势。具体作战部署是：首先，以原先的第一线部队为诱敌部队，等待赵军出击后，即向预设主阵地长壁方面撤退，诱敌深入；其次，利用长壁地形构筑袋形阵地，在正面以主力守卫，抵挡阻遏赵军的攻势。并组织一支轻装锐勇的突击部队，待对赵军形成包围圈后，主动从正面出击，消耗其有生力量，吸引赵军的注意力；再次，命令车骑快速部队2.5万人，埋伏在主阵地的两侧翼，待战斗打响后，迅速穿插到赵军主力的后方，控制谷口有利地形，出奇兵切断赵军的退路，协同主阵地上的秦军主力，完成对赵军的严密包围；最后，用5000精锐骑兵插入渗透到赵军后方营垒之间，牵制和监视这些营垒中的剩余赵军不能出援。

战局的发展果然按着白起所预定的方向进行。这年8月，白起用小股秦军向赵军发起挑战，两军稍事交锋，秦军佯败后退。赵括不问虚实，小胜之后，误认为秦军士气不高，遂亲率主力立即发动总攻，倾巢实施追击。

秦军前锋假意败走，暗中则张开两翼设奇兵挟制赵军，主力已配置在纵深构筑的袋形阵地上。当赵军前进秦军的预设阵地——长壁后，即遭到了秦军主力早有准备的坚强抵抗，壁垒坚固不得破，攻势受挫，被阻于坚壁之下。预先部署于两翼的秦奇兵,及时穿插迂回至赵军进攻部队的侧后,抢占了西壁垒(今山西高平北的韩王山高地),切断了赵军与其后方营垒的联系,断其退路,构成了对进攻赵军的包围。另外安排的5000精锐骑兵,迅速出击,插入赵军垒壁间,牵制、监视留守营垒的赵军,阻断其所有粮道和联络。赵军首尾分离,被分割为各自孤立的两部分。在赵军被合围后,秦军迅速出动轻兵反复冲击被围赵军,以挫其兵锋,防备突围。

这时,赵括所率主力处于进退两难境地,欲退兵,但为时已晚。包围圈内,赵军多次从正面攻击均未奏效,数战不利,情况十分危急。赵括为防赵军被分割歼灭,转攻为守,命令全军修筑营垒工事,连成一片,坚守待援。赵军在长平被围的消息传至邯郸,赵统治集团深为震惊,举国震动。赵王在全国搜集留守部队,竭尽全力援救长平。

白起见赵军人多,也一时无法全歼,遂采取长围久困之策,断其粮道,以利后战。

秦王听到赵军主力已被包围在长平、粮道被切断的消息后,异常振奋,决心倾全国之力与赵作战。为防止赵军内外联合破围,他亲赴河内(今河南沁阳及其附近地区)督战,把当地15岁以上的男丁全部编组成军,赏赐民爵一级,增援长平战场,以阻绝赵国的援军和粮草。这支打援兵团很快开进到长平以北的今丹朱岭及其以东一带高地,进击于赵军在长平大本营之后,实施更加深远的纵深包围,进一步断绝赵国的援军和后勤补给,彻底阻断邯郸与长平之间的一切联系,从而确保了白起彻底地歼灭被围的赵军。

9月底,长平被围赵军断粮已经46天,发展至内部不得不宰战马、杀伤兵、割死尸为食的惨境,濒临绝境,人心浮动,死亡的阴影笼罩着整个部队,局势非常危急。赵括集中所有精锐力量,组织了四支突围部队,不分昼夜,轮番冲击秦军阵地,希望能打开一条血路突围,但都未能奏效。绝望之中,赵括孤注一掷,身先士卒亲率赵军精锐部队强行突围,仍被秦军击退。赵军溃败,秦军万弩齐发,赵括身中数十箭,犹呼向前,力战而死。

赵军失去主将,又内无粮草,外无救兵,突围无望,军心崩溃,完全丧失斗志,遂不复再作抵抗。40余万饥疲之师,全部丢盔弃甲,向秦军投降。

秦军受降，在解除赵军士卒武装后，白起产生了顾虑，他认为"上党民不乐为秦而归赵；赵卒反复，非尽杀之，恐为乱。"(《史记·白起列传》)他的主要顾虑是，此役，秦军虽说大获全胜，但也受到重创，士卒死伤大半，国力疲惫，赢得也很勉强。赵国降卒为保活命，不得已降秦，家眷仍在故国，人心思赵，他们不会真的为秦国出力，且人数众多，一旦有变，非秦军所能控制，若放他们回赵，又前功尽弃。赵国民风慓悍，君臣团结，很容易东山再起。如此既不能用，又不能放，反成了累赘。所以，白起最终下定决心，不如杀掉这些俘虏，彻底摧毁赵国的军事力量，以绝后患，从而确保秦国的绝对优势，为下一步灭赵做准备。遂确定仅将年少幼小者240人放回，归赵报信，用以震慑赵人之心。后以欺诈手段，将40余万赵国降卒全部坑杀。

长平之战，秦军终于取得了空前残酷、激烈的胜利，前后共歼灭赵军45万人，从根本上削弱了当时山东六国中最为强劲的对手赵国，也给其他诸侯国以极大的震慑，为秦日后完成统一六国大业创造了有利的条件。从此以后，秦国统一六国的道路变得畅通无阻。

在这场战争中，白起用兵如神，淋漓尽致地展现了其卓越的军事才能。他以杰出的军事指挥艺术，带领秦军给赵军以毁灭性的打击。在赵军被围后，先发动进攻阻其突围，后积极组织打援，坚决割裂赵军内外联系，从而使赵军的援救与突围企图失败。此战奠定了白起被后世尊为一代名将的基础，使之成为继孙武之后，中国战争史上又一个卓越的军事统帅。

长平大战是中国历史上空前规模的一次大战役，长平坑卒亦是中国古代史上的重大惨案。《孟子·离娄篇》描绘战国时期的战争场面是："争地以战，杀人盈野；争城以战，杀人盈城。"纵观烽火连天、刀光剑影的270年战国历史，可知孟子的这番话并没有夸张的成分。就战争规模之大、杀伤程度之惨烈而言，在当时的众多战争中，秦赵长平之战最为惊心动魄。这场战争从一开始就带有极其浓厚的悲壮色彩，从起因、初战、换将、大战、结局、坑卒，皆让后人叹惋不已，而死者之众，更使人震撼。赵国"壮男尽死长平"，秦军亦"死者过半，国内大空"。这场大战，双方至少损失50万人以上，而中国当时的人口，到秦始皇统一中国的时候才2000多万人。尤其带有悲情气氛的是，40余万赵卒并非战死，而是在放下武器后，"尽皆坑杀"。这一天，几乎所有的赵国普通家庭都深受失去亲人的悲痛。

这场战争的惨烈，是中国古代战争史上最令人心酸的一幕，在世界战争史上也是罕见的。秦国坑杀赵国降卒，在短时间内是有利的，但从长远来看未必有利。因为坑杀赵国降卒，既坚定了赵人举国同仇、誓死抗秦的决心，又阻绝了其他五国军队降秦之心。此举或多或少为秦国统一天下制造了障碍，延缓而不是加速了统一。由此可见，白起杀降坑卒，属于严重的历史性罪过，说明这位优秀的军事家在政治上却是个缺乏战略眼光的愚人。以此也再次证明了孙武关于战争的名言："兵者，国之大事，死生之地，存亡之道，不可不察也。""亡国不可以复存，死者不可以复生。故明君慎之，良将警之。此安国全军之道也。"

〖点评〗

长平之战秦胜赵败的结局并不是偶然的，双方战略上的得失和具体作战艺术运用上的高低是其中重要的因素。秦军之所以大获全胜，除了它在政治、经济和总体力量上占有相对的优势外，还在于巧妙地将政治斗争、外交斗争、军事斗争有机地揉为一体。秦军获胜的主要原因有：

1. 国富军强，远交近攻。在诸侯列国中，秦国的封建制发展较快，经济实力较为雄厚。当时的秦国，已经发展成为一个朝气蓬勃、先进富强的国家，在政治、经济、军事、外交和社会制度上，都有它最终取得战争胜利、统一六国的内在有利因素。秦国成功运用"远交近攻"的战略方针，分化瓦解了山东六国的战略同盟，取得了连横战争的主动权。并正确地选择了战略进攻的主攻对象，在战国晚期，秦国与东方六国的矛盾最为尖锐、六国在军事上能与秦相抗衡的只有赵国，击败赵国就等于扫除了秦统一六国事业军事上的最大障碍，对六国军心士气的打击也具有重要意义。

2. 君臣配合，上下同欲。此战是秦赵两国统治者决断力、意志力与双方综合国力、军事实力、战争潜力上的全面较量。《孙子兵法·谋攻篇》曰："上下同欲者胜，以虞待不虞者胜，将能而君不御者胜。"秦国君臣相互配合默契，在战斗的关键时刻，秦国上下一体动员，秦王亲自组织及时增援，协调配合，断敌之援，为白起实施正确的作战指挥提供了必要的保证。秦方倾国出动，在军事上反映了当时战争中对《孙子兵法》"集中兵力"这一重要军事原则的认识和运用，有了飞跃的提高，创造了中国战争史上第一个大规模合围作战的经典范例。

3. 有备而来，上兵伐谋。秦国大举进攻赵国，并不是因怒而兴师，是经过一番精心的考量策划与周密的物质、兵员准备的。《孙子兵法·作战篇》曰："凡用兵之法，驰车千驷，革车千乘，带甲十万，千里馈粮；则内外之费，宾客之用，胶漆之材，车甲之奉，日费千金，然后十万之师举矣。"打胜一场战争，没有这些充分准备是不行的。秦国在大举伐赵之前，先遣使赴韩、魏，诱之以利，迫之以威，使两国不敢救赵。秦军在有准备的前提下，先发制人，兵分两路，一路防韩、魏援赵，而以主力迅速攻占了赵国的晋东南形胜之地，逼迫赵国在不利的时间、不利的地点决战。秦国可谓有准备，抢占了先机，一直操控着战争的主动权。在赵国初战不利，遣使赴秦试探求和的可能性时，秦国在这一轮的政治外交较量中，用谋手法老练，一方面加紧进攻赵军，一方面厚待赵使，既弱化了赵国抵抗之心，也做出了秦赵和谈的假象，使其余五国举棋不定，放弃援赵。在双方进入相持阶段后，秦国还利用赵国君臣之间的矛盾，巧妙施以离间计，迫使赵军临阵换将，诱使赵王犯下置将不当的严重错误决策。

4. 暗中换将，择人得当。《孙子兵法·作战篇》曰："故知兵之将，生民之司命，国家安危之主也。"在决定胜负的决战关头，秦王果断起用富于谋略、骁勇善战、有丰富实战经验的白起为主帅，周密地制订了诱敌合围的作战计划，并封锁消息。白起一生征战沙场长达37年之久，战胜攻取者70余城，歼敌百万，未尝败绩，为秦国的统一奠定了基础。史学家司马迁称赞白起善于用兵，"料敌合变，出奇无穷，声震天下"（《史记·白起王翦列传》）。

5. 野战求歼，速战速决。长平之战，白起的野战作战指导特点有五：一是善察战机，正确判断出赵军的作战意图。从廉颇坚壁固守被撤职，推知赵括必会大举进攻，从而采取有针对性的战策。为了避免与赵国40万大军无把握地作整体混战，白起针对敌方弱点，而以奇兵对敌分割、绝粮，断援制胜。二是预选战场，占尽地利。在长平战场上，秦军屯兵于战场西南的山谷之中，地势险要，其势犹如掘坑待虎，而赵军驻扎大军于长平以北的丘陵地带，险阻不固，已失地利。秦出山谷攻赵易，赵入山谷图秦难。赵军若入山谷攻秦军，秦军可封闭谷口，断赵军后路。秦军如此布置兵力可谓得《孙子兵法》之精要，赵括不明地理，数十万大军顿成瓮中之鳖，

焉能不败。三是避实就虚，速战速决。《孙子兵法·作战篇》曰："兵闻拙速，未睹巧之久也。""兵贵胜，不贵久。"白起不以攻城夺地为唯一目标，而是以歼敌有生力量作为主要目的。他利用赵括求胜心切，佯败而纵奇兵，先诱赵军脱离既设工事，然后用《孙子兵法》正合奇胜的战法，绝粮道，迅速分割包围赵军，使得赵军孤军深入没有增援，俟其饥疲，一举歼之。四是为达全歼目的，白起强调追击战，对赵军穷追猛打，较《孙子兵法》的"穷寇勿追"及商鞅的"大战胜逐北无过十里"（《商君书·战法第十》），显然又前进一步。五是重视野战筑垒工事。先诱赵军脱离设垒阵地，分割包围，再在预期歼敌地区筑垒阻敌，打阵地战，聚而歼之，并防其突围。此种以筑垒工事作为进攻辅助手段的作战指导思想，在当时前所未有，反映了战国时期野战指挥艺术发展到一个新的水平，白起由此也成为战争史上在野战中运用围歼战术作战的顶级大师。

长平之战亦证明，赵军也是一支训练有素、意志坚定、战斗力很强的劲旅。尤其是赵军陷入重围后，在内无粮草、外无救兵的极端不利的条件下，英勇顽强地战斗了近两个月，"粮尽弓失绝，鲜血涂天地"，其奋战精神也称得上是可歌可泣。赵军之所以惨败的原因主要有：

1. 战和不定，失道寡助。在外交上不搞合纵，不善于利用各国仇秦的心理，积极争取他国，引为己助。战争初期，赵国尚有实力，只要六国一致抗秦，总体力量乃大于秦，可赢得合纵战争。但赵国统治集团对秦国将大举进攻、摧毁赵国的战略野心认识不足，更由于战前分兵在东方扩张，战时亦不能坚定抗秦，以致与秦媾和，导致其余各国作壁上观，其他诸侯国若能派兵相救，或袭击秦军后方，断其粮道，或供应赵国军粮，长平之战的结局决不会如此。赵国不能利用外交手段力促魏、楚两国援赵，反而在初战不利的情况下，派使者赴秦侥幸求和，战和摇摆不定，实乃又一大败笔。

2. 贪利受地，急于求胜。在战争指导上，赵王对敌强己弱的态势缺乏认识，贸然开战，并错误地坚持进攻战略，一味追求进击。赵军营垒本来应采取积极防御的策略，一方面坚守阵地，一方面选派精兵猛卒反冲秦阵，挫其兵锋。因为秦军出险地，深入赵境，处于远离本土、无险可凭的境地，赵国以退为进，可使秦军后勤补给线拉长。秦军千里运粮，且粮道暴露在平原地带，防不胜防，粮道不畅，损耗日巨，60万大军必然乏食。《孙子兵法·作战篇》即曰:"国之贫于师者远输,远输则百姓贫;近于师者贵卖,贵卖则百姓财竭,财竭则急于丘役。力屈财殚,中原内虚于家。"秦军若有如此断粮后顾之忧,就不敢全力向前。赵国却可以缩短粮道,就近取粮,以利坚守。这样,战争就会向着有利于赵国的方向发展,赵国就可以有时间寻求在持久中速胜的良机。

3. 临阵易将,用人不当。在战役前期,老将廉颇的战役指挥的确过于保守,无险可守还避而不战,属于消极防御,而后期又采用不适合国力的持久战,使赵军数战不利,完全处于被动挨打的境地,引起朝野上下的普遍不满。加之秦国借机施以反间计,赵王惑于传言,以华而不实、刚愎自用而毫无实战经验的赵括,取代久经沙场、持重富谋的廉颇为赵军统帅。赵括的盲目出击,取代了廉颇的坚壁疲敌,招致误军误国。后期赵国决策层制定的速胜方针虽说符合国情,但不应完全弃用执行防御战略的廉颇,致使速战速决成为一场军事冒险。

4. 战力丧失,屡铸大错。赵国在作战指导上,不察战场实际情况,轻率发动进攻,又未采取必要措施,确保后方联系。决战伊始,贸然出击,致使被围,被围之后,只知消极强行突围,未能进行内外配合,打通粮道。许多战例说明,在敌强我弱的情况下,消极防御是守不住阵地的,就是一块钢板也会被敌人一点一点凿穿。《孙子兵法·作战篇》曰:"胜久则钝兵挫锐,攻城则力屈,久暴师则国用不足。夫钝兵挫锐,屈力殚货,则诸侯乘其弊而起,虽有智者,不能善其后矣。"在被围之初,此时赵军若趁兵力雄厚,士气尚在之际,组织全军竭尽全力,拼死突围,至少可以有部分部队突出重围,不至于被秦军全歼。特别是主将赵括在军事指挥上逞强贪功,纸上谈兵,一俟拜将,乱改原案,损坏了指挥系统,削弱了士气和战斗力。他不知"奇正"变化、灵活用兵的要旨,既无正确的作战方针,又不知敌之虚实,更未能随机制宜摆脱困境,始终处于被动之中,贻误战机,盲目倾巢出击,统领大军深入险地,陷于被包抄分割、粮断援绝的境地,士气瓦解,直至全军崩溃。

长平之战,秦赵双方总共投入100多万军队,是秦统一战争中规模最大的一次战役。如此空前大规模的作战行动,集重兵于一役,在此后中国战争史上也鲜见,只有后来的楚汉相争与20世纪40年代末解放战争中的三大战役与其相当。长平大战影响深远,司马迁著《史记》中对此战着重笔墨进行了描述。如今，山西省高平市城西北长平古战场上的许多地名，多因此战而得名，诸如白起堡、都尉城、秦城村、米山镇、大粮山、弃甲院、箭头村、三甲村、三军村、围城村、徘徊村等，至今仍向当代世界透露出当年那场大战的许多信息。30集大型历史题材电视连续剧《铁血长平》，描述的即是此战。

【谋攻篇】

军事战略战术的用谋预测科学

〖原文〗

孙子曰：凡用兵之法，全国为上，破国次之；全军为上，破军次之；全旅为上，破旅次之；全卒为上，破卒次之；全伍为上，破伍次之。是故百战百胜，非善之善者也；不战而屈人之兵，善之善者也。

故上兵伐谋，其次伐交，其次伐兵，其下攻城。攻城之法，为不得已。修橹轒辒，具器械，三月而后成；距堙，又三月而后已。将不胜其忿而蚁附之，杀士三分之一而城不拔者，此攻之灾也。

故善用兵者，屈人之兵而非战也，拔人之城而非攻也，毁人之国而非久也，必以全争于天下，故兵不顿而利可全，此谋攻之法也。

故用兵之法，十则围之，五则攻之，倍则分之，敌则能战之，少则能逃之，不若则能避之。故小敌之坚，大敌之擒也。

夫将者，国之辅也。辅周则国必强，辅隙则国必弱。

故君之所以患于军者三：不知军之不可以进而谓之进，不知军之不可以退而谓之退，是谓縻军。不知三军之事，而同三军之政者，则军士惑矣。不知三军之权，而同三军之任，则军士疑矣。三军既惑且疑，则诸侯之难至矣。是谓乱军引胜。

故知胜有五：知可以战与不可以战者胜，识众寡之用者胜，上下同欲者胜，以虞待不虞者胜，将能而君不御者胜。此五者，知胜之道也。

故曰：知彼知己者，百战不殆；不知彼而知己，一胜一负；不知彼不知己，每战必殆。

〖原文意解〗

孙武先生说：大凡用兵的一般指导原则是以迫使敌人全国屈服为上策，攻破敌国在其次；以使敌方一个军整军降服为上策，击垮敌军在其次；以使敌军一个旅全旅投降为上策，击溃敌旅在其次；以使敌军一个卒全卒投降为上策，打垮敌卒在其次；以使敌军一个伍全伍投降为上策，歼灭敌伍在其次。因此，百战百胜，并不是高明中最高明的善于用兵者；不经交战而使敌人屈服，那才是高明中最高明的善于用兵者。

所以，用兵的上策是以谋取胜，挫败敌人的战争谋划与部署；其次是运用外交取胜，挫败敌人的外交活动，争取、分化、打击敌人的盟国；再次是以兵克敌，打败敌人的军队，决胜战场。攻打敌人的城池是最下策。

攻城，是迫不得已而采用的办法。攻城，需要制作大盾等防御武器和接敌用的四轮战车，准备各种攻城器械。这些攻城应用的物品，需三个月才能完成；构筑攻城用的土山，又要三个月才能堆积竣工。攻城作战困难甚多，指挥员因不顺利而常发脾气，按捺不住愤怒的情绪，强令部队用密集队形像蚂蚁一样附梯，登高，爬城，仰攻，以致使士卒战斗减员高达三分之一，而城池仍未攻克。这就是攻城带来的灾难啊。

所以，善于用兵、指挥战争的人，迫使敌人屈服而不靠在战场上交锋硬打，夺取敌方的城池而不靠强攻，毁灭敌人的国家不需用旷日持久的战争。务必要用全胜的战略计谋争胜于天下。这样去做，我方军队就能够达到不致疲惫受挫而赢得圆满胜利，保全国家利益。这就是我们讲以谋略克敌制胜的基本法则及其主要意义。

因此，用兵作战的基本原则是：我军有十倍于敌的兵力时，就四面围困敌人；我军有五倍于敌的兵力时，就采取攻势作战；我军有两倍于敌的兵力时，就设法分散敌人，以求吃掉敌之一部或大部，进而各个击破敌人；我军与敌人兵力相当时，就出奇设伏，果断地战胜敌人；我军兵力比敌人在数量上少时，就要躲避、摆脱敌人，实行退却，坚壁固守；我军兵力在数量和质量上都不如敌人时，就应主动守而不战，坚决避免决战，等待在有利的地形、有利的时机再寻敌作战。所以，应注意的是不要用对付弱小敌人的办法去对付强大的敌人；在小敌面前是强者，而以同样的兵力对付大敌就将被敌人所打败擒获。

将帅是国家君主治国安邦的辅佐，他们在国家的地位，就像加固在车轮外侧的两根附木一样，起着重要的辅佐作用。将帅如果才智周备，辅助国家君主能团结一心，各地军事布防坚实周密，社稷江山就会安全，国家就一定强盛；将帅如果才智不全，与国家君主彼此关系不协调，在军事布防上有空隙缺漏，社稷江山就会出现危险，国家必然就会衰弱。

国君干扰军队，危害军事行动，使之处于不利状况的有三种情形：第一，国君如果不知战场上我军不能进攻的情况，而强硬命令军队进攻；不知战场上我军不能后退的情况，而强硬命令军队后退。这样就捆绑住了前线指挥员们的手脚，限制了他们的机动，是谓束缚军队。第二，国君如果派遣不懂全军事务的人去负责全军的行政管理，将士们就会迷惑不解。第三，国君如果委派不懂军队之权谋而领全军之重任的人负责指挥作战，将士们就会产生疑虑。全军将士若如此既迷惑不解，又忧虑重重，此时其他诸侯邻国就要乘机进犯，灾难祸患也就会趁虚而来。这叫作自乱其军，引入敌人，把胜券拱手让人。

因此，能预见到胜利的情况有五种：第一，知道在什么情况下可以与敌交战，在什么情况下不可与敌交战的，就能胜利；第二，懂得根据兵力多少灵活运用战法的，就能胜利；第三，国君与将帅、臣民、士卒上下同心同德，有共同求胜愿望的，就能胜利；第四，我军有充分准备以对付没有准备之敌的，就能胜利；第五，将帅有驾驭战争的能力，而最高统帅不越权干预、不加牵制干扰的，就能胜利。这五条，是预见胜利的基本方法。

上述各项都以先知为前提，所以说：军事上了解敌人，又了解自己，即使百战也不会失败；不了解敌人，但了解自己，这种情况下有时能取得胜利，也会有失败，胜利只有百分之五十的可能；既不了解敌人，也不了解自己，在这种情况的每次战斗都有失败的危险，最后必定以失败告终。

〖原句辨释〗

（一）对"凡用兵之法，全国为上，破国次之……全伍为上，破伍次之"之句的辨释

从对孙子兵法的各种注释版本看，各家由于对此句的解释侧重点不同，理解也就有显著或细微的差别。

1. 重点在于政治瓦解，而非军事打击。解释为：若能保全敌国城邑，争取敌人举国上下完全降服、屈从是上等策略，而经过武装冲突，击破敌国城邑再迫敌屈从是下等策略；若能使敌方一个军全军完全降服、屈从我们是上等策略，而将敌方全军击散、打成击溃战后再迫敌屈从是下等策略；若能使敌方一个旅全旅完全降服、屈从我们是上等策略，而将敌方全旅击散、打成击溃战后再迫敌屈从是下等策略；若能使敌方一个卒全卒完全降服、屈从我们是上等策略，而将敌方全卒击散、打成击溃战后再迫敌屈

是下等策略；若能使敌方一个伍全伍完全降服、屈从我们是上等策略，而将敌方全伍击散、打成击溃战后再迫敌屈从是下等策略。

2．打歼灭战，而不要打击溃战。解释为：在我军强大军事攻势下，将敌方全国完整地攻克，使其降服才是上策，仅仅攻破敌方而未能使其全国上下降服就差些；将敌方全军完整地歼灭，使其降服才是上策，而击败打散全军就差些；将敌方全旅歼灭，使其降服是上策，而攻破打散敌方的旅就差些；将敌人的全卒歼灭，使其降服才是上策，而打散敌人的卒就差些；将敌人的全伍歼灭，使其降服才是上策，而打散击败敌人的伍就次些。

3．伤其十指，不如断其一指。解释为：保全敌国一个城邑使之完全降服是上等策略，而击破敌国多数城邑而不能得到是下等策略；保全敌人一个军使之完全降服是上等策略，而击破敌人多个军是下等策略；保全敌人一个旅使之完全降服是上等策略，而击破敌人多个旅是下等策略；保全敌人一个卒使之完全降服是上等策略，而击破敌人多个卒是下等策略；保全敌人一个伍使之完全降服是上等策略，而击破敌人多个伍是下等策略。

4．国与军、旅、卒、伍之间有递进关系。解释为：战争的目的在于迫使敌人屈从我们的意志，若能争取敌人举国屈从是上招，经过武装冲突破人之国迫敌屈从就是次招；既已破人之国，就应争取敌人全军屈从为上招，而打破敌军迫敌屈从为次招；既破人之军，则以争取敌人的全旅屈从为上招，而打破敌旅迫敌屈从为次招；既不能全旅，则应争取敌人全卒屈从为上招，而打破敌卒迫敌屈从为次招；既不能全卒，就争取敌人全伍屈从为上招，破伍迫敌屈从为次招。

本书综合各方意见，并根据下句"打一百仗，胜一百仗，并非好中之好，不经军事打击而使敌人屈服，才是好中之好"的本意，并从行文简洁、信达考虑，意解为：大凡用兵的一般指导原则是以迫使敌人全国屈服为上策，攻破敌国在其次；以使敌方一个整军降服为上策，击垮敌军在其次；以使敌军一个旅全旅投降为上策，击溃敌旅在其次；以使敌军一个卒全卒投降为上策，打垮敌卒在其次；以使敌军一个伍全伍投降为上策，歼灭敌伍在其次。

(二) 对"故小敌之坚，大敌之擒也"之句的辨释

对此句的理解，异点主要在"小敌之坚"上，主要有两种解释：

1. 原句中的"故"在句中起结果性转接作用。"故"解释为"所以",与整个自然段有直接因果关系;"坚"理解为"强大"。解释为:"所以,在弱小的敌人面前是强者,而以同样兵力对付强大的敌人就会被敌人所打败擒获。"

2. 原句中的"故"有承上启下的作用。"故"解释为"因为",与上句"不若则能避之"有直接因果关系;"坚"理解为"死打硬拼"。解释为:"因为,弱小的军队如果死打硬拼,就会成为强大敌人的俘虏。"

本书认为,此句是对本自然段的全面总结,应该仍是讲敌我兵力对比。是对敌我兵力对比从十倍、五倍的优势到反转处于劣势应采取作战方针的一个结语,并非仅是对"不若则能避之"句的链接因果。原句中的"大敌""小敌"都是敌人,都是我军的作战对象。把"小敌"当作"弱小军队"解释,则就把我军置于"坐山观虎斗"的第三者位置,这显然与上下文意不符。

作战中的"小敌"或"大敌",是个变数。如我军兵力十倍、五倍于敌人时,敌人显然是"小敌",我军显然是"小敌之坚";反之,如敌军兵力十倍、五倍于我时,敌军显然是"大敌",我军显然就成了"大敌之擒"。孙武说这话的中心意思是,兵力数量的多与寡,是相对而言的,1万人相对1000人是"优势兵力",而如果对方是10万人呢,这1万人所采取的作战方针就完全不同了。同一个战场上,在"小敌"面前能逞英雄,在"大敌"面前,就要谨慎、识相点,否则就会成为"大敌之擒"。

因此,本书对此句意解为:"所以,应注意的是不要用对付弱小敌人的办法去对付强大的敌人:在小敌面前是强者,而以同样的兵力对付大敌就将被敌人所打败擒获。"

〖专题解论〗

(一)孙武谋攻的主体内容

孙武提出"上兵伐谋"这一思想是对战争经验的总结,是在军事全方位上的哲学概括,揭示了战争行为的本质。战争史证明,没有不用军事计谋的战争。举凡一切与战争有关的行为,如战机的创造、战法的运用、兵力的部署、目标和地形的选择等决策活动,都在"伐谋"的范围。孙武关

于谋攻的主体内容,其要旨有如下几点:

1. 谋略以知己知彼为先决条件

孙武认为,知己知彼是将帅指挥的根本原则。"知己"是指准确地把握我方军队的情况;"知彼"则是准确地把握敌方情况。知己又知彼,意味着广泛地集聚关于战局的各种军机信息,既把握我方军情,又把握敌方军情,以预测战局走向,确保能百战百胜。

世界上的任何事物都是由主观与客观矛盾的双方构成的,"己"与"彼"即是矛盾着的双方,掌握了矛盾双方的各种信息,方能准确决策。国君以及任何出任军队统帅的最高司令官,除了必须具备顽强勇敢的精神和大胆决定的能力之外,还必须有沉着冷静,知己知彼的素质,否则,就不能指挥作战。所以,一个伟大的统帅应以丰富的经验、博学、天才及其掌握的可靠的军机信息,预测战局从而做出高明的指挥决定。

"知彼"的道理常能为众人所了解,倍加重视,但对"知己"则往往容易忽视。为此,孙武在本篇中特别强调,主帅尤其要"知己",不"知己"则有三害:

第一,"不知军之不可以进而谓之进,不知军之不可以退而谓之退,是谓縻军。"也就是常言所说,该出手时就出手,该收手时就收手。出手时不能犹豫不决,优柔寡断;收手时不能贪利恋战,忘乎所以。在战场上,进攻与防御是两种基本作战运动方式,攻有攻的法则,守有守的法则。进攻的直接目的是为了胜利,它与防御相辅相成,应是进中有退,攻中有守,第一要旨是保存实力,消灭敌人。此外,防御性的退却也有真假虚实之分,如果不能把握我军实情,而错令进退,也会束缚住自己的手脚,往往因此导致损失甚至失败。所以,急流勇退,见好即收,及时而漂亮地撤退,与漂亮地进攻同样重要。一胜再胜下地恋战,连幸运之神也会嫌累的。凡战终了时务必小心谨慎,顺利抽身退出,要比顺利地进入更难。最重要的不是首战必胜,而是笑到最后。

第二,"不知三军之事,而同三军之政者,则军士惑矣。"也就是常言所说的"外行领导内行,大家跟着遭殃"。尤其是作战指挥,关系着将士的生死,国家的存亡,一点也马虎不得。孙武告诫道:那种不懂装懂的"军事家",如果不确知自己部队的军情,却硬要参与军队政务,必然导致军心混乱,这种将帅不能根据军机需要发布命令,如何能稳定战局呢?全军将

谋攻篇

士为之而困惑，这仗怎么会打成这个样子呢？如此军心动荡，结果也就只能是"患于军"。

第三，"不知三军之权，而同三军之任，则军士疑矣。"就具有任命权的最高统帅讲，也就是常言所说的"知人善任，选才任贤"；就临战受命的前线指挥员来讲，也就是常言所说的"没有那个金刚钻，别揽那个瓷器活"。孙武告诫道：最高统帅如果委派不懂军队之权谋而领全军之重任的人负责指挥作战，将士们就会产生疑虑。那种不懂得军事作战的权谋机巧，又要出征指挥的将帅，其结果必定是瞎指挥，自乱军心。全军将士若如此既迷惑不解，又忧虑重重，此时其他诸侯邻国就要乘机进犯，灾难祸患也就会乘虚而来。

2. 谋略以抢先为根本

用兵之道，是先定其谋，然后再施其事，古人称为"先谋"。这有两层含义：

一是谋略必须在事先进行，以预测出战争的发展趋势，做出科学的决策，指导夺取战争的胜利。很显然，谋略有着很强的时效性，强调的是"早出炉"，早准备。如果是"马后炮"，那么，再高明的谋略也等于零。

二是谋略必须先于敌人，抢占先机。在同一战场上，战争环境条件相同，特别是在战争处于僵持状态时，战争双方势均力敌，各方面的条件似乎都差不多，在这种情况下，往往是谁的谋略高明并且出手快，谁就能赢得主动权。否则，即使仅仅是慢了半拍，再高明的谋略也会因被敌人已付诸军事行动的谋略所干扰，甚至被打破，出现颠覆性的恶果，严重时会导致全军覆灭。所以，兵贵速，谋略的先行更贵速。

3. 谋略以集思广益为厚重

集思广益，佳中选最优。孙武的军事谋略首先是庙算之谋，是在庙堂之上的"议会"，是集体智慧的结晶。所以，军事决策过程的谋略，应是博采众家意见，集中群众智慧，实施集团决策。决策者只有广取众人意见，集中众人智慧，博采众说，群策群力，才能正确体察、集中民意，做出成功的决策。

集思广益，多一个预案多一条路。战争是斗智的演兵坛，双方都在苦思冥想，绞尽脑汁，我们所想的往往是敌人所想的。谋略的斗争中，针尖对麦芒，很有可能双方的谋略方案顶在了一起，而且敌之预案要比我之预案高明，在这种情况下，及时修正我之原定方案，针对敌人的软肋出击，则可扭转战局，或乘胜扩大战果。所以，战机万变中往往会出现一些意想不到的情况，第一方案有时也会演变为没有用的方案，而集思广益中的多个方案里可能就有现成的破敌绝招，用在火候上会成为最佳方案。多套谋略方案的厚重感，还起着稳定将帅情绪的重要心理作用，因为"有准备""不怕"这两点，是战胜敌人的重要精神力量。

还需要值得注意的是，在博取多方意见时，决策者要慎重思考正反两方面的意见，特别要参照相反的意见，这对决策者是非常重要的。

4. 谋略以统揽全局为优长

军事活动在谋略战局时，不可一步一计，应是一步百计。

谋略戒急功近利，走一步，看一步，谈不上有谋略。应是走一步，看十步，想百步，在谋略中把握战局的发展，高瞻远瞩。没有深谋远虑，就没有谋略全局的方向；没有把握全局的能力，也实现不了谋略的战略目标。好比下棋，首先要布局好，并使各个棋子互相呼应，有时为了战略目标而不计一子的得失。在军事谋略中，为了全局，也应具有敢得敢失的勇气。不计一城一地之得失，一切以夺取战争全局上的胜利为目的。要使全军将士明白，暂时的失是为了长远的得，不要贪图蝇头小利，不要为了局部上的利益而影响了大局。将帅之敢于牺牲，多数情况下并非是冲杀在战场之上的献身，而是敢于牺牲局部利益而顾全大局的谋略。只有统揽全局的谋略，才是真正的谋略，永远立于不败之地的谋略。

5. 谋略以保密为生命

军事谋略有阴、阳之分。

一般说来，谋略之"略"，即指导战争之战略、韬略、方略等方针性的原则，在战前多是可以公开对敌宣讲、对国民公布于众的。这种"阳谋"常有正义凛然之势，便于动员民众，鼓励士气，威吓敌人，争取国际舆论的同情和支持。而谋略之"谋"，即指导作战之战术、计策、方案等具体性的筹划，在战前多是秘而不宣、极端保密的。孙武主张"上兵伐谋"，是因为"兵者，诡道也"。兵家公认：制敌之术，以诈为本，所以兵不厌诈；谋略以"奇"谋为主要形式，所以谋以出奇制胜，而大前提就是保密，方能达到出其不意的突发效果。这种"阴谋"在没有付诸军事行动前只能为主要将帅少数人所知，不能为众人所知。因此，三军之事，莫重于秘，"谋"事以秘成。如果军事行动不保密，则无法趋利避害，也不能消耗敌人，发展自己。因此，要防范敌人的窃密，军队之"计谋"决不能外泄。不能严守秘密，必然导致失败。孙武充分认识到了保密对取得战争胜利的重要性，他在"九变篇""用间篇"等篇中也有关于凭借军事保密而取胜的专门论述。

（二）孙武谋攻策略四部曲

孙武用兵实战之前的"谋攻"，是由"伐谋"策略所决定的。"上兵伐谋，其次伐交，其次伐兵，其下攻城"，是孙武谋攻策略的四部曲。

1. "上兵伐谋"，是孙子兵法所追求的最理想的战争结局

上兵伐谋，是指一个真正的军事家、杰出的将帅，应以高度的理智，超人的勇德从事战争，用政治、军事谋略战胜敌人。当他们运用谋略时，有充分的战略准备，要理有理，要战可战，使对方屈于"理"，惧于"力"，从而不战而服。如果用兵，能"全国为上"，迫使敌国全部投降。孙武的这一思想体现了军事家制敌原则的道德性、政治性和策略性倾向。

"伐谋"是孙武为达"不战而屈人之兵"之目的，力争"全胜"的首选手段，也是其以谋胜敌战略的核心思想。但是，关于"谋攻"的具体内容，孙武在此并未做明确的阐述。根据孙武对以"谋"制敌的总概括，及上至"破人之国"，下至"屈人之兵""拔人之城"的"谋攻之法"，应当还含有更广泛的内容。它不仅可以运用于战争战略，也可以运用于战役战术；不仅可以运用于进攻，也可以运用于防御。

"伐谋"必须以经济实力为后盾。兵不接力，而使敌军降服，当然是以实力为基础的。没有坚实的物质力量，只凭政治及外交手段去实现军事目的，是不能成功的。这一战略思想，是一种高层次战略，人们常称之为"全胜"战略思想。这种战略思想表现为，"屈人之兵而非战也，拔人之城而非攻也，毁人之国而非久也，必以全争于天下，故兵不顿而利可全，此谋攻之法也。"这就是所谓不战而全胜的内涵，有似于现代军事理论研究中的"大战略"之说。

战争毕竟是流血的，使用政治谋略使对方降服，是政治家和兵家梦寐以求的。当不同国家、不同利益的政治和军事集团的冲突不可避免时，军事家以谋取胜，避免流血，也是顺应安民治邦的理想的。

2. "其次伐交"是孙武力争"全胜"的又一重要手段

当"政治谋略"不能制止敌人的战争行动时，运用外交手段也可以孤立敌人，屈敌之兵。在中国古代的战国时期，苏秦、张仪就各以合纵、连

横的外交政策，让诸侯国采纳，管仲则用睦邻政策辅佐齐桓公称霸。现代外交几乎是各个国家参与世界生活的常规性行为。现代国家在政治、经济、军事、文化诸方面的往来日益密切，外交一方面是国内政策的延伸，而另一方面，战争是和平手段不能达到国家总的目的时，采取的武力外交形式。

"伐谋""伐交"作为实现"不战而屈人之兵"的两个手段，虽有区别，但其内在含义是一致的，皆为"以智谋胜敌"之意。在孙武看来，屈敌有"智胜"和"力胜"两种手段，相应的也有"全胜"和"破胜"两种结果。智胜代价小，力胜代价大；智胜可以使军、国两全，力胜则国弊兵疲；所以，主张"伐谋""伐交"，"不战而屈人之兵"。孙武的这一主张有着极为深刻的积极意义。

战争史证明，"所使用的方法愈是野蛮残酷，则敌人的复仇心也愈强烈。其抵抗自然就会坚决，因而你所要克服的抵抗力也愈大"（利德尔·哈特：《战略论》）。"不战而屈人之兵"却可使对方不反抗或使其反抗降到最低限度，从而取得"兵不顿，而利可全"的最大利益。所以，孙武"不战而屈人之兵"战略思想的理论价值是很高的。它不仅可以保证自己的国家和军队不受损失和挫折，也可以使敌国和敌军不受或少受损失。特别是在当时的历史时期，它既是大国争霸、兼并小国、扩大势力的重要手段，也是小国避免国家覆灭、与大国抗争的有效方法和措施。

3. 迫不得已的"其次伐兵"和"其下攻城"是战争常态

孙武非常重视战争的作用，这是他对战争问题的一个基本看法。他主张必要时以战争解决问题，所以，他对"伐兵""攻城"之道同样进行了深入的研究，提出了一系列具体的指导原则。

孙武认为，"不战而屈人之兵"作为对战争结局的一种追求，虽然是理想和可能的，却不是必然的和惟一的。战争的较量，更为常见的现象是以谋运力，战而胜之。没有强大的军事力量配合，"伐谋""伐交"只能是空谈。所以，要实现"不战而屈人之兵"的愿望，必须综合运用各种军事手段和非军事手段，把"伐谋""伐交"与武力威慑有机地结合起来。

孙武说"伐谋""伐交""伐兵""攻城"四者的作用，并不是孤立地分开来阐述，在"全胜"问题上，他是将这四者联系起来加以论述的。在孙武看来，取得战争全胜，并不仅限于"伐谋""伐交"，而且还包括迫不得已的"伐兵"及"攻城"。只是这"伐谋""伐交""伐兵""攻城"等手段，有上策、次策、下策之分。上策代价小，可获得完整的利益；下策代价大，不仅破国损兵,劳民伤财,甚至还会带来灾难性的后果。"伐谋""伐交"是用政治、外交攻势,致敌于降,这是以"文攻"取胜;"伐兵""攻城"则以军事实力致敌于失败,是"武备"之功。这四者之间是相互为用的,有时四者兼用,环环相扣,有时则是只走其一步就能奏效,取得圆满结局。

(三)"十围五攻"的"分合为变"战术指导原则

孙武在兵力的部署使用上,有独特的见解。他在本篇中认为:"十则围之,五则攻之,倍则分之,敌则能战之,少则能逃之,不若则能避之。"这是孙武关于审己察敌,量力用兵,分合为变的胜敌原则,反映了集中兵力确保必胜的作战指导思想。

1. 兵力多寡决定着所采取的战术

孙武认为,兵力占有绝对优势,则可采取进攻战;兵力倍于敌人,应该设法使敌人兵力分散,而后各个击破;兵力相等,则出奇设伏,变化莫测,果断胜敌;如果兵力小于敌人,就要采取防御或退却,避免与敌人决战。他还强调指出:"小敌之坚,大敌之擒也。"两军相交,无不欲求以己之优势对敌之劣势,客观上具有优势的兵力,自然是克敌制胜的有利条件,必须抓住战机,或"围之",或"攻之"。但如果不具备优势兵力,这就要求战争指导者通过灵活地指挥、巧妙地运兵,或"逃之",或"避之",以避免以己之劣势对敌之优势。孙武要求掌握"众寡之用",集中兵力确保必胜,在战争中的兵力运用上有着极高的借鉴价值。

2. 量化集中兵力战术

用兵"分合为变"的思想,是以双方力量对比为前提的。孙武的"十围、五攻、倍分、敌战、少逃、劣避"用兵之法,即是说该"分"就分,该"合"就合,一切视敌我双方力量对比而定。孙武在这里给予集中兵力战法以量的规定性,最早提出了集中兵力理论在量上的概念,使其定量化初具雏形。怎样量化集中兵力战术呢?孙武特别指出:作战时的兵力集中或分散,应权衡形势,相机而动,战场上没有一成不变的常胜战法,量化也是相对的,要针对分散与集中的具体情况而定。局部的分散往往是为了全局的集中,二者相辅相成,在量化上要特别适当把握。特别是当战局发展到必然会有所损失时,就要舍得局部的损失以分兵,以换取全局上集中优势兵力的胜利。

孙子兵书论解

3. 质量是兵力强弱的重要因素

孙武在强调兵力数量的同时，又告诫"兵非益多"。打仗不在于兵力愈多愈好，只要不轻敌冒进，并能判明敌情，集中兵力，就能战胜敌人。孙武这一朴素的辩证思想，在当时确实是难能可贵的。除此外，《孙子兵法》中的集中兵力思想，已带有不唯数量、更重质量的含义，虽无明确文字表述，但这层思想是很明白的。孙武在从五种情况中可预知胜利的条件中写道："识众寡之用者胜；上下同欲者胜。"即是说善于根据敌对双方兵力对比的众寡情况而正确布置兵力，才有取胜的可能。而上下齐心协力，也是取胜的重要条件之一。又如孙武"凡为客之道，深则专，浅则散"的思想，以及他"聚三军之众，投之于险，此谓将军之事也"的表白，虽道破了封建统治者将士卒"投之亡地然后存，陷之死地然后生"的愚兵政策，但也反映了他激励和利用士气，在敌国"重地"背水作战，以求专一的作战指导思想的一面。

孙武是非常重视士卒质量的。关于这一点他在兵书中曾多次提出，诸如，重赏士卒以鼓士气的主张有："故杀敌者，怒也；取敌之利者，货也。故车战得车十乘已上，赏其先得者，而更其旌旗，车杂而乘之，卒善而养之，是谓胜敌而益强。"（《作战篇》）爱护士卒以治军的思想有："视卒如婴儿，故可与之赴深谿；视卒如爱子，故可与之俱死。"（《地形篇》）还有挑选勇敢善战的士卒组成精锐部队的"选锋"思想等，都说明孙武所说的集中优势兵力，绝不是乌合之众，他是深晓"武士不选，则众不强"的道理的。在集中兵力军事思想中，是既重数量，又重质量，而兵力的集中与分散是视其质与量而定的，从另一个侧面也反映了孙武"分合为变"的思想。

4. 将帅把握着兵力"分合"之密钥

将帅在谋略中的作用是巨大的。在古代，将帅是国君的辅佐，君主任命将帅，事关国家的兴衰存亡。在战场上，一支精锐的部队在平庸的司令官的指挥下，难以创造奇迹；而一支并非精良的军队，在一位精明统帅的指挥之下，却能创造奇迹；如果将帅才能超人，而军队精良，则一定能创造出更大的奇迹。因此，"分合为变"的关键在于指挥员要审时度势，把握战场全局，决定分合。孙武曰："故为兵之事，在于顺详敌之意，并敌一向，千里杀将，此谓巧能成事者也。"他曾把失败分为六种情况，其中两种就是因将帅用兵失误造成的。"夫势均，以一击十，曰走……将不能料敌，以少合众，以弱击强，兵无选锋，曰北。凡此六者，败之道也。将之至任，不可不察也。"(《地形篇》)为此,孙武提出了"知彼知己,百战不殆"的至理名言,以知其兵力的分与合,在作战中达到"以十攻其一""以众击寡"的目的。

战争史证明,指挥官在战场上的英明决策,积极的行动和大无畏的精神,无疑是胜利的保障,特别是在交战双方条件十分相似的情况下,更是如此。孙武在《始计篇》中论述了将帅应具备的人格素质,所说将帅"五德"即是论帅、择帅的原则。本篇所论"将帅"问题,是研究将帅的决策、指挥才华及其职能的。在战争中,所有的参与者特别是将帅必须面对现实,一切从实际出发,决定"分合"对策。敌我双方都以各自的目标追逐胜利,而胜利只属于一方。在双方实力相当时,谋策优良者取得胜利是无疑的;在敌强我弱时,只能以最优谋策,退避一时,保存实力,以求完成我方的战略目标;在敌弱我强时,虽说可以"十则围之,五则攻之",但是战场上风云莫测,过高地估价我方的力量,过低地估价敌方的力量,也是可怕而危险的,所以仍需谨慎谋策。

孙武的"分合为变"战术思想为历代将帅所推崇。后人继承总结孙武的"分合为变"思想,多加以发挥光大。在"三十六计"中,以"李代桃僵"一计概括之,并注文:"势必有损,损阴以益阳。"即是指在敌优我劣或势均力敌的情况下,将帅在兵力部署上要善于变化,用小的代价换取大的胜利。也就是说,"分合为变"的中心思想应当是,一切从战场实际出发,趋利避害,避实而击虚,"因敌而制胜",反对教条式的死搬兵书。

孙膑在赛马之后的桂陵之战中,曾巧用分合之术,正确部署了兵力,为战役胜利创造了条件。桂陵之战大致经过是孙膑妙施"围魏救赵"计谋后,魏军分左、中、右三路回救本土。其中的左军力量最强,中军次之,右军最弱。齐军主将田忌原准备以赛马之法,将齐军也分为三等对敌。但孙膑却认为,这次作战不是争个二胜一负,而是要大量消灭敌人。经过阵图演算,采取用自己力量最弱的下军对敌最强的左军,以自己的中军对敌中军。前者敌强我弱,后者势均力敌。孙膑提出,这两军要依托有利地形,尽量缠着敌军不放,但不搞死打硬拼,以坚守阵地、拖延时间为第一要义。与此同时,孙膑令自己力量最强的上军采取速战速决的办法,击敌最弱的右军,得手后再与中军协力,合击敌中军。两军齐胜后,再与下军协力,共击敌最强的左军。如此用兵,每一局部在作战时的力量对比都形成了绝对优势。这一"分合为变"、先弱后强、各个歼灭的打法,可以说是形成我军作战原则中"集中优势兵力，各个歼灭敌人"战术的基础。

（四）预测胜负的"知胜有五"理论

孙武认为，将帅预测战局，首先"知"是战的前提，一切要从现实出发，这是胜利的基础。为此，他提出了五个预测战局的要点："知可以战与不可以战者胜，识众寡之用者胜，上下同欲者胜，以虞待不虞者胜，将能而君不御者胜。"

1."知可以战与不可以战者胜"，反映了孙武"胜而后战"的思想。本要点要求主帅能准确把握可以开战与不可以开战的时机，正确判断开战所具备的条件。只有事先知道在什么情况下可以与敌人交战，在什么情况下不可以与敌交战的将帅，才能胜利。《十一家注孙子》张预注："可战则进攻，不可战则退守；能审攻守之宜，则无不胜。"战争运动的基本形式无非是进攻与防守，攻与守既相互区别，相互矛盾，又相互依存，相互转化，从而构成了统一的整体。掌握攻守之机要，熟知攻与守的关系及其运用，是谋略布局的基础，对于达到"自保而全胜"的作战目的，具有决定性意义。

2."知众寡之用者胜"，核心是集中兵力，灵活运用兵力。孙武在这里阐述的主要是兵力使用问题，本要点有两层含义：一是造众势，制寡敌，在决战点上一定要形成绝对优势兵力，这与"十围五攻"的作战指导思想意近。二是量力而行，要求将帅懂得根据兵力多少灵活运用战法，即要根据我方实力强弱、兵力多少来决定打法。《十一家注孙子》张预注："用兵之法，有以少而胜众者，有以多而胜寡者，在乎度其所用，而不失其宜则善。"

3."上下同欲者胜"，强调的是君臣、军民、官兵的团结。本要点要求国君与将帅、臣民、士卒上下同心同德，要有共同求胜的愿望，团结一致，戮力奋敌，以夺取战争的胜利。《十一家注孙子》各家对此句做出了精彩的注释，仅如曹操注："君臣同欲"；李荃注："观士卒心，上下同欲，如报私仇者胜"；张预注："百将一心，三军同力，人人欲战，则所向无前矣"等，都鲜明地点出了其含义。

4."以虞待不虞者胜"，反映了孙武加强战备的思想。本要点要求我军必须有充分准备，以对付没有准备之敌，打有准备之仗。两军相争于战场，厮杀中的随机因素很多，随机性很大，因此一定要在事先有备制人，否则，无备则制于人。只有在知彼知己的基础上,以有准备之师战无准备之敌,在敌人失去戒备或料想不到的时间、地点实施突然袭击,胜利才能成为必然。所以,孙武"以虞待不虞"的思想,无论在平时还是在战时都是军事上预知胜负的一条规律。

5."将能而君不御者胜",反映了孙武关于将帅与君主关系的御兵思想。本要点有两层含义:一是"将能",要求将帅有驾驭战争的能力,指挥才能超群。按孙武对将帅的标准,如《始计篇》所说:"将者,智信仁勇严也",如《地形篇》所说的"进不求名,退不避罪,唯人是保,而利合于主",实际上也就是德才兼备,文武双全;二是"君不御将帅",即君主不越权干预、牵制干扰战场上的将帅。这要求最高统治者应该有统御将帅之才,对于拼杀于战场上的将帅,在授之以权后,不再盲目牵制,使将帅能够自由地发挥才智。古代兴军出师,战争的决策之权在于君主,而临机指挥之权属于将帅。军队在集中统一的领导下,将帅具有相对独立的指挥权,即通俗讲的"将在外,君命有所不受",这是作战指挥上的客观要求。这就要求君主必须具有较高的统御艺术,在正确地实施战争决策权之后,要做到知人善任,不御将帅,要求君主开明并实现作战指挥权的集中统一。关于"君不御将帅"这一原则的重要性,孙武指出:"故君之所以患于军者三:不知军之不可以进而谓之进,不知军之不可以退而谓之退,是谓縻军;不知三军之事,而同三军之政者,则军士惑矣;不知三军之权,而同三军之任,则军士疑矣。三军既惑且疑,则诸侯之难至矣,是谓乱军引胜。"孙武要求君主开明、不御将帅是有前提条件的,这就是"将能"。

从上述五个预测胜利的要点看,根本在于"知己知彼"。孙武在这里所言的"知胜之道",既有客观军事力量方面的内容,更多的是主观指导能力方面的要求。历史上许多军事家都以自己的实践,证明了这一战争规律。

〖经典战例〗

城濮之战——伐谋知胜,伐交伐兵

城濮之战,发生于中国古代鲁僖公二十八年(前632),是春秋时期晋、楚两国为争夺中原霸权而进行的一次具有决定意义的战略决战。在这场战

孙子兵书论解

争中，楚国的实力强于晋国，而且有许多盟国，楚军也占有优势，声势浩大。但是，居于劣势的晋国善于"伐谋""伐交"，正确地分析了当时的客观形势，制定了正确的战略战术，采取政治外交联盟，造成对楚优势，掌握主动权，运用谋略争取了齐、秦两个大国的援助，处于有理、有利的战略地位。在"伐兵"战役指导上，采取了正确的扬长避短、避楚锋芒、退避三舍、后发制人、诱敌深入、合兵突击的方针，恰当地选择了战场，从而最终击败了不可一世的楚军，"取威定霸"，雄踞中原。晋楚城濮之战，是《孙子兵法·谋攻篇》的经典之战。

晋国崛起楚国不安　救宋为名攻占曹卫

春秋时期，大国争霸，最先崛起的是东方的齐国。齐桓公死后，齐国内乱不已，霸业遂告中衰。这时，位于长江中游地区的楚国乘机向黄河流域扩展势力，并在泓水之战中挫败宋襄公图霸的企图，将自己的势力范围发展到长江、淮河、黄河、汉水之间，控制了郑、蔡、卫、宋、鲁等众多中小国家。楚国通过侵略扩张，基本上征服了中原地区的各个弱小国家，中原除了晋、齐、秦三大国外，实际已成了楚国的势力范围。楚国分派重兵阻止秦国南下楚地，又派重兵驻守谷邑虎视齐国。正当楚国势力急剧向北发展的时候，在今山西、河南北部、河北西南一带的晋国也兴盛了起来。公元前636年，长期流亡在外的晋公子重耳历尽艰辛，终于回国即位，是为晋文公。他执政后，对内修明政治，任贤使能，发展经济，崇俭省用，整军经武；对外高举"尊王"旗帜，争取他国，从而逐步具备了争夺中原霸权的强大实力。

晋国的壮大崛起，引起了楚国的严重不安。两国之间的矛盾因此日趋尖锐。而围绕对宋国的控制权，终于导致了这一冲突的全面激化。

公元前634年，鲁国因和曹、卫两国结盟，几度遭到齐国的进攻，便向楚国请求援助。而泓水之战后被迫屈服于楚的宋国，这时看到晋文公即位后晋国实力日增，也转而依附晋国。楚国为了维持自己在中原的优势地位，便出兵攻打齐、宋，并想借此来扼制晋国势力的东进和南下。而晋国也不甘心长期局促于黄河以北一带，于是便利用这一机会，以救宋为名，出兵中原。

公元前633年冬，楚成王率领楚、郑、陈、蔡多国联军进攻宋国，围困宋都商丘。宋成公于危急中派大司马公孙固到晋国求救。晋国大夫先轸认

谋攻篇

为这正是帮助宋国、树立晋国威望的良机，可"报施救患，取威定霸"，力主晋文公出兵援宋。但是，当时晋、宋之间隔着与楚国订立盟约的曹、卫两国，劳师远征，有侧背遇敌的危险；况且楚军实力强大，正面交锋也无必胜把握。正当晋文公为此踌躇犹豫之际，狐偃进而向晋文公提出建议：先攻打曹、卫两国，调动楚军北上，以解救宋国，这样就坚定了晋文公出兵的决心。战略方针确定后，晋国君臣随即进行战前准备，将原来的两个军扩编为上、中、下三个军，并任命了一批比较优秀的贵族官吏出任各军的将领。

攻伐曹国，可谓城濮之战的前奏。晋文公即位后，凡是在他逃亡时对他不礼的国家，都一一给予报复，曹国就是其中之一，"曹共公不礼重耳而观其骿胁"，而且在晋楚两大对立国中，曹国是亲楚反晋的。晋文公在战争准备就绪后，遂于公元前632年统率大军渡过黄河，先攻击势力比较弱的卫国，很快占领了整个卫地。接着，晋军又向曹国发起了攻击，最终包围了曹国的都城陶丘（今山东定陶）。在攻打陶丘中，晋军战死的兵士很多，曹军将战死的晋军尸体悬挂在城墙上，晋军士兵心理产生波动，晋军军心动摇。正当晋文公一筹莫展的时候，谋士们出了一个主意"称舍于墓"，即将晋军部队驻扎在曹国人祖先的坟墓上，言外之意是要挖曹国人祖先的坟墓。曹人害怕，就将战死的晋军尸体装入棺中送出。三月间，晋军攻克陶丘，俘虏了曹国国君曹共公。慑于晋国的声威，曹、卫两国相继离楚投晋。

助宋抗楚结盟齐秦　退避三舍后发制人

晋军攻打曹、卫两国，意图是想引诱楚军北上，然而楚军却不为所动，依然全力围攻宋都商丘。于是，宋国又派门尹般向晋国告急求援。这就使得晋文公感到进退为难：如不出兵驰援，则宋国力不能支，一定会降楚绝晋，损害自己称霸中原的计划；但若出兵驰援，则原定诱使楚军于曹、卫之地决战的战略意图便将落空，且己方兵力有限，在远离本土情况下与楚军交战恐难以取胜。为此，晋文公再度召集大臣进行商议。先轸仔细分析了形势，建议"伐交"，具体步骤是先让宋国表面上同晋国疏远，然后由宋国出面，送一份厚礼给齐、秦两国，由他们去请求楚军撤兵。同时晋国把曹、卫的一部分土地赠送给宋国，以坚定宋国抗楚的决心。楚国同曹、卫本来是结盟的，如今看到曹、卫的土地为宋所占，必定会拒绝齐、秦的劝解。齐、秦既然接受了宋国的厚礼，这时便会抱怨楚国不听劝解，从而同晋国站在一起，出兵与楚国作战。晋文公对此计颇为赞赏，马上一一施行。楚成王果然拒绝了齐、秦的调停，而齐、秦见楚国不给自己面子，也大为恼怒，便出兵助晋。齐、秦都是当时的大国，他们放弃中立立场，使得晋、楚双方的力量对比发生了重大的变化。

楚成王看到晋、齐、秦三大国结成联盟，形势明显不利于己。就主动避免与晋国交战，把楚军撤退到楚国的申地（今河南南阳），并命令戍守谷邑的大夫申叔迅速撤离齐国，要求令尹子玉将楚军主力撤出宋国，避免与晋军冲突。楚成王告诫子玉，晋文公非等闲人物，不可小觑，凡事要量力而行，适可而止，知难而退。但是，子玉却骄傲自负，根本听不进楚成王的劝告，仍坚决要求楚成王允许他与晋军决战，以消弭有关他指挥无能的流言，并请求楚成王增调兵力。楚成王优柔寡断，同意了子玉的决战请求，希冀他侥幸取胜，却又不肯给子玉增拨充足的决战兵力，只派了西广、东宫和若敖之六卒等少量兵力前往增援。

子玉得到了楚成王增派的这部分援兵后，坚定了他同晋军作战的决心。为了寻找决战的借口，他首先派遣使者宛春故意向晋军提出了一个"休战"的条件：晋军撤出曹、卫，让曹、卫复国，楚军则解除对宋都的围困，撤离宋国。子玉这一招不怀好意，实际上是要让晋国放弃争霸中原、号令诸侯的努力。但晋文公棋高一着，采纳了先轸更为高明的对策：一方面将计就计，以曹、卫同楚国绝交为前提条件，私下答应让曹、卫复国。另外扣留了楚国的使者宛春，以激怒子玉来寻战。子玉眼见使者被扣，曹、卫叛己附晋，果然恼羞成怒，倚仗楚、陈、蔡联军兵力的优势，气势汹汹地扑向晋军，寻求战略决战。

晋文公见楚军向曹都陶丘逼近，为了避开楚军的锋芒，选择有利的决战时机，诱敌深入，后发制人，当晋楚两军遥遥相遇时，遂下令晋军率先后撤90里，以实践他当年对楚订下的诺言：如果两国交战，晋军先退让三舍（30里为一舍）。一直撤到预定的战场——城濮（今河南濮城）地区。

晋军的"退避三舍"，实际上是晋文公"伐谋"胜敌的一着妙棋。从战略上看，晋文公率军后退，首先在道义上占据了上风，在政治上争得了主动，赢得了舆论上的同情，以此达到了取信于诸侯的目的。晋军在来势汹汹的敌人面前主动后撤，是一种重信守诺、谦恭礼让的行为，在那个行事处处讲究"礼义"的时代，这种行为无疑使晋国处于"义兵"的有利地位。从而为晋军后发制人，夺取决战胜利奠定了坚实的基础。对此，《左传》借

谋攻篇

用晋国大臣子犯之口说道:"师直为壮,曲为老,岂在久乎?微楚之惠不及此,退三舍以避之,所以报也。背惠食言,以亢其仇,我曲楚直,其众素饱,不可谓老。我退而楚还,我将何求?若其不还,君退臣犯,曲在彼矣。"

从战术上看,晋军的主动后撤,也有利于激发晋军和联军的士气。意在表明:楚军若再逼近,我们只有被迫交战了。晋军还将楚军吸引到了对自己相对有利的交战地域,并抢先控制了城濮地区的筑垒地带,先据战地,站稳了脚跟,以逸待劳,并便于同齐、秦等盟国军队会合,集中兵力,造成了局部优势。同时也避开了楚军逼人的锋锐,这与齐鲁长勺之战中鲁国的"一鼓作气、再而衰、三而竭"的战法有异曲同工之妙。同时,晋军的后撤,还可以接近本土,使得本方的后勤补给线路大大缩短,这对于举国而战的大规模军事行动是极为重要的。相反,楚军则因为过分深入,拉长了自己的战线,造成了兵力的分散,盲目地长驱直入,极易造成自己侧翼的暴露,长途追击又使军队愈加疲劳。同时,与自己后方的距离增远,给后勤补给增加了困难。楚军如此劳师糜饷,去国远征,已是犯了兵家之忌,加上长途奔袭,孤军深入,成了强弩之末。未战之先,双方谋略的高下已经分明。《孙子兵法·虚实篇》云:"凡先处战地而待敌者佚,后处战地而趋战者劳。"在《军争篇》中又说:"卷甲而趋,日夜不处,倍道兼行,百里而争利,则擒三将军,劲者先,疲者后,其法十一而至。"在以车战和步战为主的时代,上百里的机动足以使部队阵容不整,力量疲弱。

晋国正是在"退避三舍"的幌子之下,完成了集中兵力、诱敌深入、以逸待劳的战略意图,这在一定程度上也抵消了楚国在军队数量上占有的优势。晋军可谓一退得先机,占尽了天时、地利、人和的有利因素。

对晋军的主动后撤,楚军中不少人都感到事有蹊跷,主张持重待机,停止追击。然而,刚愎自用的子玉却认为这正是聚歼晋军,夺回曹、卫的大好时机,挥兵跟踪追至城濮。

晋军在城濮驻扎下来,齐、秦、宋诸国的军队也陆续抵达和晋军会合。晋文公检阅部队,认为士气高昂,战备充分,可以同楚军一战。楚军方面,决战的准备也在积极进行之中,子玉将楚军和陈、蔡两国军队分成中、左、右三军。中军为主力,由他本人直接指挥;右翼军由陈、蔡军队组成,战斗力薄弱,由楚将子上统率;左翼军也是楚军,由子西指挥。城濮之战,成为当时牵动北方的晋、东方的齐、西方的秦对南方的楚和中原各国的一次多国大会战。

先击翼侧再攻中军　示弱动敌分割聚歼

公元前632年农历四月初四清晨，中原大地城濮（今山东鄄城西南）地区上空战云密布，晋、楚两军在这里展开了一场战车大战。

晋方有晋、齐、秦三大国和宋兵，楚方有楚、陈、蔡、郑、许五国军队，双方在城濮摆开了交战阵势：楚军由左、中、右三军组成：左军为郑、许联军，以子西为将；右军为陈、蔡联军，以子上为将；中军为楚军主力，由子玉坐镇。楚国倚仗兵多将广，全不把中兴的晋国放在眼里。特别是楚帅子玉自恃兵力多过晋军，自以为此战楚军必胜，狂妄地发出了"今日必无晋"的号令。在楚成王的遥控下，子玉率大军直进城濮要冲。以逸待劳的晋军在战前将原有的上、下两军扩编为上、中、下三军，全军700乘：上军居右，以狐偃为主将、狐毛为佐将；中军居中，以先轸为主将、郤溱为佐将；下军居左，以栾枝为主将、胥臣为佐将。晋文公重耳亲自统军迎击楚军，揭开了城濮之战的大幕。

气势汹汹的楚军到达城濮后，立即占据有利地形。子玉极度轻视晋军，派人给晋文公送去挑战书，显示出楚军狂傲轻敌的态度，他说："楚军现在特别邀请晋军的将士们一同玩耍做游戏，并请晋文公重耳在一旁坐车观赏，我子玉陪同。"晋方则明确答复说："晋军已经退避躲让。既然楚军不愿意停战，那么我们只好明天在战场上相见了。"

城濮之战，是晋楚两国争夺中原霸权的一场关键战役。晋军做好了决战准备，针对楚中军较强、左右两翼薄弱的部署态势，以及楚军统帅子玉骄傲轻敌、不谙虚实的弱点，决定采取先击其翼侧、再攻其中军的作战方针，有的放矢发动进攻。大战开始后，楚帅子玉命令左右两军分别向晋军进攻。晋下军主将栾枝利用战场上沙尘扑面的气候条件，作为蒙蔽敌人掩盖自己虚实的沙幕。晋下军佐将胥臣把驾车的马匹蒙上虎皮以壮大声威，率晋军左翼出其不意地首先向楚军中战斗力最弱的右军——陈、蔡联军猛攻。陈、蔡联军遭到这一突然打击，顿时惊慌失措，向后溃退。

接着，晋上军佐将狐毛又采用"示形动敌"、诱敌出击而后分割聚歼的战法对付楚的左军。狐毛故意在自己的指挥车上竖起两面非常醒目的、镶有彩带的大旗为信号，引车后撤，装扮出退却的样子。这时，楚右翼陈、蔡联军进攻，由秦军应战，秦军稍事抵抗后也立即撤退。晋下军主将栾枝依照部署，在与楚左翼的郑、许联军稍一接触后就故意败下阵来，在后撤

谋攻篇

时，还在战车后面拖了很多树枝，卷扬起了地面上的大量尘土，遮天蔽日，佯装后面的晋军也在撤退，给楚军造成错觉，以为晋军溃不成军，以引诱楚军出击。子玉不知是计，不顾劝阻，下令楚左翼郑、许联军追击晋军。加之楚右翼陈、蔡军队逞强，紧迫秦军，冒进的楚军左翼完全暴露。晋中军主将先轸、佐将郤溱见楚军中了圈套，盲目出击，立即指挥最精锐的中军横击楚左军。佯退的晋上军主将狐偃、佐将狐毛也乘机回军夹攻楚军左翼。楚左翼郑、许联军遭此打击，退路被切断，完全陷入了重围，很快被消灭。晋下军佐将胥臣指挥的大队兵车于战鼓声中突然杀出，马身上蒙着虎皮，吓得楚右翼陈、蔡联军战车的马惊慌回窜，阵容混乱。晋、秦两军乘机猛攻猛打，击杀蔡将公子印，陈将斗勃中箭而逃。楚军右翼陈、蔡联军死伤很多，进攻完全失败。

　　楚军左翼、右翼全军覆灭，把按兵未动的中军侧面暴露在晋军面前。晋方的上军、下军战斗胜利后，分别参加了主力会战，对楚军形成合围。子玉见大势已去，在晋军尚未形成合围之前，不得已下令中军迅速脱离战场，才得以跳出包围圈，保全了中军。楚军战败后，残部退回楚国，在向西南撤退到连谷时，子玉未返回楚国，途中受到楚王的训责，羞愤难当，被迫自杀。城濮之战就此以晋军获得决定性胜利而告结束。

　　春秋时期，政治斗争激烈复杂，军事冲突频繁发生。许多诸侯通过一战而霸，晋文公就是显例。城濮之战后，晋文公在践土（今河南郑州西北）朝觐周王，会盟诸侯，向周王献楚国俘虏四马兵车 100 乘及步兵 1000 人。周襄王正式任命晋文公为侯伯。城濮之战，使晋国声威大震，而楚国多年不敢进攻中原，楚方联盟解散。此战确立了晋文公的霸主地位，晋国终于实现了"取威定霸"的政治、军事目标。

〖点评〗

　　城濮之战，是春秋时期晋、楚二个诸侯大国争霸中原的一次大战。晋文公为救遭楚攻打的宋国，出兵讨伐楚的盟国曹、卫，楚将子玉骄横轻敌，执意与晋决战，晋文公"退避三舍"，然后分割歼灭楚军两翼，晋军大胜。纵观此战的整个过程，克敌制胜的上策在于以谋略战胜敌人。晋军制定了正确的战略战术，运用谋略争取齐、秦二个大国的援助，首先取得了"伐交""伐谋"方面的优势，最终"伐兵"击败楚军，争得了中原霸主的地位。

1. **联宋抗楚，结盟齐秦。**城濮之战以楚国出兵攻宋，宋成公派人来晋求救为引子展开。但宋国并不靠近晋国，远道救宋，必须经过楚国的盟国曹、卫，形势于晋不利。晋国国君、文臣武将运用高明的谋略，决定联宋抗楚，争取齐、秦两大国支持，结成统一战线，并选择攻占邻近晋国的曹、卫这两个与楚国联盟的小国为突破口，取得了此后作战的前进基地。晋与齐、秦、宋各国军队会合，集中起相对优势的兵力，争取了战争的主动权，最终击败楚军，取得中原霸主的地位。

2. **先退一步，后发制人。**"先发制人"在军事上是一个重要命题。《左传》中有"先人有夺人之心"的提法，古代兵家也多强调"兵贵先""宁我薄人，无人薄我"，意思都是主张争取作战中的先机之利，如俗语所说"先下手为强，后动手遭殃"。但凡事并不是绝对的，在一定条件下，"后发制人"也是军事斗争的重要手段，与"先发制人"之间存在着辩证的统一。其实质便是积极防御，即以防御为手段、以反攻为目的的攻势防御，是较弱一方克敌制胜的重要法宝。城濮之战是其典型战例，当晋楚交锋决战之时，晋军敢于实施后发制人的作战方针，主动"退避三舍"，避开楚军的锋芒锐气，以争取政治、军事上的主动，诱敌冒险深入，伺机决战。楚军紧追不舍一直到卫国城濮，由于长途追击作战，楚军精疲力竭，而晋军却士气高涨，一战定胜负。两军交战只有短短一天时间，但双方的谋略对抗丰富多彩，影响深远。深受西方兵家所推崇的奥斯特利茨会战就与城濮之战有着惊人的相似，此战中拿破仑在己方兵力处于劣势的不利情况下，先是大踏步地从俄国边境退到奥地利的奥斯特利茨，之后又在一系列战前外交活动中故意示敌以弱，造成敌军错觉。在交战中又采取后发制人的策略，采用翼侧攻击战法先夺取战场制高点，最终重创普俄联军。

谋攻篇

3. **先胜弱敌，避实就虚。**交战初期，晋军兵力劣于对手，又渡过黄河在外线作战，处于不利的地位。但是，晋文公能够善察战机，充分了解对方的优势和弊端，准确分析客观形势和权衡利弊，虚心采取先轸等人的正确建议，制定出了以逸待劳、先胜弱敌、避免过早与楚军主力正面交锋的谋略。晋军"知彼知己"，根据楚军及联军的作战部署，乘隙蹈虚，灵活地选择主攻方向。楚将子玉率领的部队是一支多国联军，右翼配置是陈、蔡两国军队，左翼配置是郑、许两国军队，战斗力均相对较弱，而战斗力较强的楚国军队则部署在中路，由子玉亲自指挥。针对这一部署，晋军采取翼侧攻击战法，批亢捣虚，首先向楚军两翼薄弱环节发起攻击，然后予以各个击破，从而获得了这场战略决战的辉煌胜利。

4. 战术灵活，示弱谋攻。晋军退避三舍之后，在第一阶段的战略对抗中已占得优势，在随后的交锋中，又相继使用了一些战术性计谋。如担负攻击楚军右翼任务的晋军大将胥臣故意避开兵马众多的楚军，让士兵做了许多假虎皮蒙在战马身上，作为虚声恫吓的手段，以"猛虎队"冲击相对较弱的陈、蔡联军，陈、蔡士兵惊恐万状，纷纷逃走，楚军右翼土崩瓦解。在攻击楚军左翼郑、许联军时，晋军采用了欺骗性的战术后撤，主将栾枝命令士兵拖起干柴树枝，扬起尘土，佯装败退，诱使楚军追入伏击圈后再聚歼。如此故意的示弱行动，助长了楚军的骄横气焰，使其做出了错误判断，这也正是《孙子兵法》中"能而示之不能，用而示之不用"思想的实战应用。

反观楚军方面，则是君主昏庸无能，既不知妥善争取同盟国，又不能随机多谋善断。主帅则狂妄轻敌，军情判断错误，作战部署失策，临战指挥笨拙，将骄兵惰，终于导致了战争的失败，反衬托了晋军将帅的精明和高超谋略。

在《孙子兵法·谋攻篇》中，孙武提出夺取胜利的两种谋略，一种是"伐交""伐谋"而不战而胜的谋略，即"不战而屈人之兵，善之善者也"；另一种是"伐兵""攻城"而战胜的谋略，即通过交战夺取胜利。孙武的排序是："上兵伐谋，其次伐交，其次伐兵，其下攻城。攻城之法，为不得已。"可见克敌制胜的上策，在于以谋略战胜敌人。晋军在城濮之战中的胜利，是通过"伐交""伐谋""伐兵"三者并举而取胜的，并把主战场预设在城濮地区的旷野之中，成功地避免了"攻城"。晋军的取胜，不胜在实力兵战，主要胜在伐交谋攻。

【军形篇】

据军事实力对比称量出胜负

〖原文〗

　　孙子曰：昔之善战者，先为不可胜，以待敌之可胜。不可胜在己，可胜在敌。故善战者，能为不可胜，不能使敌之可胜。故曰：胜可知，而不可为。

　　不可胜者，守也；可胜者，攻也。守则不足，攻则有余。善守者，藏于九地之下；善攻者，动于九天之上，故能自保而全胜也。

　　见胜不过众人之所知，非善之善者也；战胜而天下曰善，非善之善者也。故举秋毫不为多力，见日月不为明目，闻雷霆不为聪耳。古之所谓善战者，胜于易胜者也。故善战者之胜也，无智名，无勇功。故其战胜不忒。不忒者，其所措必胜，胜已败者也。故善战者，立于不败之地，而不失敌之败也。是故胜兵先胜而后求战，败兵先战而后求胜。善用兵者，修道而保法，故能为胜败之政。

　　兵法：一曰度，二曰量，三曰数，四曰称，五曰胜。地生度，度生量，量生数，数生称，称生胜。

　　故胜兵若以镒称铢，败兵若以铢称镒。胜者之战民也，若决积水于千仞之豀者，形也。

〖原文意解〗

　　孙武先生说：往昔善于用兵打仗的人，首先造成本身不可战胜的条件，布置妥当不被敌人打败的态势，保证做到不会被敌人战胜；然后再静观敌情变化，等待可以出击的机会，伺机战胜敌人。我军不被敌人战胜的主动权，完全掌握在我们自己手中，在于我们自己是否善于使用兵力，布防周密，采取正确的战略战术；但是，我军能否战胜敌人，却不能凭我们自己的主观愿望，这还要看敌人的战斗力强弱如何，敌人用兵是否会发生失误，指挥是否会暴露出致命弱点，我军是否会有可乘之隙。因此，善于用兵打仗的部队，完全可以创造条件，做到不被敌人战胜，能立于不败之地；但是，再高明的用兵者，却不能保证敌人必定被我战胜。所以说，胜利可以通过分析判断而预知，却不能仅靠自己的主观愿望和努力而取得；胜利无法强求于己，更不可能强求于敌。

如果预测判断到我军不能够战胜敌人，那就采取守势防御；如果预测判断到我军能够战胜敌人，那就采取攻势作战。采取守势防御战术，是因为我军兵力不足，战略上处于劣势；采取攻势作战战术，是因为我军兵力强大，在数量上多于敌人，战略上处于优势。善于防守的将帅，能把用于防守的兵力巧妙地隐蔽在各种有利地形上，就像埋藏于深深的九地之下，深隐其形，使敌无形可窥，找不到踪迹，不知该从何处进攻；善于进攻的将帅，能充分发挥自己的力量和优势，利用各种有利的天气隐蔽军事进攻企图，一旦发起进攻，就像突然从九天高空袭来，迅速猛烈，使守势之敌猝不及防。如此，懂得战争中敌我这对矛盾的相互作用，善用攻、防两种基本作战方式，知道如何更好地隐蔽自己，保存实力，把握隐形与显形的时机，无论攻守，就既能保存自己的有生力量，又可彻底消灭敌人，取得完全的胜利。

将帅能预见到胜利，却超不出一般人的见识，并且大家都知道他是如何取得胜利的，这种将帅算不上高明中最高明的人；将帅通过激烈战斗而取得胜利，尽管大家都赞扬他，可这种将帅也算不上是成功中最成功的人。这就好比能举起一根秋毫（鸟兽在秋天新长出的细毛）称不上力气大，能看到太阳和月亮的光辉算不上眼睛亮，能听到雷霆声说不上耳朵聪敏一样。我的祖辈上曾说，善于打仗的将帅之所以能取得胜利，就胜在能够及时发现和把握住敌人暴露出来的失误和空隙，伺机攻击，战胜敌人。

因此，善于打仗的人，虽然没有异常的胜利，没有机智的声誉，没有英勇的战功；但其决策是建立在必胜基础之上的，是在没有出现任何差错的情况下取得胜利的，所以也就没有给人留下特别深刻的印象。所谓没有出现差错，这是因为事先已有周密的谋划、正确的判断和周全的部署，达到了知彼知己，抓住了敌人的致命弱点，并根据敌人所出现的失误伺机而动，采取了必然制胜的措施，所以无需付出很大的代价，就能战胜已处于失败地位的对手。

因此，善于打仗的人，首先是使自己立于不败之地，同时又不放过击败敌人的任何时机。可见常打胜仗的军队都是在战前进行缜密的谋划，掌握战争变化的趋势，采取有力的措施，事先创造夺取胜利的条件，待有了胜利的把握后，再去与敌交战；失败的军队在战前则没有认真地进行筹算和谋略，先是贸然盲目地同敌人交战，打起来以后再企图侥幸取得胜利。善于指导战争的将帅，则能遵照战争的规律，修明政治，确定军规，加强和确保法制严明，精通作战法则。只有这样，才能够做好事关胜败的各项工作，掌握胜败的决定权。

古《兵法》上曾说，引起战争的原因有五个方面的因素：一是土地面积的"度"，二是物产资源的"量"，三是兵员众寡的"数"，四是实力强弱的"称"，五是胜负优劣的"胜"。因为敌我双方都有疆土，有了疆土就伴随产生了拥有土地面积大小是否适"度"的矛盾；因为双方土地面积大小"度"的不同，就伴随产生了物产资源有多有少"量"的矛盾；双方物产资源多少"量"的不同，就伴随产生了能动员和供给兵卒或众或寡"数"的矛盾；双方人力众寡"数"的不同，就伴随产生了军事力量强弱对比的"称"的矛盾；双方力量强弱"称"的不同，也就产生了胜败的结果。

能够打胜仗的军队，在力量对比上就好像用"镒"称"铢"那样，以576∶1（古代1镒为24两，1两为24铢）的绝对优势临敌作战，能轻而易举地取得胜利；失败的军队，在力量对比上就好像用"铢"称"镒"那样，以1∶576的绝对劣势去作战，显然会遭到惨重的失败。

能够打胜仗的将帅指挥军队作战，就像决开在千万丈高山之上的涧溪积水一样，水流直冲而下，势不可挡，这就是作战双方军事实力对比悬殊的必然结果。

〖原句辨释〗

（一）对"不可胜者，守也；可胜者，攻也"之句的辨释

历代注释者对此句的理解较为混乱，主要有以下四种解释：

1. 从我方战斗力高于敌人的角度，总结经验。解释为："我军不被敌人所战胜，在于我军防守成功，工事坚固；我军能够战胜敌人，则是由于我军进攻顺利，势如破竹。"

2. 从我方战斗力不如敌、失利于敌的角度，总结教训。解释为："敌方如果战胜了我方，这说明我方在防守方面存在问题；我方如果欲确保战胜敌方，就必须采取进攻性的战略战术。"

3. 从作战目的的立足点而言，确定我军是守，还是攻？解释为："此次作战的目的如果立足于不被敌人战胜，那就把重点放在加强防御上；此次作战的目的如果立足于战胜敌人，那就把重点放在发动攻势上。"

4. 从攻与守不同的战场效能，选择确定我军战术手段。解释为："单纯的守势作战，不能战胜敌人；若想战胜敌人，就应当采取攻势作战。"

本篇上文中有三个"不可胜"和三个"可胜"，可作为解释"不可胜者，守也；可胜者，攻也"之句的辅佐。

三个"不可胜"，一是"先为不可胜"（首先造成本身不可战胜的条件，立于不败之地）；二是"不可胜在己"（我军不被敌人战胜的主动权，完全掌握在我们自己手中，在于我们自己是否善于使用兵力，布防周密，采取正确的战略战术）；三是"能为不可胜"（完全可以创造条件，做到不会被敌人战胜，立于不败之地）。本书在意解中对"不可胜"的解释是站在我军立场上的，是我军"不可被敌人战胜"，在战场对峙中采取的战术手段显然是守势。

三个"可胜"，一是"以待敌之可胜"（静观敌情变化，等待可以出击的机会，伺机战胜敌人）；二是"可胜在敌"（我军能否战胜敌人，却不能凭我们自己的主观愿望，这还要看敌人的战斗力强弱如何，用兵是否会发生失误，指挥是否会暴露出致命弱点，是否会有可乘之隙）；三是"不能使敌之可胜"（不能保证敌人必定被我军战胜）。本书在意解中对"可胜"的解释也是站在我军立场上的，是我军"如何战胜敌人"，在战场对峙中采取的战术手段显然是攻势。

所以，本书认为"不可胜者，守也；可胜者，攻也"之句并不难理解，没有必要去绕圈子，向更深层次上去琢磨，其含义实际上是非常简单明确的。本句可意解为："如果预测判断到我军不能够战胜敌人，就采取守势防御；如果预测判断到我军能够战胜敌人，就采取攻势作战。"孙武在本篇中的建议，是告诫将帅要在立于"不败"的前提下再争"胜"。他认为，"守"的最好结果只能是保证"不败"，也就是互相打个平手，不分高低，所以也就不能言"胜"。而"攻"的最好结局则是取"胜"，使敌人败于我手。在战场上决定采取何种战术，那要看当时的具体情况。

（二）对"古之所谓善战者，胜于易胜者也"之句的辨释

对此句的解释有两种截然不同的含义。

1. 取贬低之意。解释为："以往所说的善于作战的人，都是在容易取胜的条件下，战胜那些容易被战胜的敌人。"

2. 取褒奖之意。解释为："古代善于打仗的将帅之所以能取得胜利，就胜在能够及时发现和把握住敌人暴露出来的失误和空隙，伺机攻击，战胜敌人。"

从本句的上下文可看出，孙武论说"善战者"，应该是取褒奖之意，不应该是取贬低之意。因此，本书意解采取的是后一种解释。加之对"古"字的另解，所以将本句意解为："我的祖辈上曾说，善于打仗的将帅之所以能取得胜利，就胜在能够及时发现和把握住敌人暴露出来的失误和空隙，伺机攻击，战胜敌人。"

（三）对"故善战者之胜也，无智名，无勇功。故其战胜不忒。不忒者，其所措必胜，胜已败者也"之句的辨释

历代校释者主要有以下两种解释：

1. 对古代将帅有瞧不起的成分在内。解释为："所以，那时善于打仗的人虽打了胜仗，却没有机智的声誉，没有运用智谋的名声，也没有勇猛的武功。因此，他们取得胜利是不会有差错的。他们之所以不会出现差错，是因为他们的作战措施是建立在敌人必然失败基础之上的。"这种解释，可理解为孙武是在说在他所生活的以前的时代，将帅打仗是不用太费力气的，没有智谋，缺乏勇敢，照样能打胜仗。虽然胜利了，名声却平平，也就是说胜利来得太容易了。这种没有运用智谋和拼杀所取得的异常胜利，显示不出将帅的真正才华。而时代发展到春秋末期则不行了，将帅需要智勇双全才算称职。

2. 真正的善于用兵者，不显山露水，大智若愚，指挥若定。解释为："因此，会打仗的人虽然没有异常的胜利，没有机智的声誉，没有英勇的战功。但其决策是建立在必胜基础之上的，是在没有出现任何差错的情况下取得胜利的，所以也就没有给人留下特别深刻的印象。所谓没有出现差错，这是因为事先已有周密的谋划、正确的判断和周全的部署，达到了知彼知己，抓住了敌人的致命弱点，并根据敌人所出现的失误伺机而动，采取了必然制胜的措施，所以无需付出很大的代价，就能战胜已处于失败地位的对手。"

本书意解采取的是第二种解释。因为从本句的上下文可看出，孙武论说"善战者"是取的褒奖之意，非贬低之意。否则，孙武也就贬低了自己祖辈陈无宇、陈书所建立的赫赫战功，从情理上看，这是不可能的。纵观孙子兵法全文，孙武一贯认为，指挥若定才是真正的善战者，而战中不用谋略、缺乏勇敢就能轻而易举获取胜利的指挥员，是称不上是"善战者"的。

（四）对"兵法：一曰度，二曰量，三曰数，四曰称，五曰胜。地生度，度生量，量生数，数生称，称生胜"之句的辨释

由于对"兵法"二字特别是"度、量、数、称、胜"这五个字的含义理解不同，因此对全句的理解也就会产生较大的差异。本书参考和综合以往校释者的多种意见，概括为以下三种意解（五种例解）：

1.引起战争有五个方面的因素，这五个方面相递进产生因果关系。可有详略两种解释：

①详解：古《兵法》上说引起战争的原因有五个方面的因素：一是土地面积的"度"，二是物产资源的"量"，三是兵员众寡的"数"，四是实力强弱的"称"，五是胜负优劣的"胜"。因为敌我双方都有国土，有了国土就伴随产生了拥有土地面积大小是否适的"度"的矛盾；因为双方土地面积大小"度"的不同，就伴随产生了物产资源有多有少的"量"的矛盾；双方物产资源多少的"量"的不同，就伴随产生了能动员和供给兵卒或众或寡的"数"的矛盾；双方人力众寡的"数"的不同，就伴随产生了军事力量强弱对比的"称"的矛盾；双方力量强弱的"称"的不同，也就产生了胜败的结果。

②略解：兵法上有五条基本原则：一是"度"，二是"量"，三是"数"，四是"称"，五是"胜"。敌我所处之地不同，产生双方物产资源不同的"量"；敌我物产资源"量"的不同，产生双方兵员众寡不同的"数"；敌我兵员众寡"数"的不同，产生双方实力强弱不同的"称"；敌我实力强弱"称"的不同，决定着战争的胜负。

2.度、量、数、称，这四个标准是预知和判断胜负的主要因素，并以心理活动的揣度谋略为前提。有两种略有差异的解释：

①预测战争的方法，有下述几个步骤：一是度，即揣度、推测、估计，

也就是心理活动的谋略问题；其次是量，即衡量、丈量；三是数，即数目、计数、计算；四是称，即对比，比较物的轻重。通过上述四个步骤，再把主观条件同客观需要，把我情同敌情相参照、对比、考察，决定怎样行动。如果相适合就能取胜，不适合就未必能取胜。

②根据战场上的局势和国家所处的基本情况进行揣度，提出初步意图；依据初步意图，研究与制定有关的各种文件资料；依据这些资料所提供的数据质量进行计算；通过计算，考察自己的兵力与所执行的战斗任务比较，与敌人的兵力、情况作比较，看是否能满足需要，能满足取胜的需要，便能得胜。

3. 将"兵法"之"法"，解释为军事法制，"度、量、数、称、胜"也即是军事法制中的五项基本制度，或是"法制"的五条主要内容。解释为：

"军事法制的内容有五点：一是度量田地，计算国土面积有多少；二是物产和财力之量的大小；三是兵力和军备物资之数的多少；四是称量敌我双方实力之轻重；五是胜利归于哪一方。从国土幅员大小可以度量出土地面积，从土地面积可以计量出人口与物产，从人口与物产可以计算出兵力和军备物资有多少，从兵力和军备物资的多寡可以称量出实力的强弱优劣来，而胜负则是不同的军事实力较量的结果。"

本书采取的是第一种意解。其一，本书认为本句中所言"兵法"并非指"法制"制度，而是指一般意义上的战法。此兵法，就是具有战争指导规律性的方法，在现代意义上可简单理解为就是早于孙武而著的古兵书。孙武所生活的春秋末期，古《兵法》早已有之，孙子兵法中即引有《军政》之古兵书。孙武出齐奔吴，身上曾携带有祖传的兵书。孙武在本篇中所言"兵法"，极有可能就是孙武所携带的孙氏祖传家书。从现存孙氏族人传书看，其中多处提到"度、量、数、称、胜"，如"罕宝度称""奖刑逾度""法度滥浆""忠奸后量""九道无量""彼此称量"等句。孙武在本篇中有"古之所谓善战者"之句也可佐证，此"古"人也即是早于孙武的军事家，包括其祖辈陈无宇等，他们的成功经验之言论或著作，在孙武看来就是指导战争的"兵法"。其二，本书认为其"度"并非指心理活动的揣度，而是指一般意义上的大小、长短、高低尺寸的度量，是对占有一定空间的物体的一种量化。

(五)对《孙子兵法》全书原文中 33 个"形"字含义的辨释

《孙子兵法》中关于"形"的篇名有《军形篇》《地形篇》,全文共有 33 个"形"字,分别分布在《虚实篇》14 个,《地形篇》10 个,《兵势篇》4 个,《军形篇》2 个,《军争篇》《九变篇》《九地篇》各 1 个。值得注意的是,"形"字在孙子兵法中各处的含义并不相同,这 33 个"形"字的含义大致可分为六种类型。

1. 形状,样子。如方形,圆形,奇形怪状。可参考《后汉书·西域传》:"符拔形似麟而无角。"《吕氏春秋》:"人之老也,形益衰,而智益盛。"在《孙子兵法》中,此含义主要集中在《虚实篇》,如"夫兵形象水,水之行避高而趋下,兵之形避实而击虚。""故兵无常势,水无常形。""微乎微乎,至于无形"。

2. 形象,形体。如有形,无形,形影不离。可参考《易经》:"在天成象,在地成形。"《老子·第四十一章》:"大象无形。"在《孙子兵法》中,特指地形、地势,此含义主要集中在《地形篇》,如孙武所列举地形有通形、挂形、支形、隘形、险形、远形。"夫地形者,兵之助也""不知地形之不可以战,胜之半也"。《九变篇》中有"虽知地形,不能得地之利矣"。《军争篇》中有"不知山林、险阻、沮泽之形者,不能行军"。

3. 形势。可参考《国策·秦策三》:"岂齐不欲地哉?形弗能有也。"《韩非子·存韩》:"夫秦韩不得无同忧,其形可见。"《孙子兵法·兵势篇》中有"勇怯,势也;强弱,形也"。

4. 对照,对比。如:相形之下,相形见绌。可参考《老子·第二章》:"长短相形。"《淮南子·齐俗训》:"短修之相形也。"《孙子兵法·军形篇》中有"胜者之战民也,若决积水于千仞之谿者,形也"。

5. 方式,方法。《孙子兵法·虚实篇》中有"因形而措胜于众,众不能知。人皆知我所以胜之形,而莫知吾所以制胜之形。故其战胜不复,而应形于无穷"。《兵势篇》中有"浑浑沌沌,形圆而不可败也"。

6. 表现,显露。如:喜形于色。可参考《孟子·告子下》:"有诸内必形诸外。"《汉书·伍被传》:"聪者听于无声,明者见于未形。"《孙子兵法·虚实篇》中有"形之而知死生之地,角之而知有余不足之处。故形兵之极,至于无形。无形则深间不能窥,智者不能谋""故形人而我无形,则我专而敌分"。《兵势篇》中有"故善动敌者,形之,敌必从之""斗众如斗寡,形名是也"。

本篇篇名为"形",孙武在篇尾处又特别以"胜者之战民也,若决积水于千仞之谿者,形也"来概括"形"。那么,本篇通篇在讲什么呢?由篇中"攻守"之论、"善战者"之策、"度、量、数、称、胜"五事及"镒铢之称"可见,"称",即对作战双方军事实力的对比,显然是全篇的中心思想。由此也可见,"形"字在本篇中作"对比"解释,所以,本篇将"胜者之战民也,若决积水于千仞之谿者,形也"之句,意解为"能够打胜仗的将帅指挥军队作战,就像决开在千万丈高山之上的涧溪积水一样,水流直冲而下,势不可挡,这就是作战双方军事实力对比悬殊的必然结果"。

(六)对"九天""九地"的破解

孙武在本篇中论述攻守时,形象地比喻道:"善守者,藏于九地之下;善攻者,动于九天之上。"何为"九天""九地"呢?一般解释说,"九"是古代人常用来表示数的极点,"九天"极言高不可测,"九地"极言深不可知。其实,细考古籍和孙氏家族传书可见,"九天""九地"中还有更深刻的含义。

关于"九天、九地"这一概念,《吕氏春秋·世兵》有"天有九野,地有九州"的说法,按中央和八方分布,列为九天(钧天、苍天、变天、玄天、幽天……),在地面上所对应的就是"九地",它们都是一种平面分布而非层次结构。再细致考究,"九天""九地"其实是遁甲式中阴遁九局和阳遁九局的两个重要术语,源自古代式法,与遁甲术有一定的关系。翻栋古籍,可见到书中直接提到"九天九地",并把它与用兵联系在一起,多与占验用的式法有关,如:《玄女三宫战法》:"行兵之道,天地之宝。九天九地,各有表里。"《天一遁甲经》:"九天之上,可以陈兵;九地之下,可以伏兵。"可知古代人讲"九天""九地"多是言兵布阵。

孙氏传书中即有"九推九理,九天九地"之句,本句即是指行师用兵之前的摆阵布式,要考虑周全。讲用兵打仗之前一定要反复推理演兵,总结以往的经验教训,得出正确的用兵谋略。多谋划就可能获胜,少谋划就难以取胜,不谋划,就可能失败。这也就是《孙子兵法·始计篇》中所说的"庙算",而"庙算"后的用兵布阵,应具"遁甲"之术,能上"九天",

能入"九地"隐其形。所以，本书认为孙武在此所言"九天""九地"的主旨在于能藏其兵、隐其军情。

因此，本书对"善守者，藏于九地之下；善攻者，动于九天之上"之句，意解为：善于防守的将帅，能把用于防守的兵力巧妙地隐蔽在各种有利地形上，就像埋藏于深深的九地之下，深隐其形，使敌无形可窥，找不到踪迹，不知该从何处进攻；善于进攻的将帅，能充分发挥自己的力量和优势，利用各种有利的天气隐蔽军事进攻企图，一旦发起进攻，就像突然从九天高空袭来，迅速猛烈，使守势之敌猝不及防。

另外，《孙子兵法》中还有专以"九地"为篇名的篇章，文中又有"九地之变，屈伸之利，人情之理，不可不察"。但此处的"九地"含义是专指九种不同的地形（散地、轻地、争地、交地、衢地、重地、圮地、围地、死地），与本篇中"九地"的概念是有区别的。

〖专题解论〗

（一）孙武"所措必胜""以不败而求胜"的胜负观

战争必以流血为代价，必以胜负为结局。胜负乃兵家常事。孙武以"伐谋为上"的战略思想指挥决策，以为最全面、最成功的胜利是我方不受损失，而迫使敌人放弃目标。如果"伐谋"不成，则应"伐交"，即利用外交手段迫使敌人放弃目标。而"伐交"不成，则只得"伐兵"了，伐兵就是双方交战。那么，在双方交战中如何把握胜负呢？什么样的胜利是真正的胜利，什么样的失败才是真正的失败呢？孙武在本篇中提出了"所措必胜""以不败而求胜"的军事观点，阐明了他关于战争的胜负观。

1. 胜者"所措必胜"，不动声色，大智大勇。孙武认为："所谓善战者，胜于易胜者也。"即说善战者总是战胜那些容易被战胜的敌人。其原因在于："善战者之胜也，无智名，无勇功。故其胜不忒。不忒者，其所措必胜，胜已败者也。"主要意思是说，这样的善战者虽然没有异常的胜利，没有机智的声誉，没有英勇的战功。但其决策是建立在必胜基础之上的，是在没有出现任何差错的情况下取得胜利的，因此也就没有给人留下特别深刻的印象。所谓没有出现差错，这是因为事先已有周密的谋划、正确的判断和周全的部署，达到了知彼知己，抓住了敌人的致命弱点，并根据敌人

军形篇

所出现的失误伺机而动,采取了必然制胜的措施,所以无须付出很大的代价,就能战胜已处于失败地位的对手。在孙武看来,这种胜利表面上看似乎十分容易,但这种不见智勇的"易胜",正是智勇超群的体现,是善战者不动声色地实施了大智大勇的结果。《十一家注孙子》张预对此说道:"交锋接刃,而后能制敌者,是其难胜也。见微察隐,而破于未形者,是其易胜也。故善战者常攻其易胜,而不攻其难胜也。"可见,孙武在关于攻与守的认识上是全面而深刻的,其要求也是高层次的,是不战则已,战则必胜,而且必须是"全胜"。

2. 立足于不败再求胜利。孙武在本篇中提出全胜战略,是以"立于不败之地,而不失敌之败"为指导原则的。他说:"昔之善战者,先为不可胜,以待敌之可胜。不可胜在己,可胜在敌。"是说往昔善于作战的人,首先要创造不被敌人战胜的条件,待时而动,战胜敌人。这是历代军事家都证明过的真理。在战争中,必须保存实力,只要不失败就是胜利。这正是弱国对抗强国能取得胜利的关键。一旦交战的敌人胜过自己实力时,首先要以不败而保存自己的实力为前提。当然,保持自我不败的实力,不一定能战胜敌人。战胜敌人,就要预测战机,不能蛮干。孙武这一胜负论,强调了三个原则:首先是要把握不败给敌人;其次预测战胜敌人的战机,而不蛮干;三是待时而动,最终战胜敌人。这三个战术原则,体现了孙武把握机会、转换战机的胜负观,蕴涵着从实际出发的朴素辩证唯物主义精神,决定了孙武所倡导的战争攻守形式。孙武"以不败而求胜"的军事观点,已成为历代战争中将帅必须保存自己实力的一条朴素的客观真理。

(二)"何时攻,何时守"与"怎样攻,怎样守"

进攻与防守是战争运动的基本形式,孙武在本篇中就"攻"与"守"进行了专题论述。他说:"不可胜者,守也;可胜者,攻也。守则不足,攻则有余。善守者,藏于九地之下;善攻者,动于九天之上,故能自保而全胜也。"孙武在这里就攻与守的作用、条件、特点和目的进行了全面的表述,其核心思想是根据敌我力量的不同,灵活运用作战的基本形式,掌握攻守之宜,能攻善守,以达到保存自己,取得全胜的目的。

在作战中究竟是采取攻,还是守,这要以自己的军事实力为据,在相对比后做出正确的决策。原则应该是当攻则攻,当守则守;否则,当攻而守,当守而攻,则均为"败兵"之道。总的看来,孙武在攻与守的作用问题上,特别把防御看作是"自保"的作战形式,把进攻看作是取得胜利的作战形式。但孙武在这里所谋求的胜利不是一般的胜利,而是"全胜"。

1. 守战是最基本的作战方式

防御战,是战略研究的起点。当势劣力单力薄时,就不得不用守法。

守与攻一样,是一种相当重要的战斗形式。克劳塞维茨在《战争论》中把"防御"比喻成盾牌,他说:"防御这种作战形式决不是单纯的盾牌,而是由巧妙的打击组成的盾牌。"由此看来,这种作战形式的内蕴比进攻形式还要丰富。

孙武描述防守的全胜战略时说:"善守者,藏于九地之下。"是说我军的防御形式如藏于深深的地下,使敌人无法窥其形态。敌人无法探知我方信息,我方尽知敌军信息,胜利之券也就必操我手。

守是有条件的。必须具有防御的基础力量,才可以创造取胜条件,以求全胜。孙武主张"以不败而求胜"。实践说明,军事上"以不败而求胜"的战略指导,特别重视守战价值。

守战中,哪怕是最弱的防御者,他也必然拥有威胁敌人的某个手段,所以守战就意味着进攻。这一事实决定了防御战的形式决不是消极的。以攻为守才是守战之本。

守战对于部队是有基本要求的。明代施永图提出防守的"十全"原则:粮草足;军士练;城隍坚;器械利;民心图;赏罚明;险可恃;有援兵;将善谋;守具足。从这十个条件看,是说具备充分条件的守军部队,首先要赢得时间,集聚力量,再图战胜敌人。但是,防守并不能守住一切敌人,因此不可过于分散设防。在防御中,试图处处设防是绝对不可能的。

2. 攻战是强者的作战方式

进攻,是与防守相对的战争形式。近代西方有军事家把进攻分为三个类型:一是所进攻的是一个大国的全部领土或大部领土,即入侵战争;二是所进攻的只有一个省,一道防线,即是一次普通的进攻;三是进攻的只是敌人的一个阵地,即攻击战役或战斗。

从战术上讲,进攻的利大于弊。进攻战,在中国春秋时代已构成了体系性的战争形式,内容十分丰富。许多古代军事家的著述多谈论到进攻战,这主要是因为从战争的利弊看,进攻几乎总是有利的。因为进攻可以把战祸带到敌国的领土上，消耗敌方资源，使本国免遭破坏，并能提高我方士气而使敌方产生恐惧情绪。然而，主帅必须考虑到，发动的入侵性进攻必然会激起对方抵抗的力量，尤其是关系到对方国家命运的时候。进攻达到入侵程度时，战线虽然在敌国的领土上展开，但却是相当危险的。因为那里的山川要塞必然有利于防御而不利于进攻；那里的民众强烈的反抗入侵者的情绪，也会使进攻者无法安身。

进攻战中所遵循的运动原则为出其不意。在本篇中，孙武形象地描绘了善攻者的形象，"善攻者，动于九天之上，故能自保而全胜也"，是说善于进攻的军队的行动如在高不可测的云天之上，使敌方无法探知我方行动的动向，我方则可以寻机而动，出敌不意地取得成功。因此，奇袭式进攻手段令古今中外军事史上的进攻者爱不释手，发展成为军事艺术中一门独特的学问。

进攻的基本条件是能抓住机会。如在敌人恐慌惊惧时，巧妙调集兵力，聚而歼之，可以收到事半功倍的战果。趁敌退却和调换阵地时，加以进攻，是歼敌最难得的机会。在我军防守严谨时，也要随时注意寻求进攻的机会。可见进攻作为一种战争的指挥原则，并不是随意可为的决策，要在确实把握本军军力充实的基础上，把握战机，依时而动，抓住机会，才能采取进攻行动。

进攻的猛烈性是进攻的主要形式。在进攻战中，"主动"是将士行为的指南。主动常表现为"先发制人"，所以战争中最初的奋力一击，是战争成功与否的分水岭。猛攻就是奋力相击的形式，在进攻中，你投入的力量越大，进攻越猛烈，你自己的损失就越小。进攻的猛烈性，决定了进攻战术的连续性。在我方实力雄厚时，在适当的形势和条件下，进攻者应发动连续不断地进攻，可使对方没有喘息的余地。这样，必然能取得胜利。

3. 攻守相辅相成方为高明

总结孙武关于攻守相辅相成的军事思想，可做如此概括：有余则攻，不足则守；先稳守势，再谋攻战；立足于攻，胜由攻来；攻中有守，有所防范。

有余则攻，不足则守。自古用兵，变化不同，当初并无定论，不知以攻为先，还是以守为先。实战经验证明，攻、守的基础都取决于当时的军事实力。战争的双方一旦交兵，首先需要确定的问题是要打进攻战还是进

行防御战，这要求将帅对攻和守的含义要有确切的理解。一部战争史发展至今，进攻与防御已形成攻与守两种基本的作战体系。在攻与守的各种系列中，又分许多类型。然而，归其根本，正如孙武所言："守则不足，攻则有余。"也就是说，如果兵力不足就采取防守战术，如果兵力有余就采取进攻战术。这是决策攻、守指挥的基础，是说将帅决策攻、守时，必须以军事实力为基础，有决胜的军事实力，就可以采取进攻战，否则就要考虑防守战。

先稳守势，再谋攻战。经验证明，"先议守而后论战，乃保万全也"。守军之存在，应争取"藏于九地之下"，不被敌攻势所摇动。按照一般原则，稳住守势后方可谋取进攻。"守"的目的，就是寻求机会粉碎敌人的进攻，所以"守"战之法，从攻战中生。善于守者，必善于攻，在守战中迅速而猛烈地转入进攻是防御战中最为精彩的一个亮点。

立足于攻，胜由攻来。孙武认为，善于用兵打仗的人，首先造成本身不可战胜的条件，布置妥当不被敌人打败的态势，保证做到不会被敌人战胜；然后再静观敌情变化，等待可以出击的机会，伺机战胜敌人。可见保证做到不被敌人战胜之"守"是第一位的，但是，"守"却不能获得全胜，要想取得真正的胜利，只有取攻势。防御的目的在于创造条件，转入进攻。总是固守，不是好的办法，因为历史上从来没有攻不破的堡垒和防线。所以，善于用兵者在有效的防守中，就要谋求攻，立足于攻。

攻中有守，有所防范。一般说来，当力量对比处于我强敌弱、我优敌劣的情况下，采取进攻作战而胜敌，通常是有把握的，一般的人也都是以追求这样的胜利为目的。而孙武则不然，他认为即使在自己占有绝对优势的情况下也不能丝毫麻痹，掉以轻心，进攻战应有所防范，预备防御，必须竭力追求以最小的代价取得最大的战果，直至"全胜"。他说："见胜不过众人之所知，非善之善者也；战胜而天下曰善，非善之善者也。"因为攻与守是相辅相成的，实力再强大，也应防御来自敌方的突袭以及许多意想不到的战情。所以，善战者在每次进攻时，都必须考虑在进攻中必然会出现的防御，以便能够看清进攻中的缺点，并对此有所准备。特别是当敌人有戒备时，决不要以全力去打进攻战。当一次战斗尝试失利后，也不要按照原来的战斗部署再去发动攻击。必要时，应用诱敌方式，将敌方诱出防御阵地，则自然削弱了他们的抵抗力，形成了进攻的有利条件。此外，对敌进攻时，常可前后左右相互配合，诱使敌人自乱，使敌茫然而不知我军真正的进攻实力所在，从而致敌陷于失败。因此，在进攻中，应是必备防御之法，以防措手不及。

（三）孙武是中国军事运筹学的开山祖师

用数学统计方式完成军事决策的科学，称之为军事运筹学。中国古代的军事运筹起源于孙武，这是世所公认的。孙武在本篇中，以兵法"度、量、数、称、胜"五论，展开与深化了关于地形、兵员、资源等问题的论述。这种运用数学衡量判断双方军力的方法，就是军事谋策科学中的军事运筹研究。

"度、量、数、称、胜"五事，是未战先计的谋略内容。这个军力判断的过程，表现为对"度、量、数、称、胜"之间相互制约关系的综合运筹。中国古代军事家多认为："五者皆因地形而得，故自地而生之也。"即根据国家、战场的土地面积、地形特征从而估量人口、兵员，进而计算地产、物资；进而权衡军事实力；最后综合判断敌我双方军事实力，决定胜战方案。

本篇所阐述的五事衡量在孙子兵法中多处可见。本篇中的"修道而保法"指修明政治，确保法制，所包含的内容十分广泛，涉及军队建设运筹的诸多方面，是孙武确保军队处于优势地位，达到掌握战争胜败决定权的重要途径，是夺取战争胜利的主要条件。又如《军争篇》中有："百里而争利，则擒三将军，劲者先，疲者后，其法十一而至；五十里而争利，则蹶上将军，其法半至；三十里而争利，则三分之二至。是故军无辎重则亡，无粮食则亡，无委积则亡。"孙武在此以数字比例说明后勤补给就是军队的生命。比如百里外争战，行军疲惫，大部分人掉队，按时到达目的地的人只有十分之一。这个数字为军事家提供了宝贵的启迪，作为后人用兵之法。可见运筹统计参与军事测算是十分重要的。

《孙子兵法》开篇就运用筹算法来测算战局。在最高统帅的指挥机构中，必须有军事运筹能手作为军事智囊人物，参与高层谋策。孙武的"庙算"作为集团型军事谋策，必须运用军事运筹法，战前的"庙算"就是一种军事运筹。孙武提出："多算胜，少算不胜。"说明了战前筹算的重要性。孙武在《军形篇》《兵势篇》等篇中，也就战场虚实变化、用兵奇正等运用了筹算。孙武军事运筹学不仅运用于战场较量的兵力对比上，而且运用于军事运输、后勤补给以及运筹物资的存储等方面。本篇中所提出的"立于不败之地"的"自保而全胜"的策略，就是靠着合理运筹、修明政治而实现的。

孙武的军事运筹思想在历代战争的战略战术及后勤补给等多方面得到广泛应用，有些军事运筹，被吸收转化为数学问题而在民间广为流传。

（四）破解孙武言"古"说祖传兵法

前面已就"古之所谓善战者"之句做了辨释，现单就孙武在句中言"古"做一探讨。

本篇句中"古之所谓善战者"之"古"，与本篇开头"昔之善战者"之"昔"，在严格意义上虽有区分，但在《孙子兵法》中似是同一个意思，指过去、从前、以往、昔日的时代。除本篇外，《九地篇》有"古之善用兵者"，《用间篇》有"昔殷之兴也"。殷商朝代相对于孙武可谓古代，从"昔殷之兴也"之句可见此处"昔"也就是"古"。为此，历代校释者多按字面解释"古""昔"为从前或古代。本书则认为，其实如果明白孙武兵书的来历，孙武在兵法同一篇目中，间隔仅有143字，在本句中言"古"而不沿用上几句中所用"昔"字，并非仅是语言文字上的换种说法，显然是另有原因。孙武在此所言"古"，是孙武所生活年代之前的"古代"，"昔"则可统指过去的年代，昨天也可称为昔日。就人生而言，一个人可经历昔日，但不可能经历古代。这表明孙武在这里言"古"未再说"昔"，两字的原有本意应是有区别的。

一般说来，"古"指时代的下限距今较久远，至少是曾祖辈生活的时代，祖辈、父辈生活的时代多称近代或现代。这也从另一个侧面佐证了孙氏家族传书所言，本家族传书（含兵法）来源于"上五代"。孙武的兵法并非孙武独创，他是继承了祖上的传书，而专注于传书中的兵法内容，加以诠释和发扬光大，并让其显世。

有史书可查，孙武的祖宗可追溯到上八代，即：1.陈完，2.陈稚，3.陈缗，4.陈须无，5.陈无宇，6.陈书，7.陈凭，8.陈武，即孙武。公元前672年，落难公子陈完由中原地区的陈国逃奔东临大海的齐国，陈氏开始在山东大地繁衍生息，后发展成为一个大家族（陈、田在古代同音，故后分出田姓;陈完之五世孙陈书建战功,齐景公封采地,赐姓孙,孙武在那年已十二岁)。陈完受到齐桓公的器重,涉足齐国政坛,后世相继为国家重臣。以陈完的四世孙陈无宇为界,从陈完到陈须无这四辈,基本上都是从商从政,也许关心参与过国家军事谋略或个别军事行动,但并没有专事军事。陈须无列为卿士后,有过参与齐国内争的斗争经历。从陈无宇开始,陈氏后世数辈则多为专职军人。陈无宇辅佐齐庄公,统帅齐军,指挥了一系列对外战争,是一位军事经验丰富的卿大夫。陈无宇的儿子陈书,即孙武的祖父,也是一位齐国统帅,因建战功而封采地、赐姓孙,说明战功非常显赫。孙武"兵法"的源头显然起自陈无宇,后经陈书、陈凭补充完善,到孙武时更加完善,最终形成后人所看到的《孙子兵法》,当然,其中还有孙武的学门弟子的智慧和整理之功。

因此说,孙武在本篇中所言"古",本书认为指的即是他所继承始于陈无宇的家传之书中的军事经验、军事理论。陈无宇的"家传兵法"是对自陈完开始的"上五代"的军事经验总结;孙武的"家传兵法"则是对自陈完开始的"上八代"的军事经验总结。今日孙氏家族传书中解释其传书源自"上五代",并说"上五代"是一个隐语,实际是指"上八代",解释是"上"字三个笔划,加五等于八,这即是指从陈完到孙武这八代的经验总结。这种解释显得牵强。由以上论述可见,"上五代"其实就是指从陈完到陈无宇的这五代,时间跨度约在齐桓公到齐景公的时代。因为本家族传书并非就是《孙子兵法》,孙武的兵法仅是陈无宇"家传政书"中的一部分,在内容上说的仅是军事。家书中说"上五代",是孙武及其父辈对祖宗的敬意和尊重,如果变成"八代"那就包含了孙武这一辈,这是后世族人对包括孙武在内的八辈祖宗的敬意和尊重。不过在说到"家书"的起源上,显然不能包括孙武,孙武仅是继承者之一。如果仅是论说《孙子兵法》,孙氏后人说孙武的兵法是"上八代"的军事经验总结,那是无可非议的。

(五)集中优势兵力作战思想理论的渊源

集中优势兵力作战思想,在中国现代史上是人民解放军十大军事原则的核心思想。从《孙子兵法》本篇看,孙武早在两千多年以前对这一思想即做了经典性的论述,这就是"以镒称铢"的具体表述。《孙子兵法》本篇中的"以镒称铢"思想,可说是军事思想史上集中优势兵力作战思想理论的渊源。历代军事家将此理论直接运用于战场，或由此发扬光大，形成自己的理论体系，导演出许多雄壮的伟业和战绩。因此，探讨《孙子兵法》中的集中优势兵力思想，对现代战争也是十分必要的。

1. 先胜而后求战。孙武在本篇中提出了一个重要的作战指导思想："胜兵先胜而后求战，败兵先战而后求胜。"意思是，胜利的军队是事先创造夺取胜利的条件，再去与敌交战；而失败的军队往往是先盲目与敌交战，而后祈求侥幸取胜。孙武旨意在于打有准备、有把握之仗，反对鲁莽草率的盲目行动。如何使自己成为"胜兵"呢？孙武指出："先为不可胜，以待敌之可胜。"其实质就是古代兵法中常说的"立于不败之地"。为了在战争中确立自己的这种战则必胜的地位，孙武提出了一系列正确的对策，主要就是要谋略在战前集中优势兵力。

孙武认为，敌对双方军事实力的对比，是作战胜负的基础。军事运筹在测算交战双方实力明显的差异后，就可得出占有绝对优势的一方将取得胜利。作为指挥员，战前就要细心谋略兵力对比，"胜兵先胜而后求战"。他指出：用兵之法，一是度，二是量，三是数，四是称，五是胜。即根据作战地形的广狭、险易等情况，做出利用地形的判断；根据对作战场地容量的大小，估计双方可能投入兵力的数量；根据敌对双方可能投入兵力的数量，进行兵力对比衡量；根据双方兵力的对比，就可判断出作战的胜负。因而，胜军对败军来说，就好比处于"以镒称铢"的绝对优势地位。他的这一作战指导思想，强调的是以自己的实力做基础，先造成力量上的绝对优势，"先胜而后求战"，以达成"胜兵若以镒称铢"和"败兵若以铢称镒"的有利态势，先立于不败之地，再寻机战胜敌人。

孙武在这里所说的"胜兵"，可理解为胜利的战争或胜利的军队。镒、铢是古代的重量单位。24两为1镒，1两为24铢，1镒为1铢的576倍。镒与铢两个单位相比较，显然镒比铢的重量要占绝对优势。孙武在这里用来形容敌对双方力量对比悬殊，用占绝对优势的力量去进攻敌人，就像用"一镒"称起"一铢"那样轻而易举；反之，另一方力量则处于绝对劣势中，用这样绝对劣势的力量去同对方作战，就像要用"一铢"称起"一镒"那样难以战胜对方。当然，在现实社会的战争初期有时很难分出谁占绝对优势，谁处在绝对劣势地位，双方能敢于抗衡，最终打起来，说明综合力量对比不会过于悬殊。孙武在此说以"镒"称"铢"即576∶1的兵力对比，并非实指的量化，意在说明绝对优势和绝对劣势的悬殊差异，足见胜军与败军的力量强弱对比。所以，对"胜兵若以镒称铢，败兵若以铢称镒"之句，可理解为：能够打胜仗的军队，在力量对比上就好像用"镒"称"铢"那样，以 576：1 的绝对优势临敌作战，就能轻而易举地取得胜利；失败的军队，在力量对比上就好像用"铢"称"镒"那样，以 1：576 的绝对劣势去作战，显然会遭到惨重的失败。

孙武的"以镒称铢"集中优势兵力作战思想，是他"胜兵先胜而后求战"思想的集中体现。可见他所要达到的"胜兵"，就是以"先胜而后求战"为指导，在政治上、经济上、军事上"先为不可胜"，形成"以镒称铢"绝对优势的军队。在他看来，用这样的军队与敌作战，则如同"决积水于千仞之谿"，奔流而下，势不可挡。所以，善于用兵的将帅，欲"胜兵"就必须"先胜"谋略，合理调配自己的军队，求以镒称铢之险势，达到以石击卵的效果。这一积极稳妥的军事谋略思想，历来为军事家们所重视。

2. 增强军事实力，形成绝对优势。《孙子兵法》开篇说道："先为不可胜，以待敌之可胜。不可胜在己，可胜在敌。"又说："胜可知，而不可为也。"他首先要求发展军备，奠定雄厚的军事实力基础，使自己的军事力量强大到不可战胜，确实处于优势；同时，在做好充分准备的前提下，又强调慎谋慎战，不可贸然进攻，要等待"可胜"之机，彻底地战胜敌人。这表明孙武在敌我这一对立矛盾的认识上，把自己放在矛盾的主导方面，而且意识到自己的努力既是不可被敌人战胜的内因，又是能够战胜敌人的条件。也只有把战争建立在自己充分准备的基础上和敌人疏于戒备的有利条件下，胜利才能成为必然。孙武在本篇所论，实际上是一个加强军事实力建设的战略性问题。在他看来，军队的强弱，战争的胜负，主要是由实力决定的，要不被敌人所战胜，就必须具有强大的军事实力。他在本篇预测战争胜负的理论中，运用数量分析的方法指出"度、量、数、称、胜"，是说衡量敌我双方的综合国力，必须掌握好土地面积的"度"、物产资源的"量"、兵员众寡的"数"、实力强弱的"称"、胜负优劣的"胜"这几条标准。同时，他又认为这几条标准相互联系、相互影响，"地生度，度生量，量生数，数生称，称生胜"。敌我土地面积"度"的不同，产生双方物产资源不同的"量"；敌我物产资源"量"的不同，产生双方兵员众寡不同的

"数";敌我兵员众寡"数"的不同,产生双方实力强弱不同的"称";敌我实力强弱"称"的不同,决定着战争的胜负。孙武在本篇中从国家土地面积的"度"入手,科学地推算出决定战争胜负的最终因素在于敌我实力强弱的"称"。因此他强调要求加强己方的军事实力,以形成"以镒称铢"的绝对优势,掌握战争的主动权,夺取战争的胜利。

3. 造成有利态势。集中兵力是实行歼灭战的物质基础,但若只有强大的物质基础,而没有造成有利的态势,也难以达到取胜的目的。这即是"造势""任势"的问题。孙武是非常重视"造势""任势"的,他在《兵势篇》中解释"势"说:"故善战人之势,如转圆石于千仞之山者,势也。"并形象地比喻说:湍急的流水以飞快的速度奔泻,以致能把石块漂移,这就是水势大的缘故。拥有绝对优势的军队,就像从八千尺的高处决开溪中积水一样,其势猛不可挡。

孙武的后世传人孙膑通晓《孙子兵法》,曾建立了自成体系的军事理论,将孙武"以镒称铢"的思想生发开去,辅助齐国强兵富国卓有成效。"孙膑赛马"即是孙膑集中优势兵力思想的典型事例。《史记·孙子吴起列传》载:"忌数与齐诸公子驰逐重射。孙子见其马足不甚相远,马有上、中、下辈,于是孙子谓田忌曰:'君弟重射,臣能令君胜。'田忌信然之,与王及诸公子逐射千金。及临质,孙子曰:'今以君之下驷与彼上驷,取君上驷与彼中驷,取君中驷与彼下驷。'既驰三辈毕,而田忌一不胜而再胜,卒得王千金。"从而把全局上的劣势,以"先胜"的谋略"造势""任势",造成了两个局部的优势和一个局部的劣势,最终以二比一获胜。

〖经典战例〗

襄樊之战——善守自保,善攻全胜

襄樊之战,是蒙元统治者消灭南宋统一中国的一次重要战役,蒙军长期围困并最后夺取南宋重镇襄阳、樊城(今湖北襄阳市)。这次战役,发生在宋末、蒙古忽必烈时期,从公元1267年(南宋咸淳三年,蒙古至元四年)蒙将阿术进攻襄阳的安阳滩之战开始,中经宋军吕文焕反包围战、张贵、张顺援襄之战,龙尾洲之战和樊城之战,历时近6年,宋军终因孤城无援,襄阳守军于公元1273年（咸淳九年，至元十年）力竭降蒙元。此战以南宋失陷襄阳、樊城而告结束，成为中国历史上宋元王朝更迭的关键一战。

刘整进献攻宋方略　蒙军包围襄阳樊城

南宋王朝的积弱，与其治国大政方针有很大的关系。宋廷在当时大敌压境的情况下，却幼稚地认为，可以用强大的经济力量来压倒外侵的军事力量，因此对经济的重视远远超过了对军事的重视，全国的战备力量受到很大的削弱，临机应战能力大打折扣。

宋蒙之战，起自公元1234年（宋理宗端平元年，蒙古窝阔台六年），南宋贸然发起收复三京之役。出师6万，大败而归。宋廷以毫无思虑的盲目举动，在宋军准备不充分的情况下出战，埋伏下最终土崩瓦解的祸根。

从公元1234年出战至1279年宋军崖山覆没、南宋灭亡的45年间，蒙军先后大举攻击南宋有三次。第一次，公元1235年6月出师，分三路伐宋。江淮、襄汉两路由于宋将杜杲、孟珙等部的顽强抵御，至公元1240年即停滞不前。只有川蜀一路，血战至公元1241年，以窝阔台的去世，暂时告一段落。此次作战，宋将孟珙先后节制襄汉、川蜀两路，卓有功勋。第二次，公元1258年，蒙古蒙哥汗亲自指挥三路大军，下四川，攻襄鄂，预期会师鄂州，溯江东下，直破临安。蒙军按照西晋灭吴、隋灭陈的思路，企图占领四川，割裂南宋的防御，而后以高屋建瓴之势，溯江而下，一举灭宋。蒙哥汗亲率西路军入川后，连续攻城破寨，进至合州钓鱼城下。守将王坚据城扼险，与其相持长达多年。蒙哥汗阵亡钓鱼城下，西路军北撤。中路军忽必烈南下攻鄂州不克，闻蒙哥汗死，为夺汗位，在接引南路军渡江会师后，引军北还。此次战局，仅历时两年，宋军先后挫蒙军于川、鄂，使其战略计划落空。第三次攻宋，即是此次襄樊战役。

忽必烈继承蒙古汗位后，实行统一内部、稳定后方、奖励农耕、采用汉法等政策，使得蒙古日益强盛。特别是调整了战略方向，将灭宋战争的进攻重点改为襄樊，由川蜀战场开始向荆襄战场转变。

南宋襄樊之地，地处南阳盆地南端，西接秦蜀，东瞰吴越，"跨连荆豫，控扼南北"，进可出击中原，退可掩卫湖广。襄阳和樊城，南北夹汉水互为依存，地势十分险要，自古以来便是华中地区的交通枢纽，兵家必争之地，也是南宋抵抗蒙军的边陲重镇。历代以来，许多具有历史影响力的

重要战役，常发生于此。

南宋末年，襄阳发生兵变，当时的襄阳都统制孟珙认为，襄阳绝对不可弃之不顾，尤其是在艰难收复之后，更应加强守护，以免一再失守，又得花更多兵力、财力将其收回，事倍功半。因此曾上奏宋廷曰："取襄不难而守为难，非将士不勇也，非车马器械不精也，实在乎事力之不给尔。襄、樊为朝廷根本，今百战而得之，当加经理，如护元气，非甲兵十万，不足分守。与其抽兵于敌来之后，孰若保全此胜？上兵伐谋，此不争之争也。"

此时，蒙军首领的视线也聚焦到了襄阳和樊城。公元1267年，南宋降将刘整向忽必烈进献攻灭南宋策略："先取襄阳，即克襄阳，彼扬、庐诸城，弹丸地耳。置之勿顾而驱临安（今杭州），疾雷不及掩耳，江淮、巴蜀不攻自平。"他认为如此"先攻襄阳，撤其捍蔽"，南宋则"无襄则无淮，无淮则江南唾手可下也"。忽必烈几年来在对四川的试探性进攻中没有成效的情况下，也深知欲由四川南下，必先得襄汉、荆湖，方能打通道路，川蜀之险也就置于身后，不取而取。于是采纳了刘整的建议，决心集中力量，夺取襄阳，作为打破僵持对峙的突破口。宋蒙战争进入蒙军对南宋战略进攻的新阶段。

在行军路线上，蒙军由蜀入长江，顺流而下，席卷江东，开始实施对襄阳的战略包围。首先，建立陆路据点，作为攻宋的根据地。几年前，忽必烈曾根据刘整的建议，遣使以玉带贿赂南宋荆湖制置使吕文德，请求在襄樊城外置榷场（物资交易站），吕文德应允。蒙古使者以防止盗贼、保护货物为名，要求在襄樊外围筑造土墙，目光短浅的吕文德竟然同意。于是蒙古人在襄樊东南的鹿门山修建土墙，内筑堡垒，建立了包围襄樊的第一个据点，巧妙地实现了先守后攻、攻中有守、攻守结合的战略意图。

公元1268年9月，忽必烈正式下达命令，派都元帅阿术、刘整率各路蒙军向襄阳、樊城发起进攻。

襄阳城，南与江陵、鄂州为鼎足，实为南宋沿边之军事重镇，民心之依托。自公元1134年被岳飞率宋军收复以来，到公元1236年的102年间，这里商贾云集，市井兴隆，人口众多。从公元1234年宋军出击蒙军到公元1268年蒙军开始进攻襄阳的34年间，除公元1236年叛将王旻等投降蒙军，公元1238年又被孟珙收复一段时间外，一直没有被蒙军所攻破。蒙军发动第二次攻势时，忽必烈所率中路军，由大胜关进至黄陂，完全避开襄阳一路，造成孤军深入的不利态势，由此可见襄阳一城之战略要地作用。

在地形上，襄阳城依山傍水，地势险要，城高池深，易守难攻。襄阳北面与樊城隔汉水相对，互为犄角，顺流可直入长江。城北、城东临汉江，城西、城南高山群立，山水形胜，构成了守城的天然屏障。特别是城南的虎头山、羊牯山、琵琶山、真武山、凤凰山、岘山诸峰，山脉相连，守望相助。自古兵家鏖战襄阳，欲取城池必先取城南之山。山存则城在，山失则城亡。

战前，襄阳、樊城都有宋军重兵防守，粮草亦充足，可谓兵强马壮。宋军加强了对襄、樊两城的固守。筑城所需的竹木建材，在战前派士卒前往汉水上游，砍倒巨木数万根，竹20余万根，编成排筏后顺流而下，供刚进入襄樊的高达所率军队使用。并在城内建造营房1万余间，以备屯驻之用。筑城工作限期两个月完成。完成后的襄阳城防御工事，周围长9里，樊城防御工事长约4.5里。公元1252年春，李曾伯向朝廷提出经营襄樊的建议，其中之一说：除原有2.1万军队外，再固定移驻1万人，可携带家眷，实行营田，不必移防，除可自给自足外，也可节省兵费支出。公元1254年上半年，已有6276户军人家眷迁入襄樊定居，使其渐渐恢复生机。襄阳守将高达、李曾伯等为加强襄樊防务，不但修复城墙，还召募民众充实边疆，扩充防务范围，使日后宋蒙襄樊攻防战时，守军能据以抵抗长期坚守。

守将高达的性格高傲，又自恃有军功，不甘趋炎附势，得罪了权臣贾似道，公元1259年，被罢职离开襄樊。南宋这一国防重镇，改由以吕文德、吕文焕兄弟为主的军事集团防守。

蒙军开始包围襄樊时，宋军当地兵力约有2万多人，宋军统帅京湖安抚制置使吕文德很有信心地表示："襄樊城池坚深，粮食等物资储备可用10年。宋军一定能够坚守，蒙军如果敢于进犯，我们一定能够打败它。过不了多久，敌人就会逃遁。"襄阳守将、知府兼京西安抚副使吕文焕开始时也没有把蒙军放在眼里，派兵主动多次出击。虽然没能退敌，也至少达到了骚扰的目的，表达了不示弱的决心。

为夺取襄阳、樊城，蒙军也做了大量的准备工作。首先使用欺骗性手段，获取守将吕文德的同意，在襄阳城外南山修建起多处据点，阻断了襄阳与外界的联系。调集了诸路人马，以阿术与降将刘整为正副帅，特别是手下有诸多原宋军投降将领，他们熟悉宋军的内部情况。

针对襄樊设防情况，蒙军决定采取长期围困、待机攻城的战法。公元1267年秋，蒙将阿术率5万骑兵攻打襄阳，察看地形后，俘人掠地而归。宋军乘蒙军回军之际，在襄阳以西的安阳滩派水军扼其归路，然后派骑兵直冲其阵，蒙军大乱，阿术坠马，险些被宋军活捉。蒙将怀都选善识水性的士卒泗水夺得宋军战舰，其余将领奋勇拼杀，才将宋军击退，转败为胜。

这年底到次年初，阿术先后于江东、江西等处筑垒，兴建环襄阳南山的长围，在襄阳西南15公里的鹿门堡、城东北5公里的白河口修筑城堡，控制白河、汉水及陆路交通。又在城西5公里的万山筑城以断其西路，在城南15公里的灌子滩立栅以断其东路。并连接诸垒，形成防线。在樊城迎旭门外汉水中，筑实心台（今东敌台），上置大弩，阻宋水上援军，切断了援襄宋军之路。

此时宋军的动作迟缓，时南宋权相贾似道把持朝政，昏庸腐败，使得军情不能达于中央。在如此长的时间里，坐视蒙军完成对襄阳的包围。而贾似道又曾与忽必烈订有割地称臣的密约，不派得力将领率兵增援。所以，虽有几路援兵，守将吕文焕也多次出击，仍未能改变被围困的局面。

这一期间，被围宋军曾自襄阳出击，均被击退。公元1269年，蒙军在汉江两岸、江中岛的筑垒、城寨均已完成，又在灌子滩江中立栅，截断江流，阻止宋军水师北援。宋军将领、都统唐永坚指挥守军反击时被俘，都统制张世杰奉命率步骑、水师沿江进援襄阳，至赤滩圃大败退回，仅有沿江制置副使夏贵所派运粮船进到襄阳。公元1270年初，守将吕文焕率万余兵力，百艘战船，水陆进攻蒙军江西阵地，被打退，只能固守待援。蒙将史天泽在襄樊西部的万山包、百丈山筑长围，又在南面的岘山、虎头山筑城，连接诸堡，完全切断了襄阳与西北、东南的联系。襄、樊两城与外联系断绝，仅借汉水上浮桥互相支援。

至此，蒙军完成对襄樊的战略包围。在襄樊外围修筑10余处城堡，建立起长期围困襄樊的据点。襄樊成为一座孤城，内外交通、粮道断绝。

援襄宋军屡援屡败　樊城血战蒙军屠城

在蒙军重围中，南宋守军将领面临着巨大的压力。如何安抚民心士气，让城中军民始终坚持抗蒙的信心，需要有相当强的领导力与说服力，而这正是当时守军首领吕文焕等必须下大力处理的事，否则，不必等蒙军发动总攻击，襄樊城内的军民恐怕早就弃城而逃。

蒙军重围并非铁板一块，攻防战期间，襄樊守军与外界仍有办法沟通。史书记载，如唐全、张兴祖、吴信、周旺等人，皆曾因进出襄樊传递讯息有功而受封赏。蒙军因缺少水兵，围城不严，每当汉水上涨时，宋军仍可由水路运送物资进城。

安阳滩之战，蒙军虽然打败了宋军，却也暴露出水军不占优势的弱点。刘整与阿术谋议，"我精兵突骑，所当者破，惟水战不如宋耳。夺彼所长，造战舰，习水军，则事济矣"。忽必烈当即命刘整"造战船，习水军"，以图进取襄阳。由此，蒙军为加强水上作战能力，编练水军，以寻求制服南宋的战术优势。刘整造战船5000艘，组织水兵7万，日夜操练，又得到四川行省所造战船500艘，建立起一支颇具规模的水军，从而弥补了战术上的劣势，为战略进攻准备了必要条件。

从公元1268年蒙军筑鹿门堡、修白河城，到公元1270年完全包围襄阳，切断襄樊与城外的交通，襄阳一再告急，蒙军已处于战略上的优势。南宋政府为挽救危局，进行了反包围战与援襄之战，从而揭开了襄樊之战的序幕。

蒙军在完成围城后，进一步周密部署。为准备攻城，调来了由刘整指挥的汉军步兵，并征发民军两万；为做好后勤工作，设立河南行中书省，负责对襄阳作战军的物资供给。更为重要的就是忽必烈接受刘整的建议，造船练水军，在兵力上由远征途中的劣势转变为优势，攻守相济，不但保证了此次进攻战的胜利，而且也为下一步的席卷江南做了准备。

公元1267年冬，南宋任命吕文焕为襄阳知府兼京西安抚副使。次年11月，为打破蒙军鹿门、白河之围，吕文焕率领襄阳守军进攻蒙军，但被蒙军打败，宋军伤亡惨重。

公元1269年3月，宋将张世杰率军与包围樊城的蒙军作战，又被阿术打败。7月，沿江制置使夏贵率军救援襄阳，遭到蒙汉联军的伏击，兵败虎尾洲，损失2000余人，战舰50艘。

公元1270年春，吕文焕再次率兵出襄阳城，攻打万山堡，蒙将张弘范、李庭采取诱敌深入战法，乘宋军士气衰退，突然进行反击，宋军大败。9月，宋殿前副都指挥使范文虎率水军增援襄阳，蒙军水陆两军迎战，大败宋军，范文虎逃归。

孙子兵书论解

公元1271年6月，宋廷迫于压力，派范文虎率殿前司及两淮水师10万再次援襄，沿汉水向北进军鹿门。蒙将阿术率诸将迎击，夹江为阵，顺势下攻，宋军逆流而战，范文虎增援部队未至鹿门，即被蒙军击退。宋军战败溃退，损失战舰100余艘。下个月，襄阳守军出击南山堡垒，又遭败绩。

这一时期，宋蒙两军虽然在襄樊外围进行了长达3年的争夺战，但因蒙军包围之势已经形成，不但南宋援襄未能成功，襄樊城中宋军反包围战斗也不可能取胜。宋军只好困守襄阳、樊城，城内盐柴布帛奇缺。

樊城与襄阳隔汉水互相守卫，两城唇齿相依，蒙军将领商议把进攻重点先集中到樊城。几年前，蒙将史权便指出：蒙军若先攻樊城，襄阳便会不支而自动投降。蒙将阿里海牙说："襄阳之有樊城，犹齿之有唇也。宜先攻樊城，樊城下则襄阳可不攻而得。"刘整也提出相同的看法，认为樊城城郭范围较小，宋军守军少，较易攻下。但蒙军若先强攻樊城，襄阳宋军必然会通过两城之间相连的浮桥出兵相救，使蒙军遭受重大损失。于是，在对樊城发动总攻击前，蒙将张弘范便对阿术建议："襄在江南，樊在江北，我陆攻樊，则襄出舟师来救，终不可取。若截江道，断援兵，水陆夹攻，则樊破而襄亦下矣。"

公元1273年3月，蒙军决定采取各个击破战法，分别从东北、西南方向进攻樊城。忽必烈派遣回回炮匠至前线，造炮攻城。阿术、刘整、阿里海牙率蒙汉军队发兵五道，冒雪对樊城发动总攻，揭开了最后决战的序幕。

蒙军总攻襄樊之战正式打响后，首先切断襄阳与樊城之间的铁索、浮桥，使襄阳城中的援兵无法救援，樊城完全孤立。刘整率战舰抵达樊城城下，水陆夹攻，集中兵力，用威力大、射程远的回回炮猛打樊城西南角。双方激战14昼夜，蒙军攻破樊城外城西南角城郭后，增筑街垒，亦攻亦守，进一步缩小包围圈，宋军只好退至内城坚守。

樊城之战，战况惨烈，双方损失皆非常严重，蒙军那些勇猛的将领也皆"身披数创"。宋军樊城守将牛富，骁勇善战，史书上赞其"勇而知义"，曾戍守襄阳与吕文焕并肩作战5年，樊城军情紧急时，牛富率部移守樊城，数次射书襄阳城给吕文焕，相约固守襄樊为唇齿。樊城战中，牛富率死士巷战，死伤无数，渴饮血水。无奈人单势孤，心有余力不足，被迫撤退。他身负重伤，转战中看到熊熊战火燃烧民居街道，羞愧难当，以头触柱，投火自尽殉职。牛富身旁的副将王福见牛富自杀，樊城破，仰天长叹："将军死国事，吾岂宜独生！"随之也赴火自焚。见诸史料有姓名的樊城宋军守将，绝大多数战死，只有张汉英、韩拨发两人因兵败被俘后自杀。南宋守军终因寡不敌众，樊城陷落。

樊城被攻下后，遭到屠城，宋军将士和民众集体殉难。蒙军之所以屠城，一方面是为了报复樊城军民的顽强抵抗，另一方面是藉此杀鸡儆猴，削弱襄阳军民斗志，恐吓襄阳守军不战而降。

轻舟破围二张传奇　襄阳鏖兵有死有降

樊城既破，襄阳唇亡齿寒，危在旦夕，而朝中权臣贾似道却置若罔闻。守将吕文焕告急宋廷，贾似道推来说去，说是将以"围魏救赵"之法解围，但就是不肯再发兵。襄阳城中军民只能自救自保。

在这次保卫战中，襄樊当地民兵发挥了重要作用。宋蒙开战后，宋军因官兵素质低，养兵费用庞大，所以必须借助民间力量，组织民兵以补正规军的不足。除了由官方出面组织的民兵之外，也有地方土豪为保卫乡土，主动号召宗族乡党组成的民兵。这些民兵，往往比官军还具有较强的战斗力。襄樊民兵民性强悍，再加上长久以来处于边疆战乱地带，他们深知靠官兵援助与维持治安，不如靠自己自保多福。襄樊被围困后，宋廷在不得已情况下，派李庭芝为京湖制置司，进屯襄阳西北清泥河上游郢州与均州（今湖北均县），处于襄阳侧翼，意图另辟新路，援救襄阳。李庭芝受命之后因苦于无兵可用，即出重赏募死士，招募襄、郢西山民兵3000余人，造轻舟100艘，由勇将张顺、张贵率领，救援襄阳。

张顺、张贵等率民兵驾轻舟装载大批物资出发。临行前，张顺激励士卒说："这次救援襄阳的行动，任务十分艰巨。每个人都要有必死的决心和斗志，你们当中若有人并非出于自愿，那么现在就赶快离去，不要影响了这次救援大行动。"当时，3000名民兵群情振奋，斗志昂扬，表示坚决完成任务。

5月，这次救援战斗开始。二张在高头港集结船队，把船连成方阵，每只船都安装有火枪、火炮，准备了强弓劲弩。张贵在前，张顺在后，乘汉水上涨，白天先将载有物资的船只隐蔽于白河口内，夜间驶入汉水。船队到达磨洪滩，遭到布满江面的蒙古水军截击，无法通过。张贵率军强攻，由上游顺水而下，突入蒙军重围。宋军将士和民兵先用强弩射向敌舰，然后用大斧短兵相接，一鼓作气，斩关破栅，激战一夜，冲破重重封锁，蒙军被杀溺而死者不计其数。激战中，宋将张顺战死。黎明，张贵等一路突破重围，转战60多公里，将物资胜利运入襄阳城中。

几天之后，襄阳军民在水中捞得张顺的遗体。张顺仍披甲执弓，怒目圆睁，襄阳军民怀着沉痛敬佩的心情安葬了他，并立庙祭祀。

这时，襄阳被困已有5年之久，二张入援成功，不仅带来了大量物资，也使城内军心民心大为振奋。对于长期被困的襄阳军民来说，这无疑是雪中送炭，极大地鼓舞了城中军民的斗志。这次救援，被视作是宋廷成功的一次犒师，作为鼓励士气的一种有效方法，虽然不能说对襄阳守卫战有决定性的影响力，但至少对襄阳的坚守有很大帮助。

张贵的入援，虽然给襄阳守军带来了希望，但在蒙军严密封锁下，形势仍非常严峻。为打通襄阳外围交通线，张贵联络郢州的殿帅范文虎，约定南北夹击，范文虎率精兵5000人在龙尾洲接应，张贵率军出襄阳和范文虎会师。按约定日期，张贵辞别吕文焕，带兵3000人顺汉水而下，从水路接应南来的援军。出发后不久，各船检点士卒，突然发现少了一名因犯军令而被鞭笞的亲兵，张贵大惊，他对部下说："我们的计划已经泄露，只有迅速出击，敌人或许还来不及得到消息。"他们果断地改变秘密行动，乘夜开船，炮击蒙舰，杀出重围。

蒙军中阿术、刘整得知张贵突围，派数万人阻截，把江面堵死。张贵率部边战边行，接近龙尾洲时，在灯火中远远望见战舰如云，旌旗招展，以为是范文虎的接应部队，举火晓示。对方的船只见灯火信号后，便迎面驶来。等到近前，张贵才发现来船全是蒙军，原来蒙军已经抢先占领了龙尾洲，以逸待劳。

宋蒙两军在龙尾洲展开一场激烈遭遇战。宋军在极其疲惫时接战，战斗中伤亡极大，最后全军覆没。张贵力不能支，被蒙军俘获，不屈被害。蒙军派4名南宋降卒抬着张贵的尸体晓示襄阳城中，以图迫使吕文焕投降。吕文焕杀掉降卒，把张贵与张顺合葬，立双庙祭祀。

襄阳形势更加危急，吕文焕多次派人到南宋朝廷告急，但终无援兵。即将城破的前夕，城内只剩有7000多兵力，吕文焕仍将居民集合起来练习战斗，不到最后关头，绝不轻言放弃。缺乏物资，便让百姓"撤屋为薪"，甚至因发生饥荒只得"析骸而爨，易子而食"。在蒙古重兵围城情况下，襄阳失守已是早晚的事。身为襄阳前线总指挥的吕文焕，"每一巡城，南望恸哭",他在为全城百姓的命运而伤心泪下。眺望一河之隔的樊城被攻破,全城百姓被屠杀,吕文焕看在眼里,他又能如何?他隆重地为战死的张顺、张贵立庙,却再也无法提升饱受反复打击的民心士气。

  尽管围城之前襄樊便有物资储备,并进行屯田自给自足,但战事紧急,宋军守将在战前只好依照传统战术,下令坚壁清野。因此使襄樊地区的生产力大减,坐吃山空,亟须外来物资的支持,以便长期抗战。然而外来的补给不但不易送达,反而半途被蒙军截去,让对方大发战争财,蒙军恰好应用了《孙子兵法·作战篇》中"智将务食于敌,食敌一钟,当吾二十钟""取用于国,因粮于敌"的战法。宋廷的10次出兵援襄,动员超过20多万人次,损失军队超过4万人,战舰不下400艘。这些军事援助,没有一次冲破蒙军设下的重重关卡,连一次战胜的纪录都没有,溯流而上者多半被挡在鹿门山外,顺流而下者则受阻于万山一带。这些军事援助行动,进行到公元1270年便停止,次年完全没有出兵援襄。除了援军本身的派系之争延误军机外,似乎也显示出宋廷并不打算再做"无谓的牺牲",襄阳守将吕文焕望穿秋水所得到的,不过是张顺、张贵拼死率民兵送来的杯水车薪而已,却从来未见官兵援军一兵一卒入襄。一次一次的军援失败,雷声大雨点小,达不到援助的效果,想必对吕文焕守城的信心打击特别大,难怪他会"南望恸哭"。可想而知,欲从襄樊突围而出,也是困难重重。

  龙尾洲之战后,襄阳城中军民陷入既无力固守,又没有援兵的绝境。《孙子兵法·军争篇》曰:"军无辎重则亡,无粮食则亡,无委积则亡。"公元1273年2月,蒙将阿里海牙由樊城攻打襄阳,炮轰襄阳城楼,城中军民人心动摇,饥疲中的将领纷纷出城投降。蒙军在攻城的同时,又对主将吕文焕劝降。看来蒙军的确不希望在围困襄樊6年,动员大量人力物力之后,得到的是两座空城,因此其战略目标是屠樊城,全襄阳。在蒙军的铁蹄下,一向是城破之时,血流溢巷。然而,攻破襄阳,没有屠城,则是一个例外。忽必烈接受了谋臣们的意见,采取了前所未有的举动,向吕文焕保证,若投降,既往不咎,全城军民免死,其本人还可重用。保全襄阳,成为吕文焕不得不投降的主要诱因,孤立无援中,他怆然泪下,遂举城向蒙军投降。有史家认为,吕文焕之降蒙,是最后不得已的抉择,不能与贪生怕死或贪享荣华富贵的"二臣"相提并论。

  襄阳守将范天顺不屈而自杀。范天顺曾任右领卫将军、荆湖都统,是范文虎之侄子,与张顺、张贵一道运送救援物资进入襄阳后,便留在城内协防,"守战尤力"。当襄阳举城投降时,范天顺仰天啸叹:"生为宋臣,死当为宋鬼!"在所守处缢死。守襄阳的诸多将领中,范天顺是史书中所记载的唯一一位死节者。

宋蒙襄樊之战,经过长期较量,终以蒙胜宋败结束。

公元1274年,20万蒙军自襄阳出动,开始了最后倾覆南宋王朝的决战,南宋朝野举国震动。次年,贾似道下台被流放,死于途中。但是,宋军已经浪费了太多的时间,历史已经不能再慷慨地给与宋军任何赢得战争的机会。宋廷虽然重新重用原襄阳守将高达,但君臣已是积怨已久,并非如此笼络便可化解已有矛盾,且南宋王朝气数已尽,高达最终还是以京湖制置使的身份,投降了蒙军。公元1279年,南宋灭亡。蒙古世祖忽必烈统治集团改国号为元,蒙元政权登上中国历史舞台。

〖点评〗

13世纪的欧亚大陆是蒙古铁骑的天下,他们驰骋于欧亚草原,在随后的灭宋战争中又掀起腥风血雨。然而,三次西征皆所向披靡的蒙古大军,却在南下灭宋时,花费数十年的时间,才将向来被视为积弱不振的宋朝完全消灭,甚至只为攻打襄樊一地,便用去了6年的时间。当代史界专家学者普遍认为,襄樊攻防战是宋蒙战争史上最具决定性历史影响的大事件。当时守城的南宋军民苦撑6年,而襄阳沦陷后仅6年,南宋也就兵败如山倒,随之灭亡。此役,无疑是蒙元灭南宋的关键性一战。

(一)蒙军取胜的主要原因:

1. 方略正确,指挥得当。蒙元的胜利,在于战略上始终处于主动地位,以逸待劳。《孙子兵法·军形篇》曰:"不可胜者,守也;可胜者,攻也。守则不足,攻则有余。善守者,藏于九地之下;善攻者,动于九天之上,故能自保而全胜也。"此战前中期,宋蒙双方接战十数次,但皆发生在外围地区,蒙军很少直接攻城,襄樊的易守难攻是其主因。根据过去的作战经验,蒙军知道宋军擅长守城,因此便对襄樊采取围困不战的战法。他们在不同的围城阶段,有守有攻,攻守知时节。前期围困先求"自保"而自守,

军形篇

在作战中建立了包围襄樊的堡垒，围而不攻，使襄樊在粮尽援绝的状况下自动崩溃；后期略城以争"全胜"而强攻，在作战中的攻势如雷霆万钧，势不可挡，一举而成功。

2. 战术灵活，新建水军。蒙军擅长草原骑兵冲锋陷阵的作战方式，对于山多水多的南宋，开始时自然束手无策，等到蒙军学会了"水陆协同，三面夹击"的水战战法，宋蒙战况形势便大为改观。蒙军注重弥补战术上的不足，适时克服缺乏水军的弱点，制造战船，训练水军，加强了作战能力，水军在襄樊战役中发挥了巨大作用。《孙子兵法·军形篇》曰："故善战者，立于不败之地，而不失敌之败也。是故胜兵先胜而后求战，败兵先战而后求胜。善用兵者，修道而保法，故能为胜败之政。"蒙军的善于"修道"习练水军，适时修改战术，就是"保法"，保胜利，掌握了"不败"的战争主动权。自公元1256年蒙哥汗大举南侵，到襄樊之战改进作战方式，蒙军用了20多年的时间，寻找到了以水军、骑兵、步兵相配合的先进作战方式，终将南宋灭亡。

（二）南宋军失败的原因：

1. 朝廷腐败，救援无力。这是南宋失败的根本原因。战前，宋朝统治者不重视边备，将帅软弱无能，见利忘义，使蒙军占据了襄阳周边有利地形。宋军未能正确判断蒙军的意图，守军的反击不及时，若在一开始就能派出有力的统帅和足够的兵力，进至襄阳外线，控制南山要点，与襄阳互为犄角，未必不能与蒙军一争短长。《孙子兵法·军形篇》曰："昔之善战者，先为不可胜，以待敌之可胜。不可胜在己，可胜在敌。故善战者，能为不可胜，不能使敌之可胜。故曰：胜可知，而不可为。"然而，宋廷君臣在战前没有造成本身不可战胜的条件，没有布置妥当不被敌人打败的态势，保证做到不会被敌人战胜，更没有静观敌情变化，等待可以出击的机会，结果被敌人所战胜。从表面上看，宋廷对固守襄樊是非常重视的，既派军援又加强物资运输，为奖励前线将士的辛劳，数次发下犒师的费用。但仔细考察，却可见宋廷的解围总有三心二意之嫌，援军的态度不坚决，遇败即回，增援作战中犯下了一系列错误，使援军并无寸进。宋廷派出李庭芝担任荆湖战区的统帅，职名荆湖安抚制置使，从职务看应由他指挥全面的解围作战。但是，权臣贾似道又做了釜底抽薪的安排，将援军的主力殿前

副都指挥使范文虎所部归由朝廷直接统辖，不受李庭芝指挥，使得李庭芝成了无兵可用的援军统帅，最后演出了悲壮而无奈的一幕。

2. 用人不当，将帅不和。权臣贾似道、武将范文虎等人误军、误国。宋军与蒙军相战30多年，有孟珙、余玠、高达等名帅宿将，却在战前被贬或不受重用，还有刘整降蒙，这些情况多与奸相贾似道有关。襄樊之战时，用李庭芝而无兵，用范文虎而无勇，前后方将帅步调相左。由于吕氏兄弟与原襄阳守将高达不合，因此当朝廷欲派高达来援的消息传来时，吕文焕竟谎报军情，阻止其前来。大敌当前，仍囿于门户之见而不团结，宁愿孤军奋斗，也不愿接受有宿怨但也有能力的高达援助。若当时吕文焕能以襄樊安危为优先考虑，主动向朝廷要求对襄樊防务非常熟悉的高达相助，或许襄樊的命运就不会遭屠遭降。

3. 墨守成规，消极防御。宋军在作战方法上不知变通，从双方接战的地点看，多集中在汉水沿岸，发生地重复性很高，这表明宋廷对解襄樊之围，以水师为主，并未从失败的作战经验中吸取教训，设法改进。在反包围战过程中，宋军基本上执行了消极防御策略，导致了被蒙军围困6年之久的不利地位，最后归于失败。

应当指出的是，胜败乃兵家常事。南宋襄樊守军难得的是屡败屡战的韧劲，不气馁不放弃的意志，知其不可为而为之的精神。在蒙军的铁骑旋风横扫欧亚大陆时，襄樊如此弹丸之地，竟能在蒙古大军压境下，坚守6年，实在令人佩服。《孙子兵法·军形篇》曰："故胜兵若以镒称铢，败兵若以铢称镒。胜者之战民也，若决积水于千仞之谿者，形也。"对比襄樊之战中双方军事实力的"形"之分析，可"称量"宋蒙两军在局部上的胜负。襄樊两城内民心士气旺盛，抗蒙之心坚决，是襄樊能长期坚守的重要因素。襄樊攻防战中，除了两城将领拼死力守之外，民兵的支持也是一股不可忽视的力量。因为民兵多由当地民众组成，对地形、地物、地势较官军熟悉，有时往往能达成官军无法完成的任务，他们有办法突破蒙军的防线，传递消息，给城内的军民带来一线希望，相信援军即将到来，对军心士气深具鼓舞作用，加强了坚持守城之信心。二张援襄的传奇式行动，也确有"决积水于千仞之谿"之势，气壮山河，留名青史，体现了南宋爱国军民保卫领土、抗敌御侮的智慧和勇气，为后人所传颂。

军形篇

【兵势篇】

概说军事指挥学

〖原文〗

　　孙子曰：凡治众如治寡，分数是也；斗众如斗寡，形名是也；三军之众，可使必受敌而无败者，奇正是也；兵之所加，如以石破投卵者，虚实是也。

　　凡战者，以正合，以奇胜。故善出奇者，无穷如天地，不竭如江河。终而复始，日月是也。死而复生，四时是也。声不过五，五声之变，不可胜听也；色不过五，五色之变，不可胜观也；味不过五，五味之变，不可胜尝也。战势不过奇正，奇正之变，不可胜穷也。奇正相生，如循环之无端，孰能穷之？

　　激水之疾，至于漂石者，势也；鸷鸟之疾，至于毁折者，节也。是故善战者，其势险，其节短。势如弓彍弩，节如发机。

　　纷纷纭纭，斗乱而不可乱也；浑浑沌沌，形圆而不可败也。乱生于治，怯生于勇，弱生于强。治乱，数也；勇怯，势也；强弱，形也。

　　故善动敌者，形之，敌必从之；予之，敌必取之。以利动之，以卒待之。

　　故善战者，求之于势，不责于人，故能择人而任势。任势者，其战人也，如转木石。木石之性，安则静，危则动，方则止，圆则行。故善战人之势，如转圆石于千仞之山者，势也。

〖原文意解〗

　　孙武先生说：统帅和治理好人数多的大部队，如同带领好人数少的小部队一样，方法是把众多的士卒分别组成若干个建制单位，建立良好的组织编制体制，实行分级管理；指挥好众多部队的作战，如同指挥好少数部队的作战一样，方法是事先规定好严明的号令，明确指挥关系和联络信号，全军上下照令行事；统帅三军作战，能够在四面受敌时不至于失败，方法是依据敌情和地形，出敌意料地有重点部署兵力，奇正战术变化得法，运用恰到好处；使用部队攻击所欲攻击的目标，其兵锋所指，就像用坚硬的石头砸鸡蛋一样强有力,方法是以精锐部队攻击敌人的薄弱环节,以实击虚,就会所向披靡。

一般说来,敌对双方在作战中通常都是用"正"兵对阵,挡住正面,而用"奇"兵出击,争取胜利。因此,善于采取出人意料战术出"奇"兵的将帅,在出奇制胜的多样性上,其奇正变化就像天地那样变化无穷,像江河那样奔流不竭,没有穷尽。终了而又开始,如同日月的运转从不间断;消失而又再来,就像春夏秋冬四季那样不停地更替。举例说:如声乐,不过宫、商、角、徵、羽五个音阶,而这五个音阶的变化排列,可以奏出听之不尽的音乐,听不胜听;如颜色,不过青、黄、红、白、黑五种基本色素,而这五种颜色的变化调配,可以组合出欣赏不尽的色彩变化,看不胜看;如口味,不过苦、辣、酸、甜、咸五种味道,而这五种味道的变化混合,可以调配出品尝不尽的美味佳肴,尝不胜尝。同样道理,战争中的用兵方法、作战态势不过"奇"与"正"两种战势,而"奇"与"正"的变化,却是不可穷尽的。"奇"与"正"相互转化,相互依存,交互而生,就像沿着圆环行进一样,没有人能找到其终极点。

湍急的水流奔泻而下,像山洪暴发那样冲击力之大,流速之快,以致能漂移冲走石头,这是由于水势险急,也就是我们所讲的"势";雄鹰、大雕之类的凶鸟猛禽迅猛向下疾飞,搏击捕食,在距离、时机和运用力量上都非常适度,冲击急骤而有效,以致能恰到好处地抓获所要出击的目标,捕杀鸟兽,这也就是我们所讲的"节"。所以,善于指挥作战的人,他所造成的态势是险峻的,出击时的节奏是短促有力的。态势的险峻,就像拉满的弓弩那样强劲有力;节奏的短促,就像扳动弩机那样一触即发。箭矢突然迅速射出,势不可挡。

战争期间,战事纷乱繁杂,各种情况交织在一起,但作为将帅在乱中切不可先自乱了章法;在浑沌不清、敌情未明的情况下作战,所采取的战术手段一定要考虑周全,阵势部署得四面八方都能应付自如,互相呼应,这样才不至于失败,做到乱中取胜。事物是可互相转化的,要居安思危,混乱往往产生于严整,怯懦来自勇敢,弱小转化于强大。军队的严整或混乱,是由组织编制的优劣决定的;勇敢或怯懦,是由作战态势如主动进攻与被动防守的好坏产生的;强大或弱小,是由双方实力大小对比和兵力配备部署是否妥当形成的。

所以，善于调动敌人、诱使敌人产生失误的将帅，能以虚假行动示敌，投其所好，用假象迷惑蒙骗住敌人。敌人信以为真后，必定来追逐我们的行动，听从我们的调动；故意给敌人一点好处，以小利引诱敌人，敌人必定前来夺取，上钩入网。这种战法就是予取之计，先以小利予敌，调动敌人后，再集中优势兵力，伏击全歼敌人。

因此，善于作战的将帅，总是能把自己的军队建设好，形成坚强的战斗力，而不过分寄希望于敌人的软弱，不责求敌人按我的意志行事。只有这样的将帅，才能分辨区别敌人的不同情况，而适当部署和使用自己的兵力，形成绝对优势。

善于使用兵力，创造和利用态势的将帅，在指挥部队对敌作战时，就像滚动木头和石头一样，充分利用地理地形等情况进行兵力部署，因势利导。我们知道，木头和石头的特性是：放在安稳平坦的地方就静止，置于高耸陡峭、险坡倾斜的危险状态就会滚动。如方形的物体宜于停顿静止，圆形的物体则容易滚动。因此，依据木石的这种性质，善于用兵作战的将帅所造成的态势（军队战斗力运用的表现形式），其威力就像从千万丈高山滚动圆石下来一样，不可阻挡，这就是战争中所谓的势！

〖原句辨释〗

（一）对"凡治众如治寡……兵之所加，如以石碬投卵者，虚实是也"之句的辨释

本篇开头这几句，是一个较完整的自然段落，讲的主要是军事指挥艺术。"凡治众如治寡，分数是也；斗众如斗寡，形名是也；三军之众，可使必受敌而无败者，奇正是也；兵之所加，如以石碬投卵者，虚实是也"。这四个排比句，分别讲了"分数""形名""奇正""虚实"战术上的四个概念。对这四个句子的理解，历代校释者的差异主要集中在这四个战术的概念上。本书在其他篇章中对此战术概念有专题讨论，在此不再赘述。现只就由于校释者各家对各句因果关系理解重点的不同而引起的差异，进行简析。由于四个句子的句式一样，现仅就后一句"兵之所加，如以石碬投卵者，虚实是也"做一论辩，其他三句就此可以引伸。

1. 以果而说因，即要取得这一效果，就应采取如此手段。解释为：在

确定军队进攻方向上，如要达到同用坚硬的石头投掷鸡蛋一样的战果，就要采取"避实击虚"的战术。

2. 以因而说果，即如果采用了这一手段，就可取得如此效果。解释为：使用部队攻击所欲攻击的目标，其兵锋所指，就像用坚硬的石头砸鸡蛋一样，是因为以精锐部队攻击敌人的薄弱环节，采取"以实击虚"战术，所向披靡。

此外，由于对"兵之所加"四个字理解的不同，在全句解释上又有所不同。"兵之所加"即可解释为是战前关于我军进攻方向的选择和确定，即把兵力投向何处，加于何方？也可解释为是投放兵力数量多少的"石卵"悬殊对比，又可解释为是向敌人发起攻击的突破点所在。

本书采用的是后一种观点作为意解。主要是因为以手段而说结果，比较符合上下文的语境。"虚实"所指，因句中有"石卵"之喻，显然是石为实，卵为虚，取"以实击虚"较合原意。

（二）对"纷纷纭纭，斗乱而不可乱也；浑浑沌沌，形圆而不可败也"之句的辨释

这是一个名句，备受历代兵家推崇。但是，对此句的理解却因人而异，各有道理。主要可概括为以下三种观点：

1. 从战场上的实际情形和自然环境，具体讲避免混乱和失败。解释为：人马鼎沸，战旗翻飞的战场上，敌我厮杀在一起，虽然看似一片混乱，但本军的组织指挥系统切不可乱；尘埃雾障，雨雪迷茫的战场上，敌情不明，在这种情况下只有谨慎从事，战术无懈可击，才能立于不败之地。

2. 从预备队和部队自由机动的角度讲，避免混乱和失败。解释为：战场上的情景非常混乱，在混乱中一定要掌握牢预备队，冷静沉着应付情况，才不至于陷入混乱；在战况不明、情报不确切的情况下作战，只有保持住部队的自由机动才不会失败。

3. 从稳住阵脚、采用圆形阵法角度讲，避免混乱和失败。解释为：战旗纷纷，人马嘈杂，在极度混乱的情况下作战，一定要保持自己的军队阵容不乱；浑浑浊浊，迷迷蒙蒙，在敌情不明的情况下作战，一定要摆成圆阵才不会招致失败。

本书认为，这三种解释以最后一种较为接近本意。孙武在此由战场阵

地出发论说"形圆",具体讲的就是圆形阵法。从古阵图看,圆阵是一种专用于防守的阵法。《武备志·阵练篇》卷五十四中有"裴绪演孙武圆阵"。参考古籍看,圆阵的命名即来自此阵形呈环状。这一阵形将总兵力分为十部分,依圆形之阵在八个方向上各部署一部,其余两部居圆中。圆周上的八部可防御任何方向上的来犯之敌,拱卫处于圆中的指挥机关,而圆中有两部,一部是主帅所在的真实的指挥中枢,一部则是备用指挥中枢机关和应急后备部队。如此部署,可迷惑和防止敌人万一从某一方突破后的偷营取将,因为主帅在圆中何处并不确定。

孙武在本篇中说"浑浑沌沌,形圆而不可败也",即说明了圆阵在防守作战中的特殊效用。《孙膑兵法·十阵篇》中对圆阵也做了详细的介绍,有"圆阵者,所以抟也"之句,意思是,圆阵宜于部队的及时调整部署,回旋运动。"抟"含有环绕之意。可见圆形阵法重点在于防守,特别适用于在"浑浑沌沌"敌情未明的情况下,及时调整部署,使部队处在回旋运动中,一方面拱卫主帅中枢指挥机关,有效地保存自己,一方面给予敌人以反击,趁机歼灭敌人,从而立于不败之地,改变军事态势。

由以上论述看,本书似乎同意将本句从稳住阵脚、采用圆形阵法角度来理解,但是,对照本篇上下文,这样的理解显然有失具体化和狭义。正确理解本句的关键在于如何把握孙武论兵的着眼点。《孙子兵法》不同于《孙膑兵法》的一个重要区别点,是孙武所论要比孙膑宏观,《孙子兵法》全篇极少论述具体阵法,而《孙膑兵法》全篇中有较多地方专讲阵法。因此,本书认为,对此句的解释,应从高于阵法的层次上来考虑,也即从战略战术和将帅指挥的角度,概括地讲兵论策,为此意解为:"战事纷乱,各种情况交织在一起,但作为将帅在乱中不可自乱了章法;在浑沌不清、敌情未明的情况下作战,所采取的战术手段要考虑周全,阵势部署得四面八方都能应付自如,互相呼应,才不至于失败,做到乱中取胜。"

(三)对"乱生于治,怯生于勇,弱生于强"之句的辨释

此句包含着深刻的哲学道理。这三个分别由四字组成的句子,已流传成为平民老百姓口传的警句、格言,似乎大家都明白其中的含义。但是,真正较起劲儿来,这个句子并不好理解,且看下面四种不同的解释,好像说的都有道理。

1. 物极则衰，物极必反，互相转化的观点。本句解释为：混乱产生于严整，怯懦来自勇敢，弱小转化于强大。

2. 同一母体中会产生异化的观点，告诫将帅在得意时不要松懈。解释为：在严整中可出现混乱，在勇敢中可出现怯懦，在坚强中可出现软弱。

3. 从对敌用诈的角度讲，只有自身硬，才能敢于诱敌前来进攻。解释为：示敌混乱，自身必须严整有治；示敌怯懦，自身必须勇敢坚定；示敌弱小，自身必须实力强大。

4. 乱治、怯勇、弱强是就作战双方对比而言，如大与小、强与弱、好与坏等对立关系是相对的。同一道理，尺对丈谓短，尺对寸则谓长。解释为：在战场上，一方队伍的溃乱产生于对方队伍的严整，一方的怯懦产生于对方的勇猛，一方的弱小产生于对方的强大。

本书采取的是第一种解释，认为孙武在这里主要是在讲对立的双方可以互相转化这一哲理，乱是由治产生的，怯是由勇而来的，弱是由强转化的。如"乐极生悲""否极泰来""乱极思治"等成语讲的就是这个意思。

（四）对"治乱，数也；勇怯，势也；强弱，形也"之句的辨释

本句由"治乱""勇怯""强弱"三组相对立的概念构成主体，并不难理解。本句的解释关键点和难点在"数""势""形"三个字上。主要有以下两种解释：

1. 从部队管理教育的角度理解。"数"为规律、道理或命运、气数、天数，"势"为部队战斗力的实际状况，"形"为部队战斗力的表现形式。解释为：治或乱，是自然的变化，若使不变就须加强管理教育；勇或怯，是由部队战斗力的状况所决定的，有力则勇，无力则怯，如欲勇不怯，必须加强教育，提高斗志，保持战斗力；强与弱，是运用部队战斗力的形式和方法所决定的，若不使强变弱，必须以最恰当的方法管理和使用部队。

2. 重在说明因果关系。"数"为部队的组织编制，"势"为作战态势，"形"为军事实力。解释为：军队的严整或混乱，是由组织编制的优劣决定的；勇敢或怯懦，是由作战态势如主动进攻与被动防守的好坏产生的；强大或弱小，是由双方实力大小对比和兵力配备部署是否妥当形成的。可简解为："军队的治与乱，是组织编制问题；勇与怯，是作战态势问题；强与弱，是军事实力大小问题。"

本书用的是后一种解释，与本书别处对"数""势""形"三字的理解相一致，认为如此意解才能比较符合原句本意。

（五）对"故善战者，求之于势，不责于人，故能择人而任势"之句的辨释

对本句的理解难点在于两个"人"字，分歧点在究竟是指敌方，还是我方。对句中两个"势"字的不同理解，也带来了对全句理解上的差异。主要有以下三种解释：

1. 从不推卸责任于本军部属，选拔人才角度。解释为：因此，善于指导战争的将帅，要依靠有利的形势取胜，而不苛求责备手下官兵的责任。所以，他能选择具有不同长处的胜任之人去创造和利用各种有利的态势。

2. 对"责于人"的解释基本同上，但对"择人"理解为己方的"调兵遣将"、集中兵力，形成兵力上的对比优势。解释为：所以，善于作战的将帅，总是设法造成和力求利用有利的战势，而不苛求责备于部属。因而他能积极地适时调兵遣将，形成兵力对比上的优势，就可创造有利的战势。

3. "择人"之人指敌人。解释为：因此，善于作战的将帅，总是能把自己的军队建设好，使其具有坚强的战斗力，而不过分责求敌人按我方的意志行事，不寄希望于敌人的软弱。所以，这样的将帅能区别不同敌人的情况而适当部署使用自己的兵力，形成绝对优势。

本书采取的是后一种解释，这样的解释较符合原意和上下文。此外，在立意上显然也要高于前两种解释。

〖**专题解论**〗

（一）破解具有"双高"（高位、高速度）特点的孙武之"势"

"势"是中国古代军事学上的重要范畴之一，也是《孙子兵法》中的重要概念。何为"势"呢？当前军事理论界众说纷纭，大致有"力量""能量""态势""形势""位势""位能""势能""气势""优势"等解释。在《孙子兵法》全书中，共有16次用"势"字。其中《虚实篇》1次，《始计篇》《地形篇》各2次，《兵势篇》11次。我们可以由此分析入手，看看孙武所言之"势"究竟是什么含义，其特点又在哪里？

孙武在《始计篇》中说"势":"计利以听,乃为之势,以佐其外。势者,因利而制权也。"意思是说,所谓"势"的形成,就是在战前根据利害得失等情况,而做出的各种谋略和兵力部署;根据如何作战对己有利,而进行机动和权变。"势"这个东西,就是指利用有利的条件,因势利导,灵活掌握。此处之"势",孙武显然指的是一种优势,是处于优胜状态的形势。

在《虚实篇》中,孙武讲:"兵无常势,水无常形。能因敌变化而取胜者,谓之神。"意思是说,作战没有固定的方式,就像水没有固定的形态一样,能根据敌情的变化而取胜的,就叫作用兵如神。孙武在这里所说之"势",明显是指作战的方式、形态,也就是通常讲的"形势"之"势"。如《商君书·开塞》:"周不法商,夏不法虞,三代异势。"

在《地形篇》中,孙武有两处说"势":"远形者,势均难以挑战,战而不利。"意思是说,在"远"形地域上,双方势均力敌,就不适宜去向敌人挑战,勉强求战就会带来不利。孙武还说:"夫势均,以一击十,曰走。"意思是说,凡是双方势力强弱相等,却以一击十的一方必败,这叫作"走"。这两处之"势",孙武都是在讲战斗力、"实力"之"势",也就是通常讲的"势力"。如《史记·萧相国世家》:"毋为势家所夺。"

孙武在《兵势篇》中有6处(句)讲"势"共11次,除篇名外,其余5处(句)10次分别是:(1)"战势不过奇正,奇正之变,不可胜穷也。"此"势"是在讲制造战争的态势。(2)"激水之疾,至于漂石者,势也;鸷鸟之疾,至于毁折者,节也。是故善战者,其势险,其节短。势如弓彍弩,节如发机。"此"势"是在讲临战前的态势,其态势并非仅是平常之态,而是具有压倒对方的磅礴气势、绝对优势。(3)"治乱,数也;勇怯,势也;强弱,形也。"此"势"是在讲所处的战争态势。(4)"故善战者,求之于势,不责于人,故能择人而任势。任势者,其战人也,如转木石。"此"势"是在讲制造战争的态势,顺势而治。(5)"故善战人之势,如转圆石于千仞之山者,势也。"此"势"是在讲制造战争的优胜态势。

孙武在以上句子中以三种物象为比喻,形象逼真地对"势"进行了阐释。

第一,"激水之疾,至于漂石者,势也。"这是以流水喻"势",描述了"势"的力量,讲的是"势"的冲击力。湍急的流水,以飞快的速度奔泻,以致能把石头冲走,这是水流迅猛的原因。急水形成的这种冲击力便是

兵势篇

"势",它是由水的流量和流速决定的。水的流量越大、流速越快,产生的势能和冲击力也就越大。孙武认为,指挥员利用战场地形、各种时机,可制造出鼓舞士气、振发军威的有利态势。高明的将帅用兵所制造的作战态势,险峻如湍急的水流,这种险疾奔泻之势,强大迅猛,锐不可挡。

第二,"故善战人之势,如转圆石于千仞之山者,势也。"这是以圆石喻"势",其寓义与上说基本相同。巨大的圆石从万丈高山之巅滚落下来,就会造成急骤下坠之势,其威力势不可挡。这种急骤下落所产生的冲击力,与圆石的重量、位差成正比,即重量越重、位差越大,产生的势能和冲击力也就越大。军事上也是如此,兵力越强大、行动越迅猛的军队,其所形成的打击力当然也就越大。明代何良臣在《阵纪·卷二·率然》中说:"能将之善任战者,率然如风之陡发,如云之陡合,如转圆石、溃积水于万丈之上,使人莫识其来,莫知所御,是谓握率然之用。"这是对孙武上述观点的进一步阐发。

第三,"势如弓扩弩,节如发机。"这是以弓扩弩比喻"势",讲的是人为的造势及用势。弩,是装有挂弦机构的弓,用机括发箭。当造成满弓待发之势时,拨动机关,箭如流星飞出。这种势能,由于经过了不断地积蓄,故而蕴藏着巨大的力量,未发无形,发则风卷雷动。如《六韬·龙韬·军势》中所说:"疾雷不及掩耳,迅电不及瞑目,赴之若惊,用之若狂,当之者破,近之者亡。"

由此可见,孙武在本篇中所说的"势",不管是指形势、态势、位势,还是气势、优势,其基本含义都落脚到一种"力"。从现代物理学的角度讲,这种"力"是"动能",又是"重力势能"。在战争中,主要是指军事力量的优化集中、妥善运用和充分发挥,表现为战场上有利的态势和强大的冲击力。

首先,"势"作为"动能",前提条件是让物体能"动"起来,基本要素是物体的质量和"动"的速度。比如高山虽大,却因其位置相对地面不动,而对人没有危险;但是,高空而下之拳头大的陨石,其威力却大如重磅炸弹,能斩木钻地。这种能量在现代物理学上,即被称作"动能",是指物体由于运动而具有的能量。一切运动着的物体都具有动能,如孙武在本篇中所说的满弓之箭"弓扩弩"、从高山下落的"圆石"、一泻千里的"激水",就具有动能。所表现出的力,是"弓扩弩"、高山之山上的"圆石"、

能漂起石头的"激水"之能量的释放,也即是一种处于特殊位置上的"动能"之冲击力。物理学证明,运动物体的速度越大,质量越大,它的动能就越大。物体在运动中获得的能量越大,发挥的效力就越大,迅速猛烈,不可抵御。

其次,"势"作为"重力势能",前提条件是其所处的位置。在现代物理学上,重力势能是指物体由于被举高而具有的能,这种"能"是由物体与地球间相对位置决定的。也即是说,某个物体具有重力势能,是相对于某一个水平面来说的,把这个水平面的高度取作零,这个水平面称为参考平面,物体处于这个参考平面上时,重力势能为零。只有当物体处于这个参考平面之上时,重力势能取正值,而且位置越高,物体重力越大,重力势能就越大。选择不同的参考平面,物体的重力势能数值则不同。同是"圆石",平地之"圆石"与千仞之山上的"圆石"相比,在"势能"上显然后者大于前者,所以,孙武以千仞之山上的"圆石"比喻优胜者的战势。

由以上"动能"和"重力势能"的分析,再来通览《孙子兵法》全书,细体会中可明显感到孙武在军事上所说的"势",是江河之水一泻千里的"动能",是处于高山之巅的"重力势能",有一种居高临下、压倒一切敌人的"霸气"。表现在军事上,这即是在物质准备的数量、质量上具有以众击寡、以强击弱的相对"态势",在斗志精神上有大山压顶的"气势"。可见孙武所言"势",并非是纯物质条件的,也不是纯精神的,而是以战争存在的物质环境为基础制造的军队声威,从普通形势中造势,在双方力量对比中有了差别之态势后,逐步形成气候,最后有了威震敌方的气势、优势。

从平常"形势"演变过渡到具有"气势",对军队至关重要。能激发部队平常之声威处于昂扬的态势,是取得战争胜利的先导;保持饱满、强盛的军威士气之气势,是胜利的根本保证。汉代刘安在《淮南子·兵略训》中说:"胜在得威,败在失气。"军队之声威,就是指军队在各种条件下,都能保持一种亢奋之气势。军队高昂的声威,是十分珍贵的胜利因素。战争环境往往与时俱变:今日顺势,环境可人,士气饱满;明日就可能天翻地覆,环境恶劣到无以存身。今日胜仗,可能打得如以石击卵一般容易;明日就可能攻坚不下,几乎陷于全军覆没。在充满了意外的战争环境中,顺势而保持军威士气是十分必要的。胜利时,全军能雄赳赳,气昂昂,勇力非凡;败军时,也能保持"战败者"的气度,败而不馁,志不可挫的悲

兵势篇

壮之气。只有始终保持军威士气，才能有效地处理意外事件，这就是战胜于任何敌人的军威士气之势。一般说来，在军威士气难以振作时，不管使用何等高明的战术，也再难发挥应有的效力，见胜而不能获胜。

为此，关于如何看待孙武所言之"势"，本书认为不能简单、静止地去解释。孙武所言"势"是一个动态概念，应有着这样一个相继递进的四步曲：形势（交战双方战前共有的、通常的情形）→态势（人为谋略因素加入后开始发生变化的强弱对比）→气势（量变积累到一定程度形成了显著变化、陡然而起的明显差别）→优势（最终形成的、不可逆转的绝对胜利地位）。

由上分析可见，孙武所言之"势"，具有"双高"特点（高速度的"动能"和处于高位的"重力势能"）。孙武在兵法中所倡导之"势"，绝不是弱势，而是具有压倒一切敌人的气势，是处于相对位置之上的绝对优势。因此，本书认为，对"势"的理解，在各自具体场合可有细微差别的不同含义，但在总体上以理解为绝对"优势"为恰当。

"双高"并举，是"造势"的必备条件，是判断是否成"势"的主要标准。这两个条件缺一不可，位高不动，或动而不高，都不能成"势"。造势的关键几步，是选择"圆石"而非"方石"，再提升"圆石"于高山之巅，然后在适当的时机再使"圆石"动起来。圆石处在高山之巅，并给以滚动下落的条件，位差就会产生速度，速度携带有巨大的能量，动能、势能转换成万钧之力，势如破竹，势不可挡。

（二）"造势"与顺势而治

孙武"造势""任势"的主要手段是"示形""动敌"。即以伪装和欺骗的手段迷惑敌人、调动敌人，使其产生错觉，出现过失，以便自己争得主动，形成优势地位，顺势而治。他说："善动敌者，形之，敌必从之；予之，敌必取之。以利动之，以卒待之。"意思是说，既然严整或混乱决定于组织编制的优劣，勇敢或怯懦产生于作战态势的好坏，强大或弱小形成于双方实力的对比，那么"兵者诡道"，必须把真实的本质隐藏起来，而把虚假的表象展现给对方。示敌混乱，自己必须严整有治；示敌怯懦，自己必须勇敢坚定；示敌弱小，自己必须实力强大。这样以假象迷惑敌人，敌人必定会听从调动；以小利引诱敌人，敌人必定前来夺取。然后再用主力部

队在较短的距离上,以最迅猛的速度发起突然攻击,歼灭敌人。

顺势而治,是指通过主观的努力,造成有利的战场态势。杜牧对此作注说:"言善战者先料兵势,然后量人之材,随短长以任之,不责成于不材者也。"战场情况纷繁多样,用兵方式不会相同;而人才各异,不同的指挥员也会有不同的用兵方式。所以孙武要求善于指挥作战的将帅,必须把着眼点放在造成和利用有利的态势方面,选择胜任之人去造势、任势。他用木、石作喻进一步说道:"任势者,其战人也,如转木石。木石之性,安则静,危则动,方则止,圆则行。故善战人之势,如转圆石于千仞之山者,势也。"木石放在平坦之地是稳定的,而放在险峻之地就易于滚动。方木方石的特性是呆板不动的,而圆木圆石的特性则滚动灵活。所有这些,都是由态势决定的。用兵作战也是同样的道理,只有根据战场的实际情况,机动灵活地指挥,适时适地地造势,才能使得军事力量的发挥像把圆石从万丈高山上滚动下来那样,用力虽小,效果却十分显著。

顺势而治,是各级指挥员所必需的素质。指挥员是审时度势、辨认选择战机的关键人物。各级指挥员乃至最高统帅,必须会顺势而治。"任势"的战略战术思想,提示指挥员不仅仅局限于战场,在政治、经济及文化领域都有利用形势、抓住时机取得成功的问题。即:"纷纷纭纭,斗乱而不可乱也;浑浑沌沌,形圆而不可败也。"不败阵的指导思想,源于孙武的"全胜"战略。然而怎样才能不败阵呢?关键就是顺势而治。顺势而治,要求指挥员利用有利条件,创造消灭敌人的战机。战场环境是确定的,因此要求所有的指挥员都必须从现有的战场环境出发,确定战术方案,顺势而动。然而形成"势"的因素不仅是客观战地环境,还有在人参与之后所造成的战略、战术优势。所以善于选择战机,形成压倒敌人的优势是十分重要的。孙武所说的"任势"就是强调利用有利的形势,组织指挥进攻,以求一举得胜。所以,"任势"的本义乃是"人"发挥主观能动性,根据战场环境的诸要素,捕捉最有利的战机,形成"如转圆石于千仞之山者"的不可挡的战势,以取胜于敌人。

顺势而治的三个原则是:"治乱,数也;勇怯,势也;强弱,形也。"军队的治乱、勇怯与军队所处的"形势"相关,而军队的强弱是军队实力的表现。然而,这三者在动态变化中,在一定条件下,乱治之间、勇怯之间、强弱之间都可以相互转化。比如,"乱生于治,怯生于勇,弱生于强",

就是说良好的军事形势可以转化为劣势；反之劣势的部队也可以利用条件转化为优势。"势"之转化，在于"顺势而治"，即利用有利的形势，调动敌人，使我方获得争取胜利的条件。按照兵家常规，在交战之时，要起用"诈术"，顺势而导，以静待动。力求对战地的四面八方都应付自如。孙武说："故善动敌者，形之，敌必从之；予之，敌必取之。以利动之，以卒待之。"

顺势而治的要点：一是取"势险"态势。因势而利导，在交战时，形成迅猛湍流之险、苍鹰大鸟猛扑之势，以快速猛击之法，出击敌人，缩短暴露时间，以争取全胜。在战场上，战机是稍纵即逝的，贻误战机，失掉优势，就会给敌人以可乘之机，而使自己陷入挨打的被动地位。二是"任势"与择人是密切相关的。在造势问题上，孙武认为只有充分发挥人的主观能动性，"择人而任势"，才能收到明显的效果。"择人"，是指根据不同的情况，选择优秀的指挥员；"择人而任势"是孙武实施奇正战略方针的途径之一。

孙武关于"任势"顺势而治的论述价值极为可贵。他把最有效地发挥军事力量作为目的，要求发挥将帅的主观能动性，通过灵活地变换战法，合理地部署兵力，以及巧妙地"示形""动敌"，力求造成压倒敌人的有利态势，并凭借这个态势去战胜敌人。这一思想，虽然产生于春秋时代，但在现代战争的各个不同层次中，仍然具有借鉴意义。

（三）奇正是造"势"用"势"的诀窍

孙武在本篇开头指出："凡治众如治寡，分数是也；斗众如斗寡，形名是也；三军之众，可使必受敌而无败者，奇正是也；兵之所加，如以碫投卵者，虚实是也。"他认为"分数""形名""奇正""虚实"，分别是"势"在军队编制、阵式队形、作战指挥和军事实力等问题上的具体体现。善不善于处理这些问题，是关系到军队"势"的优劣大小及能否恰当运用的根本问题。其中，孙武认为最主要、最关键的又是"奇正"的变化运用。

孙武说："战势不过奇正"。无论攻、防、进、退，从作战指挥上说只有"奇"和"正"两种形式。这里，孙武从作战指挥艺术和技巧的角度将战势归结为"奇"与"正"两种，并认为对"奇正"之道的运用正确与否关系到三军之众的生死存亡，即所谓"三军之众，可使必受敌而无败，奇正是也"。那么,何为"奇"?何为"正"呢?孙武未做进一步解释,但后世兵家根据其"凡战者,以正合,以奇胜"的论说做出了不同的诠释和发挥,将其广泛地运用于兵力部署和战术变换两个方面。尉缭子说:"正兵贵先,奇兵贵后。或先或后,制敌者也。"(《尉缭子·勒卒令第十八》)曹操注:"以五敌一,则三术为正,二术为奇。以二敌一,则一术为正,一术为奇。"(《十一家注孙子》)《唐太宗李卫公问对》中又说:"奇正者,所以致敌之虚实也。敌实,则我必以正;敌虚,则我必为奇。"总起来看,古代兵法关于"奇正"的基本理解是:在战法运用上,一般战法为正,特殊战法为奇;常法为正,变法为奇。在兵力部署上,警戒守备部队为正,机动出击部队为奇;钳制部队为正,突袭部队为奇。在作战方式上,正面强攻者为正,迂回侧击者为奇;明攻为正,暗袭为奇;等等。

由以上分析可见,孙武所谓的"正",是指在战争中一般性的常规战法。一般说来,在指挥系统上,正面开战为"正",公开挺进为"正",实力围歼为"正"。然而,战之成败,皆由智取神胜,方为兵家之法。不能仅以正面作战为主,还要以奇兵取胜。所谓"奇",是指灵活机动的指挥系统,应变而出奇策。表现为:出敌不意,侧翼迂回,两翼包抄,秘行偷袭,诱敌诈取,等等。

但是,孙武在"奇正"的运用问题上,并非如上所述一成不变,恰恰相反,他是主张灵活应变、随机"奇正相生"的。他说:"战势不过奇正,奇正之变,不可胜穷也。奇正相生,如循环之无端,孰能穷之?"在千变万化的战场上,作战的形式不超出奇正,但奇正的变化是无穷无尽的。二者之间相互依存,相互转化,循环往复,不可穷尽。它如同"五声之变",能奏出听之不尽的音乐;如同"五色之变",能显示出看不完的色彩;如同"五味之变",能调理出尝不完的美味。孙武还进一步强调指出:"善出奇者,无穷如天地,不竭如江河。"意即善于出奇制胜的将帅,应当根据战场情况的变化而变换奇正之法。他的战法变换,就像天地那样无穷无尽,像江河那样奔腾不竭。

孙武上述"奇正相生"的观点,乍看起来似乎是"循环论",其实不然。反对照搬陈规旧矩,反对不思创新,是孙武军事思想的一个重要内容。他在《虚实篇》中明确说道:"战胜不复,而应形于无穷""兵无成势,无恒形,能与敌化之谓神"。孙武在本篇中又以"五声""五色""五味"等变

兵势篇

化无穷为喻，也正是为了说明构成矛盾的诸要素，在不同的条件下已经结合成为不同的质。因此，孙武所说的"奇正相生"是含有相互联系、相互转化、相辅相成的哲学思想的。其基本要求是：奇正相依，奇正互变；正中有奇，奇中有正；正能为奇，奇能为正。

奇正的变化运用是造成有利作战态势的关键，所以孙武要求将帅必须根据战场实际情况及其变化而灵活变换战法。同时孙武又指出："是故善战者，其势险，其节短。"意谓善于指导作战的将帅，他所造成的态势是极其险峻的，他所把握的战机是短促有力和恰到好处的。这里，孙武为了使军队的战斗力充分地发挥出来，真正做到出奇制胜，提出了"势险"和"节短"两个重要原则。"势险"，强调的是军队行动的速度，要求快速、突然，如"水之疾，至于漂石者"；"节短"，强调的是部队发起进攻的距离适度，要求在尽量短的接敌距离上发起突然攻击，如"鸷鸟之疾，至于毁折者"。它充分反映了孙武能动造势、以势取胜的作战指导思想。

（四）奇正指挥制胜原则，上承"五行说"，下启《三十六计》

在战争的海洋中寻求作战规律，是所有军事家都致力的重点，而指挥原则是古往今来所有军事家都在认真研究的重点中之要点。

孙武认为，军队是统一的整体，统一指挥是胜利的保证，统一指挥军队，应以奇正相辅为原则。他在本篇中说："凡战者，以正合，以奇胜。故善出奇者，无穷如天地，不竭如江河。"此处的"正合"与"奇胜"是指双方交战时，宜用正面交锋、以奇制胜的原则。

本来，战争是无固定常规可循的，"兵者，诡道也"。但是，因敌变化，见机行事，攻其不备，出其不意，就是以奇取胜的常规战法。那么，正奇的变化有无规律可循呢？孙武认为，"战势不过奇正，奇正之变，不可胜穷也。奇正相生，如循环之无端，孰能穷之？"因此而盛赞"能因敌变化而取胜者，谓之神"。可见出奇制胜，就是战争规律所决定的战术常规。

孙武奇正制胜的指挥原则，闪烁着春秋战国时代的光彩，体现了孙子兵法的时代精神。从当时的历史考察，这属于革新军事的新见解。因为传统的交兵观念是正而又正的。《左传·信公二十二年》曾记载宋襄公的故事，宋襄公在战事中主张："君子不重伤，不擒二毛。"意思是，作为君子要讲仁义，在战场上不能再杀伤已受伤的敌军，也不能擒捉头发花白、年

孙子兵书论解

龄大的敌军将士。这种观念，曾被后人称为"蠢猪式"的仁义观念。这种战争观，当然不懂得以奇取胜。

另外，在那时自西周以来传统赞美的战争观念是"勇敢"精神。以勇武的军事实力取胜敌人，是春秋之前时代军事经验的总结。用勇力突破敌阵，纯属是实力对抗，当后来人们发现"兵者，诡道也"的战争本质时，在客观上否定了以勇力突破强敌的制胜论。孙武由此而创设的奇正败敌制胜的指挥原则，正是时代的进步。

奇正用兵制胜的军事指挥原则，其哲学基础是古代"五行说"和"阴阳论"。中国关于五行说的记录，始见于《尚书·洪范》，该书记载了金、木、水、火、土五种物质的性质及其相生、相克关系。有说该书大约为战国人的伪作，然而关于原始五行说的内容记载，却是十分珍贵的。中国古代"阴阳论"的代表作是《易经》。中国古代军事家无不精通《易经》，将其用之于军事是古代许多军事理论家共同的特点，孙武是其中的代表。孙武的"奇正"军事理论，正是由五行、阴阳之大理，所推演而成的用兵之道。

五行说发展到孙武所在的春秋后期，表现出两个明显的特征：一是具体引申为五味、五声、五色、五方、五地等概念，把世上万物均用五行定性、分类、概括。二是用五行分类的物质所存在的依存关系是固定的。

在本篇中，孙武指出："声不过五，五声之变，不可胜听也；色不过五，五色之变，不可胜观也；味不过五，五味之变，不可胜尝也。"孙武在这里运用五行变化之理，研究战场形势变化；以循环之无端说明万象变幻的战机，难以穷尽。与此同时，孙武在《虚实篇》中更为鲜明地指出："五行无常胜。"意指一切事物均在运动中，运动中的变化决非某种凝固的僵死的关系，而是在相互替代、相互转化中。而战争之策略，变化多端，势相变幻更是不可捉摸。因此，孙武提出"兵无常势，水无常形""四时无常位，日有短长，月有死生"的理论。

"五行"哲学，对于确立孙武的军事科学体系具有巨大影响。孙武以"五行"揭示了战争之奇观，作为理论思维的成就是非常宝贵的。后世的军事科学著作，绝大多数效法孙武，以运动变幻的宗旨阐释战术的运动性变化，导演出了许多威武雄壮的战争史篇。

立意于战争变化研究战争，论说"奇正"相变，在中国民间流传较广、较为通俗的莫过于《三十六计》。《三十六计》流传时间虽久，但成书时间不会太早，有人推算为晚明或清代。三十六计相传最早见于《南齐书》卷二十六《王敬则传》，许多史书都以《南齐书》记载为本，记述此事。这三十六项指挥策略的每计解语，多用《易经》的语辞构成。把《易经》所蕴含的阴阳道理，推演成兵法的奇正、刚柔、进退、攻守之计，充满了朴素的辩证意识。三十六计在民间广泛流传，正好把"奇正"变化之理普及于大众之中，的确具有一定的实用价值。

三十六计可按其内容分为六套计，六套计又归为两大类：一类为我军处于"优势"情况的计法，一类为我军处于"劣势"之境的计法。"优势"用计为三套计：胜战（瞒天过海，围魏救赵，借刀杀人，以逸待劳，趁火打劫，声东击西）、攻战（无中生有，暗渡陈仓，隔岸观火，笑里藏刀，李代桃僵，顺手牵羊）、并战（打草惊蛇，借尸还魂，调虎离山，欲擒故纵，抛砖引玉，擒贼擒王）。"劣势"用计也为三套计：敌战（釜底抽薪，浑水摸鱼，金蝉脱壳，关门捉贼，远交近攻，假道伐虢）、混战（偷梁换柱，指桑骂槐，假痴不癫，上屋抽梯，树上开花，反客为主）、败战（美人计，空城计，反间计，苦肉计，连环计，走为上）。由这些计策的名称看，是社会生活中早已广为传播的三十六个成语。这三十六计无论是处于"优势"，还是处于"劣势"所用之计，多为奇谋诡诈。因此，后人评论三十六计集中了中国历代兵家"诡道"之大成。

《三十六计》中说：三十六计，通过统计各种数字以判断真情，取得策谋。而策略又来源于严格而周密的计算。兵家之成功就在于把握相反相成的阴阳变化之大理。所设的机变权谋，不可以凭空而发，只有随机应变，才能成功。也就是说，三十六计的本质就是强调战术变化均在阴阳道理之中。运用阴阳变化大理，推演军事上的奇正用兵之法，这是孙武之后的各代兵家都认真研究实践的，只是三十六计更为通俗化。

三十六计的多数计策，具有战争的针对性和普遍指导意义，在今天仍具有参考价值。如"借刀杀人""趁火打劫""假痴不癫"等，作为军事文化的珍贵遗产，应用于率兵打仗，无往而不利。其中有些"计"就是《孙子兵法》的原意。如第二计"围魏救赵"计解说："共敌不如分敌，敌阳不如敌阴"论，就是主张集中兵力攻击力量薄弱的敌人，见于《孙子兵法》的《虚实篇》《谋攻篇》中："敌阳"是先发制人的战术；"敌阴"是后发制人的战术,也正如孙武在《始计篇》所述观点:后发制人。又如,三十六计中第八计"暗渡陈仓",出奇制胜,是正常的用兵法则。这一计是说"佯战",即用声东击西的方式,掩盖真正的进攻,以取得胜利。奇正之法正是通过各种兵书著作传播开去的,《三十六计》只是其中之一而已,只是其大众普及化程度较高,更有普及治军治世之道的作用。当然,《三十六计》中有些内容并不能正确阐明战争的真正规律,往往局限于人际关系的"诡道"的推演上,没有揭示出战争的本质,这是远不如《孙子兵法》的。

(五)"治众如治寡"的组织管理制度

孙武治军有方,其中一个诀窍,是其成功地运用了正确的军队组织管理手段。他在兵法开篇中就明确指出:"法者,曲制、官道、主用也。"曲制,是指军队组织编制等方面的制度;官道,是指各级官吏的职责区分、统辖等管理制度;主用,是指军需物资装备等后勤方面的供应管理制度。

1. 统之虽众,治之益寡

孙武在本篇中说:"凡治众如治寡,分数是也。"这里的"分""数",是指以一定人数分为基本单位进行组织管理。一般来说,管理人数较少的队伍,是比较容易的,但若管理成千上万的无系统的单兵,就不那么容易了。这就像一堆散珠,少了可以用手指捡起来,再多点可用手掌捧起来,但如果再多些,仅凭一个人的双手就无能为力了。而若用几根绳子将这些珠子串起来,细绳串珠子,粗绳套细绳,只手就可提起整堆珠子。在军队组织编制管理中,这些统领士卒的"绳子",即是军、师、旅、卒、两等各级战斗组织。有了这种便于对部队组织管理和便于指挥协调部队作战行动的编制体制,作为将帅和各级统兵首领,就不必因为军旅之众而事无巨细地忙碌,只要抓住这根"粗绳",按照上一级向下一级直接发号施令的指挥原则和程序,就可一呼百应,指挥若定,治理百万大军就如同治理十几人的战斗班一样简单省力。我们仅从孙武"吴宫教战"一例中,就可清晰地看到他运用"分而治之"这一治军思想之效。在教战中,孙武并没有手把手地直接指挥180名宫女,而是将她们分为两队,指定两名妃子为两队的临时首领。在宫女们笑不遵令时,孙武并非对所有宫女进行惩罚,而是仅惩处了两队的首领,又指定另两名代替,使教战始成。这种分队练兵、职责分明、按级分工的方法,成为历代军队组织管理中的常用手段。

2. 良好的组织编制，必须依靠正确的阵法排列组合

孙武说："齐勇若一，政之道也。"即要使全军齐心合力，还在于组织指挥得法。他指出，善于用兵打仗的人，应像"率然"。所谓率然，是古代神话中出于北岳恒山的一种蛇，"击其首则尾至，击其尾则首至，击其中则首尾俱至"（《九地篇》）。不同阵法的适当编制排列组合，历来是军队作战制胜的必不可少的重要条件。孙武对于这一思想，也是善于在实践中予以运用的。他得到吴王重用后，在同伍子胥辅助吴王治国治军时，根据作战的需要，合理编组军队，恰当布列阵法，很快就使吴国的国威军威显赫于各诸侯间。孙武对军队组织管理的这些理论，对军队的建设和发展，起了重要的指导作用。

先秦时，许多军事著作都强调军队指挥管理、组织编制的重要性。如吴起主张以军功代替贵族世袭的"世卿世禄"；募兵时，招募良才，以组成精兵。在治兵、教战、选将、募士等方面，都有明确的法律规章。战国时《六韬·龙韬》特别研究了指挥机构的建设，具体设计了将帅及其辅助人员的组织系统，曾把将帅指挥系统列为参赞、谋士、天文、地利、兵法、通粮等18个方面，共需72个人负责。春秋战国时期，军制的确定使军队组织严格化。《孙子兵法》对于军制和军事指挥研究是很有见地的。孙武在《始计篇》中曾以"法"为军事五事之一，他说："法者，曲制，官道，主用也。"意思是说，军制是指军队组织编制，将帅职权以及军事训练，指挥管理，武备军需等制度。这里，孙武所倡导的"形名法式"已渗入所谓"总揽计谋"的指挥系统之中。

确立军制是管理军队的基础。"军必有制"的指挥思想，对于发展军事力量是必需的。孙武之"治众如治寡"之"治"，即是管理。管理军队是有一定法规的，军队的人数多与寡虽不同，但由于部队在组织上有一定的建制，管理规律是一致的。春秋时代，各诸侯国争霸的战争连绵不断，所以军队规模就越来越庞大。自春秋中期开始，各大诸侯国都实施军制改革，废除了原来奴隶不能充当甲士的限制。约至战国时期，许多诸侯国的新军制都相继建立起来，许多管理制度也相继形成、完善起来。比如已形成了奖励耕战、奖励首功的"军功爵"制度；以农民为主要兵员的郡县征兵制和募兵制；在管理方面，已分设有专司管理与专司指挥的文武官分职制度，已经设有制造与管理武器装备的府库制度。

3. 以"形名"为指挥标志的治军原则

率领三军之众,必须有完善的指挥体系,其中也包括指挥信号。孙武认为:"斗众如斗寡,形名是也。"所谓"形名",是古代指挥工具。"形",泛指在战场上眼睛可以看得见的指挥信号;"名",泛指在战场上耳朵可以听得见的指挥工具。曹操曾注解:"旌旗曰形,金鼓曰名。"后世一直沿用此说。

古代的"形名"指挥有一定的规律。比如"闻鼓则进,鸣金则止",是说士兵听到本营擂鼓之声即冲锋陷阵;而听到"鸣金"(敲锣)即要退却。旌旗与金鼓相互为用。目力于白天能够及远,故用旌旗指挥三军将士皆有所见。在夜晚,或远距离行军,望不到旌旗指挥,则可听金鼓号令或行或止。孙武在本篇中的"形名"指挥论,即是讨论古代运用指挥工具,标示战场指挥将士的功能及作用。两军交战,内部定准信号,可以通过统一指挥,使每个人在统一号令下形成一个整体,无凌乱之弊。临阵对敌,在统一信号的指挥下,战百万之兵,如战一人。

〖经典战例〗

淝水之战——择人任势,奇正相合

淝水之战,发生在公元383年(东晋太元八年,前秦建元十九年)的中国古代东晋十六国时期,是偏安于江南的东晋王朝与北方氐族贵族建立的前秦政权进行的一次著名战略大决战。此战,是这一时期南北之间最大规模的一次战争。战争的结局是,弱小的东晋军队临危不乱,利用前秦统治者苻坚战略决策上的失误和前秦军队战术部署上的不当而大获全胜,成为中国历史上以弱胜强的著名战例之一。"投鞭断流""风声鹤唳""草木皆兵"等著名典故即出自此战役。

西晋灭亡前秦崛起　苻坚攻晋投鞭断流

西晋末年的腐败政治,引发了内部大混战和社会大动乱,民不聊生,中国历史进入分裂割据的南北朝时期。公元316年,在内乱外患的多重打击下,腐朽的西晋王朝在八王之乱中灭亡。随之而来的是出现了南北大分裂

的局面，在中原大地上前后共建立了16个国家，是我国历史上最混乱的一个时期。

在南方，公元317年晋琅邪王、皇族司马睿在建康（今江苏南京）称帝，重建了偏安的小王朝，占据汉水、淮河以南大部地区，史称东晋。先天不足的东晋王朝，在南下士族的扶助下，风雨飘摇地度过了几十年。这一期间，北方大乱，匈奴、鲜卑、羯、氐、羌等内迁的少数民族政权纷争迭起，首领也纷纷先后称王称帝，走马灯似地更换主人，整个北方地区陷入相互混战割据的状态。在这个动乱过程中，世居甘肃天水的氐族酋长苻洪先后灭掉前燕、代、前梁等割据国，统一了黄河流域。公元351年，氐族首领苻健在关中崛起，以长安（今西安西北）为都城，建立国家，国号为秦，史称前秦。公元357年，前秦攻占了东晋的梁（今陕西南部汉中、四川北部的部分地区）、益（今成都及四川大部分地区）二州，势如破竹，取得了节节胜利，国家实力大大增强，军中士气高涨，将势力扩展到长江和汉水上游。次年，苻洪的孙子、苻健之侄苻坚做了皇帝，自立为前秦天王。

苻坚是十六国时期诸政权中一位有作为的君主，是一位具有雄才大略、文武兼修的少数民族政治家。他即位后，踌躇满志，选贤任能，重用汉族知识分子，特别是从汉族寒士中请到了一位贤才王猛。王猛少负经略天下之才，文可安邦，武能定国，他任前秦丞相后，积极治理朝政，推行一系列改革政治、发展经济和文化、加强军力的积极措施，在吏治整顿、人才使用、军队建设、农桑种植、水利兴修、学校建设、族际关系调和等方面，均收到显著成效。东晋大将桓温北伐，遇到王猛，竟被他的才华所折服。苻坚得了王猛，如鱼得水，内政、外交、军事一切依他，经过20多年的经营，使前秦成为一个"兵强国富"的强大国家。

苻坚胸怀"混一四海"之志，不断向外扩张势力，先后灭掉前秦周边的割据政权，初步统一了北方地区。再占梁、益二州，把长江、汉水上游纳入前秦版图。黄河流域的统一，夺巴蜀，进西域，使苻坚的雄心越发增大，他以为一统天下的时机已经到了，欲图以"疾风之扫秋叶"之势，一举荡平偏安江南的东晋。

东晋自偏安以来，一直处于柔弱的地位，虽也进行过几次北伐，但并不见成效。此期间，桓温的崛起，曾引起政局的严重失衡，但桓温在王、谢等士族大姓抵制下未及前秦伐东晋时就病死了。此后，政局一直比较平静,虽有苏峻之乱的小波澜,但几十年内基本上是天下太平,社会经济有了一定的发展。在军事上,谢安之侄谢玄出任兖州刺史,坐镇广陵,指挥江北军事,经刘牢之的手,召募南下的徐州、兖州骁勇之士组成"北府兵"。这些士兵出自北方,人高马大,武技强,还乡心切,抗秦志坚,又经过长期训练,遂成为当时首屈一指的精锐之师。东晋军队虽然人数少,仅有20多万人,但有这样一支"北府兵",还是令前秦军队不敢轻视的。

这时的前秦军事力量无疑占有绝对优势,一般常规军队有50多万人,战时征兵可达100万人之上。苻坚能征善战,兼并群雄,在攻晋之前,他所率领的军队几乎战必胜、攻必克,纵横天下无敌手。但是,在王猛死后,前秦的整个政治体制失去核心,苻坚显得有点志大才疏。加上连年征战,尚需要有一段时间的休养生息,而且内部的鲜卑、羯、羌等少数民族心怀异志,所以此时并不适宜对外大动干戈。

淝水大战之前,从公元373年到382年,前秦对东晋曾发动过一系列的军事进攻,试图以击溃战来逐步完成灭晋。苻坚统一南北的第一步作战计划实施还算顺利,但在实施第二步作战计划时,却遭到东晋有力的抵抗。公元378年2月,苻坚分别派遣两路大军,进攻江北的襄阳和彭城两个战略要点。进攻襄阳是此次战役的重点,苻坚派其子苻丕为帅,统兵近20万分四路围攻襄阳。4月,前秦军前锋石越部骑兵进抵汉北。东晋襄阳守将朱序以为秦军无舟楫渡河,未加戒备。石越率骑兵浮水渡过汉水,乘晋军不备,袭占襄阳外城,夺船100余艘,将主力渡过汉水。晋军初战失利,形势十分严峻。襄阳守军仅1万人,退守内城,而桓冲大军虽有7万,却不敢前来增援。前秦兵10余万人,将襄阳城围得水泄不通。

襄阳守将朱序是东晋名将,他没有被气势汹汹的秦兵所吓倒,在民众的支持下,率部顽强抵抗。朱序的母亲也亲自上阵,率城中妇女协助守城,她见城西北角不够坚固,带领众妇女增筑一道斜城。后来,城西北角果然被前秦兵挖溃,晋兵遂退守斜城,顶住了秦军的进一步攻击,襄阳人称此城为"夫人城"。在襄阳军民众志成城的坚守下,10多万前秦兵竟毫无办法,襄阳坚守数月之久。朱序还多次乘夜色派精干部队出击敌人,多有斩获。前秦军无奈,改强攻为长期围困。苻坚见他儿子苻丕的20万大军竟近一年攻不下一个小小的襄阳城,大怒,下诏说,如果来年春天再攻不下襄阳就自裁。苻丕急红了眼,发疯似地攻城,士卒伤亡惨重。东晋军失守襄阳，朱序被俘。

东晋中枢惊恐，急调谢石、谢玄救援。谢石率水师沿江布防，谢玄则水陆并进，实施反击。北府兵大显神威，首战击败前秦军。谢玄派人率舟师乘潮而上，烧掉滩河桥，截断前秦兵退路，纵兵再击，前秦兵大败，先后已折兵6万多，秦将彭超侥幸逃脱。北府兵取胜后返回广陵。

这一时期，前秦雄师先后占领襄阳、彭城两座重镇，并且一度包围三阿（今江苏高邮附近），进袭堂邑（今江苏六合），但前秦军队也付出了巨大代价。西部战场以17万大军历时近一年之久方才攻下襄阳，东部战场初期进展顺利，连克五城，但紧跟着就被谢玄的北府兵迎头打败，而且全军覆没，就剩两个主将只身逃回。然后，前秦再出兵攻晋陵，被桓冲打败，斩首7千余人，俘虏1万余人。以上可算是淝水之战的序幕战，秦晋双方在战争中互有胜负。苻坚统一北方时秋风扫落叶的气势在东晋受到了顽强的阻挡，这说明东晋绝不是弱手，仍有相当强的军事实力，也说明前秦灭晋的时机的确尚未成熟。前秦军虽然基本达成了战略目的，但兵员伤亡惨重。东晋方面，显然也缺乏战略眼光，对襄阳、彭城这样的战略要地，却没有力保之决心，襄阳苦守近一年，居然无人来援，而彭城眼看就可以恢复，却抽身回兵。

对前秦军队来说，也正是这一系列军事行动的不成功，才导致了苻坚下决心竭泽而渔，发动了倾全国兵力的淝水之战。

公元375年7月，前秦丞相王猛病卧在床，他在弥留之际，再三告诫苻坚不要攻打东晋，临终遗言："晋虽僻陋吴越，乃正朔相承，亲仁善邻，国之宝也。臣没之后，愿不以晋为图。"中心意思是说，东晋虽然偏安一隅，但天下百姓却以为正统，但愿前秦不要伐东晋，重修秦晋之好才是治国善策。王猛死于北方及梁、益已经混一之后，他观察形势，料定苻坚会南下发动战争，所以才有"不以晋为图"的请求。王猛死后，苻坚哭着对太子苻宏说："天不欲使吾平一六合耶？何夺吾景略（王猛字）之速也！"然而，苻坚虽然重用王猛，却不遵守其"不图晋"之遗言，而且认为王猛如不早死，终将助己灭晋以"平一六合"。由此可见，苻坚已经决心南下攻晋。

苻坚让军事上的胜利冲昏了头脑，王猛在世时，他考虑到王猛的面子，言听计从，没有动攻晋的心思，然而王猛一死，苻坚狂妄自大、一意孤行的毛病就暴露出来了，他把王猛临死前留下的"不以晋为图"的忠告抛在了脑后，统一中国的雄心驱使他不得不亲自动手削平东晋这个最大的障碍，他把东晋当作唯一的敌人，决定非把它消灭不可。苻坚攻晋的战略分三步：先取梁、益二州，占据长江上游，以威胁东晋的右翼；再夺取襄阳、寿春、彭城等长江北岸的战略要点；然后饮马长江，一举攻灭东晋。

受一统天下图景深度诱惑的苻坚谋议伐晋，立即遭到以丞相苻融（苻坚之弟）为首的朝廷大臣、妃子、太子乃至高僧释道安等人的一致反对。兴师之前，苻坚在长安将群臣召集到太极殿，商议进攻东晋的事宜。在这次殿前决策会议上，苻坚自恃国强兵众，趾高气扬，声称四方基本平定，只剩下东南一隅的东晋还在抗拒王命，现在他要亲自统率百万大军出征，一举荡平江南地区，以统一天下。这时朝臣多反对，只有少部分人附和苻坚的意见，力主攻晋。秘书监朱彤奉迎说：陛下亲征，东晋如不投降只有彻底灭亡，现在正是灭晋千载难逢的良机。冠军将军慕容垂（鲜卑族）等人心怀复国的异志，也在会后鼓励苻坚出兵，推波助澜。

前秦的多数大臣对攻晋却持反对意见。尚书左仆射权翼认为，东晋虽然弱小，但是君臣和睦、上下团结，这时尚不是进攻它的时机。太子左卫率石越也认为，东晋拥有长江天险，又得到民众的拥护支持，进攻不易取胜。他们都希望苻坚能够暂时按兵不动，发展生产，整训部队，等待东晋方面出现间隙后，再乘机攻伐。苻坚见群臣反对他的攻晋决策，便结束朝议，退而与苻融决断大计。苻融智勇双全，深得苻坚的信任，但在这时也不同意出兵，认为攻晋有三大困难：东晋内部团结，无隙可乘；前秦连年征战，人心不顺；军队疲惫，百姓厌战。建议苻坚放弃攻晋的计划。同时，苻融也清醒地看到前秦表面强盛的背后，是民族矛盾、阶级矛盾的激烈尖锐，指出："如今鲜卑、羌、羯等族的人，对我们氐族有灭国之深仇，他们正遍布于京郊地区。大军南下之后，一旦变乱发生于心腹地区，那时就追悔莫及了。"为了说服苻坚，苻融还把苻坚所最为信任的已故丞相王猛反对攻晋的临终嘱咐抬了出来，但是苻坚都听不进去，固执地认为："前秦是以强击弱，犹如疾风之扫秋叶，垂危的东晋政权可以迅速消灭。"

几乎所有的朝臣，乃至亲人都反对苻坚攻晋，苦苦哀求，有的甚至号啕大哭，可见当时前秦国内矛盾的紧张，也说明苻坚族人和大臣们对朝廷内部那些大量的曾是他们死敌的被他们灭了国的外族人的恐慌。为了劝阻苻坚南下攻晋，众大臣进行了最后的努力说服。大臣权舆说："晋国虽然不如我们强大，但是他们的皇帝还没犯什么大错，手下还有像谢安、桓冲那样有才能的文武大臣，目前他们国内团结一心。咱们要灭亡东晋，现在恐怕不是时候。"其他大臣也附和着他们，纷纷对攻晋的计划提出反对，还针对苻坚信佛的特点，通过释道安进行劝说。释道安规劝苻坚不要攻晋，说："如果一定坚持攻晋，您苻坚也不必亲自出征，而宜坐镇洛阳，居中调度，进攻和诱降双管齐下，以争取胜利。"苻坚的爱妃张夫人和太子宏、幼子诜也都一再相劝。但是苻坚对这些依然置若罔闻，见大家意见不统一，他最后厌烦地说："你们都走吧，这件事还是让我自己来决断。"

公元382年（东晋孝武帝太元七年）4月，苻坚一意孤行，决意南下，任命其弟苻融为征南大将军。8月，又委任谏议大夫裴元略为巴西、梓潼二郡太守，经营舟师，企图从水路顺流东下会攻建康。苻坚亲率步兵60万、骑兵27万、羽林郎（禁卫军）3万，共90万大军从长安南下，同时命令裴元略率水师7万从巴蜀出击。在东西长达几千公里的战线上，百万大军，浩浩荡荡，人欢马叫，旌旗蔽空，尘土飞扬，几百里之外都能看得见。中国自有战争以来，真少见如此庞大的队伍。行军队伍"前后千里，旗鼓相望。东西万里，水陆齐进"。苻坚骄狂地宣称："以吾之众旅，投鞭于江，足断其流。"（《晋书·苻坚载记》）骄狂之态，溢于言表。这就是著名典故"投鞭断流"的来历。

苻融胡彬对战硖石　朱序劝降反成主战

公元383年5月，东晋大将军桓冲率军10万攻襄阳（今属湖北），又遣将攻蜀，拔五城（今四川中江），进攻涪城（今四川绵阳东）。6月，桓冲别将攻拔筑阳（今湖北谷城北）等城。苻坚获悉，倍加震怒，除分别派兵救援外，即于7月下诏大举攻晋，在政权所及范围内征兵调粮，征发各州郡的公私马匹，下令强征北方各族民众，平民每10人出兵1人，高门富豪人家20岁以下的从军子弟，凡强健勇敢、精通武艺的都任命为羽林郎（禁卫军军官）。任命秦州主簿赵盛之为建威将军、少年都统，对东晋孝武帝司马曜、大臣谢安和桓冲等人亦先任以官职，并扬言说："此战可一举灭掉东晋。我们胜利了，可以用俘虏来的司马昌明（东晋孝武帝）做尚书左仆射，谢安做吏部尚书，桓冲做侍中。看情况，得胜还师指日可待，可提前替他们建好官邸。"苻坚不可一世，志骄意满之态，溢于言表。

8月，苻坚先派苻融统率骠骑将军张蚝、抚军将军苻方、卫军将军梁成、平南将军慕容暐及冠军将军慕容垂等步骑兵25万人为前锋，兖州刺史姚苌为龙骧将军。几天后，苻坚率部自长安向东进发，南下伐晋。9月，苻坚亲率大军到达项城（今河南沈丘），后续凉州兵始至咸阳（今陕西咸阳东北）。西路蜀汉方向的兵力顺江而下，东路幽、冀方向的兵力到达彭城（今江苏徐州）。苻融统率的先遣部队到达颍口（今安徽颍河入淮河口正阳关），并向东晋在淝水西岸的重镇寿阳展开进攻。前秦军中路进展甚快，两翼行动迟缓，兵力呈分散之形。此时，苻融前锋军包围了驻扎在硖石（今安徽凤台县西南）的一部分晋军。几路大军，合计约有近100万人，仅运粮船计有1万艘，大有席卷江南，一举扫平东晋之势。

闻知前秦兵大举南进，东晋朝野一片惊慌。在强敌压境、面临生死存亡的危急关头，东晋以丞相谢安为首的主战派镇定自若，决意奋起抵御，一方面缓解内部矛盾，另一方面积极部署兵力，制定正确的战略战术方针，抗击前秦军的进犯。东晋孝武帝司马曜在谢安等人强有力的辅弼下，摆开了与前秦大军决战的态势。经谢安举荐，任命桓冲为江州（今湖北东部和江西西部）刺史，率10万晋军控制长江中游，阻扼前秦巴蜀军顺江东下；任命谢安之弟谢石为征讨大都督，谢安之侄谢玄为先锋，率领经过7年训练，有较强战斗力的北府兵8万沿淮河西上，迎战秦军主力；派胡彬率领水军5000人增援战略要地寿阳（今安徽寿县）。

10月18日，苻融率前秦先锋部队攻占寿阳，俘虏东晋军守将平虏将军徐元喜等人。与此同时，前秦军慕容垂部攻占郧城（今湖北安陆市境）。奉命率水军驰援寿阳的胡彬在增援的半路上得知寿阳已被苻融攻破的消息，便退守硖石，在离洛涧（今安徽怀远县境内）十余公里处驻扎下来，等待与谢石、谢玄的大军会合。苻融又率军尾追而来，攻打硖石。苻融部将梁成率兵5万进攻洛涧，并在洛口设置木栅，阻断淮河交通，遏制从东西增援的晋军，阻断了胡彬的退路。

胡彬率部困守硖石，粮草将尽，难以支撑，便写信向谢石告急，请求驰援。不料送信的晋兵被秦兵捉住，此信被截获后落在苻融的手里。苻融立刻向苻坚报告了东晋军兵力单薄、粮草缺乏的情况，建议前秦军迅速开进，乘机发动攻击，以防东晋军逃遁。苻坚这时得知前秦军已攻下寿阳，即将大军留在项城，亲率8000名骑兵疾趋驰抵寿阳。苻坚一到寿阳，自以为胜利在望,即派在襄阳俘获的晋将朱序前往晋营劝降。

朱序心怀故国之情,仍然心向东晋,他到了晋军营阵后,不但没有劝降,反而借机向谢石等人密告了前秦军的情况,劝谢石趁前秦大军未齐集,迅速出击,挫其锐气,以利于全面破敌。他说:"秦军虽有百万之众,但还在进军中,如果兵力集中起来,晋军将难以抵御。现在情况不同,应趁秦军没能全部抵达的时机,迅速发动进攻,只要能击败其前锋部队,挫其锐气,就能击破秦百万大军。"谢石起初认为前秦军兵力强大,对其嚣张气焰心存惧意,打算坚守不战,待前秦军的锐气消磨后,再伺机反攻。在听了朱序的情况介绍和建议后,认为很有道理,决定及时改变原来的作战方案,转守为攻。谢石立即率东晋军主动出击,沿淮河西上,突袭了洛涧的前秦军前哨阵地,然后一路进击,歼灭前秦军1万余人,进至淝水东岸,与前秦军夹水而阵。

11月,晋军前锋都督谢玄派鹰扬将军刘牢之率北府精兵5000人迅速奔袭洛涧,前秦将梁成在洛涧边上列阵迎击。刘牢之分兵一部迂回到前秦军阵后,断其归路;自己率兵强渡洛水,猛攻秦阵梁成的军队,揭开了淝水大战的序幕。

洛涧大捷草木皆兵　兵溃淝水风声鹤唳

东晋军奋勇渡河,分兵切断前秦军退路。前秦军腹背受敌,惊慌失措,勉强抵挡一阵子,步骑兵5万人就土崩瓦解了,主将梁成和其弟梁云战死,官兵争先恐后渡过淮河逃命,溺死的就有1.5万余人。洛涧大捷,东晋军活捉前秦扬州刺史王显等人,缴获了前秦军的大批辎重和粮草,挫抑了前秦军的兵锋,极大地鼓舞了东晋军的士气。处于劣势的东晋军首战告捷,谢石乘胜挥军水陆并进,直抵淝水(今淝河,安徽寿县南瓦埠湖一带)东岸,在八公山边(今寿县城北四里)扎下大营,与寿阳的前秦军隔岸对峙。

苻坚站在寿阳城楼上,一眼望去,只见对岸的东晋军布阵整齐,将士精锐,旗帜鲜明,不觉把骄横之气退了几分,感觉碰到了劲敌,心中顿生惧意。他这么一想,再看八公山上秋风中起伏的草和树木,多类似人形,就觉得山上的草木也成了晋军的伏兵,颇为惊慌地对苻融说:"这明明是强敌,你怎么说他们弱不堪击呢?"这就是著名的典故"草木皆兵"的来历。苻坚命令前秦军沿淝水西岸布阵,坚守河岸,等待后续部队,企图从容与东岸的东晋军交战。

由于前秦军紧逼淝水西岸布阵，东晋军无法渡河，也只能隔岸对峙。谢玄知己方兵力较弱，敌众我寡，利于速决而不利于持久，于是决定激怒骄狂的苻坚，便派遣使者送一封信到秦营，用激将法对苻坚说："你率领大军深入晋地，却到此与我隔淝水列阵，好像是要长久相持的样子，不是想要速战速决。我要与你决一雌雄，如果你不敢决战，还是趁早投降为好。如果你有胆量与我决战，你能不能暂退一箭之地，让出块地方来，好让我渡河与你一决胜负怎么样？"拥有百万大军的苻坚大怒，当然不甘示弱，如果不答应晋军的要求岂不等于不敢决战，再说先让出一块地方来，待东晋军半渡时再回兵击杀进行偷袭，则可将东晋兵全歼于水中，这不正是兵法上所说的"半渡击之"的妙计？在苻坚看来，先引兵少退，待东晋兵半渡，以铁骑冲击，岂有不胜之理，于是爽快地答应了谢玄的要求。前秦军诸将都认为这是东晋军的诡计，表示反对，劝苻坚不可上当。但是苻坚认为可以将计就计，已经一口应允，就不再作更改。苻融对苻坚的计划也表示赞同，于是指挥前秦军后撤。

这本来是一次正常的战术退却，但是苻坚的如意算盘打错了。他哪里料到前秦军皆是强征来的乌合之众，人心浮动，将士厌战，士气低落，内部不稳。军队后撤的时候，不但不是井然有序反而溃不成军，撤军令一下，就失去控制，顿时大乱。前秦军争先恐后，人马冲撞，黑压压的几十万人马你拥我挤，乱成一团，怨声四起。这时指挥已经失灵，几次下令停止退却，但如潮水般撤退的人马已成溃败之势。

东晋军紧紧抓住了这样一个千载难逢的好机会。谢玄、谢石率领8000多骑兵，趁势迅速引兵抢渡淝水，向前秦军展开猛烈攻击，奋力追杀。东晋军降将朱序乘机在前秦军阵后狂呼乱喊："秦兵败了，秦兵败了！快逃呀！"正在后退的前秦兵多是来自各个少数民族，各怀异志，人心本来就不稳，又是劳师远入，人地生疏，哪有战心，听了朱序的呼喊后信以为真，一传十，十传百，军心动摇，一下子阵脚大乱，于是纷纷转身狂跑，争相逃命，引起了几十万军队像山崩了一样的大溃逃。后面追兵如狼似虎，前秦兵拼命地狂奔，唯恐比别人跑得慢，扔了手中的兵器，边跑边脱盔甲扔掉，这一退而不可复止。

前秦兵由此大溃败。苻融眼见大势不妙，急忙骑马前去阻止，进入阵中驰骋,意图阻止后退,整顿退却的士卒,稳住阵脚,不料其战马被乱兵冲倒,东晋兵手起刀落,一命呜呼。失去主将的前秦兵越发混乱,彻底崩溃。前锋的溃败,引起后续部队的惊恐,也随之溃逃,形成连锁反应,结果全线崩溃,完全丧失了战斗力,向北败退。人马相踏而亡的死者遮冈布野,堵塞大河。活着的前秦溃兵昼夜逃奔,沿途不敢停留,饥寒交加中,听到风声鹤唳,都以为是东晋军追上来了,更是没命地向北逃窜。当时正值隆冬,天寒彻骨,前秦兵又饥又冻,死者大半,百万大军灰飞烟灭。这就是著名典故"风声鹤唳"的来历。东晋军乘胜追击,一直到达寿阳附近的青冈(在今寿阳西15公里)。是役,前秦军被歼灭的十有八九,苻坚本人也中箭负伤,单枪匹马仓皇逃到淮北。

东晋军收复寿阳,谢石和谢玄派飞马往建康报捷。当时谢安正与客人在家下棋。他看完了谢石送来的捷报,不露声色,随手把捷报放在旁边的几案上,对棋如故。客人知道是前方送来的战报,忍不住问谢安:"战况怎么样?"谢安慢吞吞地说:"孩子们到底把秦人打败了。"客人听了,高兴得不想再下棋,想赶快把这个好消息告诉别人,就告别走了。谢安送走客人,回到内宅去,胸中的兴奋心情再也按捺不住,跨过门槛的时候,脚上筋肉紧张,一时伸展不尽如意,踉踉跄跄地把脚上的木屐之底踏损了。俗语"不觉屐齿之折"由此而来,成为"折屐齿"的著名典故。

东晋与前秦淝水之战,前秦军被歼和逃散的共有70多万。唯有鲜卑慕容垂部的3万人马尚完整无损。淝水之战后,苻坚战败带伤北归,沿途收集离散士卒,回到洛阳时只有10多万人,他维持统一的强大的军事力量就此解体,统一南北的希望彻底破灭。不仅如此,前秦在北方的统一也维持不住了,原来被前秦征服的各个部落,都乘机起来谋求恢复他们的政治势力。仅几年后,北方暂时统一的局面随之解体,再次分裂成更多的地方民族政权,鲜卑族的慕容垂和羌族的姚苌等他族贵族重新崛起,各自建立了新的国家,前秦政权为姚苌、姚兴建立的后秦所取代。苻坚东奔西走,苦苦支撑两年后(公元385年),被他还在当亲王时从刑场救下的羌族首领姚苌在五将山(今陕西岐山西北)缢死。苻坚死后,前秦并未完全垮掉,苻坚的庶长子苻丕、族孙苻登等相继称帝,使前秦政权又维持了近十年后灭亡。

淝水大战,导致了前秦政权的总崩溃,北方原在前秦控制下的各族上层又建立起几十个割据政权,出现了再度分裂的局面。它们互相争夺,战乱不已。在淝水之战后半个世纪里，这些割据政权主要有后燕、西燕、南燕、北燕、大夏、西秦、北魏、前凉、南凉、后凉、西凉、北凉、后赵、仇池国、吐谷浑等，先是北方黄河流域重新分裂成燕、秦、凉三个部分，许多小国互相攻夺。公元384至385年，在前秦原来控制的土地上出现了羌族人姚苌建立的后秦，鲜卑人慕容垂和乞伏国仁建立的后燕和西秦、氐族人吕光建立的后凉。公元397至409年，从后凉中分裂出北凉、南凉和西凉，从后燕中分裂出南燕和北燕，从后秦中分裂出夏，中国历史进入东晋十六国的战乱时期，曾几何时还不可一世的前秦在兵荒马乱中覆亡。直到公元439年南北朝时期的北魏灭北凉，统一北方，中国北方的这种分裂局面才告结束。

〖点评〗

淝水之战后，东晋王朝的统治得到了稳定，虽无力恢复全中国的统治权，却有效地遏制了北方少数民族贵族的南下侵扰，为江南地区社会经济的恢复和发展提供了必要的契机。这场战争，确定了南北朝时期长期分裂的格局。以后南朝的刘裕于公元417年入长安，不能久驻；北朝的侯景反复叛变，也曾于公元548年陷建康，不久即为部下所杀，他们都离统一全国的目标甚远。直到公元589年才有隋文帝杨坚的"天下大同""区宇一家"。至此，已离淝水之战206年。对于前秦政权和苻坚本人来说，淝水之战则是促使北方地区暂时统一局面的解体。慕容垂、姚苌等贵族重新崛起，乘机肢解了前秦的统治，苻坚本人遭到了身死国灭的悲惨下场，前秦随之灭亡。东晋虽然在战斗中夺回了一些地方，但在统治集团内部也滋生了权力上的矛盾。

淝水之战，东晋以8万北府兵一举战胜号称百万大军的前秦，从根本上说，这主要决定于军心、民心的向背。双方的战争谋略，及临阵指挥上的优劣，也是胜败的重要原因。

（一）东晋军队胜利的主要经验

1. 君臣和睦，将士用命，主将有能，指挥若定。面临强敌进攻，东晋举国一致抵抗，大家临危不乱，从容应敌，上下一心，一致抵抗。《孙子兵

兵势篇

法·兵势篇》云："善战者，求之于势，不责于人，故能择人而任势。"东晋的司马皇帝只是大家的精神领袖和一面旗帜，实权都在各大豪门士族手中。东晋在淝水之战中的总指挥者是谢安，他是这场战役胜利的最大功臣。如果没有谢安，那么淝水之战东晋要惨败，并且最后东晋也会亡国。谢安治国治军有方，他上任后缓和各方面的矛盾，使东晋处于多年以来少有的安定团结的局面，为后来的淝水大战的胜利奠定了坚实的基础。《晋书》记载，谢安执政时期的东晋"财丰国福"、"百姓乐业"。谢安知人善任，提拔了没有资历和经验的侄儿谢玄，这令当时东晋的一些人不满，但谢玄后来成为东晋最优秀的将才，在东晋的一系列保卫战中屡战不败，并在淝水大战中立下了盖世奇功。

2. 知彼知己，适时决战。东晋军得敌情之实，能据敌情及时改变方略。东晋领导者看到了前秦国内矛盾重重，危机四伏，明白有取胜的机会，所以敢于固守待战，待其战机出现。如果事前没有这一坚决的方针，是不敢以朱序一人之言而以5000兵就敢强渡淝水的，以及后来要求秦军在淝水岸边后撤，以决一胜负。在秦军后续兵力未抵淝水前，看准敌方在移动中出现的漏洞，抓住薄弱点，乘虚而入，获取胜利。如《孙子兵法·兵势篇》所云："故善动敌者，形之，敌必从之；予之，敌必取之。以利动之，以卒待之。"古人还云："善战者，见利不失，遇时不疑。"意思讲的都是要善于捕捉战机，乘隙争利。

3. 北府兵以一当十，士卒精练。北府兵是在谢安的决定和计划下完成的，谢玄到任之后，第一件事就是奉谢安命解散原有部队，由自己招募新军。当时这种特别极端的做法引起许多人反对和恐慌，有人甚至为之痛哭流涕，认为这种搞法会使国家败亡。当时东晋的军制为"世兵制"，士兵的社会地位极为低下，军队的士气和战斗力极为低落。没有北府兵，就不会有淝水大战的胜利，甚至远在378年到382年的序幕战中东晋就会垮掉。

4. 奇正变用，乘虚而入。《孙子兵法·兵势篇》云："战势不过奇正，奇正之变，不可胜穷也。"东晋军奇正皆用，战术灵活，如初战破敌，挫其兵锋，励己士气，是为正；以智激敌，不循常法，诱敌自乱，然后乘隙掩杀，则为奇；而坚决实施战略追击，抓住战机，一战成功，然后扩大战果，终获全胜，其中用兵既有正也有奇。

（二）前秦军惨败淝水的主要原因

1. **恃众轻敌，刚愎自用。** 苻坚无视内部不稳、民疲兵倦的情况，目光短浅，骄横自负，狂妄轻敌，在内外条件不具备的情况下，主观武断，无视内部不稳，不听劝阻，倾全国之力，孤注一掷，一意孤行地轻率开战。《孙子兵法》开篇即提出"兵者，国之大事"，指出战争对于一个国家的至关重要性，关系到国家的存亡和人民的生死，必须十分谨慎，不能当作儿戏。在我国历史上，轻视战争的规律性而灭亡的例子有许多，淝水之战后前秦的灭亡就是其中之一。

2. **降将思乱，人心浮动。** 苻坚有许多优秀之处，但他有一个致命的弱点，就是对敌人采取一味的迂腐的仁义政策。他自以为他的宽广心胸可以容纳天下一切事物，对所征服的敌国高层人物不仅不杀，还留在自己国家重用。如在灭前燕后，给前燕上层人物授予爵位，亡国之君慕容暐为尚书，前燕的王公贵族们都当上了前秦边郡长官，还有东晋襄阳守将朱序，在城破被俘后，苻坚没有杀他，反留在身边重用为太守。这些人在后来都弃苻坚而去。

3. **战术呆板，自乱阵脚。** 在临战指挥上，前秦将帅犹豫狐疑，如当大军进驻寿阳后，迟迟不进兵，把希望寄托在东晋军的投降上。待东晋军反击后，前秦军锐气顿减，以致淝水之战前，全军上下都有惧敌心理，交战中一退而不可复止。在战术上，单路突进，战线太长，分散兵力，舍长就短，缺乏协同。初战受挫后即失去信心，急于决战，加上不知军情，随意后撤，给敌人提供可乘之机。《孙子兵法·兵势篇》云："乱生于治，怯生于勇，弱生于强。"前秦兵本来战斗力较强，但由"乱"和"怯"而转变为弱。此外，对朱序等人的间谍活动没有察觉，让对手掌握己方情况，使自己陷入被动地位，导致大败。

淝水之战，是前秦企图统一全国的一次战争，综合各个方面的情况看，当时的时机和条件显然还不成熟。无论是东晋的北伐或是前秦的南征，都没有达到预期目的，但这两方面发动的战争，也都无不表明历史发展的趋势在向全国统一的方向发展，不过前进的道路还相当曲折。淝水之战，是东晋与前秦之间的一场以少胜多的战役，也是中国历史上以弱胜强的著名战例，对后世兵家的战争观念和决战思想产生着久远影响。

【虚实篇】

纵论兵形得胜之道

〖原文〗

孙子曰：凡先处战地而待敌者佚，后处战地而趋战者劳。故善战者，致人而不致于人。能使敌人自至者，利之也；能使敌人不得至者，害之也。故敌佚能劳之，饱能饥之，安能动之。出其所不趋，趋其所不意。

行千里而不劳者，行于无人之地也；攻而必取者，攻其所不守也；守而必固者，守其所不攻也。故善攻者，敌不知其所守；善守者，敌不知其所攻。微乎微乎，至于无形；神乎神乎，至于无声，故能为敌之司命。进而不可御者，冲其虚也；退而不可追者，速而不可及也。故我欲战，敌虽高垒深沟，不得不与我战者，攻其所必救也；我不欲战，画地而守之，敌不得与我战者，乖其所之也。故形人而我无形，则我专而敌分。我专为一，敌分为十，是以十攻其一也，则我众而敌寡。能以众击寡者，则吾之所与战者约矣。吾所与战之地不可知，不可知，则敌所备者多；敌所备者多，则吾所与战者寡矣。故备前则后寡，备后则前寡，备左则右寡，备右则左寡，无所不备，则无所不寡。寡者，备人者也；众者，使人备己者也。

故知战之地，知战之日，则可千里而会战；不知战地，不知战日，则左不能救右，右不能救左，前不能救后，后不能救前，而况远者数十里，近者数里乎！

以吾度之，越人之兵虽多，亦奚益于胜败哉？故曰：胜可为也。敌虽众，可使无斗。

故策之而知得失之计，作之而知动静之理，形之而知死生之地，角之而知有余不足之处。故形兵之极，至于无形。无形，则深间不能窥，智者不能谋。因形而错胜于众，众不能知。人皆知我所以胜之形，而莫知吾所以制胜之形。故其战胜不复，而应形于无穷。

夫兵形象水，水之行，避高而趋下；兵之形，避实而击虚。水因地而制流，兵因敌而制胜。故兵无常势，水无常形。能因敌变化而取胜者，谓之神。故五行无常胜，四时无常位，日有短长，月有死生。

〖原文意解〗

　　孙武先生说：凡是先占据战场而积蓄力量等待敌人到来的军队，就能安闲、从容、主动；后到达战场而仓促应战的军队，就会疲劳、窘迫、被动。所以，善于指挥作战的将帅，总是设法调动敌人，诱使敌人前来同我们作战；而不为敌人所诱使调动，被迫去投入战斗。

　　诱使敌人有两种方法：一是若使敌人自动前来进入我军预定地域包围圈内，就要使敌人看到有利可图，以利诱之；二是若使敌人不敢前来，使敌人不能到达其预定地域，就要使敌人看出对其有危害，我方设置障碍和困难，阻挠、妨害其行动。

　　因此，敌人休息的时候，就要想办法干扰他，使他不得休息而疲劳万分；敌人粮食充足的时候，就要想办法夺取他们的粮食，断其粮道，使他们饥饿；敌人驻扎安稳的时候，就要想办法让他们转移，处在动荡不安之中，站不稳脚跟。要向敌人来不及救援的地方出击，攻其必救；要向敌人预料不到的方向进军，出其不意。

　　部队行军千里而不感到疲劳，是因为所走的路线没有敌人的袭扰、阻碍；进攻而必然会成功，是因为进攻的地方是敌人没有设防、疏于防守或不容易防守、在我强大威慑下撤防的地方；防御而必然能够稳固，是因为防守之地易守难攻，敌人无法攻破，又被我所制造的虚假现象所迷惑，在我有充分准备的威慑下，敌人不敢来攻。所以，善于实施进攻作战的部队，使敌人不知如何防守，不知从何处设防，防不胜防；善于守势作战的部队，能使敌人不知如何进攻，不知从何处进攻，无从下手。

　　用兵之法真是微妙啊微妙！微妙到致使敌人看不到我军任何形迹；神奇啊神奇！神奇到致使敌人听不到我军行动的任何声息。如此高度保密，不露声色，敌人无法察觉，就会被搞得莫名其妙，我军却能左右敌人，成为敌人命运的主宰。

　　进攻时，使对方无法抵御、势不可挡的军队，是因为突击了对方防线的空档结合部等薄弱环节；撤退时，使对方无法追击、势不可赶的军队，是因为退得迅速，速度快到让对方追赶不上。所以，如果我军想要打，即使据守高垒深沟的敌人，也不得不被迫出来与我作战，方法是我军的进攻

虚实篇

点要打在敌人势在必救的地方；如果我军不愿与敌人作战，不必据守在高垒深沟中，只是就地划个界线守起来，敌人就不能同我作战，方法是诱使敌人转移其原定进攻方向，把敌人的进攻矛头引向其他国家。

所以，善于统兵作战的将帅，总是想方设法诱使敌人充分暴露行迹，察明敌人情况，而我军千方百计隐匿其真实意图，行动诡秘，深藏不露。这样，就可创造我军兵力得以集中到一地而敌军不得不分散兵力的有利战机。在敌我兵力均等的情况下，我军兵力能集中到一处，而敌人的兵力分散在十处，我则可用十倍于敌的兵力去攻击敌人一部。也就是说，在这一个点上，我军兵力众多，形成了绝对优势，而敌人兵力数量少，转处于劣势之中。这样，即使在总体上是我寡而敌众，但在局部上是我众而敌寡。我军在战争中能够集中优势兵力攻击劣势之敌，那么，与我军对阵之敌就将受到很大的制约，因为正面与我军作战的敌人兵力已经有限和少多了。

我军在战前所确定的作战方案一定要严格保密，使敌人不知道我军将进攻什么地方；敌人不知我军将要与其在什么地点交战，那么，就得多处设防。敌人需要防备的地方增多，那么，我军在每一个点上所要攻击的敌军兵力就相对减少了！敌人如此分兵把口，防备了前方，后方的兵力就会薄弱；防备了后方，前方的兵力就会减少；防备了左翼，右翼的兵力就会薄弱；防备了右翼，左翼的兵力就会薄弱；处处设防，则各处的兵力都会薄弱。我之兵力处于劣势的情况，是因为被动地去防备敌人；我之兵力处于优势的情况，是因为能调动敌人防备于我军。

所以，能够预料与敌人在什么地方打，了解作战地区的情况；能够预料与敌人在什么时间打，了解作战时日的情况，然后依据时、空的具体情况而妥善准备，就可以到千里之外去进行会战。如果事先不能预料与敌人交战的时间和地点，那么，在作战时就会左右、前后不能互相声援救助，左翼难救右翼，右翼也难救左翼，前锋不能救后卫，后卫也不能救前锋，更何况战场范围一般都在数十里，最近也在数里之间呢？

根据我的分析判断，目前越国的兵力虽然众多，但对于争取战争的胜利又能有什么补益呢？所以说，胜利是可以人为创造的。条件不是绝对的，而是可以转化的。敌人兵力虽然众多，可使其无法与我进行较量争斗。

所以，筹算敌情，认真分析判断，以便了解敌人计谋的得失；引诱挑逗敌军，以便了解敌人活动的规律；伪形示敌，观察敌阵形，以便了解敌人的生地和死地所在，所处地理条件的优劣；试探性地角斗一下，进行战斗侦察，以便了解敌人兵力分布的多寡及虚实之处。

军队伪装佯动做到最佳地步，隐蔽行动、制造假象达到了极点，就没有了行迹真象；没有了行迹真象，即使内部有深藏的间谍也窥探不到实情，再聪明的敌人也想不出好对策来对付。依据客观情况和敌情变化而确定我军应采取的作战态势，灵活作战，所采取的行动措施，高出于众人一等，众人就会看不透，即使把胜利的结局告诉众人，他们也不了解是怎样取得胜利的。

尽管众人知道我军所以胜敌的作战外部形式，用了哪些可以战胜敌人的作战方法；却不知道我军所以能克敌制胜的内部谋划奥妙所在，不知道我们为什么要采取这种作战方式，是怎样灵活运用这些作战方法的。取得战争胜利的条件总是在发展着，因此，每次战胜，都不是重复使用以往的战法，而是根据敌情适应不同的情况变化，战法也就变化无穷。

谈论起用兵之法，其规律可用流水作比喻：水的流势是绕避开高处而流向低处，作战的规律是避开强敌而击其虚弱。水因地形地势高低而制约着它奔流的方向，作战则根据敌情而制定相应的不同取胜战法。

用兵作战没有一成不变的态势，就像流水没有固定的形态一样。能够依据敌情变化而采取相应措施以夺取胜利的将帅，就叫作用兵如神。这就像五行——木、火、土、金、水这五种物质都没有固定不衰的优势，它们互相制约，互相依存，相生相克中没有哪一个能保持永恒常胜；春夏秋冬四季交替变化中，没有哪一个能保持固定不变的位置，总是依序更迭，互相接替换位；四季更替中，昼夜因季节变化有长有短；每月轮回中，月亮因自身的变化有圆有缺。由以上客观现象可见，世间万物没有恒久不改的模式，战争也是如此。

虚实篇

〖原句辨释〗

（一）对"故敌佚能劳之，饱能饥之，安能动之。出其所不趋，趋其所不意"之句的辨释

此句由五个短语组成。持不同观点的学者理解此句的主要分歧点在于断句上，即在"安能动之"后的"出其所不趋，趋其所不意"与前三短语

是因果关系,还是并列关系。

1. 并列关系。解释为:因此,敌人休息的时候,就要想办法干扰他,使他不能休息而疲劳;敌人粮食充足的时候,就要想办法夺取他的粮食,断其粮道,使他们饥饿;敌人驻扎安稳的时候,就要想办法让他们转移,处在动荡不安之中,站不稳脚跟。要向敌人来不及救援的地方出击,攻其必救;要向敌人预料不到的方向进军,出其不意。

2. 以选择我军出击方向为战役目的的因果关系。解释为:敌人想休息,我则设法使他们不能休息而疲劳;敌人粮食充足,我则设法使他们饥饿而不得温饱;敌人驻扎安稳,我则设法使他们转移而站不稳脚跟。之所以如此,是由于我出击了敌人必然来战的地方,兵锋快速指向了敌人意料不到的目标。

3. 以击敌援为战役目的的因果关系。解释为:所以,在战场上要使敌人疲劳而不得安逸,饥饿而不得温饱,躁动而不得安宁,是因为攻击了敌人必定前往的救援之处,出兵于敌人所不重视、不能救援的地方。

由以上分析可见,"出其所不趋,趋其所不意"句中的"出"显然是指己方之出兵,但两个"趋"字则可有不同理解。一般说来,前一个"趋"字是敌之所"趋",是敌人必然要到的地方;后一个"趋"字是己方所"趋",是己方在造成敌人所未察觉的形势下的出兵方向。如此理解,并对比综合以上各说,本书认为对整个句子还是取并列关系为佳。若把前三个短语中的"劳""饥""动"之果,归于是"出其所不趋,趋其所不意",则显得有些牵强。再者,联系下文的"攻守"之论,孙武在此当是更广阔地阐述了"虚实"问题,也即是本篇"以实击虚"的重点所在,敌"不趋""不意"正是我方所刻意营造的战场有利环境。

理解此句的分歧点还在于因为引用《孙子兵法》版本的不同。"故敌佚能劳之,饱能饥之,安能动之。出其所不趋,趋其所不意"引自宋本《十一家注孙子》,然而,银雀山出土竹简《孙子兵法》则有所不同,写作"故敌佚能劳之,饱能饥之者,出于其所必趋也"。较宋本少了"安能动之""趋其所不意",在"饱能饥之"后多了"者"字,明显差别是"出于其所必趋也"。简本全句的意思显然是强者的进攻方式:敌进我进。简本关于此句的意思在前后关系上明显有因果关系,可解释为:"所以,能使安逸休息中的敌人转入疲劳,能使粮足食饱的敌人陷入饥饿的将帅,是因为我军攻

击了敌人必定前来对战的地方。"唐赵蕤《长短经》中关于《孙子兵法》此句记作"攻其所必趋",《太平御览》中关于孙子兵法此句记作"出其所必趋也",均记作"所必趋",有"攻其必救"的意思。

宋本"出其所不趋"之"不"与简本"出于其所必趋"之"必",在意思上似乎截然不同。但是,如果把敌之所趋的目的放在为了救援上,"所不趋"可理解为我军应出击敌人无法救援的地方,即"攻其无救",论战的重点在于攻击固守据点之敌;而"所必趋"可理解为我军应出击敌人必定去救援的地方,即"攻其必救",论战的重点可理解为重在打援。两种截然不同的意见,如此理解则可取得大体上的统一。本书的意解即是在综合这两种意见的基础上,试图给以较准确的通俗解释。

(二)对"行千里而不劳者,行于无人之地也;攻而必取者,攻其所不守也;守而必固者,守其所不攻也"之句的辨释

此句中的行军、进攻、防守是军队作战的三种常态,孙武在此论说的是怎样行军、进攻、防守之法:行远而不疲劳,攻必取,守必固。但是,就此含义似乎很清楚易解的句子,在历代注释家笔下的理解却有差异。如孙武在此句所言"守其所不攻"中的"不攻",就可理解为:使敌人决策失误,没有计划到进攻我所防守的要点,而用兵于次要方向,所以"不攻";因为我之防守有充分准备,敌人见状,不敢来攻;敌人来攻了,却攻不下来。从原文字面看,对全句的解释,主要有以下三种:

1. 从敌方决策失误,疏于防备,兵力薄弱的角度理解。解释为:部队行军千里而不感到疲劳,是因为所走的路线没有敌人的袭扰、阻碍;进攻而必然会成功,因为进攻的是敌人不防守、疏于防守或不容易防守的地方;防御而必然能够稳固的,是因为敌人被我所制造的虚假现象所迷惑,敌人没有计划到出兵来进攻我实际防守的要点。

2. 从己方有准备的角度理解。解释为:行军千里而没有危险,是因为选择了在敌人虚懈无备之地行进;进攻敌人而必定取胜,是因为所攻之处是敌人无备之处;防守必定稳固,是因为所守之地是我有充分准备,敌人不敢来攻。

3. 在对"行军""进攻"之句解释上无大差异,重在理解"防守"之法上存在较大不同,并且反其义而理解。解释为:能使部队行军千里而不至

虚实篇

于劳顿，因为走的是没有敌人阻挠的路线；进攻敌人的阵地而必然能得手，因为攻击的是敌人没有设防或守兵薄弱的地方；防守作战能牢不可破，因为守的是敌人必将来进攻的要地，敌人来攻了，却攻不下来。

本书认为，把我军防守之地理解为是敌人必将来进攻的要地，与原句"守其所不攻"的本意不相符。这可能是因为持此种见解的注释者顾虑到：说始终没有遭到敌人攻击的我方阵地"固若金汤"，等于是白说。如此"坚守"敌人不攻之地，再说"必固"，就显得大言不惭，太没水平了。于是，在解释此句含意上来了一个反其道而行之，解释为守的是敌人必将来进攻的要地，方能使防守作战的阵线被敌攻破。从战场全局上来看，这种解释有其道理，守住敌人所不能攻下的要点，是固守全线的关键。但是，孙武在此句中是说的"守其所不攻"，并非是"守其所必攻"，因此，这种解释看似有道理，却并不符合孙子兵法原句的本意。

其实，"攻其不守，守其不攻"，正显示了军事谋略家以计谋胜敌的才华，是凭借强大的军事实力和智谋而退敌兵，应是将帅在战争中所追求的一种用兵高境界。这与孙武一向倡导的"不战而屈人之兵"思想也是一脉相承的，以强大的军事实力，迫敌在我攻击中不敢再守，在我防御中敌不敢来进攻，正是威慑战略在战争中的成功应用，可谓孙子兵法的精髓。

本书在综合以上各种解释的基础之上，根据孙武在本篇中重点讲"虚实"的特点，联系下文，将此句意解为：部队行军千里而不感到疲劳，是因为所走的路线没有敌人的袭扰、阻碍；进攻而必然会成功，是因为进攻的地方是敌人没有设防、疏于防守或不容易防守、在我强大威慑下撤防的地方；防御而必然能够稳固，是因为防守之地易守难攻，敌人无法攻破，又被我所制造的虚假现象所迷惑，在我有充分准备的威慑下，不敢来攻。

（三）对"故策之而知得失之计，作之而知动静之理，形之而知死生之地，角之而知有余不足之处"之句的辨释

根据全句字面之意，本书认为可做如下三种主要意解：

1. 重在图上作业推演，从检验本军作战方案是否符合实际情况、战斗力是否保证优于敌人的角度理解。解释为：所以，在战前要进行筹算，以便知道计谋的得失；进行预演，以便知道我军兵力部署用于进攻（动）和防守（静）的部队比例是否得当；在地图上布列阵势，以便发现地形是否

有利于我军的行动；模拟对抗演习，以便知道我军在实战中的兵力是否恰当，有余或不足。

2. 重在战前战场侦察，从检验本军作战方案是否符合实际情况、战斗力是否保证优于敌人的角度理解。解释为：所以，作战方案要策划得非常具体，根据战场实际情况，仔细分析预测战斗中可能会出现的各种情况，研究这些情况的得失和利弊；在正式交战前可设计先调动一下敌军，用来侦察了解敌人的动静规律；观察战场地形，看哪里能置敌人于死地，敌人会选择何处死里逃生；在大的战斗之前，可先进行小的较量，通过战斗侦察，来试探敌人在哪个方向上兵力强盛，占有优势，在哪个方向上兵力不足，处于劣势。

3. 从调动敌军、了解掌握敌情的角度理解。解释为：所以，筹算敌情，认真分析判断，以便了解敌人计谋的得失；引诱挑逗敌军，以便了解敌人活动的规律；伪形示敌，观察敌阵形，以便了解敌人的生地和死地所在，所处地理条件的优劣；试探性地角斗一下，进行战斗侦察，以便了解敌人兵力分布的多寡及虚实之处。

根据上句"越人""敌虽众"等语，本书对此句的意解采取的是最后一种解释，即从调动敌军、了解掌握敌情的角度，知敌之得失、动静、死生、有余或不足，这四个方面的敌情清楚了，就可放心地指挥部队跋涉千里之外而与敌人交战，稳操战争胜券。

〖专题解论〗

（一）争取战争主动权的要点是"致人而不致于人"

孙武在本篇中提出了"致人而不致于人"的思想，其实质就是要掌握战争的主动权。

主动与胜利在战争中犹如一对孪生兄弟，占有主动权对于战争的胜负至关重要。两军相争，其目的在于保存自己，消灭敌人，而要达到这一目的，就必须夺得战争的主动权。"一切战争的敌我双方，都力争在战场、战地、战区以至整个战争中的主动权，这种主动权即是军队的自由权。军队失掉了主动权，被逼处于被动地位，这个军队就不自由，就有被消灭或被打败的危险。"（《毛泽东选集·抗日游击战争的战略问题》）

孙武在本篇中指出："故善战者，致人而不致于人。"意思是说在双方交战中，高明的将帅要会调动敌人，而不被敌人调动。"调动"敌人，就意味着在战场上能成功地左右敌人，常使敌人处于左右为难的境地，直接或间接地听从我方的调遣。我方的军事活动，能自如地处于主动地位，这是争取胜利的基础保证。主动是自觉而能动的人类行为表现，但是，任何军事家都无法保证自己所处的战略地位始终处于优势，被对方逼到被动地位的事情也是常有的。关键是应力争一切条件，使自己由劣势或被动地位，转化为优势和主动。在孙武看来，战争的主动地位并非唾手可得，而是要通过主观能动性的发挥去争取。必须力争主动，避免被动。在未战之前，要"先处战地而待战"，做到先敌完成作战部署，先敌做好战斗准备，先敌休养整饬军队，形成以逸待劳、以严待懈之势。否则，就会丧失主动权，处于被动挨打的境地。孙武能在距今两千多年前看到主动权在战争中的重要性，是难能可贵的。

　　1. 利诱与胁迫是夺取战争主动权的两种常用方法。孙武指出："能使敌人自至者，利之也；能使敌人不得至者，害之也。故敌佚能劳之，饱能饥之，安能动之。出其所不趋，趋其所不意。"他认为，获得战场上的主动权可用这两种方法：一是利诱法，使敌人自己上钩，主动前来；二是胁迫法，使敌人虽然想来，但不敢来，不能来。交叉综合使用利诱与胁迫的手段，就能使安逸的敌军疲劳；使饱食的敌军饥饿；使安守营垒的敌军出巢作战。这样，就获得了战场上的主动权。

　　主动性的奥妙在"避实而击虚"的"虚实"二字上。孙武指出：出征兵锋一定要首先指向敌人的"虚"处，"出其所不趋，趋其所不意。行千里而不劳者，行于无人之地也"。意思是说，应出兵在敌人无法急救的地方，行军在敌人意料不到的地方。言外之意，我军行动在敌人不设防的虚处，所以进攻时，敌人无法抵御。退却时，敌人也无法追击。乘虚进军，使敌人无可还击，我军则可以获得攻、守、进、退的主动权。《十一家注孙子》张预解说道："致敌来战，则彼势常虚；不往赴战，则我势常实。此乃虚实彼我之术也。"

　　2. 攻击敌人虚弱而又关系全局的要害之处，是争得主动权的关键。孙武说："故我欲战，敌虽高垒深沟，不得不与我战者，攻其所必救也；我不欲战，画地而守之，敌不得与我战者，乖其所之也。"在这里需要重点指出

孙子兵书论解

的是孙武"攻其所必救"的作战指导思想。孙武认为调动敌人,疲惫敌人,使敌人由实变虚,由强变弱,在攻击目标的选择上,虚弱之处并不是唯一的条件,而且还必须是要害之点,是对消灭敌人具有决定意义的地方。因为虚弱而非要害,打击此处即使得手,但对全局却不发生作用;要害而非虚弱,若贸然打击此处,打不下来,于己反而不利。只有攻击敌人的虚弱而又是关乎全局的要害之处,才能牵一发而动全身,达到致敌劳、致敌乱、致敌虚、致敌于被动的目的。

3. 先下手为强,用迅速而突然的军事行动,在进退、攻守中保证主动性。兵贵神速,主动性进攻常表现在双方交战时,对出击时间、突然行动以及随机变化的反应上。在指挥战争的过程中,许多军事家都很欣赏突然性的军事行动。因为突然性的主动进攻或后退,常使敌人不知所措。突然进攻,敌人往往来不及组织抵抗;突然退却,敌人也常常不敢轻易追击,因为他们担心我方会采取声东击西的战术,以防备我方的用谋伏击。一般来说,采取突然性的军事行动,虽然不一定必然带来战争的胜利,但确实能为夺得胜利提供一些机会。

先发制人,后发制于人,是古往今来军事家所知的真理。三国时期,曹操在敌强己弱的劣势中,以主动性出兵的战略取得了官渡之战的历史性胜利,从而奠定了曹操在中国北方称雄的地位。由此可见,"先下手为强"的主动性原则并非是己方兵力处于优势时才可运用,即使在己方兵力处于劣势时,这项原则依然可行。第二次世界大战时的德国名将隆美尔在《步兵进攻》一书中说:"谁先开火,并能进行最猛烈的集火射击,谁就能取胜。"但是,战史也证明,以逸待劳、后发制人的成功战例不少,然而一旦时机不利,战场会发生不可控制的局面,我方后发制人的企图,也就不可能实现。因此,在知己知彼的原则下,看准时机,主动攻击是常用的有效战术。

虚实篇

孙武在掌握战争主动权方面的军事思想,深刻地揭示了战争的本质规律,具有普遍的指导意义,在后世兵家中产生了极大的影响。尉缭子说道:"善用兵者,能夺人而不夺于人。"(《尉缭子·战威第四》)鬼谷子指出:"事贵制人而不贵见制于人。制人者,握权也;见制于人者,制命也。"(《鬼谷子·谋篇第四》)《唐李问对》对孙武的这一思想更是给予了高度的评价,说兵法"千章万句,不出乎致人而不致于人而已"(《唐太宗李卫公问对》卷中)。

(二)解读"示形诱敌"的奥妙所在

孙武在本篇中提出了著名的"示形"理论,这是关于我方军事行动隐藏或暴露于敌人的一种战术运用。示形诱敌的依据是军事预测,只有预知敌人的全部行动,才能决策我方的"示形"方式。孙武要求我方在开战之前首先要"知战之地,知战之日",然后"可千里而会战"。如果不知交战的地点、时间,就会发生援助困难、信息不通等现象。

1. 高度保守军事机密是"无形"的重要保证

双方交战时,应使敌人无从下手。善攻的将帅,会使敌方不知道怎样防守;善守的将帅,会使敌人不知道如何进攻。这就要求军事行动在事先要高度保密,我军各种活动信息都不能让敌人知道。只有如此,我方才可以主动地驾驭敌人,以我军之实,攻击其"虚"处。敌人因不知我军的用兵、行动信息,无所防范,必败无疑。为此,孙武认为,军队以高度机密的形式运动,应是神乎其神,微妙到无声无形,使敌人无所察觉,才是高明的用兵。他说:"形兵之极,至于无形;无形,则深间不能窥,智者不能谋。"这就是说,在战争中,我方军事活动,包括兵员运动、资源储备、武器装备等都应该高度保密,保密到使敌人无形可窥,即是全方面地封锁各种信息,使敌军无计可施。

2. 制造假象,故意"示形"于敌

军队进行战争,必须保密,藏意隐形,全面封闭我军的各种信息是最好办法。但是,不露蛛丝马迹在事实上往往不可能做到。大军出征必有动静,不可能不露出声响和踪迹,军队只要一出动于战场,就不可能无形,但其总要求应是一定要力争隐形。孙武认为,"形兵之极"的办法,应是进行广泛的伪装行动,把真形隐蔽在其中,使敌人看不透何处是真,何处是假,达到"无形"的地步。所以,孙武"故形兵之极,至于无形"并非是说我方的军事行动一点形迹也不露,而是以变化多端之法,有时还要特意外露一些信息,让敌人看到我方行动的某些迹象,以挑逗、蒙蔽、欺骗敌人。与此同时,通过小试角力的接触,也侦察了敌方的真实情况。这即是所谓示形诱敌。

当然,关于我方军事行动是要隐藏,还是要公开暴露,"示形"到多少为恰当？这在根本上取决于敌我双方的实际情况和战况。"示形"过度，则会暴露我军真实意图，这是应避免的；"示形"不到位，则达不到调动敌人的目的，调兵遣将等于白忙活。一般说来，在情况纷乱变化之中，最好使敌人不能断定真假虚实，从而无法迅速举兵为"示形"最佳点。因为敌军不敢轻易行动，我方则必然会赢得时间，也就获得了战场主动权。

3. 示形诱敌，是综合性的军事实践

示形诱敌，有谋策，有挑逗，有侦察，有利诱，有试探，有比较，而后把握敌情，做出正确判断。孙武说："故策之而知得失之计，作之而知动静之理，形之而知死生之地，角之而知有余不足之处。"由此可见，孙武在这里提倡的示形诱敌并非孤立行为，还需要"策之"，即分析判断后，以求明了敌人作战部署的优劣；需要"作之"，即挑动敌人，观察其反应，以了解敌人的作战方针；需要"形之"，即以假象诱敌，进一步探知敌情乃至敌军地形利弊及战场部署；需要"角之"，即用试探性进攻进行战斗侦察，更贴近实际地把握敌军兵力的虚实。

示形诱敌，重点在"诱"字上。要"诱"出敌军虚实，同时，严防敌方通过我方诱敌行动，探得我方虚实。应充分发挥主观能动作用，尽力隐蔽行动意图，调动敌人产生错觉与不意，突然地以实击虚，迅速取得战果。所以说，示形诱敌的本质还是掌握我军在战场上的主动权。

4. 每次作战所使用的"示形"胜敌战法，从来都不会重复

战争内蕴着无尽的复杂因素，是一门难以穷尽的特殊艺术，孙武的"战胜不复"理论就是揭示这一真理的。他认为，一个成功的将帅，应会驾驭所谓的规则与模式，绝不局限于某些规则与模式。每一次战斗都是独特的，从战斗需要出发而采取的"示形"术，绝不会重复前人的模式。战略家丘吉尔在《论马尔博罗》一书中写道："最容易通向惨败之路的，莫过于模仿以往英雄们的计划，把它用于新的情况中。"由此可见，战争中的"战术"应用，必然要依战局而决定，"示形"为战术中的一术，必然要于"无穷"中发展自我。

5. 示形诱敌，变化无穷

战争中，我军千方百计地探知敌情，同样，敌方也千方百计地探知我情。我方若想事事都强过敌人，胜算过敌人，实际上很难全部如愿。在战争中，最重要的一点是，不要把敌人估计得过低，因此要时刻不忘侦察，

时刻不忘"示形",时刻不忘诱敌。当"示形于无穷"时,即使是敌人再精明的间谍也无法探知我军实情,因为我军的谋划在时刻变化中。所以说,最高明的示形法,应是根据敌情变化,灵活运用战法,因时、因地、因人、因物而时刻变化。孙武认为:"人皆知我所以胜之形,而莫知吾所以制胜之形。"这是说在双方交战中,"应形于无穷"的示形法,是使众人(包括敌人)在目睹双方胜负的现实中,只知胜方"示形诱敌"取得胜利的一般战法和现实战果,而不知道其中的奥妙,也即不知道胜方是如何运用"示形"术取胜的。在众人对于我方的示形战术处于知其然而不知其所以然的状态时,我方越发占有主动权,获胜的希望也越大。这是成功运用"示形法"战术的极致。

6. 孙武"示形诱敌"思想是军事侦察学的原始理论之一

孙武的"示形诱敌"思想,基本概括了古代军事侦察的主要内容,奠基了军事侦察学。现代军事科学要求指挥官必须使用一切可能调动的侦察手段,对敌人的军事活动迹象进行侦察,甚至用特派人员潜入敌之心腹,查明敌人的一切部署,包括地形地貌、交通道路、兵员实力、作战计划等。然后将侦察材料去粗取精、去伪存真、由此及彼、由表及里地加工,才能在综合我方战情的前提下,决策作战计划。从孙武在本篇中所阐述的"示形诱敌"思想,可见其军事侦察理论框架已经构架成型。孙武在《用间篇》中还进一步明示军事家:"故三军之事,莫亲于间,赏莫厚于间,事莫密于间。"在其他篇目中,孙武对军事侦察也做了不同程度的论述。军事侦察是一门综合科学,发展到现在,理论已经相当完备,技艺已经相当高超,可说是聚集了当代尖端科学之精华。但追本溯源,孙武的"示形诱敌"可谓是军事侦察学的重要源头。

(三)解读"兵形像水"的精要所在

兵形像水,是孙武对用兵规律的形象概括之一。在人们的习惯思维中,兵刚水柔,可孙武在此则把这两个看似矛盾的事物联系到了一起。他在本篇末以诗情画意般的笔调生动地比喻道:"夫兵形像水,水之形避高而趋下;兵之形,避实而击虚。水因地而制流,兵因敌而制胜。"他在这里形象地以水势说明用兵的规律:水流有固定的趋势,受地形制约,避高而趋下;水流没有固定的形状,变化无常。用兵也有固定的趋势,要避实而击虚;

用兵又无固定的规则，要因敌情而变化。

1. 兵形像水，揭示了作战指挥需要灵活机动的本质

兵形像水，其实质是要求指挥员必须根据千变万化的敌情特点，发挥主观能动性，灵活运用战法。因为"兵无常势，水无常形"，优秀的指挥员能因事、因人、因时、因地而采取灵活机动的战术原则。特别是由于"虚"与"实"不可捉摸的可变性，使军事上没有固定的态势，也没有不变的作战方式，只有那些能够"因敌变化而取胜者，谓之神"，由此也足见灵活应战的重要性。

指挥的灵活性，要有明确的目的。在变换战术时，要以取得最后胜利为目的。打得赢就打，打不赢就走，灵活用兵，不怕暂时的失败和一时的损失。灵活作战本身不是目的，只是达到胜利目的的手段。消灭敌人的有生力量，最终取得胜利才是进行战争的目的。

古代名将岳飞有一句名言："阵而后战，兵法之常；运用之妙，存乎一心。"（《宋史》卷三百六十五《岳飞传》）毛泽东高度地评价了这句话，他说："古人所谓'运用之妙，存乎一心'，这个'妙'，我们叫作灵活性"。"灵活，是聪明的指挥员，基于客观情况，'审时度势'（这个势，包括敌势、我势、地势等项）而采取及时的和恰当的处置方法的一种才能，即是所谓'运用之妙'。"（《毛泽东选集·论持久战》）指挥战争，本无常规，战场形势千变万化，正如流水一样，军情永远处于变化之中，战争决策也应处于应变之中。

2. 因敌情而应变，是"兵形像水"的精要所在

孙武认为，世界上的事物没有不发生变化的，他在本篇末特别举例说："五行无常胜，四时无常位，日有长短，月有死生。"战争更是一个不断发展变化的动态事物，它既无一成不变的情况，也无固定的行动模式。在敌我双方的作战中，谁能从侦察了解、分析研究敌情出发，灵活善变，不断地更新自己的战法和手段，谁就能取得优势和主动。

《孙子兵法》论"变"，主要包括主动变化和因敌应变两个方面。"主动变化"突出体现在《兵势篇》"奇正相生""出奇制胜"等原则之中，根本要求是正确地使用兵力和灵活地变换战术，这在本书前篇中已有论述。孙武的"因敌应变"即重点突出在本篇中，中心思想是"水因地而制流，兵因敌而制胜"，即是说随着敌情的变化而应变，既不墨守成规，也不局限于

自己成功的经验,"故其战胜不复,而应形于无穷"。

孙武强调,用兵制胜的根本原则就是要根据战场上的实际情况,避敌之强而击其虚弱。所以,在制订作战方案时,要根据敌情的特点,制定出有针对性的战法,而不能机械地搬用老一套。即使作战方案已经确定,也不是一成不变的,而要随着变化了的敌情加以修改、变化。孙武把敌变我变、灵活机动,看作克敌制胜的奥妙所在,赞叹"能因敌变化而取胜者,谓之神"。

(四)解读"形人而我无形"与集中优势兵力

孙武在本篇中说:"故形人而我无形,则我专而敌分。""形人",是用伪装和佯动的办法欺骗敌人,调动敌人,诱使和逼迫敌人暴露其形迹和意图,使其现出原形;"无形",则是指己方军队的行动隐秘,不显露自己的形迹和意图,使敌人不知虚实,捉摸不定。如此,我军就可以集中优势兵力,进攻分散暴露企图的敌人。这实际上是孙武用伪装和佯动的手段隐蔽自己,诱敌暴露,进而达到以众击寡、出奇制胜的一种作战指导理论。

1. "形人"的目的在于"知敌"

对于敌人,要全面地察知其企图和行动,得知其虚实。而要达到这一点,首先要"知战之日,知战之地",预先知道交战的时间和地点,做到前后能相应,左右能相救。《十一家注孙子》王晳说:"必先知地利敌情,然后以兵法之度量,计其远近,知其空虚,审敌趣应之所及战期也。如是,则虽千里可会战而破敌矣。"那么,如何"知战之日,知战之地"呢?孙武认为应采取"作""形""计""角"四法对敌情加以侦察。即挑动敌人以了解敌人的行动规律,伪形示敌以了解敌人所处地形条件的优劣,筹算敌情以了解敌人计谋的得失,进行小规模的战斗以了解敌人兵力的虚实。这样,通过全面地了解掌握敌情,深知敌人的虚实,"故能为敌司命",从容调动敌人,左右其行动。

2. 隐蔽我方企图于"无形",是集中优势兵力达到以众击寡目的的重要一环

"形人"是孙武"形人而无形"思想的一个方面,另一方面则在于隐蔽我方企图于"无形"。大家知道,集中优势兵力打击敌人,是用兵制胜的重要原则之一。但是,优势兵力并不是固有的,而是靠灵活地指挥、巧妙地

运兵来形成的。客观上具有众多的兵力，当然是胜利的有利条件；但如果全局上不具备这种优势，这就要靠指挥员发挥主观能动性，通过伪装和佯动的手段去创造。要通过对敌我双方兵力的调动和支配而形成局部上的优势，并将其逐步转化成总体上的优势。对我方来说，一切决策和行动都要严守机密，隐蔽自己，不让敌人察明自己的企图，以达到"无形""无声"的程度，不露一点迹象，如此则隐藏再深的间谍也窥探不到实情，智慧再高的敌人也判别不明真象、想不出对策。敌人"不知所守""不知所攻"，难以确定具体的作战地点和攻击方向，那么他们就会在许多地方设防戒备，不得不分散兵力。

孙武认为，战争中兵力运用上的一个基本规律是：兵力总觉得不足的部队，多是因为被迫分兵防御，处处防备敌人；兵力充裕的部队，多是因为能迫使敌人分兵防御，到处分兵防备自己。"敌所备者多，则吾所战者寡矣。故备前则后寡，备后则前寡，备左则右寡，备右则左寡，无所不备，则无所不寡"。这样，即使敌我兵力相当，也会因"我专为一，敌分为十"，而达到"以十击一"的目的，敌人兵力再多也无用武之地。否则，我方兵力再多再强也无益于取胜。

（五）"我专而敌分"是集中兵力战法的经典性表述

举凡中外军事家成功的战例，常可见其指挥作战的奥妙之一在于每战必集中优势兵力。反之，那些失败一方的教训恰好是分散了兵力。马克思曾讲："根据一般的作战原则，兵力远居于劣势的军队，如果不设法集中自己分散的队伍……那么这只能使敌人毫不费劲地就把它们消灭掉。"一般说来，设法用以大吃小的办法击败对方是中外军事家使用的常规法则。在综合敌我双方兵力、地形、战略资源等许多因素后，运用示形诱敌，出其不意的、避实击虚的战术，必然会产生千变万化的多方优势组合，于是就可以运用"以十攻其一"的数量优势去确保战役的胜利。

孙武在本篇中强调己方兵力集中的同时，特别指出：集中兵力的战法，包含有"我专而敌分"两个方面，"故善战者，致人而不致于人"。要善于在战场上欺骗敌人，诱使其暴露企图，而自己不露形迹，使敌捉摸不定。我方兵力集中于一处，敌人兵力分散于十处，这样，就能以十倍于敌的兵力打击敌人，造成我众敌寡的有利态势，以利"以众击寡"。因此，我方兵力的集中和迫使敌方兵力的分散，在集中兵力战法中是同一意义的，是同一个问题的两个方面，都不容忽视。

孙武详细论述了迫使敌人分散的方法主要有：使敌人不知道我进攻的方向，这时的敌人就要处处防备，敌人防备的地方越多，兵力就越分散。如此，我所直接攻击的敌人就不多了。所以，敌若处处防备，就处处兵力薄弱。兵力之所以少，是由于处处防备的结果；兵力之所以多，是由于迫使敌人分兵防我的结果。故敌人兵力虽多，也可以使其兵力分散而无法用全部力量与我交战。"所谓古之善用兵者，能使敌人前后不相及，众寡不相恃，贵贱不相救，上下不相收，卒离而不集，兵合而不齐。"（《九地篇》）这也就达到了我方集中兵力的目的。孙武还强调指出，集中优势兵力攻击敌人的薄弱之点，要从分析敌情出发，要随着形势的变化而变化，因为战争过程中的虚实、众寡、强弱、攻守等关系都处在急剧变化之中。

古今中外许多军事家都充分肯定了集中优势兵力作战的科学性。认为"兵散则势弱，聚则势强，兵家之常情也""兵之贵合也，合则势张，合则力强，合则气旺，合则心坚"。集中兵力，所形成的数量上的优势，在任何条件下，都应该尽力争取。把力量集中一处，就会形成一种相对优势，这种数量优势无论在战略上还是在战术上都是普遍制胜的原因。

孙膑充实和丰富了孙武这一思想。他在同齐威王、田忌的问对中，明确提到寡可以胜众、弱可以胜强的地方不下十处之多，其中主要的胜敌方法就是"我专而敌分"。他说："营而离之（迷惑和分散敌人），我并卒而击之（厚集兵力以打击敌人），毋令敌知之。然而不离（敌人不分散兵力时），按而止（我方就按兵不动）。"并指出："能分人之兵，能按人之兵"，则兵力虽如锱铢之少，也显得有余；如果"不能分人之兵，不能按人之兵，数倍而不足"。把分散敌人兵力提高到了和己方集中兵力同样重要的地位。

由此，孙膑运用"我专而敌分"的作战思想，曾创造出了著名的"围魏救赵"战例。古兵书《三十六计》曾为此注文："共敌不如分敌，敌阳不如敌阴"。讲的即是打集中的强敌，不如把它调动分散以后再打的道理。公元前354年，魏、赵两国交战，赵衰魏疲。这时，齐国应赵国的求救，派大将田忌和军师孙膑率兵8万救赵。田忌准备把主攻方向放在魏赵两军厮杀正烈的邯郸，孙膑却决定要避实击虚，建议田忌带兵直趋魏国国都大梁。这时魏国的精锐部队都集中在赵国，内部空虚，它必然放下赵国回师自救，分兵于各方,强兵也就变弱了。田忌采纳了孙膑的策略,伏兵于魏军回师的必经途中,在桂陵以优势兵力大败魏军,赵国之围遂解。齐魏桂陵之战,以用兵巧妙闻名于世。

毛泽东发扬光大了孙武用兵之法,把集中优势兵力以求全歼与速决看作战胜敌人的重要军事原则。"力戒轻敌,每战必须集结全力,打敌一点,以期必胜。"在中国20世纪30年代的抗日战争中,毛泽东在确立当年的战略战术原则时针对中国兵弱势劣的现状,特别指出:"我们的战略是'以一当十',我们的战术是'以十当一',这是我们制胜敌人的根本法则之一。""以一当十"的战略原则,大大鼓舞了民族士气,激励了中国人民勇于胜敌的决心;"以十当一"的战术原则,则确保了中国抗日武装在作战中歼灭敌人有生力量,保证每战必胜,积小胜为大胜。

孙武"我专而敌分"的论断,是集中兵力战法的经典性表述。这一谋略思想,在古今中外战史上导演出了不知多少像"围魏救赵"式的光辉战例。孙武用简洁、鲜明的语言,指明了战争指导者集中用兵与分散用兵之间的关系,揭示了指导战争的普遍规律。这一论断,堪称《孙子兵法》中的精华。

〖经典战例〗

桂陵之战——围魏救赵,避实击虚

桂陵之战,发生在公元前354至前353年(中国古代战国中期周显王十五年至十六年),是齐国攻击魏国以援救赵国而在桂陵(今山东菏泽北,一说今河南新乡市长垣县张三寨乡北部大岗村一带)大败魏军的一次著名阻击战役。当时,魏军围攻赵都邯郸,赵国向齐国求救。齐王命令田忌、孙膑率军援救。孙膑认为魏军以精锐攻赵,国内空虚,遂引兵攻魏都大梁(今河南开封)。果然诱使魏将庞涓赶回应战。孙膑又在桂陵伏袭,大败魏军,生擒庞涓。桂陵战役中所使用的"围魏救赵""避实击虚""攻其所必救""我专而敌分"的战法,被历代军事家所推崇。

战国七雄魏先崛起　齐国争霸诸国抗魏

公元前453年，赵、魏、韩三国灭掉晋国执政的智氏，在三家分晋的过程中，魏国瓜分到了今晋南原晋国的绝大部分领土，成为战国前期政治舞台上最为活跃的新兴势力。魏国作为三晋联盟的领袖，一改春秋末叶晋国衰落不振的颓势，在战国七雄中率先崛起。

公元前445年，魏文侯即位，任用李悝、吴起、西门豹等贤能之士，在军事、政治、经济上进行了一系列改革，广泛招揽人才，依靠新兴的"士"阶层进行统治，注意发展生产，兴修水利，并频频击败齐、秦、楚等大国，迅速向四邻扩张，拓展疆土，一跃而成为战国初期最强盛的头等强国。

公元前396年，魏惠王（子罃）继位，他继承文侯、武侯的霸业，积极向外扩张，战功显赫。迁都大梁后，邻近诸侯多来听命，甚至"乘夏车，称夏王，朝为天子，天下皆从"（《战国策·秦策四》），一度形成称霸中原的局面。一时魏国不可一世，大有君临天下之势，使魏国的霸业上升到顶点，以致东方的齐国，也要依赖魏国的帮助，才能成为合法的诸侯。但是，由于连年的征战，魏国也感国力不济，于是改变对外战略，积极联络齐、韩、秦三国，专意对付近邻赵国。此时，齐国为了争雄中原，正极力拉拢韩、赵以对抗魏国。

各国积聚的矛盾在不断地发生变化和激化，向着非战争不可解决的方向发展。特别是魏国的勃兴和称霸，直接威胁着其他国家的利益，因而也引起了其他诸侯的戒备、恐惧和忌恨。此时东方的齐国，虽然靠魏武侯的帮助列为诸侯，但齐国毕竟是一个传统大国，不甘依附于魏国，在魏惠王时期，就同魏国频繁发生军事冲突。公元前367年（魏惠王三年），"齐败我观（今河南清丰县西南）"（《史记·卷四十四·魏世家》《史记·卷六·秦始皇本纪》）。魏惠王曾与齐国国君桓公午相约会盟，而"田侯牟背之"（《庄子·则阳》）。齐国在东方以大国的身份，拉拢、挟制周围的一些中小国家，结成了自己的势力集团。公元前361年（魏惠王九年）陈侯午镦铭说，"佳十又四年，陈侯午台（以）群诸侯献金，作皇妣孝太妃祭器"（陈侯午即田齐桓公午）。齐国对淮泗间的小诸侯国开始收取一些贡物，表明齐国与魏国的霸业发生了竞争。尔后，齐国在威王（前356—前320在位）时，任用邹忌为相，使贤任能，改革吏治，强化中央集权，进行国防建设，国势日渐强大，使齐国"最强于诸侯"（《史记·卷四十六·田敬仲完世家》）。因推行改革迅速强大起来的齐国，不甘心受制于魏国，于是不断与魏国发生冲突。

这时，不仅是位于魏国东面的齐国成为强国，位于西面的秦国、南面的楚国也相继转强，而魏惠王这时又不能团结近邻韩国、赵国共同对敌，所以陷入四面受敌的境地，在对外战争中接连告输。在魏惠王即位的最初十几年，魏为与秦国争夺河西，先后交战六次。公元前362年（周显王七年）魏再与韩、赵联军冲突。公元前356年，赵成侯在平陆（今山东汶上）和齐威王、宋桓侯相会以示友好，并与燕文公在阿（今河南南阳北）会盟。由此，魏国开始有被诸侯国联合进攻的可能，因此魏国欲找机会突破，以解除这个危机，摆脱困境。当时齐、魏之间的矛盾最为尖锐，而齐国的强大，使齐、魏之间的冲突日趋加剧。为继续发展魏文侯的霸业，魏惠王恃其强大武力，采取先制服赵国韩国、再图争霸中原的战略方针，于公元前353年发动了攻赵之战。

魏赵交战邯郸告急　齐国出兵救援赵国

战国中期，齐、魏、燕、赵、韩、楚、秦七雄并立，征战频繁。

魏赵交战的导火索燃起在公元前354年，赵国在齐国的支持下向依附于魏国的卫国动武，夺取漆及富丘两地，迫使卫国屈服称臣。这使称霸的魏国更加感到威胁，大为恼火，因为卫是魏国的保护国，魏国对赵攻卫无法坐视不理，更不容许赵国染指地区霸权，于是魏国借机以保护卫国为名，立即联合宋国出兵助卫反攻，希望一举歼灭赵国，以解除被诸国包围之困局。

魏惠王派大将军庞涓率军八万，围攻赵国都城邯郸（今河北邯郸），魏、卫、宋三国联军攻势甚猛，赵国势力单薄，只好闭门防守。赵国与齐国是同盟关系，在眼看就要支撑不住时，急忙派人向齐国求救。也就在这时，其他诸侯国也在趁乱对魏打劫。秦国乘魏军围攻邯郸、主力不在国内之机，在元里（今陕西澄城县南）打败魏军，攻占了魏的少梁（今陕西韩城市西南），楚宣王也派景谷为将率兵救赵，攻夺了魏国睢水、浍水之间的地区，魏国在这场战争中被围攻的危险反而变得更大。

这时，齐威王也正欲向外扩张，在得到赵国被围求援的信后，更是求之不得，准备立即出兵。他召集大臣商议，但在其间产生了很大的争论，齐相邹忌就主张不救，而将军段干朋则主张救援，说"不救则不义，且不利"（《史记·卷四十六·田敬仲完世家》），并主张延迟出兵，以"承魏之弊"为战略方针，即是先以少量的兵力向南攻击魏国平陵（今河南睢县），以制造假象，可以表示助赵，又可以牵制和疲惫魏国。待魏军攻陷邯郸，魏、赵双方均已筋疲力尽无力再战之时，再攻魏救赵，给予魏军正面的猛烈攻击。齐威王接受了这个提议，派兵联合宋、卫会攻魏国平陵。魏国围攻邯郸相持一年多，于公元前353年城将克时，齐威王见疲魏的目的已经达到，遂委任田忌为主将，孙膑为军师，率领齐军八万精兵驰援救赵。

在桂陵之战的两军对垒中，魏齐主将庞涓、孙膑恰好是同门师兄师弟。孙膑是兵圣孙武的后代，出生于齐国。史书记载，"膑生阿鄄之间，膑亦孙武之后世子孙也"（《史记·卷六十五·孙子吴起列传》），因曾受膑刑（去掉膝盖骨），故世人称之为孙膑。其生卒年月史无记载，主要活动于齐威王、齐宣王在位期间（前356年－301年），著有《孙膑兵法》，是战国中期杰出的军事理论家和军事谋略家。孙膑与庞涓同为鬼谷子的学生，共学兵法。庞涓是魏国人，其出生地、出生年月史无记载，主要活动于魏惠王在位期间（前370－前343），是战国中期魏国的主要将领。鬼谷子作为一个世外隐者，其对入室弟子的品格要求是十分严格的，当庞、孙二人同拜鬼谷子为师的时候，鬼谷子认为庞涓心高气傲、心胸狭隘，在传授兵法时对庞涓有所保留；对孙膑鬼谷子却青睐有加，倾囊相传，使孙膑比庞涓晚出师三年。老师的这种不公正待遇，使庞涓对孙膑大起嫉妒之心。

庞涓早于孙膑出师，先一步在魏国任将军，他欲得到孙膑独有的世传兵书，尤其嫉妒孙膑的才学，怕日后孙膑超过自己，用甜言蜜语设法把孙膑骗至魏国，说要富贵共享，骗孙膑交出世传兵书。孙膑誓死不从，庞涓使用伎俩加罪诬陷孙膑，借故处以膑刑，欲使其足不能出户，长期囚禁，再也不能领兵打仗，妄留世传兵书。孙膑为保世传兵书，装疯卖傻，整日与猪同食、同住，胡言乱语以麻痹庞涓。当庞涓警惕性下降，放松了对他的看管时，孙膑利用机会，联络前来的齐国使者，最终得以保全性命。后在齐国使者的帮助下，千方百计逃回齐国，被齐威王重用，成为齐国统治集团的著名智囊人物。孙膑的这种"隐忍"的性格和"小不忍则乱大谋"的思想，为他日后的"名扬于诸侯"奠定了基础。孙膑一生的功绩主要是辅佐田忌,在桂陵、马陵两次大战中,大败魏军,创造了"围魏救赵""减灶诱敌"两种战法的成功范例,为齐国的霸业奠定了基础,因之名扬天下。

孙膑谋划批亢捣虚　疾走大梁围魏救赵

在田忌、孙膑奉命率领齐军驰援救赵之时,魏、赵相持已经一年有余,魏军实力已经大损。初时田忌欲率兵直赴邯郸,与魏军主力决战,解邯郸之围。应该说,这时的孙膑也终于得到一个向庞涓复仇的机会,但他并没有急于与庞涓在邯郸战场上相见。针对齐、魏两军的形势,孙膑认为直出邯郸不利于齐军,他建议田忌放弃在邯郸与魏军决战的计划,不如趁魏军精锐在外、国内兵力空虚之际,"批亢捣虚""疾走大梁""居其街路,冲其方虚",迫使远在异国的魏军"释赵而自救"(《史记·卷六十五·孙子吴起列传》)。即大军不北上直接救赵,而是直捣魏国国都,等庞涓回兵救援时,再在中途予以截击,这样既救了赵国,又能给魏国以沉重打击,一举两得。孙膑为此解释说:"要解开一团纷乱的丝线,不能用手硬拉硬扯。派兵解围的道理也是一样。就是撇开强点,攻击弱点,冲其要害,攻其所必救,使敌人感到形势不利,出现后顾之忧,自然也就解围了。"后人称这一战法为"围魏救赵"之计。

田忌采纳了孙膑"批亢捣虚"围魏救赵的计谋,以一部兵力南下,同时分少量步兵随车兵而进,麻痹敌人,联合宋、卫军围攻位于大梁东南的魏国军事重镇平陵,显示齐军已攻魏救赵,坚定赵国抗魏的决心;主力大军则分路跟进,进至平陵附近集结待命,并将主力隐蔽,显现兵力单薄的假象。齐军转兵进入魏国后,孙膑又建议田忌首先派不懂军事的齐城、高唐两位都邑大夫率兵一部去强攻平陵城,结果两将军在中途被魏军打败战死。平陵城本来不易攻取,南有宋,北有卫,中途有魏国的市丘,攻城齐军有粮道被切断的危险,而齐军偏偏选择这颗钉子来拔,目的是向魏军示疑,给魏军造成齐将"不知事"的假象,起到了疑敌的作用。庞涓不知是计,却认为齐军战斗力弱,不堪一击,不足为虑,而齐军攻打平陵的行动并不坚决,庞涓也误认为齐军指挥无能,所以并不急于回救平陵,继续竭尽全力攻克邯郸,齐军由此成功隐蔽了尔后进军大梁的企图。

孙膑用兵布阵的时机掌握得恰到火候。等到邯郸城破,魏军损兵折将急需休整时,他才建议田忌率齐军挥师直捣魏都大梁,"以怒其气",并"示之寡"(《孙膑兵法·擒庞涓篇》),逼魏惠王十万火急地命令庞涓统兵回救，以达到"我专而敌分"的战役目的。大梁是魏国政治、经济、文化中心，是国都，魏军不得不救。在此危急存亡之际，虽然邯郸城已攻破，主帅庞涓接令后还是不得不分兵，以少数兵力留守控制历尽艰辛刚刚攻克的邯郸，急忙抛弃辎重，昼夜兼程回师，率主力回救大梁。庞涓接连中计，他一时被胜赵之余威冲昏头脑，震怒而轻敌，他见齐军的部署大不以为然，途中还亲率轻兵奔袭齐军。田忌、孙膑料定魏军回师必经桂陵，即率齐军主力先期到达该地布阵设伏，以逸待劳，迎击魏军。

魏军由于长期在外作战，经过征讨赵国的作战和长途跋涉已是强弩之末，疲态毕露，再加以回援中长途跋涉之急速行军，士卒皆疲惫不堪，战意大降。这时齐军已把精锐主力埋伏于桂陵丘岗之间。当魏军进至桂陵时，突遭休整良好、士气旺盛的齐军截击。两军一交战，魏军顿时陷入困境，仓卒应战，伤亡过半，丢弃车辆、军资无数，招致惨重失败。

齐军伏击并全歼了魏军庞涓所部，生俘庞涓。此时孙膑并没有斩杀庞涓以报自己被其迫害致残的深仇，而是念及昔日同窗共习兵法之谊，将其放回魏国。这虽然违背了《孙子兵法》中"覆军杀将"方是全胜的歼灭战思想，但从中充分体现了孙膑宽宏大量的大将风度，这在当时是十分难能可贵的。至此，赵国之围解除，邯郸亦失而复得。

桂陵之战以魏军大败告终，魏国延续一年多的灭赵之战亦功亏一篑。魏国为了扭转局势，在公元前352年与韩国结盟，合攻仍在包围平陵城的齐军，齐军在此战中被打败，齐威王于是收兵，并请楚国调停。而秦军则乘魏、齐对战之际偷袭魏国，魏国因为秦国偷袭，也只好与齐国签署和约。风云激荡中，公元前351年，魏国把邯郸归还赵国，齐魏战争暂告结束。但过了不久，公元前342年，齐魏之间更为著名的马陵之战打响，齐国在该战中决定性地战胜魏国，直到那时，齐国才真正取代了魏国的霸主地位。

[点评]

（一）齐军胜利的主要原因：

1. 齐国战略方针正确。战国中期，魏国的实力要胜过齐国一筹，其军队也比齐军强大，荀子说过"齐之技击不可遇魏之武卒"，然而齐军终竟在桂陵之战中重创了魏军。根本原因就是齐国在战略上抓住了有利时机，适宜地表示了救赵的意向，从而使赵国坚定了抵抗魏军的决心，拖住了魏军。

齐国及时对次要的平陵方向实施佯攻，使魏军陷入多线作战的被动处境，同时正确把握住魏、赵双方精疲力竭的有利时机，果断出击。孙膑以"必攻不守"作为战略指导思想，不仅对力量相当或处于优势地位的作战一方，提供了迅速获得胜利的可能性，而且也对力量处于劣势地位的作战一方，提供了夺取胜利的可能性。通过"南攻平陵，西驰梁郊"的"围魏救赵"兵力机动，正确选择进攻目标，避实击虚，调动敌人，从而改变形势，取得主动，使优势易位，战略形势立即为之一变。庞涓被迫回救，形成被动；齐军桂陵截击，掌握主动，主客易势，以逸待劳，结果一战而胜。

2. 孙膑作战指挥高明。战前，齐威王曾想任命孙膑为主帅，但孙膑以"身残"为由推辞，而给田忌当军师。他知道自己任主将势必会引起庞涓的警惕，而让田忌为将则能让庞涓麻痹大意，使自己的伏兵之计为庞涓所不备。当战中庞涓率部被伏击，看见齐军中有"孙"字军旗，才知道自己是中了孙膑的诡计。

孙膑冷静正确地分析了当时战场的形势，认为直接出兵攻打魏军，并不能造成魏国较大的损失，而围魏救赵则可以一箭双雕，提出了"批亢捣虚"和"疾走大梁"的计策。"批亢捣虚"，即是避实击虚，攻其必救，使敌人出现后顾之忧，前线之围便会自动解除；"疾走大梁"，即是以迅雷不及掩耳之势，向魏国都城大梁进逼，以切断魏国的运输要道，并攻其所不备。这样一来，魏军必定回师自救，齐军则可乘其疲惫于途，一举击败魏军，而赵国之围则自动解除。

"批亢捣虚"是此役战法的精髓，基本原理是《孙子兵法·虚实篇》中的"避实而击虚，因敌而制胜""攻其所不守""我专而敌分"。"批亢捣虚"这一招，由于在桂陵之战中被充分运用，因此后世以"围魏救赵"来通俗地称呼这一战法。此战法主张避免与强大的对手发生正面冲突，通过其他途径或以其他方式来达到殊途同归的目的，也充分体现了《孙子兵法》中"以迂为直"的作战方针。英国战略家利德尔·哈特对孙武的这一战法倍加赞赏，在他的军事专著中称为"间接路线战略"，其实这早在中国战国时代已有精彩的实践应用，这就是"围魏救赵"之桂陵之战。

3. 主将田忌虚心听取意见，从善如流。他正确分析敌强我弱的局面，采纳了孙膑的一整套作战方案，选择适宜的作战方法，抛却小利，诱敌深入。先统率齐军主力转兵进魏，切断魏国军队的交通要道，攻击它防备空虚的地方；又迅速向魏国纵深挺进佯攻，进攻敌人既是要害又呈空虚的国都大梁，迫使魏军回师救援；后在桂陵设伏，以逸待劳，乘隙打了一个漂亮的袭击战，一举而胜之。每一步都体现了他与孙膑配合默契，齐军自始至终都牢牢掌握了主动权，从而为孙膑实施高明的作战指挥，夺取战争胜利提供了必要的前提。

（二）反观魏军失败的原因，主要有：

1. 军事理论落伍，战略判断上接连失误。春秋之前的战争，多在一个战场、一次决战中决定胜负，所以战略与战术往往合二为一。战国以来，战争的时间大为延长，空间扩大，在战争指导上产生了全局与局部、战略与战术的区别。这种战争方式的变化，要求将帅及时更新观念，跟上战争前进的步伐。然而，魏惠王、庞涓仍把灭赵的战略思想当作攻城的战术思想，表现在魏围邯郸一年后克之的打持久战上，《孙子兵法》曰："兵贵胜，不贵久""久暴师则国用不足""兵闻拙速，未睹巧之久也。"从战争学角度上讲，庞涓已经落伍于时代发展所需要的速战速决军事理论。另外，发动攻赵战争之前，魏国未能准确掌握诸侯列国的动向，长期用兵征战，造成将士疲惫。统军主将对未来的危机预料不足，在遇到齐军攻伐非主城时没有判断出齐军的下一步行动，后方和国内兵力空虚。

2. 作战指挥上消极被动。庞涓拘泥于固定的战术原则和墨守成规，认为自己兵多且精，军事实力明显强于齐军，因而想通过一次大规模会战而一决胜负，时刻想寻找齐军主力决战，忽视了根据敌情、我情、天候、地形以及对方军队部署等不同条件，采用灵活多变的战略战术，以创造有利的形势，从而达到夺取战争胜利的这一正在兴起的战略思想。料敌更是不明，让齐军牵着鼻子走，没有探察清楚就贸然追击，孤军深入，终于招致失败。

桂陵之战，是魏国由盛而衰的转折点，尽管在桂陵之战后，魏惠王凭借文侯奠定的雄厚基业，一度在平陵打败了齐、宋、卫联军，稍稍挽回一些颓势，但从此走下坡路则是确定无疑了。齐国在桂陵之战后，声威大振，是齐国进入战国时期后取得的第一次重大胜利，开始取代魏国，成为中原诸侯中最强大的国家。桂陵之战在中国战争史上占有重要地位，作战中，孙膑践行避实就虚、攻其必救、我专而敌分等兵法，大破魏军，创造了"围魏救赵"的著名战法。其成功经验为历代兵家所借鉴，成为两千多年来军事上诱敌就范的常用手段。

【军争篇】

争胜争利的制敌法术

〖原文〗

孙子曰：凡用兵之法，将受命于君，合军聚众，交和而舍，莫难于军争。军争之难者，以迂为直，以患为利。故迂其途，而诱之以利，后人发，先人至。此知迂直之计者也。

故军争为利，军争为危。举军而争利则不及，委军而争利则辎重捐。是故卷甲而趋，日夜不处，倍道兼行，百里而争利，则擒三将军，劲者先，疲者后，其法十一而至；五十里而争利，则蹶上将军，其法半至；三十里而争利，则三分之二至。是故军无辎重则亡，无粮食则亡，无委积则亡。

故不知诸侯之谋者，不能豫交。不知山林、险阻、沮泽之形者，不能行军；不用乡导者，不能得地利。故兵以诈立，以利动，以分和为变者也。故其疾如风，其徐如林，侵掠如火，不动如山，难知如阴，动如雷震。掠乡分众，廓地分利，悬权而动。先知迂直之计者胜，此军争之法也。

《军政》曰："言不相闻，故为金鼓；视不相见，故为旌旗。"夫金鼓旌旗者，所以一人之耳目也。人既专一，则勇者不得独进，怯者不得独退，此用众之法也。故夜战多火鼓，昼战多旌旗，所以变人之耳目也。

故三军可夺气，将军可夺心。是故朝气锐，昼气惰，暮气归。故善用兵者，避其锐气，击其惰归，此治气者也。以治待乱，以静待哗，此治心者也。以近待远，以逸待劳，以饱待饥，此治力者也。无邀正正之旗，勿击堂堂之陈，此治变者也。

故用兵之法，高陵勿向，背丘勿逆，佯北勿从，锐卒勿攻，饵兵勿食，归师勿遏，围师必阙，穷寇勿迫，此用兵之法也。

〖原文意解〗

孙武先生说：用兵的通常情况是，主将在接受国君的命令后，开始动员组织民众，编组军队，到与敌人对阵，安营扎寨在战场之上，其中最困难的问题莫过于争夺制胜条件。也即是说，在这个过程中，没有比在战斗打响之前已抢先争取到有利时机、有利地势更为困难的了。争夺先机制胜条件之所以如此困难，就在于要通过迂回、遥远、曲折的途径，达到径直、捷近、容易的目的，化不利为有利。因此，我军故意迂回绕远道而行军，为的是懈怠麻痹敌人，再用小利去引诱敌人，这样就能做到虽然比敌人后出发，却能先到达所必争战场上的有利地点。这就需要将帅懂得以迂为直的谋略制敌之法术。

军争以取得胜利为目的，虽然总是有利可图，但是，军争需要冒很大的风险，到处布满失败的陷阱。其一，如果全军战斗部队和后勤保障部队不分主次，都带着军需装备奔赴战场去抢先争利，则行动必然笨拙，速度必然迟缓，这样做的结果就不能争取时间，按时到达交战要地；其二，如果把辎重部队放在后边跟进，只带战斗部队轻装疾速前进，放下军需装备去争利，则部队就有脱离或丢掉辎重的危险，辎重也就会遭到严重损失。

为了抢夺速度，我们可以命令全体将士甚至卷衣、捋袖、裹甲，轻装急进，夜以继日地行军，倍道兼程。如果一日以疾行一百里的速度去抢先争利，但是由于路途远难，部队中强壮有力的士兵虽然能够先期到达，疲弱的上卒却落在了后面，甚至掉了队，其结果是仅有十分之一的士卒能按时赶到预定作战地点。在这种情况下，一旦遇到意外，三军主将就有被俘虏的危险；就算速度减半，一日以疾行五十里的速度去争利，由于士卒也只能有半数能按时赶到战场，万一遇到意外情况，先头部队的上军将领也有可能受到伤亡；就算行军速度再减少近一半，一日以疾行三十里的速度去争利，那么也可能仅有三分之二的士卒能按时赶到战场。再说，大部队如果没有随军携行的重武器等辎重就要败亡，没有粮食接应很快就会溃散，没有物资补充和储备也会不战自败。

所以说，如果我们事先不了解各诸侯国的政治动向和战略企图，特别是他们针对我国所制定的斗争策略，我们就不能预先制定与这些国家的外交大政方针，更不能与其进行密切的国事交往；如果我们不事先熟悉作战地区的山峦丛林、关隘险阻、河川水源、湖泊沼泽等各种地形地理的详情，我军就不能到这些地区去行军作战；如果我们不雇用熟悉当地地形地理、风俗社情的本地人做向导带路而盲目行动，那么我军就得不到有利地形的运用。

作战争胜，首先，要以诡诈之术隐蔽自己的用兵意图，从而立稳脚跟；

其次，完全根据利害关系而决定自己的行动；然后，根据情况需要，把分散和集中兵力的战略战术作为变化使用部队的作战基本手段。所以，军队一旦行动起来，就要像狂风那样急骤迅猛；行动舒缓时，则像森林那样从容不迫，微风吹荡中似动未动；攻占敌营、抢夺敌方物资时，就要像烈火那样凶猛旺盛；坚守壁垒防御时，就要像山岳那样稳固；隐蔽时，就像乌云遮住了太阳一样，使敌方难以窥测到我军情况；发动攻击时，就要像雷霆那样迅雷不及掩耳，像闪电那样来不及闭目。

在敌国乡村征集和夺取粮食物资时，所派遣部队要分兵活动，并分别进行；对新占领的地区，应注意敌情和地形，分别控制各要点，以便于部队执行后续任务。在如上分兵行动和分兵防守时，一定要掌握机动的后备部队，扼守有利地形，随时准备在情况有变时支援各分散点上的部队。能够预先掌握敌情，运用迂直之计的将帅，就可以取得作战的胜利。这是两军争胜的一般战法。

古兵书《军政》中讲："由于相距较远，上下级间、互相之间在作战时听不到用语言所传出的信息，所以要设置锣鼓声响以传递军令；由于尘雾阻隔，林木遮挡，看不见彼此间用手势等动作发出的指挥信号，所以要设置旌旗以帮助传形。"因此，夜战多用金鼓，昼战多用旌旗。所有这些音响、视觉通信手段，是用来统一将士们的耳听目视的，全军的眼睛、耳朵被统一了，行动上也就统一了。

全军视听集中，能够统一行动，那么，具有匹夫之勇的鲁莽士卒就不能任意独自行动，怯懦的士卒就不敢单独后退逃跑。这就是在战场上指挥大部队应采取的方法。因此，夜间指挥战斗的视觉通联手段多用火光，音响通联手段多用锣鼓；白天指挥作战的视觉通联手段多用旌旗。用这些不同的通联手段作为指挥信号，以适应部属们的视听变化，也就是命令部队按照指挥信号不断变化其行动。

对于敌军上下官兵，可以通过控制他们的精神和意志，使他们丧失勇气；对于敌军高级将领，可以通过控制他们的思维活动，使其动摇意志，丧失取得胜利的信心。关于军队的气势和精神状态，通常是在早晨刚投入战场时士气饱满，精神旺盛；中午时分，逐渐懈怠松散；到傍晚日暮时分，身体就疲乏劳顿，开始思念归营，战斗力衰竭了。因此，根据上述规律，善于用兵的将领会避开敌军初来时的锐气，等待敌人松懈懒惰，疲惫不堪，思念归营，已经丧失战斗力后再发动攻击。这是能够掌握和控制敌军士气的将帅，所采用的制敌基本方法之一。

以我军之严整，等待和对付敌军之混乱；以我军之镇静，等待和对付敌军之焦躁。这是能够掌握和控制敌军将领心理状态的将帅，所采用的又一制敌基本方法。

以我方部队接近战场，做好充分准备，等待和对付远道而来的敌军；以我方休整安逸的部队，等待和对付征途劳累疲乏的敌军；以粮足饱食的我方部队，等待和对付缺粮饥饿的敌军。这是能够掌握和控制敌军战斗力、以我有力之军对乏力之敌军的将帅，所采用的再一制敌基本方法。

不要去截击旗鼓严整、队伍雄壮的敌行军部队；不要进击敌军设防周密、工事坚固、阵容堂皇、实力强大的敌军阵地。要待当面之敌有变化后再出击，或改变攻击目标。这是能够做到随机应变、灵活用兵的将帅，所采用的又一制敌基本方法。

因此，用兵的法则是：敌人占据高地时，不要去仰攻；敌阵地背靠山陵为依托时，不可对其进行正面反攻；敌人佯装败退时，不要去跟踪追击；对敌之精锐部队及敌士气正旺盛时，不要轻易主动地去发动进攻；敌人以小股部队为饵诱我上钩时，不可随便地去吞食，应不予理睬；敌人有计划地整队退回本国营地时，不可去迎头阻击和拦截；包围敌人时要虚留下缺口，通常采用围三缺一之法，虚示生路以动摇敌人；敌军已战至绝境时，我军不要再逼得太紧，不能急于靠近穷寇，可暂缓追击，防敌拼死挣扎，以避免我军不必要的伤亡。这八点是用兵作战的战术基本原则。

〖原句辨释〗

（一）对"凡用兵之法，将受命于君，合军聚众，交和而舍，莫难于军争"之句的辨释

此句的主要争议点在于对"合军聚众，交和而舍，莫难于军争"13个字的解释上。主要有四种分歧意见：

1. 调兵遣将、列阵扎营容易，难的是组织指挥战斗。其中，"合军聚众"意为调动汇集兵员，"交和"意为错综交叉，"舍"意为军营住所，"军争"意为军队在战场上的争斗。全句解释为：用兵作战的基本程序是，将

领从国家最高领导人那里接受命令后，调集部队，补充兵员；摆列军阵，设营驻扎，营门交错。在许多军务之中，最难的就是组织指挥战斗，即在战场上同敌人进行直接的武装斗争。

2. 征民为军，直至拉上前线，这个动员民众参战的过程并不难，真正难的是在这个过程中争取先机之利。其中，"合军聚众"意为从老百姓中征兵，编组为军队；"交和而舍"意为要舍得坛坛罐罐，敢于与敌人交战；"军争"意为争取先机之利。全句解释为：按照通常的用兵原则，主帅受领国君的命令后，就征集民众，编组军队，开赴前线，敢于抛弃眼前利益，与敌人对阵，在这个过程中没有比争取先机之利更困难的了。

3. "合军聚众，交和而舍"是指强弱搭配，优势互补。即指战前将己方军队进行整编，以适应战争新形势、战场新情况的需要。代表性的意见是《十一家注孙子》中李荃所提出的，他解释"交和而舍"的意思是："交间和杂也。合军之后，强弱、勇怯、长短、向背，间杂而伍之；力相兼，后合诸营垒，与敌争之。"依此思路，全句解释为：通常情况下用兵的法则是，将帅受领国君的命令之后，要立即对军队进行编组整顿，根据部队和将士的实际情况，强弱要搭配好，在同一阵线中能达到优势互补，这其中最困难的莫过于争夺制胜的条件。

4. "合军聚众，交和而舍"是指内外团结，上下一心。代表性的意见是《十一家注孙子》中张预所提出的，他解释"交和而舍"的意思是："与上下交相和睦，然后可以出兵为营舍。故吴子曰'不和于国，不可以出军；不和于军，不可以出阵。'"依此思路，全句解释为：一般的用兵规律是，将帅受领国君的命令之后，从民众中征集兵员，编组战斗部队，动员全国老百姓、全军将士上下一条心，如同一个整体，全力投入战争。只有这样才能出兵与敌对垒，这其中最困难的莫过于争夺制胜的条件。

综合以上各种意见，根据本篇中心思想和本自然段文意，本书认为此句中之"军争"当为抢占先机制胜条件之"争"。"舍"应指两军对阵宿营之舍，曹操注《孙子兵法》称："军门为和门，左右门为旗门，以车为营曰辕门，以人为营曰人门，两军相对为交和。"由此解释"交和而舍"也就是两军营垒对峙的意思。所以，本书将本句意解为：一般用兵的规律是，主将在接受国君的命令后，开始动员组织全国民众，编组军队，同仇敌忾，到与敌人对阵、安营扎寨在战场之上，其中最困难的莫过于争夺制胜条件，也即是说在这个过程中，没有比在战斗打响之前能抢先争取到有利时机、有利地势更困难的了。

(二) 对"军争之难者，以迂为直，以患为利"之句的辨释

对此句的解释，重点在于对"迂"与"直"的释意不同。主要有以下三种解释：

1. "以迂为直，以患为利"是一种"诱敌"战法。《十一家注孙子》曹操注："示以远，迩其道里，先敌至也。"王晳注："示以远者，使其不虞而行，或奇兵从间道出也。"由此，可将本句解释为：进行战争，争取先机之利的难处在于，能以远示近，诱敌深入，以小的损失换取更大的利益。

2. "迂"与"直"实指道路。《十一家注孙子》杜佑注："敌途本迂，患在道远，则先处形势之地，故曰'以患为利'。"何氏注："谓所征之国，路由山险，迂曲而远，将欲争利，则当分兵出奇，随逐乡导，由直路乘其不备，急击之，虽有陷险之患，得利亦速也。"由此，可将本句解释为：抢先争取有利时机之所以困难，是因为要把从表面上看似遥远的迂回、弯曲的路，变成实际上是较近、方便的直路，是要把困难变成为有利的条件。换种说法，或解释为：进行战争，争取先机之利的难处在于，把走迂回的道路变为走直路，变有害为有利。

3. "迂"与"直"并非实指道路，而是虚指解决问题的途径或样式。《十一家注孙子》梅尧臣注："能变迂为近，转患为利，难也。"张预注："变迂曲为近直，转患害为便利，此军争之难也。"由此，可将本句解释为：争夺制胜条件之所以困难，就在于要通过迂回、遥远、曲折的途径，达到径直、捷近、容易的目的，化不利为有利。

根据孙子兵法全书重战略、重战争指导规律的特点，依据本章上下文，本书对此句的意解采取的是最后一种解释。孙武在此所论说的"迂"与"直"是指解决问题的途径或样式，应利用迂回的方法取得走捷径的效果。

(三) 对"故迂其途，而诱之以利，后人发，先人至。此知迂直之计者也"之句的辨释

各注释家对本句解释的分歧点在"迂其途"上。主要有以下三种解释：

1. 用伪装佯动战术，诱骗敌人误入弯路歧途。解释为：因此，这就要

军争篇

189

骗取敌人走到弯路上去，以小利引诱敌人，使他们不能在我主要前进道路上干扰我们的行动，摆脱其阻挠，借以达到我主力部队虽然比敌人后出发，却先期到达交战要地的目的，这就算是懂得运用以迂为直的计谋了。

2. 己方部队利用大迂回战术，以空间换时间，与敌相争斗。解释为：所以，我军要采取迂回战术，舍得绕道跑路，并用小利引诱敌人，这样做的结果，就能达到虽然后于敌人出发，却能先于敌人到达相争之地，这样做可见是懂得了以迂为直的谋略。

3. 懈怠敌人，为的是与敌人抢夺时间。解释为：因此，我军故意迂回绕远道行军，为的是懈怠麻痹敌人，并用小利去引诱敌人。这样就能做到虽然比敌人后出发，却能先到达所必争的战场上的有利地点。这就需要将帅懂得以迂为直的计谋。

本书采取的是最后一种解释，认为"迂直之计"的核心是懈怠麻痹敌人。《十一家注孙子》杜牧注："以迂为直，是示敌人以迂远；敌意已怠，复诱敌以利，使敌心不专；然后倍道兼行，出其不意，故能后发先至，而得所争之要害也。"张预注："凡欲近争便地，先引兵远去，复以小利啖敌，使彼不意我进，又贪我利，故我得以后发而先至，此所谓'以迂为直，以患为利'也。"李筌注："故迂其途，示不速进，后人发，先人至也。用兵若此，以患为利者。"这犹如龟兔赛跑的故事，乌龟明知在速度上赶不上兔子，只好锲而不舍地暗中加油往前赶，同时赞扬兔子的速度快如飞，也赞扬道路一侧肥美的萝卜和大山那边美丽的风光，骄傲的兔子更加飘飘然，不仅跳下跑道到田间挑选萝卜，更借口"顺道"考察，到山那边旅游了一番。兔子远离跑道的结果，使乌龟赢得了时间，结局是"后人发，先人至"，乌龟胜出。

从全句看，"迂其途，而诱之以利"是战法，"后人发，先人至"是作战目的或结果，"此知迂直之计者也"，可谓是对灵活运用"迂直之计"这种谋略计策的将帅的评定之言。

（四）对"掠乡分众，廓地分利，悬权而动"之句的辨释

关于此句的解释，可有多种多样的说法，分歧点主要在"分众""分利"这两个"分"字上。

1. "分众"意为分物，"分利"意为分配新占有土地给有战功者。《十一家注孙子》何氏注："得掠物，则与众分。"梅尧臣注："以飨士卒，与有功也。"杜牧注："廓，开也。开土拓境，则分割与有功者。"陈皞注："言获其土地，则屯兵种莳，以分敌之利也。"贾林注："廓，度也。度敌所据敌利，分其利也。"全句解释为：掳掠敌人乡邑的财富后，要平均分配给兵众；扩张的领土，要论功行赏，分配给建立战功者，分散敌国的地利；权衡利害得失，然后相机而动。

2."分众"意为分配俘虏，"分利"意为分配夺取来的资源。全句解释为：掳掠抢夺敌国乡镇边邑，分配俘虏来的敌人；开拓疆土，扩张领地，分配夺取来的资源。分配战利品，必须权衡利害得失，然后相机决定分配方案。总之，事先懂得以迂为直计谋的将帅就能取得胜利，这是抢先争夺有利时机的军事原则。

3."分众"意为分兵，"分利"意为分兵把守利害要点。《十一家注孙子》张预注："用兵之道，大率务因粮于敌；然而乡邑之民，所积不多，必分兵随处掠之，乃可足用。""开廓平易之地，必分兵守利，不使敌人得之。或云：得地则分赏有功者，今观之上下文，恐非谓此也。"李筌注："抄掠必分兵数道，惧不虞也。"陈皞注："夫乡邑村落，因非一处，察其无备，分兵掠之。"王晳注："廓视地形，以据便利，勿使敌专也。"杜牧注："敌之乡邑聚落无有守兵，六畜财谷易于剽掠，则须分番次第，使众人皆得往也，不可独有所往。如此，则大小强弱皆欲与敌争利也。""如衡悬权，称量已定，然后动也。"曹操注："因敌而制胜也。""分敌利也。""量敌而动也。"

综上所辨，本书采取第三种解释，将全句意解为：在敌国乡村征集夺取粮食物资，所派遣部队要分兵活动，分别进行；对新占领的地区，应按敌情、地形和便于部队执行后续任务，分别控制要点；在如上分兵行动和分兵防守时，一定要掌握机动的后备部队，扼守有利地形，随时准备在情况有变时支援各分散点上的部队。预先掌握敌情，能够运用迂直之计的将帅，就可以取得作战的胜利，这是两军争胜的一般方法。

〖专题解论〗

（一）军争的主要战略指导原则

1."兵以诈立"是军争中使用各种战法的重要战略指导

克劳塞维茨曾说"理智是军事行动的基础"，而"诈术"则是最高层次的军事理智之一。"兵不厌诈",古今中外的战争莫不如此。战史证明,军争不仅是简单地靠兵力数量、战斗力强弱取得胜利,其中的谋略和技巧也是军争决胜的重要条件。

孙武强调,指挥者要坚持"兵以诈立,以利动,以分合为变"的原则,权衡利害得失,相机而动。"兵以诈立"概括了军争技巧的主要内容,决定了军队的行动模式和行动原则,将帅在军争中必须以"诡道"为指南,以奇正变化为术,适时用"诈",战胜敌人。有利可夺时,军队的行动要像狂风那样急骤;无利可夺时,军队的行动要像森林那样从容不迫;攻击时,要像烈火那样凶猛;防御时,要像山丘那样稳固;隐蔽时,要像夜色那样视而不见;行动时,要像雷霆那样迅疾。

军争以"诈"而立,秘密行动是关键。军事以秘而成,因此军事决策机要让人们知道得越少越好;行军活动越悄然越好。现代德国军事家隆美尔曾在《步兵进攻》中说:"部队必须学会悄然无声地进行运动。"一般说来,两军争战,兴师动众,不可能无人知晓。所以,行军的隐蔽性原则更加重要。历史上所有的兵书都重视巧妙的战略伪装。战国后期,《孙子兵法》之后的重要兵书《六韬》谈到军势时说:"夫先胜者,先现弱于敌而后战者也。"而且强调:"用莫大于玄默。"用兵以玄秘静默、不露声色为上,但敌军发觉迹象时,我军在悄然中已顺利实现战略企图。古代军事历史文献中记载有"衔枚"行军的保密方式,是说让士兵口中衔着类似筷子的"枚",以阻止随意发声,避免暴露形迹。

"以利动"是对"兵以诈立"的深化。以"诡诈"之术争战敌人,其行动以对我方是否有利为最终目的,有利于我方的则行,不利于我方的则止。"以利动"的方式是"分合为变",即是根据敌情变化,分别采取分散兵力、集中兵力的方式随机应变。

2. 军争中的各部队将领应有战略眼光和大局观念,在宏观有序的状态下争胜

无论是从战略指导,还是从战术意义上讲,军事上抢先争取有利的机会虽有利可图,但各部队不分主次都去抢先争取有利的时机和地形,这是非常危险的。例如,战斗部队和后勤保障部队必须互相配合好,各司其责,不能见小利而不顾大局,一窝蜂似的上。如果全军都带上所有重装备,各部队都想抢先争取有利的机会,这样的话,全军行军就会迟缓,就不能及

时到达预定的地点。但是，如果大家都放下笨重的装备去抢争有利的机会，装备就要抛弃掉。因此，各部队在军争中要有明确职责，正确对待战役分工，有吃肥肉的，也就有啃硬骨头的。将领要善于对客观情况进行深刻的、宏观全面的分析，从战略的高度，从利害的对比关系中找出以迂变直、以害为利的对策，一切为着全局上的争胜，小局一定要在大局内行动。

3. 军争中的用兵之法应是有动有静

行军之时，需要隐蔽得使敌人不知情，这时就要静。有时因机而变，行军之时需要特意大肆张扬，大造声势以威慑敌人，这时就要动。动与静有机相关，权衡形势，相机而动。所以，孙武主张"悬权而动"的军争行动原则。这一原则概括了军争的运动规律，是指军队要根据军情地势，权衡缓急，斟酌取舍，贵在随机应变。军争之时，动有动因，静有静法。曾国藩曾说："用兵之事，须半动半静，动如水，静如山。""动如水"正是孙武所说的"兵形像水"理论的发挥，它概括了军队运动的规律，无论是急行还是缓行，无论是隐蔽还是出动，无论是进攻还是防守，均应顺应形势，应急则急，应缓则缓，应刚则刚，应柔则柔，如行云流水一样。军争中的"静如山"，一则指军队依势自固，军势稳定如山；二则指军情保密，封锁信息，使敌人如隔山，不可探知我意；三则指行军时，悄然如山谷之寂静，沉默如山；四则指布阵之时，势以静态，威严如山。

4. "以迂为直"是孙武关于军争问题的基本法则

"迂直之计"是一种辩证的"欲进若退"之术，老子称之为"微明"，并解释说："将欲歙之，必固张之。将欲弱之，必固强之。将欲废之，必固兴之。将欲夺之，必固与之。是谓微明。"（《老子》第三十六章）意思是说：欲达到某种目的，往往需要采取一种相反的手段，一种间接和迂回的方式。孙武吸取了老子的这一思想精华，将其提到一个新的高度用于军事，在本篇中前所未有地提出："军争之难者，以迂为直，以患为利。"意思是说：争夺制胜条件之所以困难，就在于要通过迂回、遥远、曲折的途径，达到径直、捷近、容易的目的，化不利为有利。

孙子兵法以朴素的唯物论和辩证法为基础，在本篇中阐述了"诡道论"和"兵以诈立"的重要思想。所以，后人对此的意解也应站在"诡诈"思想和普遍意义的角度去理解。在两军相争的过程中，走迂回路线，在不利条件下行事，势必风险大、难度大、劳力费时，不利于"军争"，这是正常的思维方式。但如果敌人也正是这样想的,我则反其道而行之,出乎敌人的预料之外,乘隙而进,迎难而上,这样就避开了敌人所意料的进攻路线或目标,费力少,机动快,易进易行,其结果虽然迂远,反而变为直近,不利反变为有利。可见用兵打仗是一种诡诈之术,不能仅限于顺向思维方法。按一般逻辑推理,更重要的是要运用逆向思维方法,善于反常用兵,采取非常的、间接的手段,从相反中求相成。在战争问题上,最漫长的迂回道路,往往是达到目的的最短途径;巧妙地把不利变为有利是取得战争胜利的关键。所以,孙武"迂直之计"的思想具有方法论意义,其中的"迂""直""患""利",虽然在本义上都是指地利而言,但施之于其他诸事也行之有效。我国古代的许多战例,如晋献公假途灭虢、孙膑围魏救赵、韩信兵出陈仓、邓艾偷渡阴平等战例,都是运用迂直之计而取得的成功范例,体现了孙武"以迂为直,以患为利"的军事思想。

(二)军争中的六种战术行动模式和三条基本原则

孙武从行军、攻守、隐蔽等方面,概括了古代战争中军事行动的六种战术模式:①急行时"其疾如风";②舒缓时"其徐如林";③攻击时"侵掠如火";④坚守时"不动如山";⑤出动时"动如雷震";⑥隐蔽时"难知如阴"。其中,第一、第三、第五点强调的都是速度,这种快速行军、速战速决进攻模式直到今日仍然被军事家普遍使用。与快速相应的行动方式则是舒缓、稳健和隐蔽,即第二、第四、第六点。而第四、第五点则突出强调了攻防中的实力,也即是具有超过敌人的强大战斗力的一方才可言胜。

为此,以上六种军队行动模式,充分体现着行军作战的以下三条基本原则:

1. 军事进攻的快速原则。"其疾如风",是说急行军时疾如风一般,就可以出敌不意地奇袭对方,取得胜利;"侵掠如火",是说攻占敌营、抢夺敌方物资时如烈火一样,凶猛旺盛,势不可挡。

2. 军事隐蔽的秘密原则。"难知如阴",是说隐蔽时像乌云遮住了日月星辰,敌军难以窥测我军情况;"其徐如林",是说行动舒缓时像森林一样从容,微风吹荡中似动未动,使敌军"丈二和尚摸不着头脑",惶恐不安。

3. 军事防御的实力原则。"动如雷震",是说进攻时可以"雷霆"般的威慑之势,乘着敌人惊惧而取胜,从而取得事半功倍之效果。"不动如山",

是说防御时像泰山一样稳健,坚守壁垒,岿然不动。

(三)军争主要受后勤、外交、地理环境等因素的制约

军事之争在于争取主动权,主要是两军争夺战场上的有利条件以制胜。在战场上,争得了主动权就可以"以患为利",把困难变为有利。关于军争的根本,孙武在《军形篇》《兵势篇》等篇中还多次强调应发挥主动出阵争胜的精神。在本篇中,孙武特别指出:"不知诸侯之谋者,不能豫交。不知山林、险阻、沮泽之形者,不能行军;不用乡导者,不能得地利。"要求密切注视各诸侯国的政治动向,掌握地形,使用向导,深知各方面情况。一般说来,是否能掌握战场上的主动权,主要受后勤、外交、地理环境等因素的制约。

1. 后勤是筹措战场物资、组织保障力量的基础。古今作战,都遵循"兵马未动,粮草先行"的方针,将帅总是把后勤保障摆在先行地位。孙武在本篇中论述道:"举军而争利则不及;委军而争利则辎重捐。"意思是说:带着辎重行动,不能快速行军;捐弃辎重的损失更不可设想。在双方争战中,孙武强调:"是故军无辎重则亡,无粮食则亡,无委积则亡。"军争是以物资为竞争基础的,给养、被装、医疗等物资都不可少。战争对后勤的依赖性很强,士兵要穿衣吃饭,装备武器,车马运输,所需物质力量几乎囊括了当代社会人类物质文明的全部成果。

2. 军争以外交谋略活动为先导。战前,必须测知敌国及有关盟国的动态,否则是不能决定攻伐及联合诸侯国的方针的。军争之前必要的外交谋略是行动的第一步。孙武在《始计篇》所论的"伐谋为上"的政治外交原则,就是在军争前开展的。能够通过政治外交手段解决军事争端,当然是上策;如果已经进行了伐谋、伐交等活动,依然不能解决矛盾,并且爆发了军事争端,这种军事前的伐谋、伐交仍然是必不可少的。在客观上,伐谋、伐交是军事竞争的规律反映。作为军争的先导,任何军事家都希望据此力争胜利。

战争的胜败既有全局问题,又有各阶段的各自问题,两者之间相辅相成。伐谋、伐交作为军争先导阶段的内容,是军争全过程中的重要组成部分,它对于军争是舆论准备,正义与道德的准备;它以"是非"之说或联合或孤立邻国,就会形成有利于军争的外交形势,鼓舞将士,鼓舞友邦。

军争篇

伐谋、伐交是以一种对军争有成功价值的正确原则而存在的，这种原则作为方略，使我方将士永远相信我们一定能胜利，使自己的友邻相信我方的成功，因而不动摇他们支持我们的信心，不采取不利于我方成功的任何行动。这样我方的外交方略，形式上似乎不起什么作用，但在关键时刻，常常会出人意外地发挥作用。

3. 地理环境是军争的重要条件之一。孙武在本篇中指出："不知山林、险阻、沮泽之形者，不能行军；不用乡导者，不能得地形。"此外，孙武在《地形篇》中还专论了军争之机以及地形的重要意义。地利是战争科学的专门课题，迅速判定地形的一切利弊，根据地形特点迅速配置部署自己的军队，是将帅用兵的前提。当然，下级军官和士兵也必须懂得利用地形条件与敌军作战。如地理环境有"死生之势"，山林、险阻、沼泽都属于绝险地理环境，如果指挥人员不明地利，误入其中，无疑是自投罗网，进入死地。所以，深入敌人之境，必须察明地理形势。行军之前，利用向导，避开敌人所设的伏击，巧妙地利用环境，趋利避害，尽量让大自然条件为军争的胜利服务。

（四）军争的危险性

孙武在本篇中所说的"军争为利，军争为危"，意思是说，争取战场上的主动权虽好，能取得所谓"先机之利"，但是，军争也有极其危险的另一面。

孙武针对当时军队强行军的特点，从辩证思维的高度指出了"军争"的利弊，并重点对不利的一面进行了全面分析。他认为：如果全军带着装备辎重去争利，就不能按时到达目的地；如果舍弃装备辎重去争利，装备辎重就会丢掉，后果就更不堪设想。他联系军队的兵力、后勤以及行军的时空等各方面情况进一步说道：军队日夜不停，倍道兼程，强行军一百里去争利，不仅三军主将会被俘，而且大部分兵力疲乏劳顿，乱不成军，其结果只有十分之一的精壮士卒能按时赶到目的地；如果强行军五十里去争利，先头部队的主将就会受挫，其结果只有一半的兵力能赶到；即使是强行军三十里去争利，也只有三分之二的兵力能按时到达。这样，军队劳顿，物资耗损，势必造成"无辎重""无粮食""无委积"之窘境，军队也就丧失战斗力。《十一家注孙子》张预注："无辎重则器用不供，无粮食则军切不足,无委积则财货不充,皆亡覆之道。"

从孙武上述分析可以看出,"举军而争利"和"委军而争利"都是危险的方法,"百里而争利""五十里而争利""三十里而争利"也不是善策。那么,如何与敌争取先机之利呢?孙武指出:"先知迂直之道者胜,军争之法也。"又说:"以迂为直,以患为利。故迂其途,而诱之以利,后人发,先人至,此知迂直之计者也。"意思是说,两军争胜,贵在预先掌握以迂为直的用兵原则,要通过迂远曲折的途径达到直近的目标,化不利为有利,并用小利引诱敌人,使其不意我进,这样我军就可以从容开进,即使是后于敌人出发,也可以先敌到达相争之地。

(五)中国古代军事通讯、战场指挥信号的重要论述

孙武在本篇中专门论述了军事通讯指挥的重要性:"夫金鼓旌旗者,所以一人之耳目也。人既专一,则勇者不得独进,怯者不得独退,此用众之法也。故夜战多火鼓,昼战多旌旗,所以变人之耳目也。"意思是说:夜战多用金鼓,昼战多用旌旗。所有这些音响、视觉通信手段,是用来统一将士们的耳听目视的。全军的眼睛、耳朵被统一了,行动上也就统一了。全军视听集中,达到了统一行动,那么,勇敢的士卒就不能任意独自前进,怯懦的士卒就不敢单独后退逃跑。这就是在战场上指挥大部队应采取的方法。因此,夜间指挥战斗的视觉通联手段多用火光,音响通联手段多用锣鼓;昼战指挥作战的视觉通联手段多用旌旗。用这些不同的通联手段作为指挥信号,以适应部属们的视听变化,也就是命令部队按照指挥信号不断变化其行动。

指挥艺术的突出特点就是要协同好全体将士的行动。众所周知,借助于通讯指挥的正确和得力可随时鼓舞士气,使军争中的指挥系统更加灵活和完善。在战场上,必须以高度的组织性和计划性,调配组织队伍,及时协同全体将士的行动,才能争利制胜。因为军情一时三变,到处充满诡诈,无法预知敌情异常的变化,所以在难以预测战况的时候,必须事先约定信号,使全体人员彼此间能够互相照应,以便于主帅随机指挥,协调全军。另外,全军各大小单位必须随时保持联系,严密组织,使敌人无法渗入我方,以利于全局上的争胜。

军争时,必须有行之有效的联络信号和指挥工具。在孙武所生活战斗

的春秋战国时代,战场上主要的联络信号和指挥工具是金鼓与旌旗。孙武借用古兵书《军政》中的话说:"言不相闻,故为金鼓;视不相见,故为旌旗。"说明了金鼓、旌旗产生于战争需要。金鼓是听觉信号系统,士卒耳听金鼓可知进退;旌旗,是视觉信号系统,将领用肢体动作指挥,距离远了,士卒看不清,就用旌旗指挥,使相隔数里的将士遥视可见,以求得统一官兵行动。

大部队军争,士卒们的勇怯程度不一,性格和体力都有不同,一些单兵战术动作虽经训练,但临阵行动也不能自动统一。因此,古人作战时,一般都规定用信号协同军队行动,以疾、徐、疏、数的节奏为内部信号,使将士统一步调。如"鼓进铎退,旌赏旗罚"就是一种约定,将士们听到击鼓之声就进攻,听到鸣金(铎、铜锣等)之声就后退。旌升则表示奖赏,旗升则表示处罚。这些都是根据一般军规与特殊的约定而制定的战场联络信号。

事先有了约定的统一指挥信号,就便于制定军法,明赏罚。先秦的军法曾规定:"当进不进,当退不退者,斩之。"其中进、退都是以指挥信号为凭的。史料有记载,战国名将吴起曾领兵与秦人作战。两军未交战,就有一个勇士上前杀了敌军中的两个人,吴起下令将此勇士斩首。许多将士都劝阻,认为这位勇士的精神可嘉,是有功有才的军士,不要斩首。吴起则认为,勇士所为,违反了军令,坚持斩首示众。可见军事信号是军事指挥的法令,它使众军士统一不乱,击鼓则能进,鸣金则能止。绝不可以因为个人的勇敢而独立前行,也不可以因个人的怯懦而畏缩不前。军令如山,违者必斩,是军事指挥的基本准则。

古代科学技术落后,军争中的联系与指挥必须使将士耳闻目睹才能实现。所以"昼战多旌旗,夜战多金鼓"。白天在战场上用旌旗指挥,夜晚在野外列阵就用火把或金鼓。强调军队进退攻守必须具有明确的指挥信号,达到军队行动统一,步调一致。这种以火鼓为指挥信号的方法,具有防御与进攻两种功能,除了以信号统一将士行动外,还有以"火炬壮军威,鼓噪而进"的作用。如唐代天宝末年,李光弼与史思明争战,李用五百骑兵急驰河阳,以火炬列阵,首尾不息,史思明数万之众,不敢逼进,从而以少胜多,以火鼓而成功。当然,以火鼓为信号必须事先约定好,以防军争之时,敌军以假乱真,趁机乱中取利。

在当今的电子通讯信息时代,人类的生活已时刻离不开信息及其传导。当代军事活动中,通讯兵已经作为重要兵种参与各兵种战略指挥的系统性联系中。当时,孙武重军事通讯的思想仍有着极为重要的现实意义。

(六)以"四治"战法为主要内容的孙武"士气论"

战争不仅是武力的拼杀,而且还是军心士气的较量,所以要善于利用心理力量对敌人的心理施加压力和攻击,以辅助军事斗争。孙武在本篇中概括提出了"四治"的军事思想,即"治气""治心""治力""治变",这是他关于心理战军事思想较为集中的论述。"四治"的重点,在于论述部队的"士气","治变"虽然主要属于灵活机变的作战方法,但也与"治气""治心""治力"紧密相联。

1."治气"包括激励、保持我军士气的高昂和打击、促使敌军士气低落两个方面

第一,作战中应始终激励和保持我军士气的高昂。

士气,通常是指将士的勇敢精神。众所周知,军事斗争处处充满危险和几乎难以克服的困难,而完成急难险重的军事行动,靠的主要就是勇气。个体勇气的集群效应,就是全军将士的士气。孟子认为,大丈夫应该是"富贵不能淫,贫贱不能移,威武不能屈",说的就是人要有一种精神,要有气度、人格和廉耻感。军人是肩负着国家生死存亡的栋梁,对他们第一品格的要求就是勇敢,具有为国家牺牲一切的英雄豪迈之气。

军心士气作为军队的重要精神因素,在战斗力中居于显著地位。在军事争战中,最终决定战争胜负的不是单纯的数量对比,精神上的勇气起着重大作用。军争中可以遭受某种挫折,但士气不可以颓败。士气可能因环境困绝而低落,而必定战胜敌人的信念不可受挫。士兵由于有了高昂的热情,以及训练有素,每个人在军争过程中就会自觉或不自觉地焕发出某种程度的士气。具有了必胜之信念,就会果敢善战,战无不胜;具有昂扬之勇气,就会威毅不屈,征无不服。因此,高明将帅的思维应当十分清楚:士卒是军争的根本,而士卒则以士气为根本。将帅要善于调动士卒冲锋陷阵,诱发出杀声震天的高昂士气,激发士卒们甘愿赴汤蹈火的勇气,这种鼓动方法所焕发出的英雄气概就是顽强的战斗力。

集体中的互相激励对军心士气起着重要的心理影响作用,军心士气常

军争篇

常通过集体的意志表现出来。如两支军队对垒，伤亡都很大，打得难分难解，僵持不下。假设两军中同样有一位原来体质一样的伤员，现在所受的伤势也一样重。他们都倒在了路旁呻吟着，痛苦不堪。这时，战局突然明朗，出现了胜负渐明的大变化，胜利之军开始追击败局已定的逃跑之军。兵败如山倒，败军队伍中一个士兵逃奔过来，对躺在地上的战友、伤兵说："我们失败了，快逃吧，让敌人抓住就没命了！"这个伤兵很可能会站起身来，丢了枪，跟着潮水般的溃兵，狼狈逃窜。而另外一个伤员则听到他的战友在呼喊："我们胜利了，快追吧，别让敌人跑了！"这个伤兵很可能会站起身来，拿上枪，跟着杀声震天的追兵乘胜追击，奋勇作战。这其中没有指挥官的监督和命令，也不存在严格的赏罚，起作用的显然是战友之间的一句话和渐露端倪的战局结果，这两个同样伤势的伤兵，一个意志崩溃，一个斗志昂扬，呈现出完全不同的两种精神状态，这就是士气在起着关键性的作用。

第二，打击、促使敌人的军心士气低落是作战的一个重要内容。

孙武关于实施心理战、打击敌人的军心士气的思想，主要反映在以敌军将帅为斗争目标和以敌人军队为斗争目标两个方面，经典名言是"三军可夺气，将军可夺心"。"将军可夺心"是针对敌人将帅的特点，采用谋略手段，攻其心，乱其谋，使其心理失去平衡，意志崩溃，以致组织失调、决策失误，这主要体现在《孙子兵法》"伐谋""伐交""示形""动敌"的思想之中。"三军可夺气"，是利用心理力量，使敌人士气崩溃，军心瓦解，从而丧失战斗力。孙武主张对敌用兵应"避其锐气，击其惰归"，即强调要避开敌军初来时的锐气，等待敌人松懈懒惰，疲惫不堪，思念归营，已经丧失战斗力后再去攻击。

可以这样说，在军争中形成我军的高昂士气是将帅的指挥艺术，而利用敌人士气衰竭态势以求军争胜利，是将帅更为精彩的指挥艺术。公元前684年，齐国进攻鲁国，爆发了齐鲁长勺之战。作战中，鲁庄公最初想与齐军争锋擂鼓出战，而被军师曹刿阻止，待到齐军击鼓进军三次，军士的作战锐气已疲惫、松懈时，曹刿才让鲁庄公下令出战。于是，鲁军擂鼓猛冲，一举反攻，齐国大败。曹刿自述指挥成功的道理是："夫战，勇气也。一鼓作气，再而衰，三而竭。彼竭我盈，故克之。"（《左传·庄公十年》）这即是说指挥员要适时激励士气，善于把握进攻时机，在敌人士气低竭时予以一击。孙武在此基础上，对士气又做了进一步分析，从中找出了军队士气变化的规律。他认为，军队作战，随着时间的推移，其士气和战斗力必然会发生变化，初战时军队士气旺盛，经过一段时间将渐渐懈怠，最后士气就完全衰竭。

曹刿指挥作战取得胜利的奥妙，就是孙武用兵的"治气"战法。两军相争必须要避开敌人的锐气，在敌人怠惰、疲惫、士气沮丧时，我军再猛力出击，这样做的效果是不战即已减杀了敌之优势，各种阻力大减后，再以我方旺盛的士气与敌争锋，以"旺气"战"竭气"，必然胜券在握。长勺之战，战前本来是齐强而鲁弱，但战争的结局却以弱而胜强。"一鼓作气"的成语由此诞生并流传至今，精彩地诠释了"治气"这一军事原则，为后人理解军争中的士气价值，提供了生动的史鉴。孙武能在距今2000多年前认识到军队精神因素在战争中的重要性，并有如此透彻的分析，提出"避其锐气，击其惰归"这一具有普遍指导意义的军事原则，更是难能可贵的。这在实际上为后世兵家的心理战理论奠定了基础。

2. "治心"战法是"治气"用兵原则的心理学总结

孙武从战争心理学角度分析了士气存在的状态，认为"治心"战法与"治气"战法是紧密相关的，提出了优势心理状态必然胜于劣势心理状态，如"以治待乱，以静待哗"。在我军士气旺盛之时，军容必然严整，治理成序，而且心理镇定，严阵以待。优良的心理态势能使将士无畏惧之感，充满胜利信心。在战争中，镇静与自信是产生勇毅的源泉，自然也是胜利的原动力。相反，士气衰竭时，几乎是任何战术也无法使该军队获胜。士气衰竭时往往是人人心灰意冷，个个疲软无力，阴云笼罩全军。如此，灰心生失望，失望生动摇，动摇则军心散乱，散乱则争战必败。

3. "治力"战法与"治气""治心"战法统一为一体，相辅为用

孙武指出，在调动军事实力时，应"以近待远，以逸待劳，以饱待饥，此治力者也"，此处说的就是源于"治气"用兵原则的"治力"战法。在军争中，敌人长途跋涉，必然会因奔走而疲劳，粮困而人饥。我军如果正好临近军争之地时，即有避免奔走和粮足之优势，易于昂扬士气，战胜敌人。

4. "治变"战法与"治气""治心""治力"战法紧密相联

在战场上，情况瞬息万变，把握军争主动权，"治变"是绝不可忽视的。孙武认为，"无邀正正之旗，勿击堂堂之阵"正是应变方法。"正正之

旗""堂堂之阵"是指士气旺盛，军容严整，实力雄厚，思想上有十足作战准备的军队形态。对付上述形态的军队应取谨慎态度对待，不可以盲目出击，应以治气、治心、治力的多种战法，因敌而变。或攻或守，或困或退，或正或奇，以求取胜。

在军队行动过程中，要指挥正确，机动灵活，确实掌握"四治"战法。

（七）孙武关于冷兵器时代的八种基本战术

在本篇文末，孙武提出了古代战争的八种基本战术：

1. "高陵勿向"，对于占领了高山地带的敌军，不要去仰攻。
2. "背丘勿逆"，对于背靠高地的敌军，不要正面攻击。
3. "佯北勿从"，对于佯装败退的敌军，不要跟踪追击。
4. "锐卒勿攻"，对于士气正旺盛的敌军，不要去主动攻击。
5. "饵兵勿食"，对于引诱我军进攻的敌军，不要上当。
6. "归师勿遏"，对于向国内撤退的敌军，不可迎头阻击和拦截。
7. "围师必阙"，包围敌人时，应留一缺口，虚示生路以动摇敌军心。
8. "穷寇勿迫"，对于处于绝境的敌人，应暂缓追击，不要逼迫它。

孙武关于冷兵器时代的这八种基本战术，作为特定时代的产物，有着相当高的军事指挥价值。在今天看来，有些战术仍有现实性及应用价值。如"高陵勿向"战法，敌军背靠高山丘陵，有重兵于险阻之优势，居高临下，我方如果仰攻争战，就有许多不利因素。在这种敌我优劣悬殊的态势下，我军就不可轻举妄动。又如"佯北勿从"战法，敌军阵势不衰，忽然败走，此中肯定有诈，必有伏兵或奇兵，我军不可以中敌人之计。再如"归师勿遏"，敌军回乡心切，并做了充分准备，会拼死突围，死中求活，若是不放一条活路让他们逃走，必与我军死战，造成我军伤亡增大，不利于下一战役的展开。

"归师勿遏""穷寇勿迫"战法，是从士气、人心的向背提出的，曾被一些军事家首肯。曹操在汉末争战中，曾用"围其三面，解其一面，所以示生路"的战术，围攻壶关，取得胜利。唐代李光弼与史思明在土门一战中，李光弼曾令开东南角，网开一面，令敌人溃逃，也取得胜利。当然，这些战法应因时间、地点、情势变化而变化，军事上的一般原则是从战争实际情况出发的，各种模式都不能硬套。如敌军临危据险，强大的救援军就在附近，网开一面未必是上策。有些军事家还认为"一日纵敌，悔将无及"，计算利害关系是军争的根本。在古代，已有打"歼灭战"一举消灭敌人有生力量的军事思想，如果具有决战必胜的把握，那么就可以顺势而歼灭敌人。孙武所论的战术是总结春秋时期一般军争的规律，在战国时期，有秦将白起坑赵国降卒20万的记载。可见没有一成不变的战法。

关于"穷寇勿迫"，持相反意见的军事家最为典型的当属现代的毛泽东。1949年4月，毛泽东有感于一代江山朝代的兴替，蒋介石南京国民党政权的垮台，写下了著名的诗篇《人民解放军占领南京》，其中写道："宜将剩勇追穷寇，不可沽名学霸王。"可见毛泽东是不赞成"穷寇勿迫"的，而力主"追穷寇"，这有当时的历史背景，在政治和军事上都证明毛泽东的"追穷寇"是正确的。当然，对毛泽东就孙武的"穷寇勿迫""反其义而用之"，有些人的认识是不尽相同的，如时在重庆缙云山下居住的当代大儒梁漱溟就有异议，他对毛泽东的政治、军事、文采在以往是非常佩服的，但在读了"追穷寇"的诗句后，则连连摇头，并以他的名篇《东西文化及其哲学》中的观点论说道："西方文化是以意欲向前为其根本精神的，印度文化是以意欲反身向后为其根本精神的，而中国文化是以意欲自为调和持中为根本精神的。偏激与惰后都不行，唯有调和持中的中国文化必将统治世界，而真正统一中国的方法也只能是适应中国文化之根本精神的中和。"并以中国传统文化儒学的"中者天下之达道也，和者天下之达德也"的哲言，论述"追穷寇"的不妥。实践证明，对"追穷寇"之不同的认识观，对梁漱溟、毛泽东的晚年都有着重大的影响。也说明，"穷寇勿迫"在政治、军事上有其特别的含义，在战略意义和战术意义上也是有区别的，不能概而论之，更何况军无常法。

在高科技飞速发展的今天，军争的谋策与指挥规律，由于高技术等物质条件的变化而发生了巨大变化。新兵种、新武器以及立体化作战的形式几乎完全突破了春秋时代的军争理论与实践。比如"高陵勿向"法，就因陆、空两兵种协同作战而发生了变异，"高陵"已失去了当时的价值，因此指挥规律也应随之变化。研究孙武军争之法，必须具备军事发展的战略思想。在参照历史，研究战法、战例的前提下，忠实于时代，忠实于现实是指挥战争的根本。军事科学上的继续前进，必然会产生许多新现象、新事物，不能固守旧观念。历代军争的经验，可以使我们扩大眼界，丰富知识，从中借鉴合理化内容，以赢得今后战争指挥的进步。

〖经典战例〗

柏举之战——以迂为直，争利争胜

柏举之战，发生在中国古代春秋后期周敬王十四年（前506），是吴王阖闾率军攻楚、深入楚地继而占领楚都的一次远程进攻作战。《史记·孙子吴起列传》中有："（吴国）西破强楚，入郢；北威齐、晋，显名诸侯，孙子与有力焉！"这里所说的孙武指挥的这场破楚入郢之战，历史上称之为"吴楚柏举之战"。在吴国和楚国的这场争霸战争中，阖闾在深通兵略的伍子胥、孙武等人辅佐下，采取分兵轮番袭扰之策，削弱楚军实力，而后集中兵力，以迂回奔袭、深远追击的大纵深进攻战法，在柏举击败楚军主力，破楚入郢，取得了争霸的决定性胜利。

招将纳贤整军经武　轮番出击疲楚误楚

春秋后期，东南沿海一带的吴国逐渐兴盛起来。吴国位于长江下游，凭借良好的自然条件，在农业、商业、军事各方面都得到迅速的发展，在吴君寿梦时开始崛起。吴国原系南方地区强国楚国的属国，但在发展过程中与楚国产生了尖锐的矛盾，吴国随着国力的不断增长，具备了与楚国抗争的实力，以至于长期付诸武力，兵戎相见。就在这时，晋国为了与楚国争霸，采取联吴制楚的国策，派楚国亡臣申公巫臣带着一队战车来到吴国，教吴人乘车、御射、列阵，吴军由此学会了车战。吴国与晋国交好后，经济、文化也得到发展，国家逐渐强大起来。于是，吴君寿梦萌发了走出国门的想法，他自号吴王，与近邻楚国在汉水、淮水之间地区屡次交锋，欲在疆场上一试高低。

公元前584年，吴军新编水陆大军一齐出动，攻下楚国淮河水边的重镇州来，开始成为楚国东面的最大威胁。在此后短短的60余年时间里，吴、楚先后发生过十次大规模的战争，两国成为世仇。在这十次战争中，吴军全胜六次，楚军全胜一次，互有胜负、打成平手三次。吴国为了与楚国争夺江淮霸权，多次袭楚，尽占其淮水流域之战略要地，又分兵轮番扰楚，致使楚军疲于奔命，士气低落。总的发展趋势是，吴国逐渐由弱变强，开始占据战略上的主动地位，最终导致了吴楚两国决定战争胜负的柏举之战。

吴王阖闾是一位英明有为的君主，他在还未继位之前就积极从事争霸大业。公元前522年，楚臣伍子胥因父兄遭楚平王杀害，逃至吴国。阖闾任命伍子胥为行人（外交官），参与国政大事。公元前515年阖闾即位后，他"立城郭，设守备，实仓廪，治兵库"，励精图治，发展生产，改良吏治，整军经武。阖闾想早图灭楚大业，只为主帅人选发愁。伍子胥推荐由齐奔吴的军事家孙武，孙武以所著兵法十三篇进献。阖闾从头至尾细阅孙子兵法，对孙武的军事才能赞不绝口，招孙武进宫，考察其用兵的本事，并以操练宫女试之。孙武将180名宫女编成两队，再三言明军纪。队中吴王的两个宠姬不听口令，视操练为儿戏。孙武执法如山，不顾阖闾阻拦，立斩二姬。孙武继续操练，两队女兵无论是左转、右转、前进、后退，无不令行禁止，队形整齐。阖闾虽然心疼两个爱姬被斩，却由此知道孙武的用兵才能，终于拜他为将。阖闾大胆任用伍子胥、伯嚭为谋士，任用孙武为将军，教授兵法，操练队伍，使吴国出现国富兵强的势头。

楚国是南方大国、强国，春秋以来吞并的诸侯国最多，也就成了吴国争霸道路上的最大障碍。进入春秋以来，楚国曾同晋国长期征战，争霸中原，搞得民疲财竭，国力中衰。自公元前516年楚昭王即位后，楚国的形势更是江河日下，内部政治黑暗，军事无能，民众怨愤，君臣离心，而且又与周边国家如唐、蔡等国不和，也给敌国创造了可乘之机。所以说，当时的楚国虽然貌似庞然大物，余威尚存，其实早已是外强中干，政权处在风雨飘摇中。吴楚柏举之战前夕，楚国已经处于战略上的被动地位。

当时，吴国公子烛庸、盖余带兵伐楚，受封于楚地舒邑，伺机夺取吴国王位。孙武向吴王阖闾建议："大王若要发兵远征，必须先除此内患。"阖闾采纳孙武的这一主张，于公元前513年攻下舒邑，杀死烛庸和盖余。阖闾出兵接连获胜，次年提出趁机攻入楚都。从整体实力上比较，这时的楚国比吴国还具有一定的优势。所以，当阖闾提出大举攻楚的战略计划时，孙武以"民劳，未可，待之"的理由加以劝阻。阖闾采纳了孙武的劝谏，不过吴国君臣并没有消极地守株待兔，等待敌方出现破绽，而是积极运用谋略，主动创造条件，完成敌我优劣对比的转换，首先伐灭楚国的羽翼——徐、钟吾这两个小国，为进而伐楚扫清道路。这时，阖闾再次提出了伐楚的计划，但是孙武仍认为时机未成熟，他对阖闾说："楚国现在还算是一个天下强国，非徐国和钟吾国可比。我军刚刚连灭徐、钟吾二国，人疲马乏，军资消耗很大，不如暂且收兵，蓄精养锐，再等良机。"伍子胥也献策说："我军人马现在很疲劳，不宜远征。现今楚国内部不和，我军可以先用一部分人马出击，楚军必定出动，等楚军出动后，我军再退回。如此有攻有退，几年后楚军必然疲惫不堪。那个时候，便可考虑大举伐楚。"

吴王采纳了孙武和伍子胥"疲楚误楚"的建议，具体做法是将吴军分为三支，轮番出击，骚扰和麻痹楚军。当吴军的第一支部队袭击楚境的时候，楚国即派大军迎击。待楚军出动，吴军便向回撤。而楚军返回时，吴军的第二支部队又攻入了楚境。吴军先后袭击了楚国的夷（今安徽涡阳附近）、潜（今安徽霍山东北）、六（今安徽六安北）等地。如此轮番袭扰楚国达六年之久，致使楚国连年应付吴军，人力物力被大量耗费，国内十分空虚，楚军将士疲于奔命，斗志沮丧。同时，吴军这种稍尝辄止、不作决战的做法，也给楚军造成错觉，误以为吴军的行动仅仅是"骚扰"而已，而忽视了吴军在这些佯动背后所掩藏的真实动机，放松了应有的警惕。

吴楚战争持续数年，吴军在孙武等人的指挥下相继取得了养城和豫章之战胜利，特别是豫章之战的胜利，不仅使吴国打通了入楚的道路，并且达到了孙武制定的"疲楚"战略目的。楚国虽然地广兵多，但已丧失淮水流域的许多战略要点，并且吴国多年分兵轮番击楚，已使楚疲于奔命，国力耗损。楚国如此状况，为吴王阖闾的争霸梦想得以实现提供了极为有利的契机。吴国加紧了进攻楚国的战争准备，两国争夺江淮霸权的斗争日益加剧，战略决战已是箭在弦上，非打不可。

战略迂回寻机决战　以迂为直进抵汉水

鉴于楚国地广兵多，吴王阖闾决定避开楚军的正面防御，以主力向其守备薄弱的东北部实施迂回奔袭，然后再直捣其腹地。公元前506年，吴国经过精心的准备，决心以全国之力举师伐楚。这年九月，楚昭王派令尹囊瓦（子常）率大军围攻已归附吴国的小国蔡国国都新蔡（今河南新蔡），蔡昭侯在危急中向吴国求救。这时，唐国（今湖北随州西北）国君也因愤恨楚国的不断横暴勒索，而主动与吴国通好，自愿助吴抗楚。唐、蔡两国虽是小国，但位居楚国的北部侧背，战略地位相当重要。吴国通过与唐、蔡结盟，遂可以实施其作战计划，避开楚国正面，从其守备薄弱的东北部实施迂回奔袭，进行战略迂回，大举突袭，直下楚国国都。于是，吴国打起兴师救蔡的旗号，乘机与蔡、唐两国结盟，联合攻楚。

同年冬天，吴王阖闾亲自挂帅，以胞弟夫概为先锋，以孙武、伍子胥为大将，倾全国三万水陆之师，乘楚军连年作战极度疲惫，东北部防御空虚薄弱之隙，进行战略奇袭。吴军乘坐战船，溯淮河而上，直趋蔡境。囊瓦见吴军来势凶猛，不得不放弃对蔡国的围攻，回师防御本土。当吴军与蔡军会合后，唐国也主动加入吴、蔡两军的行列。吴、蔡、唐三国组成的联军，浩浩荡荡溯淮水继续西进。

吴军在进抵蔡国淮汭（今安徽凤台附近，一说今河南潢州西北）后，孙武突然决定舍舟登陆，由原来的向西改为向南。伍子胥不解其意，问道："我军习于水性，善于水战，为何改从陆路进军呢？"孙武答道："用兵作战，最贵神速。应当走敌人料想不到的路，以便打它个措手不及。逆水行舟，速度迟缓，吴军优势难以发挥，而楚军必然乘机加强防备，那就很难破敌了。"伍子胥点头称是。孙武挑选3500名精锐士卒为前锋，以蔡、唐军队作引导，取道豫章西进，兵不血刃，迅速地通过楚国北部大隧、直辕、冥阨（均在今河南信阳南）三道险隘要塞，直插楚国纵深，挺进汉水东岸，取得了"出其不意，攻其无备"的战略效果。孙武选择的这条进攻线路，避开了楚军主力，而且有利于沿淮河而上联合唐、蔡之军攻楚，渡过清发水，穿过雍筮要区，再渡汉水，直通郢都，堪称是实践《孙子兵法》"以迂为直"原则的典范。

吴军的行动，完全出乎楚国的意料。当吴军突然出现在汉水东岸时，楚军在极其被动的情况下仓促应战。楚昭王慌了手脚，急派令尹囊瓦、左司马沈尹戌、武城大夫黑、大夫史皇等人率军赶至夏州以西的汉水西岸布阵防御，决心倾全国兵力，与吴军夹汉水对峙。楚军中左司马沈尹戌是一位头脑冷静的优秀军事指挥家，他看到吴军来势凶猛，针对吴军作战的特点，向统帅囊瓦提出建议：由囊瓦率楚军主力依托汉水西岸正面设防，阻击吴军渡过汉水，以保证郢都的安全。而他本人则率部分兵力北上方城（楚长城，今河南方城县境东），调集那里的楚军主力部队，迂回抄袭到吴军的侧后，毁坏吴军在淮河的舟船，再还军阻塞三关，切断吴军的归路，而后率军从侧后袭击，囊瓦所率主力渡过汉水从正面进攻吴军，实施前后夹击，一举消灭吴军。本来这是楚军击败吴军的上策，囊瓦当初也同意了沈尹戌的这个建议。但是，在沈尹戌率部北上方城后，楚将武城大夫黑却对囊瓦挑拨怂恿，主张速战，一番话说得囊瓦改变了原先的计划。

大夫黑说："吴国多水军，楚军则多用皮革包制的战车，因而不宜在水中久浸，我军利速战。如果等待沈尹戌部夹击，则战功将为沈尹戌所独得，不如以主力先发动进攻，击破东岸吴军，这样令尹之功自然居于沈尹戌之上。"大夫史皇也说："如果沈尹戌把淮河吴军船只毁掉，回军阻塞三关隘口截断吴军退路，他就会独得战功，声望也会盖过令尹您了。楚人现在讨厌你而赞扬沈尹戌，如果沈尹戌先战胜吴军，功在你之上，你的令尹之位也就难保了。你最好赶快向吴军进攻。"利欲熏心的囊瓦听了二位大夫的话，觉得有理，出于独贪战功的自私心理，竟置既定战略于不顾，改变了原来的作战计划，在没有充分准备的情况下，采取冒进速战的方针，传令三军，不待沈尹戌军完成迂回包抄行动，即擅自单独率主力渡过汉水列阵，准备向吴军进攻。

孙武开始见楚军与吴军对峙不战，便推测到楚军将调集方城的军队夹击吴军。当孙武正在策划如何动作以诱使楚军过河决战时，见楚军主动出击渡过汉水，正求之不得，大喜过望。孙武审时度势，鉴于楚军势盛，建议吴王避其锐气，指挥军队先摆出决战的架势，为免遭前后夹击，仍采取后退疲敌、寻机决战的方针，主动指挥吴军由汉水东岸佯败后撤。囊瓦贪功心切，企图速胜，果然中计，又见吴军不战自退，以为对方怯战，便挥军紧追不舍，尾随吴军而来。哪知吴军且战且走，退中有攻，以逸待劳，在小别（山名，今湖北汉川东南、汉阳附近）至大别（今湖北境大别山脉）之间，迎战楚军，三战三捷。囊瓦连败三阵，士气严重受挫，军队疲惫，便想弃军而逃。史皇对他说："国家太平时，你争着执政，现在作战不利，你就想逃跑，这是犯了死罪。现在你只有与吴军拼死一战，才可以解脱自己的罪过。"囊瓦无奈，只得重整部队，准备再战。

吴军至柏举（今湖北麻城东北，一说湖北汉川北）突然驻军待敌，抢先布好了阵势。楚军主将囊瓦率军赶到，不及休整，仓促布阵。囊瓦出阵前，叫嚷着要与吴军决一死战。吴王阖闾见囊瓦的气焰如此嚣张，仍是不贸然进攻，只令将士稳住阵脚，全力防守。

从小别山到大别山，吴军边打边退，刚一交战，孙武就指挥吴军后撤，

引诱楚军一直追到了预定的决战地——柏举。吴国君臣见楚军已陷入完全被动的困境，于是当机立断，决定同楚军立即进行战略大决战。

因敌制胜击其半渡　长驱直入攻占郢都

公元前506年农历十一月十九日，吴军在柏举列阵迎战楚军。正当吴军与楚军在柏举列阵对峙，准备决战时，随军作战的吴王阖闾对于决战时机是否成熟突然产生了怀疑。阖闾的弟弟、吴将夫概则认为，这时吴军士气旺盛，而囊瓦不仁不义，素来不得人心，部下不肯为他死战。楚军无死战之志，一直处于勉强应战的地步。因此，他主张吴军应立即发起攻击，只要吴军主动抢先进攻，楚军就必然会溃逃，届时再以吴军主力投入战斗，必能大获全胜。但是，阖闾出于谨慎，否决了夫概先发制人的意见，不同意发起进攻，坚持固守。夫概不愿放弃这一胜敌的良机，以《孙子兵法》中所言"料敌制胜……上将之道也""战道必胜，主曰无战，必战可也"为依据，认为做部下的应把握时机，见机而行，只要做得对，未必等待君王的命令。他回营后对部将说："既然事有可为，为臣子的就应见机行事，不必等待命令。现在我要发动进攻，拼死也要打败楚军，攻入郢都。"于是他率领由5000人组成的前锋部队，直闯楚营中间方阵，奋勇进攻囊瓦的军队。楚军一触即溃，阵势大乱。

阖闾见夫概率部先发起猛攻，并突击成功，便赶紧抽调3000多名精兵增援夫概，同时调集主力投入战斗。孙武率中军进逼，伍子胥、伯嚭率兵马从两翼杀出，扩大战果，勇猛突击，杀向纵深，大胜楚军。楚军将士抵不住吴军的全线进攻，哭天嚎地，尸横遍野。囊瓦惊惶失措，失魂落魄，他知道已经无力挽回败局，而兵败回国后难免一死，只得乘战乱之际，弃军单车逃往郑国。大夫史皇于乱军之中不见主将，只好率部殊死决斗，掩护楚军主力撤退。怎奈势单力薄，抵挡不住，部队被打得人仰马翻，战车陷于瘫痪，史皇战死沙场。

楚军武城大夫黑带领主力残部遭重创后向西溃逃，吴军尾随不舍，实施战略追击，在柏举西南的清发水（今湖北安陆西的汉水支流滠水）追上了楚军。楚军眼见追兵迫近，即命令前军备船渡河，后军掩护。吴王率军追至，准备发起攻击，夫概向吴王阖闾提出建议："楚敌自知在劫难逃，一定会拼命作战。若让其渡河，渡过河的争于奔命，未渡河的只顾渡河，自然都不会顽强抵抗。"阖闾采用了夫概"半渡而击"的计谋，待楚军渡过一半，对未渡之敌突然发起强攻，歼楚军一部，俘虏楚军一半，吴军"因敌制胜"，再度给渡河逃命的楚军以沉重的打击。

楚将苏延率领的残兵败将马不停蹄地西逃，吴军继续追击，先锋夫概部追至雍澨（今湖北京山县境西南），赶上了正在埋锅造饭的楚囊瓦军残部。一经接触，楚军仓皇逃走。吴军吃了楚军做的饭，继续追击。楚左司马沈尹戍得知囊瓦主力溃败，急率本部兵马由息（今河南息县境西南）赶来救援，重整旗鼓，同追来的吴军再战。吴军夫概部在沈尹戍部突然的凌厉反击下，猝不及防，转眼间被打败。吴军士卒身陷死地，皆拼死作战以求生；楚军在沈尹戍的指挥下，也挺戟挥戈，浴血奋战。吴军主力赶到后，孙武指挥部队迅速将沈尹戍部包围。尽管沈尹戍左冲右突，奋勇冲杀，受伤三处仍无法冲出包围圈。

经过反复激烈的拼杀，楚军又被战败，惨败溃逃。身负重伤的主将沈尹戍最后见大势已去，遂令部下割下自己的首级回报楚王。楚军连受重创，将士无心恋战，纷纷败逃。双方经过三场激烈的战斗，吴军最终获胜。吴军士气大振，将士争着立功，愈战愈勇，一路扑去，势如破竹，兵临楚国国都郢都。

雍澨一战，吴军基本消灭了楚军的主力，楚军至此全线崩溃，郢都完全暴露在吴军面前，攻陷郢都可以说已经是毫不费力的事了。这时，建都两百年的郢都城内已是风声鹤唳，人心惶惶，楚昭王不顾主战大臣子西、子期的反对，也不顾全城军民的生死存亡，悄悄带上几名家眷开门出城，向云中和陨城方向逃去。昭王西逃的消息传到军前，楚军立即涣散，子期率部分精兵去追赶和保护昭王，子西见事不可为，也只好率残兵西逃。吴军长驱直入，五战五胜，于农历十一月二十九日，一举攻陷郢都。楚昭王凄凄惨惨，惶惶如丧家之犬逃往随国（今湖北随州）。

吴王阖闾和孙武、伍子胥等众将进入郢城，在楚国朝堂之上设宴庆功。伍子胥为报杀父兄之仇，请求吴王拆除楚国宗庙，灭亡楚国。孙武反对此举，对吴王说："若是大王能把楚国公子胜（流落在吴国）立为楚王，则楚人感激，诸侯佩服，而楚国也是吴的属国了。"吴王贪图楚国地盘，不听孙武之言，反倒是听了伍子胥的主张。伍子胥带着士兵，毁了楚国的宗庙，还找到楚平王的坟地，挖出尸首，抄起铜鞭，一气打了300下。

伍子胥鞭挞楚平王尸体，激怒了旧友申包胥。起初，伍子胥出逃时曾对申包胥说道："我一定能灭亡楚国。"申包胥说道："我一定能保存楚国。"楚昭王在随国避难时，申包胥就到秦国求救。秦哀公不肯出兵相救，申包胥便待在朝堂上不走，抱着朝堂的柱子夜以继日地痛哭。秦哀公感叹道："楚王虽是无道的昏君，但有申包胥这样的忠臣，还愁不能保全楚国吗？"遂派大将子蒲和子虎率五百战车，驰救楚国。秦军会合楚王的兵马，进攻吴军，楚国才免于灭亡。

吴军先锋夫概因前战胜，居傲轻敌，一经交战就被打得大败。吴军副将伯嚭闻前方兵败，不听孙琥坚守待机的劝告，执意去跟秦军决战，吴王应允。可去不多时，带去的人马折损大半，他便自乘囚车回来向吴王请罪。时值吴军与秦军对峙之际，夫概竟带着部众私自回国，扬言"吴王兵败，死活不知"，自立为吴王。吴王阖闾闻讯大怒，令孙武、伍子胥守郢城，他与伯嚭率部在国内平乱。后夫概战败，投奔楚王。

伍子胥到了郢城后，接到申包胥的书信，信中写道："你灭楚，我复楚，二者俱已办到，就顾念本国，怜爱百姓。你请吴王退兵，我求秦军回师，可否？"伍子胥和孙武复信答应。待吴王回郢，伍子胥、孙武竭力请求退兵。吴王迫于秦军压力，也担心越国乘虚袭击，只得应允。吴军撤离时，将楚国国库掠夺一空，迁移楚国百姓近万户，居于吴国人烟稀少之地。

吴军入郢后，官兵忘乎所以，纵暴郢都，内讧迭起，在秦楚联军的反击下，军事、政治均陷于被动，最后被迫退回吴国。用孙武自己的话来说，这便是"夫战胜攻取而不修其功者凶，命曰费留"。

柏举之战，以吴军的辉煌胜利而告结束。经过这次战争，楚都郢城受到严重破坏。楚昭王迁都若城（今湖北宜城东南），称为新郢。此后，楚国为医治战争创伤，度过了大约10年的艰苦岁月。

〖点评〗

柏举之战，是春秋末期吴、楚之间一次最大的战役，在中国战争史上占有重要地位。孙武等采取避敌正面、迂回奔袭的战略和后退疲敌、寻机决战、突袭破阵、纵深追击等战术，以3万兵力击败楚军20万，千里破楚，五战入郢，终获大捷，创造了中国战争史上灵活用兵、以少胜多、快速取

胜的著名战例。吴军的取胜，是修明政治、发展生产、充实军备的结果，也是善于"伐交"，争取晋国的支援和唐、蔡两国协助的产物。在作战指导上的主要经验有：

1. "兵以诈立，以利动，以分合为变者也。"在这场战争中，孙武事先创造了大举袭楚的有利条件，采取疲楚误楚的正确策略，使楚军疲于奔命，并且松懈戒备。

2. "先知迂直之计者胜，此军争之法也。"本战正确选择了有利的进攻方向，"以迂为直"，乘隙蹈虚，实施远距离的战略袭击，使楚军在十分被动的情况下仓促应战，成功地避开了"攻城"这一最大的难关，因而能使吴军最终得以顺利地进入郢都。

3. "以治待乱，以静待哗""以近待远，以逸待劳，以饱待饥"。把握有利的决战时机，先发制人，一举击败楚军的主力。适时进行战略追击，不给楚军以重整旗鼓、进行反击的任何机会，最终顺利地夺取战争的胜利。

楚军的失败，其政治、外交上的原因，在于其政治腐败、内部动乱、将帅不和、四面树敌、自陷孤立。从军事上看，则在于其疏于戒备、招致奇袭，其主将贪鄙无能、临战乏术；在于其轻率决战，一败即溃。

柏举之战，是春秋末期一次规模宏大、战法灵活、影响深远的大战，史学家称其为"东周时期第一个大战争"（范文澜：《中国通史简编》）。吴国在经过多年的"疲楚"战略后，经过这场战役，一举战胜强敌楚国，使长期称雄的楚国遭到前所未有的重创，改变了春秋晚期的整个战略格局，从而使吴国声威大振，为吴国进一步崛起，进而争霸中原奠定了坚实的基础。此战，对后世用兵有着深远的影响。

孙武一生战功赫赫，从"养城之战"初露锋芒到公元前510年大破越军再展风华；从吴楚豫章之战到柏举之战，每一场战役都显示了其超凡的军事思想和其卓越的军事指挥才能。柏举之战，孙武以3万兵力千里奔袭，击败楚军20万，从中看出孙武使吴军从战术训练乃至于战略上提高了一个层次，创造了中国战争史上以少胜多、快速取胜的光辉战例，使吴国在春秋晚期立身于强国之列。战国时期的军事家尉缭子称赞道："提三万之众，而天下莫当者谁？曰武子也。"

【九变篇】

趋利避害的变通之法

〖原文〗

孙子曰：凡用兵之法，将受命于君，合军聚众。圮地无舍，衢地交合，绝地无留，围地则谋，死地则战。途有所不由，军有所不击，城有所不攻，地有所不争，君命有所不受。

故将通于九变之地利者，知用兵矣；将不通于九变之利者，虽知地形，不能得地之利矣；治兵不知九变之术，虽知五利，不能得人之用矣。

是故智者之虑，必杂于利害。杂于利而务可信也，杂于害而患可解也。是故屈诸侯者以害，役诸侯者以业，趋诸侯者以利。故用兵之法，无恃其不来，恃吾有以待也；无恃其不攻，恃吾有所不可攻也。

故将有五危：必死可杀也，必生可虏也，忿速可侮也，廉洁可辱也，爱民可烦也。凡此五者，将之过也，用兵之灾也。覆军杀将，必以五危，不可不察也。

〖原文意解〗

孙武先生说：按照通常的用兵原则，将帅接受和服从于国君的命令，动员征集组织民众，然后编成军队，集合士众，立即出征。征途中，遇经容易被水淹没、冲刷的低洼之地，部队不可在此安营扎寨住宿；在几国交界、四通八达的地理位置时，应注意广泛交结友邻诸侯为外援，加强与同盟军的统一战线；在军需很难供应上、地瘠民贫、无法养生的地方，部队不可屯住停留；遇到容易设伏形成包围圈的地方时，要多谋略，既要防备敌军在此设伏，立即制定计谋以应战，也要能出奇策，施妙计，陷敌人以重围；当我军陷入不奋勇作战就必定失败的地区时，就要决心把生死置之度外，奋力拼搏，力战以求新生。

有的道路虽然可走，但却要故意不走；有的敌军虽然可打，但却要故意不打；有的城邑虽然可攻取，但却要故意不攻取；有的地盘虽然可占据，但却要故意不占据；对于最高统帅的命令虽然应该绝对服从，但在特殊情况下有时却不能机械地执行。

作为将帅，能够精通"九变"之术，即以上各种非常规作战方式的机变灵活运用，按照变化中的情况，采取相应措施，以获得各种地利，才可谓懂得了如何用兵作战。

将帅如果不精通以上各种非常规作战方式的机变灵活运用，不懂得依情况变化而采取相应的处理，纵然他们能了解地形，却也并不知道怎样利用地形才会更加有利。

将帅统兵打仗，如果不知道各种非常规作战方式的机变灵活运用，虽然能简单粗浅地了解以上五种临机应变的权宜之计，即所谓"五利"，但仍不能完全发挥军队应有的战斗力。

因此，聪明的将帅在考虑问题、谋划作战方案时，必须全面考虑到利害两个方面的因素和后果。在不利情况下能看到有利的方面，作战任务就可顺利完成；在有利的情况下能看到不利的方面，祸患才可解除。

若想迫使别国屈服，就必须使这个国家知道，如果不屈从我们的主张就会对他们有什么样的害处；若要想役使别的国家，就必须使这个国家陷入某种非常费力的所谓事业中，使之去做劳民伤财之事，而没有精力顾及其他；若要想驱使别国为我们工作，就必须舍得给他们一些实际而优惠的利益。

用兵的基本准则是"有恃无恐"：不要寄希望于敌人不敢来攻打，而是要依赖于自己的充分准备，预有胜敌方案，不怕敌人来进攻；不要寄希望于敌人不会进攻，而是要依赖于自己具有敌人无法攻破的实力，使敌人不敢来进攻。

将帅因性格品质上的不成熟、不健全，潜在有五种致命的弱点，如果不懂得依据具体情况而相应变化战法，就会造成对军队的五种严重危害：一是勇而无谋，只知蛮干死拼的，就有可能被敌所诱杀加害；二是不敢拼搏，只知保存力量，贪生怕死的，就有可能被敌人俘虏；三是个性暴躁易怒，爱发脾气的，就有可能经不住敌人故意设下的污辱奸计，而被轻易取之；四是廉洁自爱，清高好名的，就有可能陷入敌人造谣中伤的圈套；五是一味爱护平民百姓备至，时机和场合运用不当的，就有可能中了敌人故意以民作砝码的奸计，使其担心平民百姓而烦劳，不得安宁，从而影响重大军事活动。

以上这五种危险，都是将帅性格中潜在的不良素质造成的，会给用兵指挥带来极大的危害和灾难。军队的覆灭，将帅的被杀，都是由这五种潜伏的危险引起来的，不能不对此高度警惕和重视。

〖原句辨释〗

（一）破解"九变"

孙武以"九变"为篇名，在本篇中又有三次提到"九变"。但是，关于"九变"的解释，历来说法不一，因为从本篇中很难一一历数出"九变"。历代注释家大致有四种意见：

1. "九变"是指本篇中的五种地形：即"圮地无舍，衢地交合，绝地无留，围地则谋，死地则战"。这种解释难圆其说，问题在于是"五"而非"九"。

2. "九变"是指本篇中孙武所述具有一气呵成之感的十句话内容：即"圮地无舍，衢地交合，绝地无留，围地则谋，死地则战。途有所不由，军有所不击，城有所不攻，地有所不争，君命有所不受"。这种概括法存在的问题是前九句是说地形，而最后一句"君命有所不受"则不同类，所论非地形之事，再者此说是"十"而非"九"。

3. "九变"是指本篇中孙武所述"九事"之变：即从"圮地无舍"到"地有所不争"这九件事。从各家注释来看，多取此说。《十一家注孙子》中何氏做了更详细的论述，也较有代表性，他论说道："孙子以九变名篇，解者十有余家，皆不条其九变之目者何也？盖自'圮地无舍'而下，至'君命有所不受'，其数十矣，使人不得不惑。愚熟观文意，上下止述其地之利害尔。且十事之中，'君命有所不受'且非地事，昭然不类矣。盖孙子之意，言凡受命之将，合聚军众，如经此九地，有害而无利，则当变之，虽君命使之舍、留、攻、争，亦不受也。况下文言'将不通于九变之利者，虽知地形，不能得地之利矣'，其君命岂得与地形而同算也？况下之《地形篇》云：'战道必胜，主曰无战，必战可也；战道不胜，主曰必战，无战可也。'厥旨尽在此矣。"何氏这段文字的大意，是说孙武所言"九变"就是指的上述"九地"之变，而"君命有所不受"是说在上述九种不利地形之下，将帅可临机处置，可不必请示君命或考虑是否符合君命。"君命有所不受"一句，是对其余九句即"九事"的总括，每一事在特殊情况下都可

"君命有所不受"。

这种解释似有道理，但本书并不赞同。此说把与"地有所不争"之句紧相连贯的"君命有所不受"之句单列在一边，或概而化之，或作变通之说，如贾林注："变之则九，数之则十。故君命不在常变例也。"这种解释显然存在问题。说此为"九变"，不如说此为"九地"更合适。正如《十一家注孙子》张预在"九变"篇名下所注："凡与人争利，必知九地之变，故次军争。"是说所谓"九变"，指的是九种地形之变。但通览本篇内容，显然并不仅仅说地形之变，主题是在说战场上的所有军情，在善变，在多变。

4. "九变"在本篇中并非确指，"九"是数之极，"九变"即多变。《十一家注孙子》王晳注："九者数之极，用兵之法，当极其变耳。"

本书赞同这最后一种解释，认为孙武在此所言"九"是虚指，而非实指。古人认为天地间的数，始于一，终于九，所以对事物的数目，三以上的都约称为九，形容极多，虚指多数或多次。特别是战场军情之变，数不胜数。用兵作战必须根据纷繁复杂的战场情况而灵活地变换战术，相应地改变军事行动。正如张预所说："变者，不拘常法，临事适变，从宜而行之之谓也。"

《孙子兵法》全书中共有八处使用了"九"字。有两处在《九地篇》中，即篇名"九地"及"九地之变"，此篇中的"九"是实指"散地、轻地、争地、交地、衢地、重地、圮地、围地、死地"九种地形；有两处在《军形篇》，即"九天之上""九地之下"，这两个"九"显然是虚指；在本篇中有四处，篇名"九变""将通于九变之地利""将不通于九变之地利""治兵不知九变之术"。相比较看，本篇中的"九"也是虚指。

银雀山出土汉简孙子兵法佚文中说："君令有所不行者，君令有反此四变者，则弗行也。"清楚地指明本篇中的"四变"是指"途有所不由，军有所不击，城有所不攻，地有所不争"（《汉墓竹简孙子兵法》佚文：四变），而没有联指"圮地无舍，衢地交合，绝地无留，围地则谋，死地则战"这"五地之变"，说明孙武在本篇中的"九变"并非实指，而是言其多变。因为在相互用诈的军事斗争领域里，无论多么高明的军事家，都不可能把战争的每一个细节预测清楚，军队只有适时、适地的多变，才能出奇，才能因敌而制胜。所以，孙武指出，用兵作战，贵在"通九变之利""知九变之术"，做到机变行事；否则，纵然了解地形也不能得地利，即使知道"五利"也不能充分发挥军队的战斗力。

（二）对"杂于利而务可信也，杂于害而患可解也"之句的辨释

对此句的解释，分歧意见主要表现在以下两种说法中：

1. 从利和害两个方面看问题，就一说二，既说利也言害。解释为：处在不利情况下要看到有利的方面，作战任务就可顺利完成；在有利的情况下看到不利的方面，祸患才可解除。

2. 从心理学的角度看问题，就一论一，说完有利再论有害。解释为：从有利的条件着重考虑问题，就能坚定完成任务的信心；从有害的方面着重考虑问题，就可以防患在事前，出现了问题因有心理准备，也能从容解除意外的忧患。

"杂"在此有兼顾、参合、搭配之义。《十一家注孙子》何氏注："利害相生，明者常虑。"本书根据上句"智者之虑，必杂于利害"，认为本句是从利和害两个方面看问题。曹操注："在利思害，在害思利。"所以，本书采取的是第一种解释。孙武在此句中的总体意思是说，作为将帅，处在不利的条件下时，要分析到有利的因素，能变不利条件为有利条件，才能增强胜利的信心，提高胜利的可能性。在顺利的情况下，则要同时看到隐患，顺境中埋伏有危害的可能。只有这样从正反两方面分析军情，才能避免和解除可能发生的祸害，做到有备无患，防患于未然。

（三）对"是故屈诸侯者以害，役诸侯者以业，趋诸侯者以利"之句的辨释

1. 加害于敌人，驱使其忙些鸡毛蒜皮的繁杂之事。解释为：要使各国诸侯屈服，就得用各种手段对它加以危害；要使各国诸侯无力对我，就得烦劳他们，驱使其去干别的事情；要使各国诸侯受我驱使牵制，就得动之以小利去引诱。

关于如何加害于敌方的具体方法，《十一家注孙子》贾林注："为害之计，理非一途，或诱其贤智，令彼无臣；或遗以奸人，破其政令；或为巧诈，间其君臣；或遗工巧，使其人疲财耗；或馈淫乐，变其风俗；或与美人，惑乱其心。此数事，若能潜运阴谋，密行不泄，皆能害人，使之屈折也。"张预注："间之使君臣相疑，劳之使民失业，所以害之也。"

2. 张扬我军之军威厉害，给敌国制造事端，使其陷入纷繁事务忙乱之

中。解释为：所以，要想迫使各诸侯国屈服，就必须使他们知道我军的厉害；要想使各国诸侯受劳役之苦，忙于应付，方法是不断给他们制造事端，使他们不得不处理这些繁杂的事务，从而使他们受到奴役，以消耗他们的精力和国力。要想驱使各国诸侯盲目地奔忙劳顿，方法是用小利去引诱他们，让他们上当受骗，因小失大。

3. 警告敌人若不服从就会有祸害，诱使敌国干一些劳民伤财的"大事业"。解释为：因此，若想迫使别国屈服，就必须使别国晓得，如果不屈从我们的意志和主张就会有祸害降临；若要想役使别的国家，就必须使那个国家陷入某种非常费力的事业里，使之去做劳民伤财之事，而没有精力顾及其他；若要想驱使别国为我们工作，就必须给他们一些实际而优惠的利益。

本书采取的是最后一种解释。孙武在此句中的基本思想是"弱敌之势"。为了陷敌方以无力对我的境地，而我方能韬光养晦，暗中大发展，就要首先给敌以武力威慑，使敌不敢轻举妄动；其次，要分散敌人的国力和精力，使敌方去追逐不正当的事务，忙于奔波一些无助于增强国力的杂事，涣散和弱化其国民的斗志，使其军事力量得不到壮大和发展；再次是搞好统一战线，用小的诱饵或实实在在的利益和优惠政策拉拢和团结一些盟国，使他们能真心诚意地支持和帮助我们。

〖专题解论〗

（一）高明的将帅在作战中善于兼顾利与害两个方面

孙武在本篇中指出："是故智者之虑，必杂于利害。杂于利而务可信也，杂于害而患可解也。"这是本篇关于"九变"内容的重要战术指导原则之一，是作战中临机决断的又一变通之法。战争情况是复杂的，战争中的利与害不是孤立的，而是相互依存、相互渗透的，将帅要兼顾利与害两个方面，全面、辩证地看问题，处理好战争中利害得失的关系。只有在不利的情况下看到有利，才能增强胜利的信心；只有在有利的形势下看到危害，才能防患于未然。

1. 对待敌人，要尽量制造和扩大其困难，使其利变为害，小害变为大害。即所谓"屈诸侯者以害，役诸侯者以业，趋诸侯者以利"。意思是说，若想迫使别国屈服，就必须使别国知道如不屈从我们的意志和主张会有什么害处；要想役使别的国家，就必须使那个国家陷入某种非常费力的事业里，使之去做劳民伤财之事，而没有精力顾及其他；要想驱使别国为我们工作，就必须给他们一些实际或优惠的利益。

2. 对于自己，则要居安思危，居利思害，提高警惕，防患于未然。即"无恃其不来，恃吾有以待也；无恃其不攻，恃吾有所不可攻也"。意思是说，敌我交锋时，不能指望敌人不来进攻，要靠我方具有充分的准备。同样，不能指望敌人不来进攻而能守住阵地，要靠我方有强大的实力，使敌人的进攻不能得逞。绝不可低估敌人，老子说："祸莫大于轻敌。"因此常具有备无患的战略思想是极重要的。在敌我交锋时，不能存有侥幸取胜、敌人不攻的意识。古人说："疆场之事，慎守其一，而备其不虞。"（《左传》）国防安全，是以充分的戒备为基础的。历史经验告诉人们，只有军力优越，准备充分，才能有备无患。当本着"伐谋为上"的思想，企望以政治和外交活动制止敌人的侵略阴谋时，必须以军力准备为后盾，只有军力充实，才能在谈判会议桌上达成协议，从而使侵略者的意图不能实现。

总之，"杂于利害"是作战中将帅选择对敌策略时所必须把握的基本原则。凡事均利害相连，利中有害，害中有利，利能化害，害亦能化利。问题的关键在于，将帅做出决定之前必须清楚敌我双方的有利因素和不利因素，并认真加以权衡。不仅要见害思利，而且还要见利思害。要从最困难、最坏处着想，并对不利因素进行认真分析。要善于趋利避害，善于转化敌我双方的利害关系，使我之害转化为利，敌之利转化为害。

（二）在五种有害地形上的用兵基本原则

孙武认为，将帅接受国君命令后，组编队伍，开始军事行动。首先要通晓战区的地形，把握地形有利及不利的因素，从而正确指挥军队。所谓战区，即是指双方交战的环境。在古代战争中，战区主要指地形及交战环境中的物资供应等。将帅如何利用战区的山脉、平原、江河、森林乃至城镇、关隘、要塞，将其转化为可以提供进攻或防守的有利条件，这里面是大有文章可做的。任何地形环境都具有进攻与防守的两种属性，一般说来，崇山峻岭，不论对于谁都是难以逾越的，但是，对于有的军事家则不然。如拿破仑在面对高耸入云的雷蒂凯山时，自信地说："只要人可以涉足的地方，军队就可以有办法通过。"事实证明许多具有山地作战经验的人，都以成功的战例证实了拿破仑的观点。中国工农红军的二万五千里长征，突破无数关隘险阻，创造了军事史上的奇迹。由此可见，天然屏障纵然有利防守，却也不是绝对不可以突破的。因此，研究地形时，一是要把握地形的价值，二是要发挥人的主观能动性作用。所以，孙武在本篇中就地形做了专门论述，提出了在五种有害地形上的用兵基本原则。

1."圮地无舍"。设营是组编军队后的第一要事。设营就是选择有利于我军行动的作战基地，"圮地无舍"是说在沼泽地区不可以设营安寨。这种区域，最致命的要点是交通不便，不易于攻，也不易于守；既不易于增援部队调动与增援的行动，也不易于供给物资。诸葛亮研究兵法时称"圮地"为地狱，中间低四面高，正好被敌人所围困。选择军事基地时，必须避开这种地方，选择可以有依托的要塞而设营安寨，以便能进可攻退可守。

2."衢地交合"。衢地指的是四通八达、多国交接的地带。在军事活动中，内外联系活动是十分重要的。春秋战国时期，各国诸侯已深知军事行动不能不受到各国间相互关系的制约。当时，苏秦、张仪的合纵连横政策就是以建立或破坏各国间军事联盟的外交战略活动为目的的。在战役中，要特别注意战区与周围邻国的关系，特别是在四通八达的多国交接地带，这一点尤为重要。

3."绝地无留"。绝地是指交通阻隔、缺少粮草的区域。古代军队行动，携带的粮草极为有限，作战所需物资要在当地解决。因此，古代军队选择战区，无粮草之地就算是绝地。即使现代人类的军事活动，在很大程度上仍仰仗自然环境、自然资源。自然环境是军争的物质环境，能够就地取材，保证供给，又便于战略转移，是有利于我军的战区，则可安营设防；若处绝地，则不能生存，当然更不能从事攻防战争的活动。

4."围地则谋"。围地是指四面险阻，出入通道狭窄的战区。有人认为围地的出入通道有利于敌人，而不利于我军。如《十一家注孙子》贾林注："居四险之中，曰围地，敌可往来，我难出入。居此地者，可预设奇谋，使敌不为我患，乃可济也。"梅尧臣注："往返险迂，当出奇谋。""围地"的战区环境十分艰险，与敌军争锋必须预先安排奇谋方能取胜。

5."死地则战"。死地是指军队处于前也进不得、后也退不得的战区。军队处于死地有两种原因，一是被对方所逼，无可奈何；二是我方决策失

误,误入死地。孙武认为,在死地中决战,只能取以死战而求生的战术。军队处于死地,必须是速战、决战,要不惜一切代价地威慑住对方,求得战机的转变。

以上行军作战原则,在历代战争中发挥了重要的借鉴和指导作用。在21世纪军事现代化、信息化的今天,这些战术原则仍具有重要的参考价值。

(三) 特殊情况下的"五利"(五种"有所不能")战术原则

军事领域里的斗争,极其复杂。有许多情况是不能像处理平常事务那样按常规办理的,有许多情况看似可行,却不能那样去做。特别是在拼勇斗智激烈的战场上,有着太多的"有所能"和"有所不能"。为此,孙武在本篇"五地"之后紧接着提出了"五利",即在特殊情况下的五种"有所不能"战术原则:"途有所不由,军有所不击,城有所不攻,地有所不争,君命有所不受。"

1. "途有所不由"。在行军中,有些道路险狭,要当心有伏兵,不能盲目行动。交通运输,是调动指挥部队和军事后勤的核心。在战场上,交通的好坏,直接关系到战争胜负,古今犹然。"途有所不由",意味着将帅必须选择有利的交通线,以保障军争成功。孙武的这一思想,在现代军事后勤学中已发展成一门十分重要的学科——军事运输指挥理论。该理论强调道路是军事运输的基础,要求将帅必须实施集中而统一的指挥,根据作战需要,以严格而科学的规章,选择理想的运输路线和工具,并根据实际情况调整运输程序,提高运输效率,保障战争的需要。

2. "军有所不击"。为了战争的整体目标,有的敌人可以不打,这就是说,要有选择性地对待打击对象。孙武在《军争篇》中说:"兵以诈立,以利动。"所以用兵之法就不能简单化,见敌人就打。如对假装败走的敌人,就不能跟踪追击;对于引诱我军的敌军,也不要上当去攻打。"军有所不击"正是为了击中敌人的要害,歼灭必须歼灭的敌人,取得战争的胜利。

3. "城有所不攻"。夺取战略城市是军争中的进攻目标,但从战略的整体考虑,不能见城就攻。有些城池,可能是敌人布置的引诱我军入内的陷阱;有些城镇,防守严密,兵力雄厚,又据险关,我方难以轻取。因此,要避开陷阱及敌方锐兵之势,而攻其兵寡势弱之处,乘势取胜。

4. "地有所不争"。守城占地,一则可扩大我方领区,二则可使我方的给养、物资、人力等能得到扩充。然而，有些地区的敌人设防强大，又有所戒备，我方难以正面与之争夺，就应暂时避免正面进攻。如果一个战略点关系全局之胜败，当然可不惜一切代价夺取，但如果只是为了夺地而夺地，这是毫无战略意义的愚蠢行动。另外，有些地区地旷人稀，资源贫乏，不属于既定的战略目标。对于此类地方的攻击，不仅不能消灭敌人的实力，也难以控制敌人自由活动的能力，反而陷自己于被动地位，就不如不争。

5．"君命有所不受"。在战场上无论是对地形方面的机断处置，还是对进攻目标的应变之策，都存在着一个如何对待君主命令的问题，它是将帅实施机变的前提条件。因此，军队在集中统一的领导下，将帅应具有相对独立的临机决断之权，这也是出师作战的客观需要。将帅应根据实际情况，"君命有所不受"，临机处置，这是进行正确指挥的一个重要原则。

（四）"君命有所不受"与一切行动听指挥

军队强调纪律，强调一切行动听指挥，古今中外的军队莫不如此。如中国现代史上的人民军队高唱的《三大纪律八项注意》纪律歌，三大纪律的第一条就是"一切行动听指挥"，紧接其后的歌词是"步调一致才能得胜利"。在古代，将帅受命于君王，也强调一切行动听指挥。但是，战场上风云变幻，总有与原来战略目的、战术设计不同之处，君王的指令总赶不上军情的变化速度。前线将帅如果机械地执行君王的指令，而不考虑战场形势，就会出现良机丧失、军队失败的结果。为此，孙武在本篇中提出了"君命有所不受"的论断，这是孙子兵法中"九变"——机动灵活用兵思想的重要内容之一。

"君命有所不受"的军事思想，是战争发展到一定历史阶段的产物。春秋初期，专职的将帅还没有出现。到了春秋末期，随着战争规模的扩大，战场地域的延伸，专职将帅方才出现。而随着专职将帅的出现，机断处置、机断指挥的问题也引起了军事家们的高度重视。孙武正是在这个历史时期，适应战争发展的客观要求，提出了这一具有普遍指导意义的思想。

一般说来，古代军队出师作战，地形复杂，情况多变，通讯联络极为不便，君主是不可能全面掌握战场情况的。如果凡事都要等待"君命"，按照千里之外不了解战场情况的国君的意志行事，临机处置、随机应变的问题就无从谈起，只能使得"三军既惑且疑"而导致败亡。因而孙武在本篇中提出了"君命有所不受"的思想，要求将帅结合战场实际情况，大胆机断行事，在国君的命令不符合战场的实情时，从实际出发，机断处置，绝不能囿于君主的命令而机械服从。只有这样，才能赢得战争的胜利。

孙武所说的"君命有所不受"，并不是无条件、无原则的，而是有其前提的。汉简佚文中说："君令有所不行者，君令有反此四变者，则弗行也。"（《汉墓竹简孙子兵法》佚文：四变）可以看出，孙武"君命有所不受"的本意是以符合国君及其统治阶级的根本利益以及夺取战争胜利为前提的。这与孙武《地形篇》的精神是相一致的。孙武说："故战道必胜，主曰无战，必战可也；战道不胜，主曰必战，无战可也。故进不求名，退不避罪，惟人是保，而利合于主，国之宝也。"也就是说，君命的受与不受，要以利于国、利于主、利于整个战争全局为原则。再从本篇所论述的内容来看，"君命有所不受"的思想，主要是为保证将帅在多变的战场上能充分发挥主观能动性，能当机立断、不失时机地去战胜敌人，而绝不是说将帅可以在战略上和总的战争目的上拒不执行君主的命令。总之，"君命有所不受"，不是一概不受，不受的仅仅是不符合战场实际情况的命令，不受的目的正是为了维护君主和国家的利益，为了获得战争的胜利。

《左传·定公四年》记载，公元前506年，吴、楚两国军队在柏举（今湖北麻城东北）摆开阵势。阖闾之弟夫概前来请战，对阖闾说："楚国令尹子常不仁，其部属都丧失了誓死作战的意志，如果我乘此时机先发起进攻，楚军必定畏战逃跑，而后我大军迅猛追击，必获全胜！"阖闾不同意。夫概回到自己的营寨对部属说道："《兵法》说得好，作为君主的臣下，统兵作战的将领，临机决断要以国家和君主的利益为准则，凡合乎国家和君主利益的事，就要竭力奉行，不需要等待君主允许的命令。这话正是对今天这种情况而言的。我今日抓住战机与楚军决一死战，楚军必败。"于是，他不顾阖闾的反对，自行率领所属军队5000人发起进攻。结果楚师溃败，子常逃跑。此战，可以作为孙武"君命有所不受"思想的注脚。

（五）将帅潜在着的"五危"不良素质

将帅素质是许多军事理论家都十分重视的问题。所谓将帅素质，是指一个优秀的将领除了精通战争艺术外，必须有高尚而完美的人格，超人的精力以及经得起残酷的战争考验的品性。孙武于本篇中指出将帅的"五危"，是从五个方面研究将帅素质上的某种缺陷可能导致的各种危机。将帅用兵指挥战役时，失败往往不来自外界条件，如敌强我寡，地形恶劣，供给不足，敌情不明，兵卒训练尚差等，也不来自指挥方案不当，而是来自将帅个人素质上的缺陷和遗憾之处。

第一种危机："必死，可杀。""必死"，就是死拼蛮干，有勇无谋，容易中计被杀。

勇敢是将帅的第一品格。凡是兴师动众，将帅必勇。勇敢的将帅的卓越精神素质是胆识，不具备超人的胆识，就不能成为杰出的统帅。但是，杰出的统帅不能恃强而轻敌，而鲁莽。勇敢必须与智谋结伴而行，才能所向无敌。所谓"必死"者，就是说的在战争中只知死拼蛮干的人，由于战争情况瞬息万变，就有可能被杀掉，他所指挥的军队，就可能被敌人消灭。所以，曹操认为："将当以勇为本，行之以智计。若但任勇，则一匹夫敌耳。"（《古语精华》）将帅若只会拼命蛮干，乃是匹夫之勇，不宜任职。《十一家注孙子》杜牧注："将愚而勇者，患也。"

第二种危机："必生，可虏。""必生"，就是贪生怕死，行动缓慢，容易丧失战机，沦为俘虏。

军人职业需要所有指挥员都应是临危不惧的人，只有临危不惧才能在特殊危险的时刻思维敏捷，合理并能最大限度地展示个人能力，发挥集团优势，战胜敌人。而那些在战场上贪生怕死、意志薄弱的人，在和平时期似乎还能以其一定学识夸夸其谈，但在一场生死立决的残酷的战争中，则不能"立于死地而后生"和敌人决死战斗，其结果可能会沦为俘虏。

第三种危机："忿速，可侮。""忿速"，就是急躁好怒，骄横轻敌，易于轻举妄动，受敌凌辱。

暴躁不是勇武，谩骂与喊叫也不是指挥员严格精神与原则性强的标志，充其量只能证明他们浮躁，没有教养。暴躁与叫骂常会招致内部离心的后果；敌人也会利用将帅易躁心理，将其导入歧途，如果不能辨其真伪，又缺乏审慎的忍受力，必然会中计而败。所以，理性的冷静、审慎的思考是将帅超越常人的必备素质。那种急躁易怒、经不起委屈和欺侮的将帅，在军内可能导致离心离德，在外部可能会中敌人奸计。所以，身为将帅，要有刚毅之勇，以信义训人率下，以仁德服众教民。平易可亲之中，包蕴着将帅不可摧毁的博大智慧，意味着不可以急躁，更不能愤愤然。特别是主将，必须永远保持冷静的头脑，以慎重判断来自各方的各种好与坏的信息，并且不能轻易地被好或坏的消息所影响，应在高度的澄明与宁静中综合各种信息，做出准确决策。这一行为过程是坚毅的人格与真正智慧的体现。因小喜而狂呼，因小败而颓丧者不可为将帅统兵。

第四种危机："廉洁，可辱。""廉洁"，就是廉洁自爱，高傲自恃，容易受辱而失智。

将帅多自爱其名声，如果气量狭小，不甘受辱，一旦听到有损自己名声的言论，就起而辩之。那么，敌军若掌握将帅的这一性格特征后，就可以用辱杀的手段来对付这种将帅。辱杀的手段是很多的，如行间诱诈，造谣诽谤，甚至无中生有地制造一些有损于将帅人格的恶语。身为将帅，应以保持自身廉洁及部队荣誉为职责。"胜败乃兵家常事"，战争风云并不会给任何人以常胜不败的命运。美国的艾森豪威尔在《远征欧陆》一书中说："在战争中，评价一位司令官的唯一标准是他胜利与失败的总纪录。"不要计较一时的失败，因此小挫折不足以为辱。将帅如果不能忍受其害其辱，内心必然自乱，而露出失衡之态，这种人也是难以担负将帅之大任的。

第五种危机："爱民，可烦。""爱民"，就是唯知爱民，易为敌人的烦扰而陷于被动。

凡是爱民之仁德者，唯恐伤害百姓。但是，只因不愿烦扰百姓，往往耗时耗力以致贻误战机。同时，敌人用奇兵扰民，故意烦扰我军心，引诱"爱民"的将帅出战。我军援助之时，当然不堪其劳，这恰恰中了敌人消耗我军实力的计策。

孙武在此对将帅自身素质建设提出了"必死""必生""忿速""洁廉""爱民"五种性格上的有害特点。认为这五点都是为将之害、用兵之灾，军队覆没、将帅被杀，都是由这五种缺陷造成的。警示这五种危机都是由于将帅素质缺憾所致，故"不可不察也"，以促其省察。

真正合格的将帅应是不避生死之险、智勇双全者，性格完美持重、具有远见卓识的仁者。而不是只抓住事物的一端，困守至死的庸才。他们虽勇敢但并非拼死蛮干；他们善于保存军队的实力，却不委屈贪生；他们性格刚毅但并不暴躁，且经得起诋毁和误解；他们廉洁自爱却又不怕诽谤；他们爱民爱兵却适当有度。这些标准，也完全符合孙武在《始计篇》中所论的合格将帅"五德"条件，即智、信、仁、勇、严。

〖经典战例〗

昆阳之战——围地则谋，死地则战

"文叔能读书，折节如儒生；一战摧大敌，顿使河宇平。"这首诗，是明末思想家顾炎武为歌颂东汉光武帝刘秀所写。"文叔"是刘秀的字，诗的前两句赞美他发奋读书，后两句称颂他在一次重要战役中，一举打败强敌，从而平定天下。诗中所说的"一战摧大敌"，指的就是西汉末年的昆阳之战。此战，发生于公元23年（新莽地皇四年，汉更始元年），是中国古代以绿林农民起义军为主体的刘玄汉军，在昆阳（今河南省叶县）地区大破王莽军主力，推翻"新莽"政权（由王莽建立的新政权）的一次战略性决战，也是我国历史上著名的一次以少胜多的典型战例。在这次决战中，刘秀等人领导的汉军身处"围地""死地"，终以大无畏的勇敢精神和灵活机动的战法，"谋"与"战"，一举全歼王莽军主力，"新莽"王朝随之彻底覆灭。

新莽王朝风雨飘摇　绿林建立更始政权

西汉末年，政治腐朽，经济凋敝，民不聊生，危机四起。外戚王莽利用这一形势，玩弄权术，窃夺政权，公元8年称帝，改国号为"新"，建立新朝。

王莽上台后，"托古改制"，不仅没有使情况有所起色，反而政令苛虐，加上连年自然灾害，人民无以为生　导致阶级矛盾更趋激化。广大民众在忍无可忍的情况下，纷纷揭竿而起，以武力反抗新莽的统治，声势浩大的全国范围农民起义在各地爆发。一时间，起义烈火燃遍黄河南北和江汉地区，新莽王朝完全处于众叛亲离、风雨飘摇的境地。

在当时众多的农民起义军队伍中，威震山东的赤眉军和纵横中原的绿林军这两支起义军的名声最响。绿林农民起义军，由王匡、王凤领导。在农民起义蓬勃发展、王莽政权摇摇欲坠的时候，一些受新莽政权压抑的原西汉王朝宗室刘玄和刘縯、刘秀兄弟等，也纷纷加入绿林军的行列。绿林农民起义军在军事上不断打击新莽势力，逐渐向王莽统治腹心地区推进。新莽王朝不甘心退出历史舞台，拼凑力量进行垂死挣扎，于是农民起义进入

最后进攻阶段。昆阳之战正是这一历史背景下的产物。

据《后汉书》和清光绪《叶县志》载：公元23年1月，绿林军各部接连击破了王莽的10余万荆州兵，又乘王莽主力东攻赤眉、中原空虚之际，挥兵北上，在沘水（今河南泌阳境泌阳河）西击灭王莽军，斩主将南阳郡守甄阜、属正梁丘赐。接着，在淯阳（今河南新野东北）、宛阳（今南阳县瓦店）击败纳言大将军严尤（庄尤）、秩宗将军陈茂所部。绿林军首领王匡指挥主力围攻战略要地宛城（今河南南阳市），队伍迅速发展到10余万人，给王莽政权造成很大的威胁。

在胜利进军的形势下，农民起义军开始萌发了建立政权的要求。公元23年3月间，绿林军将领推举汉宗室后裔、光武帝刘秀的族兄刘玄为皇帝，恢复汉制刘汉政权，改年号更始，绿林军从此改称汉军。更始政权的建立，标志着农民起义进入新的阶段，汉军节节胜利，王莽政权在政治、军事各个方面日益趋于被动。

刘玄即位后，决心乘王莽军主力东进镇压赤眉起义军之机，围攻军事重镇宛城，待机攻取洛阳，进捣关中。他命令主力北上围攻宛城，开进潢川一带。为了阻止王莽军的南下，保障主力展开行动，夺取宛城，刘玄另派成国上公王凤、大将王常和偏将军刘秀等率军约2万人北上，攻城略地，决心乘敌严尤和陈茂军滞留于颍川郡一带之际，迅速攻下昆阳（今河南叶县）、定陵（今河南郾城西北北舞渡）、郾县（今郾城西南）等地，与围攻宛城的主力积极配合，形成犄角之势。

汉军王凤等部接连攻克昆阳、定陵、郾县，刘秀乘势率数千人出抵阳关（今河南禹县西北），进逼洛阳。这为下一步进击洛阳，与赤眉军会师以及经武关西入长安，消灭王莽政权创造了有利的条件。

王莽大军围困昆阳　刘秀飞骑出城调兵

王莽对绿林军的战略动向一直都十分不安，他在长安城内听到昆阳失守、宛城被围和严尤、陈茂战败的消息，更是急得像热锅上的蚂蚁。尤其是当刘玄称帝的消息传来，得知更始政权的建立与发展，王莽才意识到绿林军的威胁更大，立刻决定转移战略重心，改变将主力用于镇压赤眉军的军事部署，转而对付汉军，调集各郡兵力集结洛阳，准备与汉军进行战略决战。

王莽任命他的亲信大司空王邑为统帅,火速赶赴洛阳,会同大司徒王寻,在那里征发各州郡精兵42万,向南进击,围攻昆阳,以消灭围攻宛城的汉军。此外,王莽还急忙下诏,从全国各地征集懂得兵法的专门人才,充当军中参谋。文武百官推荐了数百名懂兵法或武艺高强的人,王莽把他们都任命为军官,让他们按各自所学的兵法,分为63家,人数有几百人。《史记·五帝本纪》中有黄帝"教熊罴貔貅䝙虎以与炎帝战于阪泉之野"的记载,王莽在征召能征善战的勇士同时,也特意挑选了一位名字叫巨毋霸的人,此人身高1丈,腰宽10围,据说他最突出的才能是能带领老虎、豹子、犀牛、大象等猛兽作战。王莽让他担任垒尉(负责防守营垒的官),并把上林苑打开,放出一大群猛虎、恶豹、犀牛、大象等野兽,让巨毋霸指挥,走在队伍前面,以壮大声势,吓唬汉军。王莽组织的这支貌似强大的神话般的"人兽联军",号称百万。行军时,旌旗蔽天,辎重盖地,烟尘滚滚,千里不绝,如潮水一般地向昆阳涌来。王莽见有这么多能替他打仗的人,还有巨毋霸驱虎、豹、犀、象以助威,心中十分高兴,同时也被这表面现象冲昏了头脑。王莽军的将领也是个个盛气凌人,不可一世,他们以为把汉军歼灭在昆阳城下,只是弹指间的事。

5月间,王莽军主将王邑、王寻率军西出洛阳,向宛城进发,南下取道颍川(郡治阳翟,今河南禹县),在那里与严尤、陈茂两部合兵一处,并迫使先期进抵阳关的汉军刘秀部撤回昆阳,企图以优势的兵力与汉军进行决战,一举而胜,以确保宛城,安定荆州,保障长安、洛阳的安全。而后,王邑大军挥师南下,迫近昆阳城北,军阵绵延数百里。对此,汉军出动了数千人马到阳关一带堵击,因见王莽军势大,急忙返回昆阳。

在40余万的王莽大军逼近昆阳时,昆阳城中的汉军仅有8000余人。当侦探军情的骑兵回报"敌军先头部队已到城北,队伍多得望不见尾"时,昆阳守军诸将听后,无以为计。如何对付气势汹汹的强敌,汉军将领的意见在开始时并不统一。有的将领害怕了,他们见王莽军声势浩大正在向昆阳开来,认为敌我兵力众寡悬殊,不易取胜,因而主张避免决战,放弃昆阳,化整为零,散归荆州各地,再图后举,实际上就是想带上妻子儿女逃跑,疏散到各地隐蔽。但偏将刘秀却不以为然,他反对这种消极做法,讲了自己如何针对敌情调兵布阵、克敌制胜的设想,主张集中兵力,迟滞、消耗王邑军的兵力,掩护主力攻取宛城,然后伺机破敌。并以"合兵尚能

九变篇

取胜、分散势难保全"的道理,说服各位将领固守昆阳,拖住莽军,以待攻宛大军前来接应。他劝大家说:"在这紧要关头,我们必须决心抗战。虽然我们兵少粮缺,如果大家同心协力,死守昆阳,等我们的援兵一到,两面夹击,就一定能打败敌人,取得胜利。如果昆阳不守,攻宛之军就会受到威胁,一日之间就会全军覆没。"

当时刘秀只有29岁,又是一员偏将,在以前的战斗中,也没有什么突出表现,因此平时并不为人们所重视。在这紧急关头,他表现得如此坚定沉着,又提出了一整套御敌方案,诸位将领开始时对他的意见还表示质疑,后来也认为刘秀的话有道理,值得考虑。这时王莽军王邑的先头部队已逼近昆阳城北,汉军已无其他路可走。正在议论间,敌人的前锋已逼近昆阳城北,后续部队也在源源不断地开来。这时,军情十分紧急,大家彼此观望,谁也再提不出更好的办法来。在这紧急关头,诸将领经过反复研究商量,还是同意了刘秀的建议。决定由王凤、王常等率众坚守昆阳城垣,刘秀率12名骑兵趁王邑军在城南尚未形成合围之机,乘夜出城,渡过昆水,赶赴郾县、定陵一带调集援兵。当天深夜,刘秀率领宗佻、李轶等勇士悄悄潜出昆阳城南门,以迅雷不及掩耳之势闯入敌人的大营。王莽军猝不及防,刘秀等人闯营成功。

王邑、王寻等率军蜂拥抵至昆阳城下,把大本营设在今城关乡的秦赵村,恃众逞强,将昆阳城团团围住,准备进攻。这时,曾与绿林军交过手,深知其厉害的严尤向王邑建议说:"昆阳城虽小,却易守难攻,不容易很快打下来。现在汉军主力在宛城,我军应绕过昆阳,迅速赶往宛城,先击败那里的汉军主力,昆阳也就不攻自克了。"然而,王邑、王寻自恃兵力强大,拒不接受严尤"弃围昆阳、直趋宛城、击灭汉军主力"的这一适宜建议,仍决意坚持先强攻下昆阳,再进击宛城汉军主力。于是动用先至昆阳的10余万兵力,列营100余座,围城数十层,猛攻昆阳不已。王寻傲慢地说:"我过去任虎牙将军时,曾率兵围攻翟义,因没有捉住他,受到朝廷的责备。现在有百万大军,连这样的小城都不能攻下,怎么交代!"王邑则扬言:"百万之师,所过当灭,今屠此城,蹀血而进,前歌后舞,顾不快耶!"然而,他们违背了战争的基本法则,《孙子兵法·九地篇》曰:"途有所不由,军有所不击,城有所不攻,地有所不争,君命有所不受。"这几个"不",王莽军的将领在此战中虽然都遇到了,但却没有正确对待,攻了不该攻的城，争了不该争的地。

王邑、王寻使用全部兵力，轮番向昆阳城头发起进攻，企图以强攻取胜。命令士卒挖掘地道攻城，用制造坚固的撞车猛烈地撞击城门、城墙，还制造了10多丈高的云车（专门用来攻城的战车），推着靠近城墙，云车上的士卒居高临下，对着城中放箭和发射石块。箭矢和石块有时密集得像雨点般向城中打来，城中居民打水时都得背上门板。一时间，昆阳城外旌旗遍野，尘埃连天，鼓角之声在几百里之外都能听得到。

昆阳城内守军别无退路，只好依靠城内百姓的支持，以一当百，合力顽强抵抗，坚守危城，多次击退王莽军的进攻。王莽军遭受很大的消耗和挫折，始终不能得手，日趋被动。严尤见昆阳城屡攻不下，遂再次向王邑建议："围城必须网开一面，使城中守军逃出一部分，去散布恐怖情绪，以动摇敌军的军心，瓦解敌军的士气。"可是刚愎自用的王邑、王寻认为昆阳城顷刻可破，依然未能采纳严尤"围城必缺"、以动摇汉军心的意见，仍接着用撞车等攻城器械继续破坏城垣，挖掘地道，企图速胜。

突围出昆阳城的刘秀、宗佻、李轶等人抵定陵、郾县后，与那里的汉军将领商议调集全部兵力驰援昆阳。这些将领却也十分畏惧势力强大的王莽军，并留恋家庭和财物，提出分兵把守，不愿意出兵救援昆阳。刘秀耐心讲述了战胜敌人的有利条件和战法，说服不愿出兵的汉军诸营守将，应尽快把全部人马调往昆阳前线，特别指出："如果打败了敌人，我们会得到更多的财宝和物资；如果消极防御，我们一定会全军失利，连自己的命也保不住，还谈什么家室财产？"大家听了这番话，面面相觑，但也觉得有道理，激烈争论后最终同意了刘秀的建议，很快集中了步骑兵1万余人，于6月初出发，救援昆阳战场。

昆阳城虽小，但还是比较坚固的。守城汉军在民众的支援下，奋力抵抗，多次击退王莽军进攻。王莽军想了许多攻城的办法，但始终无法把城攻破。就这样拖延了几天后，刘秀搬来的救援大军全部聚集到城外。

此时，王莽军久战疲惫，锐气已丧失殆尽，这就为汉军各个击破提供了机遇。刘秀把援军屯驻在今叶县城关乡草厂痰村附近，精选1000余名步、骑健卒精锐为前锋，在距王邑军两三公里的地方摆开阵势，准备趁敌人立足未稳之时，接战出击。王邑、王寻等看见对方人数很少，自恃兵力雄厚，骄妄轻敌，没有引起足够重视，仅是随便派出些人马对垒迎战。

九变篇

王莽军的轻敌，给汉军提供了求之不得的歼敌机遇。刘秀一马当先，冲入敌阵，奋勇进攻，直奔王寻、王邑的中军大帐掩杀过去，反复猛冲，奋勇冲杀，立斩王莽军数十人，士气大振。然后乘胜前进，再杀近千人。首战告捷，大大振奋了汉军士气。

假传战报偷涉昆水　死地则战驱水不流

这时，汉军主力已攻占宛城3天，但是消息还没有传到昆阳，刘秀也不知道。为了鼓舞全军士气，动摇敌人军心，刘秀便假写宛城已被攻克、派来的援军即将抵达昆阳城下的战报，用箭射入昆阳城中；同时，又故意将同样内容的战报遗失，让王莽军拾去传播。这个重大消息一经传出，昆阳城中的守军士卒无不兴高采烈，勇气倍增，守城更为坚决；而王邑军则由于困兵在昆阳坚城，久攻不克，且闻宛城失陷，个个吃惊，士气更为沮丧，无心恋战。有利的形势开始向汉军转化。

刘秀善于捕捉战机，在取得初战胜利后，他看到更大的战机也业已成熟，决心乘敌人士气沮丧和主帅妄狂轻敌的弱点，精选勇士3000人作为突击队，在一天的拂晓，出敌不意地迂回到昆阳城西敌军的侧后，偷偷地涉过昆水（今河南叶县辉河），向王邑大本营发起猛烈的突袭。

这时，王邑等人见汉军不多，仍视为不堪一击，未把刘秀放在眼里，盲目轻敌，同时又担心州郡兵失去控制，遂下令各营勒卒自持，坚守阵地，没有将令，不准擅自出兵行动，而由自己和王寻率领1万人迎战刘秀的冲杀。然而，王邑的这一做法给其军队带来了始料未及的严重后果：在刘秀所率精兵的猛烈进攻下，汉军勇猛冲杀，王邑手下的1万余人马很快陷入被动挨打的困境，阵势大乱。但诸将却又因王邑有令在先，谁也不敢去救援，致使王邑军败溃。

汉军的大部队随后赶到，直冲王邑军的大营。斗志旺盛的汉军，猛冲猛打，王邑军招架不住，队形顿时大乱。

昆阳城内守军王凤、王常在城头上一见援兵来到，城外汉军取胜，下令大开城门，乘势鼓噪而冲出，内外夹攻，喊杀之声震天，夹攻王莽军，打得王莽军一败涂地。

王莽军人数虽多，但多是临时被胁迫而来的乌合之众，他们痛恨王莽，都不愿意打仗。许多将领的作战经验也不多，且为上级命令所拘束，也乐

得按兵不动，所以王邑、王寻受挫，各军也不出援，因而阵容混乱不堪。汉军冲入王莽军阵中，竟没有遇到多少抵抗。王莽军兵败如山倒，将卒们见大势已去，纷纷夺路逃命，互相践踏，死伤惨重，积尸遍野。

正当王莽军溃逃的时候，恰逢雷雨骤至。天昏地暗中，狂风呼啸飞瓦，电闪雷鸣交加，大雨如注倾盆，狁水（今河南叶县沙河）暴涨。风声、雷声、雨声、水声和汉军的喊杀声汇成一片，王莽军将士被吓得丧魂落魄。巨毋霸的猛兽部队虎、豹、犀、象等野兽，它们哪里见过如此惊天动地的场面，在这样少见的恶劣天气中，吓得四腿瑟瑟发抖，再也不听指挥，更谈不上助战了，脱缰四处狂奔逃散，把王莽军搅得七零八乱，全线崩溃，仓皇逃至今汝坟桥、问村、严村、堤郑一带抢渡狁水。王莽军大乱中，涉水逃跑而被溺死者不计其数，使得狁水为之不流。王寻战死，巨毋霸也难逃一劫，只有王邑、严尤、陈茂等少数人以轻骑践踏尸体渡水，狼狈逃脱，回到洛阳，出发时的百万大军只剩下几千人。王莽军遗弃了大量军用物资，汉军用了一个多月还没有搬运完，只好把剩下的全部焚毁。

昆阳之战，以汉军的胜利告终。

昆阳大捷后，汉军尽快补充辎重粮秣，以利再战。王莽军将领严尤、陈茂对王莽政权彻底失去信心，投奔起兵于汝南的原汉朝宗室刘望。刘玄又遣王匡攻洛阳，申屠建、李松急攻武关，三辅震动，各地豪强纷纷诛杀王莽政权的牧守，用"汉"作为年号，服从刘玄更始政权的政令。当年9月，汉军再分兵两路，以风扫残云之势，由洛阳、武关两路进攻长安。10月，长安庶民在朱弟、张鱼的率领下，揭竿响应汉军。商人杜吴杀死王莽，维持了15年的"新莽"王朝就此土崩瓦解。公元25年，刘秀建立东汉王朝，是为光武帝。

〖点评〗

昆阳之战中，王莽军的兵力有42万人，而汉军守城和外援的总兵力加在一起也不过2万人。在如此兵力对比悬殊的情况下，汉军竟能取得全歼敌人的辉煌胜利，这决不是偶然的。点评其要旨，大约可归结如下：

1. 胜在人心，战略指导正确。绿林起义军（汉军）在政治上高举反抗王莽暴政统治的旗帜，符合广大民众的愿望和要求，因而得到民众的拥护和支持,这是昆阳之战中起义军取胜的深厚政治根源。《孙子兵法·九变篇》曰:"凡用兵之法,将受命于君,合军聚众。"在作战战略指导上,汉军君臣团结御敌,将士众志成城,实施了坚守昆阳、牵制敌人、调集兵力、积极反攻的正确战略战术,迟滞了王莽军的行动,消耗了其实力,牢牢地掌握了战场攻守的主动权。并能够把握战机,选择敌军指挥部为首要进攻目标,将其一举捣毁,使得敌军陷于群龙无首的境地,最终被围歼。

2. 精神领袖,勇为中流砥柱。昆阳汉军的最高军事长官虽然是原绿林首领王凤,但在这次战役中,权位不高而深有计谋的刘秀是最关键的人物。面对惊恐不安、束手无策的众将领,刘秀成功地扮演了一个勇敢果断、大智大勇的精神领袖角色,这是汉军在此战中取得胜利的核心所在。《孙子兵法·九变篇》曰:"故用兵之法,无恃其不来,恃吾有以待也;无恃其不攻,恃吾有所不可攻也。"意思是说,不要寄希望于敌人不敢来攻打,而是要依赖于自己的充分准备,预有胜敌方案,不怕敌人来进攻;不要寄希望于敌人不会进攻,而是要依赖于自己具有敌人无法攻破的实力,使敌人不敢来进攻。此战中,在几十万敌军兵临城下时,刘秀说服其他人坚守昆阳,自己作为求援"十三骑"之一,搬来救兵数千人。此时昆阳城中已经万分危急,在强势的王莽军猛攻之下,王凤等人恐惧失望,曾"乞降"但没有被接受。刘秀引兵刚到,王莽军主将王寻派出数千人阻击。这时,汉军援军并没有足够的信心,刘秀则独自率领"千余人"为先锋,身后的其他人颇有观其成败的意思,但当看到刘秀奋勇冲杀之后,才受到振奋,一拥而上,初战取胜。刘秀这么一个曾经被认为只配骑牛的田舍翁,在昆阳城内外充分地展现出一代大英雄、大豪杰的绝世风采,写下了一段传奇故事,由此也一战成名,鹰扬于历史的天空。

3. 以少胜多,敢于冒险拼杀。从昆阳被围到结束,汉军肯定经不起持久战,只有决一死战,才有希望。《孙子兵法·九变篇》曰:"围地则谋,死地则战。"此战中的昆阳,始终是"围地",也是"死地",只有战中求存。王莽征调百万大军,实际汇集到洛阳并赶赴前线参战的是42万。军中不但驱赶各种猛兽以壮军威,还携带了大量珍宝辎重"示富饶于山东",在战败之后,这些宝贝都成了汉军的战利品,其数量巨大,至于汉军"举之连月不尽,或燔烧其余"。从中可见王莽为尽快地大获全胜,是下了血本的。相比之下,汉军兵力就显得太单薄,昆阳城中"唯有八九千人",而且

孙子兵书论解

很难断定城中全是军人，刘秀搬兵"悉发郾、定陵兵数千人来救昆阳"，这样，汉军充其量总计也不过2万人。双方兵力对比极为悬殊，而汉军具有义无反顾的冒险精神，不管是昆阳城内的守军，还是城外的援军，将士们都临危不惧、"见大敌勇"，昆阳守军钳制强敌，援军捣敌要害，最终大破王莽军主力。

4. 随机应变，攻心瓦解敌军。《孙子兵法·九变篇》曰："故将通于九变之地利者，知用兵矣；将不通于九变之利者，虽知地形，不能得地之利矣；治兵不知九变之术，虽知五利，不能得人之用矣。"汉军善于利用王莽军的弱点，在多变中采取军政轮番进攻，双管齐下，摧毁敌人的战斗意志，积小胜为大胜。战中，汉军根据敌情耍了一个看似简单却很重要的手段，故意传递给敌军假情报，说"宛下兵到"。这一计谋，立刻使昆阳城中守军士气大增，坚定了守城的意志，而王莽军军心涣散。后来王邑、王寻两人面对刘秀率领的3000人敢死军，只派1万人迎战，并且下令大军没有命令不得擅动。主要原因也是刘秀那封故意让他们看到的书信起了迷惑作用。因为如果汉军已经攻占宛城，就不会只有刘秀这几千人马，王寻、王邑为了防备不存在的"宛下兵"，对其他主力下达了不许出战、固守大营的命令。

昆阳之战，是绿林、赤眉起义中的决定性一战。刘秀等汉军将领，机智灵活，密切配合，充分利用敌方骄纵之弱点，攻心与奇袭相结合，以昆阳守军钳制强敌，用精干援军捣敌要害，聚歼了王莽赖以维持统治的军队主力，并尽获其全部装备和辎重，为起义军胜利进军洛阳、长安，最终推翻王莽统治创造了有利的条件，此战成为中国古代战争史上以少胜多、以弱胜强的著名战例。

【行军篇】

战车时代的军事侦察术

〖原文〗

孙子曰：凡处军相敌，绝山依谷，视生处高，战隆无登，此处山之军也。绝水必远水；客绝水而来，勿迎之于水内，令半济而击之，利；欲战者，无附于水而迎客；视生处高，无迎水流，此处水上之军也。绝斥泽，惟亟去无留；若交军于斥泽之中，必依水草，而背众树，此处斥泽之军也。平陆处易，而右背高，前死后生，此处平陆之军也。凡此四军之利，黄帝之所以胜四帝也。

凡军好高而恶下，贵阳而贱阴，养生而处实，军无百疾，是谓必胜。丘陵堤防，必处其阳，而右背之。此兵之利，地之助也。上雨，水沫至，欲涉者，待其定也。凡地有绝涧、天井、天牢、天罗、天陷、天隙，必亟去之，勿近也。吾远之，敌近之；吾迎之，敌背之。军行有险阻、潢井葭苇、山林蘙荟者，必谨覆索之，此伏奸之所处也。

敌近而静者，恃其险也；远而挑战者，欲人之进也；其所居易者，利也。众树动者，来也；众草多障者，疑也；鸟起者，伏也；兽骇者，覆也。尘高而锐者，车来也；卑而广者，徒来也；散而条达者，樵采也；少而往来者，营军也。辞卑而益备者，进也；辞强而进驱者，退也；轻车先出居其侧者，陈也；无约而请和者，谋也；奔走而陈兵车者，期也；半进半退者，诱也。杖而立者，饥也；汲而先饮者，渴也；见利而不进者，劳也。鸟集者，虚也；夜呼者，恐也；军扰者，将不重也；旌旗动者，乱也；吏怒者，倦也；粟马肉食，军无悬甀，不返其舍者，穷寇也。谆谆翕翕，徐与人言者，失众也；数赏者，窘也；数罚者，困也；先暴而后畏其众者，不精之至也；来委谢者，欲休息也。兵怒而相迎，久而不合，又不相去，必谨察之。

兵非益多也，惟无武进，足以并力、料敌、取人而已。夫惟无虑而易敌者，必擒于人。

卒未亲附而罚之则不服，不服则难用也；卒已亲附而罚不行，则不可用也。故令之以文，齐之以武，是谓必取。令素行以教其民，则民服；令不素行以教其民，则民不服。令素行者，与众相得也。

〖原文意解〗

孙武先生说：凡是作战，就有部署军队和观测敌情两件大事。根据不同地形，具体部署军队的一般方法有四：

途经山地时，必须靠近溪谷；控制制高点，并注意占据便于机动的位置；当敌人已占领了高处，就不宜再去仰攻。这是在山地作战部署军队的基本方法。

横渡江河时，应远离湍急的水流，不应在渡河地区之水域地带结营布阵，这既是为了防备敌人袭击偷营，避免我军背水作战，也是为了与敌军保持适当距离，达到我军行动上的突然性；敌人渡水而来与我军交战，不要在他们刚开始渡水时就迎击，要等他们渡过一半时再攻击，这样做更为有利。如果同敌人决战，不要紧靠水边布防列阵迎击敌人；在江河地带驻扎军队应占领机动位置，控制制高点，驻扎地应是居高向阳，阵地前低后高，视线开阔；在水上作战应顺流而战，力避逆流迎敌。这是在江河水流地带扎营对敌、部署军队应采取的基本方法。

穿越盐碱沼泽地带时，要加快速度通过，尽早离开这一地区，千万不可在此逗留。如果在盐碱沼泽地带与敌军发生遭遇战时，那就必须靠近水草而背倚树林为依托，因为在多树木之处肯定有陆地可供部队栖息。这是在盐碱沼泽地带行军遇敌时应采取的基本方法。

在平原地区驻军作战，应该说是比较容易部署军队的。首先应选择平坦开阔之地，以利车马有足够的回旋之地；右翼翼侧和背后要有高地作为依托，形成前低后高之势，居高临下，占有地利上的优势；在本军阵地的前方，即在敌人可能来的方向上要有不利于敌人机动的地形，而我军阵地后面的地形则要便于机动，预留有退路。这是在平原地区作战时部署军队应采取的基本方法。

上述在四种不同地区部署军队的基本方法，其成功的经验正是远古时代黄帝之所以能分别战胜当时其他四个部落首领赤帝、青帝、白帝、黑帝的主要原因。

一般来说，凡是安营驻军或进入阵地，将帅都喜欢和重视地面干燥的高地，而讨厌、轻视和避开潮湿低洼之地；重视向阳之地，回避和鄙弃阴暗之地；选择靠近物产殷实的水草地区，军需物资供应充足，生存环境好。这样，将士百病不生，不出现非战斗减员，兵强马壮，克敌制胜也就有了可靠保证。

行军至丘陵高地或据江河湖堤设防，要占领和利用它向阳的一面，或作为侧翼、阵地背后的依托，使地形有利于我军的作战。这些有利的地理位置，是我军利用地形作为战胜敌人的重要辅助条件。需要指出的是，地形在战争中只起辅助作用，不能认为占据了有利地形便能取得战争的胜利。

行军作战，要防备山洪暴发。江河上游降大雨，洪水卷着泡沫等水面浮积物急流而下，这时就应禁止徒涉江河，待水势减缓平稳之后再渡河。

总起来说，对作战不利的天然地形有六种：（1）险峻的断壁陡岩，这是人们根本无法行走的"绝涧"；（2）四面陡峭，中间积水，这是天然形成的"天井"；（3）三面是断绝地，其中水草相间，这是易进难出的"天牢"；（4）草木深密，长短兵器不易于施展，这是人也无法行走的"天罗"；（5）地势低洼，道路泥泞塌陷，这是车马都不能通行的"天陷"；（6）道路狭窄险恶，多沟多坎，又深又长，这是天然难以行人的"天隙"。遇到这些地形，必须迅速离开，不要靠近它，千万注意不要被敌人逼入这种地方。我们应面向这种地形，而让敌人背靠着它，逼迫敌人进入这些极为不利的地形之中。

行军中遇到难以逾越的险阻、积水低洼的湖沼、水草丛聚的芦苇丛、树木茂密的山林和草木繁茂的地方，必须谨慎地反复进行搜索，敌人在这些地方有可能设下埋伏，或隐蔽有侦探奸细。

敌人逼近我军而又很镇静的，是他们仰仗着占领的险要地形，具有安全感。

敌人与我相距很远，却派小部队前来向我军挑战，是企图诱惑我军前进，陷入他们的包围圈。

敌人之所以要选择驻扎在平坦的地形上，这样做的目的肯定是他们必定有利可图。

没有刮风而许多树木摇曳晃动，这是敌人隐蔽前来了。

在野草丛生之地，发现设有许多障碍，这是敌人故意布下的疑兵计，企图迷惑我军。

树林里鸟群突然飞起，盘旋不落，这说明此地肯定藏有伏兵。

旷野上野兽惊骇，慌忙四处逃窜，这是敌人隐蔽着大举前来偷袭。

远望大路上扬起的尘土形状高而尖，这是敌人的战车驶来了；扬起的尘土飞起得低，散布面积又大，是敌人的步兵来了；扬起的尘土稀疏散落，缕缕上升的，是敌人士兵在砍薪伐柴，采集野菜；扬起的尘土稀少而时起时落飘浮的，是敌人在安营扎寨驻军。

敌军派来的使者言辞谦卑，拖延时间，而实际上部队却正在加紧战备的，是敌人正准备向我军进攻；敌军派来的使者言词强硬，而部队故意摆成进攻架势要向我进军的，实际上是敌人准备撤退；敌人的轻战车先出动，分别部署列于两侧的，是敌人在备战，正部署战斗队伍；既无预约，又未受挫失利，而贸然主动前来讲和的，必定是敌人在耍弄阴谋，妄图施用诡计来加害于我军；敌人频繁调动兵力，部署部队，士兵急速奔走，并摆开兵车列阵，这是敌人期求我军在近期内能举行进攻，以便同我军决战；敌人进攻后又莫名其妙地半进半退的，这是敌人企图引诱我军上钩；敌人的士兵依兵器作拐杖站着发呆的，是饿坏了的表现；敌水夫打上井水后自己先抢着喝的，是这支部队干渴极了的重要迹象。

敌人看见利益而不前去争夺，这是敌军已经极度劳累疲倦的表现。敌人驻扎的地方，上面集聚鸟雀的，说明敌已撤走，这里是空营。在夜间，敌哨兵如果乱喊乱叫，这是敌人恐惧、害怕的表现。敌营中无故惊扰，骚动纷乱，吵吵嚷嚷不安的，是敌将缺乏众望，没有威信。敌人的旗帜摇动无规律，不整齐的，这象征着敌人的队伍已经开始混乱。敌军官轻易发怒烦躁的，是其部队疲倦厌战的表现。

敌人用粮食喂马，杀掉拉辎重大车的牛马吃肉抵粮；收拾起炊具，不见营区有烧锅做饭，甚至砸烂炊具；士卒不返回营舍，昼夜露营集结在一起。这是危困至极、走投无路、准备以破釜沉舟之战术，拼命突围或想逃跑的"穷寇"，要防备这种敌人与我决一死战，以避免和减少我军不必要的伤亡。

敌指挥官低声下气，非常和顺地同部下讲话，谈话有气无力，吞吞吐吐，这是他已失去了军心的表现。

连续不断地采用奖赏的办法来犒赏部属，说明将领办法不多，已陷入困境；连续不断地来惩处部属，说明将领已无他法，处境已非常困难；对部属发脾气以致群众害怕他，这是最不精明的将领。敌人派来的使者送礼、言好、谢罪，谈判措词委婉，态度平和的，是敌人企图休兵息战。

敌军气势汹汹地向我开进，与我对阵，却久不交战又不退却撤走的，必须慎重地观察其动静，识破敌人的企图。

作战，并非兵力越多越好，最要紧的是不要勇而无谋，单凭主观武断进军。要充分注意集中优势兵力，正确分析判断敌情，合理使用选拔人才，正确选用部队指挥员。那种胸无谋虑、毫无思想准备而又轻敌盲目进攻、逞强冒进的指挥员，必定会被敌人所俘虏。

将帅还没有取得士卒的拥护和爱戴就去惩罚士卒，士卒就会不服，内心不服就难以听从指挥，无法用之作战。将帅已经取得了士卒的拥护和爱戴，但不能严格执行军纪法规进行惩罚，也不能用之作战。

所以，对待士卒一方面要宽厚仁义，使他们心悦诚服；另一方面要严明军纪，规范他们的行为，这样才能做到攻无不克，战无不胜。

在平时能严格贯彻执行军纪法规命令管教士卒的部队，士卒就能逐渐养成服从的习惯；在平时不能严格贯彻执行军纪法规命令来管理士卒的部队，士卒就会养成不服从的恶习。平时能够严格贯彻执行军纪法规命令的部队，表明将帅同士卒之间团结和睦，关系融洽。

〖原句辨释〗

（一）对"凡处军相敌，绝山依谷，视生处高，战隆无登，此处山之军也"之句的辨释

对本句的解释，以往注释者的歧义主要表现在"处军相敌，绝山依谷"之上，对后面数语的解释则大致相差不大。可主要有以下三种解释：

1. 分述"处军"与"相敌"；翻山近水，为的是解决将士们的饮水问题。全句解释为：凡是作战就有部署军队、观测敌情两件大事。部署军队的一般方法是：途经山地，必须靠近溪谷；控制制高点，并注意占据便于机动的位置；当敌人已占领了高处，就不宜再去仰攻。这是安排部署军队在山地作战的基本方法。

2. 并述"处军"与"相敌"；依据山谷而抗敌。全句解释为：凡是安排军队设营扎寨、观察判断敌情时，都要注意仔细而周密地进行审察，应注意以下原则：前有高山所隔时，则应以山谷为固，坚守防御；占领居高而

向阳之处，视野开阔，容易及时发现敌情；敌已占领高处，我军在作战紧张之际不可再强攻。这是在山地安排处置军队的原则。

3. "处军"时要考虑到"相敌"，重点在于强调后者；翻越高山时，应沿山谷通过山凹。全句解释为：一般讲，在行军作战途中扎营，要考虑到敌情。翻越高山，应沿着山谷通过山凹；驻扎在背山面水的地方；敌人占据的高地，不要去仰攻。这是在山地扎营对敌应采取的处置。

本书采取的是第一种解释。认为孙武在本篇中讲的是"处军"与"相敌"两件事，这两者都是行军作战的大事，偏一不可。由下文可清楚地说明这一点，孙武在本篇中就"处军"讲了四点，就"相敌"讲了三十二点。"处军、相敌"也是孙子兵法中的最为经典的精彩句之一。关于"绝山依谷"，《十一家注孙子》曹操注："近水草利便也。"杜牧注："绝，过也。依，近也。言行军经过山险，须近谷而有水草之利也。"贾林注："两军相当敌，宜择利而动。绝山，跨山；依谷，傍谷也。跨山，无后患；依谷，有水草也。"张预之注说得最为明白："绝，犹越也。凡行军越过山险，必依附溪谷而居，一则利水草，一则负险固。"所以，本书对"绝山依谷"的意解，认为孙武主要是论说军队在山地作战时，千万不要忘记水源这一大问题，行军过山、作战驻山一定要近山谷中之水，为的就是保证将士们的饮水问题。

（二）对"绝水必远水；客绝水而来，勿迎之于水内，令半济而击之，利"之句的辨释

理解此句的主要分歧点在"绝水必远水"，其后之语仅是在文字表述上有所不同。

1. 我军渡河前应采取的战术。解释为：欲渡过河川时，军队不可紧靠水际岸边；敌人渡水来求战，不要于敌人还在水边上时就迎击，为了防止敌人知难而退，应使敌渡过一半后，再趁敌兵力分散，立足未稳之时发起攻击，这样做最为有利。

2. 我军渡河后应采取的战术。解释为：渡过江河后，要远离水边驻扎；敌人渡河来追击，不要在江河中迎击，应待其渡过一半时再攻击，这样做最为有利。

3. 我军渡河前后都应采取的战术。解释为：横渡江河时，应远离湍急

的水流，不应在渡河地区的水域地带结营布阵，这既是为了防备敌人偷袭破营，也是为了达到我军军事行动上的突然性；敌人渡水而来交战，不要在他们刚刚开始渡水时就迎击，要等他们渡过一半时再攻击，这样做更为有利。

　　本书采取的是最后一种解释。有注释者认为"水内"为"水汭"之误，"汭"指河流弯曲、汇合的地方。较为典型的如《十一家注孙子》中杜牧注："'水内'，乃'汭'也，误为'内'耳。"王晳注："'内'当作'汭'。迎于水汭，则敌不敢济；远则趋利不及，当得其宜也。"银雀山出土竹简在此处残缺，无此字。本书采取的是折衷的办法，只说是渡水时，没有具体指明是在"水内"，也未明确是指河叉汇流处。

（三）对"视生处高，无迎水流"之句的辨释

　　对这八个字的解释，从古到今众说不一，各家的注释有所差异，主要可概括为以下两种解释：

　　1."视生处高"是指居高向低，眼界开阔。"迎水流"是指军队的布阵与水流成垂直关系，即面向水流。《十一家注孙子》中曹操注："水上亦当处其高也。前向水，后当依高而处之。"因此，"视生处高，无迎水流。"所以，将全句解释为：在江河地带驻扎军队应驻扎在高处，居高向低，使前面眼界开阔；不要面对水流而驻军。

　　2."视生处高"是指居高向阳。"迎水流"是指军队的布阵与水流成平行关系，即在下游。曹操、李筌均注："恐溉我也。"杜牧、梅尧臣的解释也基本如此。贾林则进一步指出："水流之地，可以溉吾军，可以流毒药。"何氏的解释则从另外一个角度说明了居于上游的好处："顺流而战，则易为力。"所以，将全句解释为：在江河地带驻扎，要居高向阳，占领机动位置，控制制高点；在水上作战时应顺流向下而战，力避逆流迎敌。

　　本书的意解，综合了以上两种解释中的特点。认为"视生处高"既有居高向低，以便使视线开阔，便于观察敌人动静，防敌偷袭的含义，也有居高向阳，控制制高点，并有利于养生，保障将士们的身体健康，防止疾病传染的含义。"无迎水流"，则是指军队的布阵与水流成平行关系，即处在上游，而不能在下游。在上游既可防止敌人借水患灌我军营，或借水流污染我军人马饮水之源，另一方面，我军也可借水之流速直冲敌军水阵。

孙武在这里重点是讲"处水上之军"的法则，总结出了在水上作战的五种基本方法：①绝水必远水；②客绝水而来，勿迎之于水内，令半济而击之；③无附于水而迎客；④视生处高；⑤无迎水流。可见直接讲的是水上之战，"迎水流"当是重点。况且，面向水流而驻军的做法与本篇上句"绝水必远水""无附于水而迎客"的含义不一致。所以，那种认为"迎水流"是指军队的布阵与水流成垂直关系，即面向水流而驻军的解释，本书未予采纳和赞同。

参考《十一家注孙子》中梅尧臣注："水上亦当据高而向阳。"何氏注："视生，向阳，远视也。军处高，远见敌势，则敌人不得潜来出我不意也。"张预注："或岸边为阵，或水上泊舟，皆须面阳而居高。"为此，本书将"视生处高，无迎水流"解释为：在江河地带驻扎军队应占领机动位置，控制制高点，驻扎地应是居高向阳，阵地前低后高，视线开阔；在水上作战应顺流而战，力避逆流迎敌。

（四）对"平陆处易，而右背高，前死后生，此处平陆之军也"之句的辨释

对此句的解释，历来分歧意见很大，各持一端，似乎都有道理。主要有以下两种：

1. "处易"是指比较容易部署军队；"右"在此指阵地右翼或翼侧；"前死后生"是指军队部署要陷敌于死地，同时自己要预留退路。如《十一家注孙子》中李筌注："夫人利用，皆便于右，是以背之。前死，致敌之地；后生，我自处。"杜牧注："太公曰：'军必左川泽而右丘陵。'死者，下也；生者，高也。下不可以御高，故战便于军马也。"贾林注："岗阜曰生，战地曰死。后岗阜，处军稳；前临地，用兵便；高在右，回转顺也。"梅尧臣注："择其坦易，车骑便利；右背丘陵，势则有凭；前低后隆，战者所便。"因此，可将全句解释为：在平原地区驻军作战，比较容易部署军队，应选择平坦开阔之地；右翼翼侧和背后要有高地作依托；在自己阵地的前方，即在敌人可能来的方向上要有不利于敌人机动的地形，自己后方的地形则要便于机动，要预留有退路。这是平原地区作战时部署军队的基本方法。

2. "处易"是指占据广阔的地区。如《十一家注孙子》中曹操注："车骑之利也。"杜牧注："言于平陆，必择就其中坦易平稳之处以处军，使我车骑得以驰逐。"张预注："平原广野，车骑之地，必择其坦易无坎陷之处以居军，所以以利于驰突也。""右"在此指右军，也即是主力军；"背"是"后方"的意思，在此指后勤辎重部队；"前死后生"是指军队部署要形成前低后高之势。如张预注："虽是平陆，须有高阜，必右背之，所以恃为形势者也。前低后高，所以便于奔袭也。"因此，可将全句解释为：军队在平原上时应占据开阔的地域；无论是前方主力军，还是后方辎重部队，都应依托高地而战；要形成前低后高之势，方能居高临下置敌于死地。这是军队在平原地域上结营布阵所采取的正确阵势。

关于"此处平陆之军也"之句，梅尧臣注："处平陆，当知此二者。"张预注："居平陆之地，以上二事为法。"梅尧臣等显然是把上句"而右背高，前死后生"作为在平原地区作战的两种基本方法，但并没有包括"处易"之法。也即说明他们的观点基本上是持第一种解释的。王晳在注中则怀疑"前死后生"有笔误，应为"前生后死"，他说："凡兵皆宜向阳。即后背山，即前生后死，疑文误也。"

本书根据上下文，综合以上两种意见。将此句意解为：在平原地区驻军作战，比较容易部署军队，首先应选择平坦开阔之地，以利车马有足够的回旋之地；右翼翼侧和背后要有高地作依托，形成前低后高之势，居高临下，占有地利上的优势；在自己阵地的前方，即在敌人可能来的方向上要有不利于敌人机动的地形，自己后方的地形要便于机动，要预留有退路。这是平原地区作战时部署军队的基本方法。

（五）对"粟马肉食，军无悬甀，不返其舍者，穷寇也"之句的辨释

1. "粟马肉食"之意解为用粮喂马，"军无悬甀"之意解为收拾起炊具。全句解释为：敌人已无心再战，不惜用粮食喂马，甚至杀马吃肉；收拾起炊具欲逃；士卒不返回营舍，惶惶不可终日。这是垂死挣扎、想夺路而逃的"穷寇"。

2. "粟马肉食"之意解为杀马匹作食物。《十一家注孙子》李筌注："杀其马而食肉，故曰军无粮也；不返舍者，穷迫不及灶也。""军无悬甀"之意解为抛弃炊具，军营中看不到煮饭的炊具和汲水器。王晳注："粟马肉食，所以为力且久也。军无甀，不复炊食也。不返舍，无回心也。皆谓以

死决战耳。敌如此者,当坚守以待其弊也。"全句解释为:敌人杀掉拉辎重大车的牛马吃肉抵粮;不见营区内有人烧锅做饭,甚至砸烂炊具;士卒不返回营舍,昼夜露营集结在一起。这是危困至极、准备以破釜沉舟之战术,拼命突围或想逃跑的"穷寇"。

本文综合以上两种解释,参考各家意见,特别是《十一家注孙子》中的各家所注。如杜牧注:"粟马,言以粮谷秣马也。肉食者,杀牛马飨士也。军无悬瓿者,悉破之,示不复炊也。不返其舍者,昼夜结部伍也。如此皆是穷寇,必欲决一战尔。'瓿'(音府),炊器也。"梅尧臣注:"给粮以秣乎马,杀畜以飨乎士,弃瓿不复炊,暴露不返舍,是欲决战而求胜也。"张预注:"捐粮谷以秣马,杀牛畜以飨士,破釜及瓿不复炊爨,暴露兵众不复反舍,兹穷寇也。孟明焚舟,楚军破釜之类是也。"所以,将此句意解为:敌人用粮食喂马,杀掉拉辎重大车的牛马吃肉抵粮;收拾起炊具,不见营区内有人烧锅做饭,甚至砸烂炊具;士卒不返回营舍,昼夜露营集结在一起。这是危困至极、走投无路、准备以破釜沉舟之战术,拼命突围或想逃跑的"穷寇",要防备这种敌人与我决一死战,以避免和减少我军不必要的伤亡。

(六)对"谆谆翕翕,徐与人言者,失众也"之句的辨释

从古至今,对此句的解释一直有着两种完全不同的意见:

1. "谆谆翕翕,徐与人言者"指的是敌指挥官的唯唯诺诺之言。《十一家注孙子》曹操注:"谆谆,语貌;翕翕,失志貌。"杜牧注:"谆谆者,乏气声促也;翕翕者,颠倒失次貌。如此者,忧在内,是失其众心也。"梅尧臣注:"谆谆,吐诚恳也;翕翕,旷职事也。缓言强安,恐众离也。"故将本句解释为:敌指挥官低声下气,非常和顺地同部下讲话,谈话有气无力,吞吞吐吐,这是他们已失去了军心的表现。

2. "谆谆翕翕,徐与人言者"指的是士卒有不满情绪。何氏注:"两人窃语,诽议主将者也。"张预注:"谆谆,语也;翕翕,聚也;徐,缓也。言士卒相聚私语,低缓而言,以非其上,是不得众心也。"李筌注:"谆谆翕翕,窃语貌。士卒之心恐,上则私语而言,是失众也。"王晳注:"谆谆,语诚恳之貌;翕翕者,患其上也。将失人心,则众相与语,诚恳而患其上也。"贾林注:"谆谆,窃议貌;翕翕,不安貌;徐与人言,递相问貌。如

此者，必散失部曲也。"所以，将全句解释为：军中士卒窃窃私语，细声相告，议论纷纷，这是指挥员失去兵心的表现。

本书采取的是第一种解释。"谆谆"在这里指师傅、长者、有学问的人教诲不倦的样子，如《诗经·大雅·抑》："诲而谆谆，听我藐藐。"《后汉书·卓茂传》："劳心谆谆，视人如子。""翕翕"在这里指趋附的样子，如韩愈《唐故朝散大夫尚书库部郎中郑君墓志铭》："不为翕翕然，亦不为崖岸斩绝之行。"《史记》："天下翕翕然。"均是言指趋附的样子。

（七）对"故令之以文，齐之以武，是谓必取"之句的辨释

1. "令之以文"是指对士卒施加恩德，"齐之以武"是指对士卒严明军纪。为此，将全句解释为：所以，对待士卒一方面要宽厚仁义，使他们心悦诚服；另一方面要严明军纪，规范他们的行为，这样才能战而必胜。

2. "令之以文"是指用明文条例规定管理部队，"齐之以武"是指用强制手段管理部队。全句解释为：所以，要用明文的条例规定去管理他们，用一定的强制手段使他们服从指挥行动一致，这就叫作必胜之军。

3. "令之以文"是指以政治思想教育管理部队，"齐之以武"是指以严格纪律管理部队。全句解释为：所以，应该用政治思想教育他们，以严格的纪律约束他们，这是必须采取的带兵方法。

《十一家注孙子》中，杜牧则从另外一个角度说明"文"与"武"，其注说："文能附众，武能威敌也。"此种解释的涵盖面更大一些。

本书结合下句，并考察各种意见，如《十一家注孙子》曹操注："文，仁也；武，法也。"李筌注："文，仁恩；武，威罚。"为此，采取的是第一种解释。

此句在银雀山汉简中作"合之以交，济之以……""济"为"齐"的借字，"交"为"文"在书法上的异体字。"合之以交，济之以武"在句意上与"令之以文，齐之以武"无太大差别。

（八）对"令素行以教其民，则民服；令不素行以教其民，则民不服。令素行者，与众相得也"之句的辨释

对此句的分歧点主要是对"民"的解释有所不同，大致有如下两种意见：

1."民"为军队中最底层的士卒。解释为：平素能贯彻命令，管教士卒，士卒就会养成服从的习惯；平素不能贯彻命令，管教士卒，士卒就会养成不服从的习惯。命令能始终贯彻执行下去的部队，是将帅与士卒之间关系融洽的表现。

2."民"为全社会中的老百姓。解释为：平时军民一致，官兵能遵守法令，以自己的行动教育人民，人民就信服，支持这支军队；如果平时官兵不遵守法令，不能以自己的行动教育人民，甚至违背民众的意志，祸害百姓，人民就会不信服和支持这支军队。将帅能亲自遵守法令，就能与广大人民群众团结相处。

本书基本采取的是第一种意见，认为孙武"在军应该主要言军"，并参考各种意见，将此句意解为：在平时能严格贯彻执行军纪法规命令管教士卒的部队，士卒就能逐渐养成服从的习惯；在平时不能严格贯彻执行军纪法规命令来管理士卒的部队，士卒就会养成不服从的恶习。平时能够严格贯彻执行军纪法规命令的部队，表明将帅同士卒之间团结和睦，关系融洽。

〖专题解论〗

（一）四种地形上的作战基本原则

地形因素，是阵地设计的最基本的物质条件。设营布阵要依据兵力，同时是在地形的制约下完成的。为此，孙武在本篇中首先从地理形势说起，提出了山地、江河、沼泽、平原四种地形，并针对这四种地形提出了不同的处军原则。这些原则，在战史上都可以找到例证，是孙武对前人和当时利用地形的经验的科学总结。

1. 山地作战的三条战术原则——"绝山依谷，视生处高，战隆无登"

第一，行军时"绝山依谷"。即在翻山越岭时，要靠近溪谷行进。因为山间谷地，水草丰茂，交通相对通畅。《十一家注孙子》张预注："绝，犹越也。凡行军越过山险，必依附溪谷而居。一则利水草，一则负险固。"

第二，宿营时"视生处高"。即占领居高向阳之地，这种地形进退方便，易守难攻；居高临下，视野开阔，便于察知敌情，能主动应敌。

第三，作战时"战隆无登"。即对于已经占领高地的敌人，不可强行仰攻。敌人居高临下，占有冲击力的优势。特别是在古代当时的条件下，作

战主要是车兵和短兵器,如果贸然仰攻占据制高点的敌人,一般难以成功。当然,应全面理解孙武的这一战术原则,如果敌人占领的高地是关系战争全局胜利的要地,也应不惜付出代价而夺取,所谓"兵以利动"。

2. 江河作战的四条战术原则——"绝水必远水;客绝水而来,勿迎之于水内,令半济而击之,利;欲战者,无附于水而迎客;视生处高,无迎水流"

第一,设营地最佳位置是"绝水必远水"。即军队横渡江河后,要迅速远离水边驻扎,选择驻地应在离河流较远的地方设防,以求用兵机动灵活,万一发生意外情况,能有回旋余地。这样既能使自己进退自如,又能诱敌敢于渡河前来,最后迫敌于背水列阵的被动态势。

第二,最佳交战时机是"客绝水而来,勿迎之于水内,令半济而击之"。即敌军渡水来攻时,不宜在岸上交战,应等到敌军渡河一半、前后不能呼应时,我方发动猛攻最为有利。此时,可乘机歼灭敌人实力以取胜。可见与敌水战,把握歼敌时机极为重要。如果敌人还在对岸水边时便实施攻击,敌人见险而退,就达不到歼敌目的。只有当敌人兵力渡过一半时,也正是敌人首尾不相接、行列混乱、兵力分散之时,这时再予以打击,才是最为有利的时机。这是古代战争中敌对双方隔水作战时常用的一条原则。公元前506年,吴军在柏举(今湖北麻城东北)击败楚军后,乘胜追击,于清发水(今湖北清水)追上楚军。当时吴王阖闾正要下令攻击,其弟夫概劝阻说:"困兽犹斗,何况人呢!"于是提出"半济而后可击"的建议。经阖闾同意,吴军乘楚军部分已渡、部分未渡的混乱之际,发起进攻,楚军大败。

第三,诱敌方法主要是"欲战者,无附于水而迎客"。《十一家注孙子》张预注:"我欲必战,勿近水迎敌,恐其不得渡;我不欲战,则阻水拒之,使不能济。"孙武的这一原则有两层含义:一是当我军决心迎战时,就要远离江河,诱敌半渡后再击之;二是当我军不欲迎战时,就要凭借江河天堑拒敌于水一方,使其不敢轻易强渡。

第四,迎敌方位选择是"视生处高,无迎水流"。"视生处高",是说在江河地带驻扎也要居高向阳,将部队布阵在向阳的高地上;"无迎水流",是说不要逆着流水在敌军的下游驻扎或列阵。迎敌方位的选择是极重要的,居高能临下,顺势可威敌。一般说来,两军水战,处于江河上游的一方要比处于下游的一方占有优势。它不仅可以借助水力，顺流而下，而且还可以使用其他的灭敌之法。

3. 盐碱沼泽地带作战的两条战术原则——"惟亟去无留；若交军于斥泽之中，必依水草，而背众树"

第一，行动原则是"惟亟去无留"。盐碱沼泽地形，交通不便，草木不生，粮食不供，是难于攻也难于守的困境，因而孙武要求不能让军队在此停留，必须迅速离开。一旦行军到沼泽地，应设法使军队快速脱离困境。总之一句话，快速离开，这是在沼泽地作战的行动原则。

第二，地形选择是"必依水草，而背众树"。如果军队迫不得已必须在盐碱沼泽地带与敌交战时，就必须靠近有水草和后有树林的地方，占有了它也就占有了主动。一般来说，沼泽地带是一片泥泞，又因盐碱所致多处不生草木，但有些地方生水草，部队就应该选择这些地方驻扎。因为有水草、树木处可便于行军，在多树之处很可能有土质较为坚硬的陆地，有的地方还会比较干燥，可供部队栖息；而且有了水草，战马驮牛也能维持生存。树林是平野中的天然屏障，背倚树林为依托有利于机动，有利于隐蔽躲藏，作战时进可攻，退可守。

4. 平坦之地作战的三条战术原则——"平陆处易，而右背高，前死后生"

第一，地形选择应是"平陆处易"。在平原地形上驻军作战应选择"易"地，即平坦开阔之地。这样的地形，交通便利，车骑能有足够的回旋之地，比较容易部署军队，易守易攻。

第二，布阵整体形势应是"而右背高"。右翼翼侧和背后应有高地作依托，背靠山险而面向平易，形成前低后高之势。这样布阵，可居高临下，既有瞭望察敌之利，占有地利上的优势；又利于车骑驰逐，便于制敌。正如《十一家注孙子》张预所注："虽是平陆，须有高阜。必右背之，所以恃为形势者也。前低后高，所以便乎奔击也。"

第三，阵地纵深布局应是"前死后生"。在自己阵地的前方，即在敌人可能来的方向上要有不利于敌人机动的地形，自己后方的地形要便于机动，要预留有退路。

孙武初步界定的如上各种地形的战术原则，总结了古代战争的经验，以简要的条文概述了军事地形学的主要内容。时至今日的现代军事家，也无不高度评价地形价值。如美国的约翰·柯林斯曾指出："战略大师们善于巧妙地利用自然环境，趋利避害，既承认受其制约，又尽量使大自然为自己服务。"孙武在2000多年前阐述的使大自然为自己服务的思想，在现代看来仍尤为可贵。

(二)"处军"问题的总原则

1. 研究地利条件，确立作战原则的根本在于趋利避害

地利因素对于指挥官的价值，一是求得我军生存之便利，二是根据地形，决策攻守战术方略，以制敌取胜。孙武在阐明了四种不同地形下的布阵处军原则后，进而将利用地形的基本特点归纳为"凡军好高而恶下，贵阳而贱阴，养生而处实，军无百疾，是谓必胜。丘陵堤防，必处其阳而右背之。此兵之利，地之助也"。这是孙武关于"处军"问题的总原则。并在《地形篇》中进一步深化了此种观点，再次强调："地形者，兵之助也"，从而构建起他的军事地形学体系。

2. 战地地形侦察是军事侦察的重要组成部分

地形条件对于军事行动有着无可置疑的制约作用，在动态的地形上，或隐或显地展示着敌方军事活动的迹象，它不仅是构成敌我双方交锋阵地的重要因素，而且为军事家们提供了进一步发挥智能的场所。除本篇外，孙武在《用间》《地形》等篇中也指出，明君贤将指挥战争时，"不可取于鬼神，不可象于事，不可验于度，必取于人，知敌之情者也"。如何确知"敌之情"呢？一是用间谍来窥探敌军众寡、虚实、动静，对所获情报分析研究后再兴师；二是观察环境的动态变化，从中掌握敌情。因此，战地地形侦察，对于指挥员来说是职责份内的要务，所得资料对取得战争的胜利是至关重要的。

3. "养生处实"，从军事指挥、军需后勤、医疗养生角度科学地选择驻扎地

在战争中，维持人的生存，其物质因素主要有三点：武器装备，给养物资，医疗保障。三者密切相关，军队没有武器不行，不吃不喝不行，生病更不行。所以，在可能条件下要选择最好的地理环境借以生存。

驻地物资供应有保障，可集中精力于作战。在进攻作战中，将帅首先要面临一个择地扎寨驻兵的问题，特别是在深入敌国重地后，将帅不能不考虑是否能在"重地吾将继其食"，也就是说，扎营布兵于何种地势才能解

决"军食",这是大有学问的。尤其是将帅要经常遇到这种是否能正确处理的军事与后勤"两难"问题。因为在野战条件下,若仅从有险可守的纯军事角度择地,扎寨往往喜高山而恶洼地,但大凡天下绝险,高山巨石,少草木,若在这种地势被围困,就会因缺乏粮草柴薪而自溃。但若仅从后勤给养角度择地,驻在粮草丰足、水陆交通便利的洼地,往往又会遭敌居高临下的袭击。因此,孙武对于进攻作战中的山地处军、沿河驻军、盐碱沼泽地布阵、平原扎寨等问题,详细阐述了这四种地形上各自的处军原则,认为都必须把军需放到一个重要位置,正确处理军事与后勤之间的关系,"凡此四军之利,黄帝之所以胜四帝也"。

驻地生活环境合宜,可免于诱发疾病。驻军一定要选择在高地与向阳处。"高地"是军事需要,"向阳"则是养生保健需要,为的是有益于士卒的生活。在战场上,生存永远是第一位的,生存除战胜敌人外,还要战胜自然环境。特别是在恶劣战争环境中如果将士染病,战斗力会大大减弱,这是军队作战致命的弱点。因此,孙武融军事、后勤、养生为一体,总结出野战驻军三条基本原则,指出:"凡军好高而恶下,贵阳而贱阴,养生而处实。"将士周知,高燥向阳之地,光明气舒,利于作战;而低洼阴暗之地,不仅不利于作战,而且还有害于将士的身体健康。所以,应在干燥卫生、水草丰富、军需物资充足的"高""阳"之地驻扎,以"养生处实",确保军队的战斗力。这种战场医疗保健意识是战胜敌人的基础,是军队胜敌的根本。所以,驻兵安营应从军事和后勤两个方面综合考虑,以解决军事攻与守和后勤养生两个相互关联的问题。

4. 辩证地对待天险,灵活地、动态地适应和利用地理环境因素,是决策攻守的依据

孙武在人与地形的关系上清楚地认识到:地形本身的利与害,并不决定战争的胜负,关键在于将帅对于地形的利用是否能以患为利,变害为利。孙武指明:"凡地有绝涧、天井、天牢、天罗、天陷、天隙,必亟去之,勿近也。吾远之,敌近之;吾迎之,敌背之。"孙武在此提出"绝涧、天井、天牢、天罗、天陷、天隙"这六种危害极大的地形之后,随即要求发挥人的能动作用,一旦进入上述六种天险之处时,我军应迅速脱离这种地方,远离这些地形,不要接近它,而诱使敌人靠近这些地形。在行军方向上,争取我军面向天险,而诱使敌军背靠它,以促使战争活动在有利于我的地

行军篇

理条件上展开。又如当部队行进于"险阻、潢井葭苇、山林"等这些可以埋伏隐藏敌人的地方,必须谨慎地反复进行搜索,为的是防备敌人在这些地方有可能设下埋伏或隐蔽有侦探奸细。再如"上雨,水沫至,欲涉者,待其定也。"说的就是河的上游下大雨时,会发现水面上漂着草木浪沫,要想徒涉时,应等待水势稳定后再过,以求安全。

(三)"令之以文,齐之以武"的治军原则

中国古代军事家多以"文武"兼施来管理部队,所谓"文"即指思想政治教育,所谓"武"即用军法整饬。孙武在本篇中更是鲜明地提出了这一原则,他认为,对于军队的管理应使用文武相彰、信赏明罚的治军方法。用政治道义教育士卒,用军纪、军法来统一行动,方能战无不胜,并概括称之为"令之以文,齐之以武"。所谓"令之以文",就是用宽厚仁义的德行,说服教育的方法,使士卒心悦诚服;所谓"齐之以武",即是用严明的军纪法规来规范军队的行动。其实质是说统率军队要恩威并施,严慈相济。让士卒心甘情愿地去打仗,才能战则必胜。这一文武兼施、赏罚并重的原则,贯穿于《孙子兵法》的整个治军思想之中。

《孙子兵法》开篇直言:道、天、地、将、法,"凡此五者,将莫不闻,知之者胜"。孙武认为:"道者,令民与上同意也……将者,智、信、仁、勇、严也。法者,曲制、官道、主用也。"综观《孙子兵法》全书,"道""将""法"包含着治理军队的思想,在兵法中主要表述在赏罚、治寡、爱兵以及愚兵等几个方面。其中,本篇中所重点阐述的"文武"之道,即较全面地包含了赏罚、治寡、爱兵等军事思想。

1. 孙武主张"令之以文"的怀柔与重赏政策。孙武比较重视士卒和民众的作用,"令民与上同意"是他最先提出的把以"道"为本作为战争制胜的条件,为了使"道"成之为驱使士卒效死战场的动力,孙武进而认为若"令民与上同意",只有通过给士卒以实惠和对士卒以军法制约方能达到。其"政令"或"教令",便是对士卒进行赏罚的有关条例规定,以调动士卒的积极性和约束其行动。孙武在同吴王讨论晋国六将军存亡问题时,便从其六家当时所施行的田亩制度分析入手,阐述了谁家商大而税轻以"厚爱其民",谁家就可"固成"的思想。对国君来说,只有如此给民以实惠,才能取信于民,得道而昌,反之则亡。同理,对将帅来说,"上下同欲者胜"

是治军要则。所以，要鼓励士卒斗志，勇于杀敌，就要激起士卒对敌仇恨；要夺取敌物资装备，就要用战利品奖赏士卒，若"车战得车十乘已上，赏其先得者"。

孙武重赏士卒的做法，是对奴隶制刑赏原则的否定，是历史的进步。此后，各封建王朝统治者无不沿用这一建立在"重赏之下，必有勇夫"信条下的治军手段。曹操在注《孙子兵法》中直言："军无财，士不来；军不赏，士不往。"以物资刺激作钓饵，奖一而劝百，引诱和激励士卒拼全力作战。

2. 主张"齐之以武"的军纪与刑法治军原则。战争要求有铁的纪律，治军之要在于严明军纪，赏罚分明。赏罚作为治军的手段，让士卒都懂得履行职责的重要；同时要教育士卒使之有自尊心，有责任感，有义务感，有自信心，在最大程度上激发将士的自觉性，使部队获得最大战斗力。孙武所指出的将帅"五德"之一便有"严"，他十分重视军纪严明。在决战胜负的"七计"中，就有"将孰有能""法令孰行""赏罚孰明"三计，强调军纪与刑法。并指出，对士卒的"爱"，一定要与"严"相结合，绝不能对士卒"厚而不能使，爱而不能令，乱而不能治，譬若骄子，不可用也"，说明对士卒要严格训练和管理，不能过分厚爱，以免把军人养成了骄兵。

3. 孙武主张赏罚并重时，应先理后法，严之有理，严之适时、适度。孙武在本篇中言军纪，同时又强调，军队的管理要"严"，要进行"惩罚"，但必须把握一定的"度"。孙武所讲"卒未亲附而罚之则不服，不服则难用也，卒已亲附而罚不行，则不可用也"，就是告诫统兵将帅，在士卒还没有亲近依附时，若贸然对其处罚，士卒就会不服管，也难以指挥他们去冲锋陷阵；若对已亲近依附而违纪的士卒，不执行纪律，刑法宽缓，这样的骄惰之军，也是不能够打仗的。只有靠宽仁相待，使士卒亲附合心，用军纪法规使军队行为规范，才能取得士卒的敬畏和拥戴，做到"与众相得"。同时，孙武强调"令素行"，平时能严格地执行军令和管教士卒的，士卒就能养成服从命令的习惯，否则就不能养成服从命令的习惯。因而，必须既有"令之以文"在先，对士卒进行道义思想教育，又要有"齐之以武"在后，以军法作为约束士卒行为的规范。同时，还要注意掌握好赏罚的时机和尺度，若乱赏滥罚，赏罚失度，就会失去其意义和作用，甚至适得其反。他在《行军篇》中，除对奖功罚过的目的做了精辟阐述外，还明确指出："数赏者,窘也;数罚者,困也。"孙武这一文赏武罚,先理后法,赏罚并重,适而有度的治军思想和原则,为历代军事家所重视和采用。

孙武"文""武"兼用的治理原则,自古以来为君主、将帅所推崇,具有明显的历史继承性。《左传·昭公二十年》中讲:"惟有德者,能以宽服民,其次莫如猛。夫火烈,民望而畏之,故鲜死焉。水懦弱,民狎而玩之,则多死焉。"《孔子家语·正论解》中也说:"宽猛相济,政是以和。"意思是宽严结合、文武兼用是提高统御效能、达到有效管理的重要手段。当然,上述之说都是以治国而论,但作为一种统御思想,用于军事领域同样是一条重要的御兵原则。特别是孙武关于说服教育与执行纪律相结合的主张,更有着普遍的指导意义。

(四)侦察判断敌情的"相敌"三十二种方法

本篇中,孙武在制定了四种地形的军事活动原则后,又从宏观、微观两个方面、八个类别,从战争实践中概括总结出了三十二种"相敌"术。即根据宏观上的军事观察,从敌军动态判断所处的地利优势;根据微观上的军事观察,从敌军动态判断所将采取的战术行动。如根据鸟兽草木之动态判断敌有伏兵,根据大路上的飞尘变化、敌人的公开言论变化来窥测敌人的行动,分别根据强势之敌、弱势之敌、均势之敌公开的战术活动,根据敌军将帅以及士兵的言行变化来分析和判断敌军将领的真实才能和所在部队中的威信。从而辨别真伪,窥测敌人的行动,设计我军战术,以对付敌军战术。

下述三种"相敌"之法,是根据宏观上的军事观察,从敌军动态判断所处的地理优势:

(1)"敌近而静者,恃其险也。"意思是说,敌人逼近我军,离我军很近,却处之安然,非常镇静,这是他们仰仗着占据了险要的地形,具有安全感。

(2)"远而挑战者,欲人之进也。"意思是说,敌人离我军相距很远,却派小部队前来向我军挑战,这是企图诱惑我军贸然轻进,趋就他们的意图。

(3)"其所居易者,利也。"意思是说,敌人选择驻扎在平坦的地形上,他们之所以敢于这样做,肯定是为了争取地利之便,有利可图。

下述四种"相敌"之法,是根据鸟兽草木之动态判断敌有伏兵的方法:

(4)"众树动者,来也。"意思是说,没有刮风而丛林摇曳,树木晃动,这是敌人开辟道路隐蔽前来、向我军移动的迹象。《十一家注孙子》张预注:"凡军必遣善视者登高观敌,若见林木动摇者,是斩木除道而来也。或曰:'不止除道,亦将为兵器也。'"春秋时,晋楚城濮之战前晋军即曾"伐其木以益其军"(《左传·僖公二十八年》)。所以,树木摇动可能是敌人将要袭我的征候。

(5)"众草多障者,疑也。"意思是说,敌人在野草丛生之地伏设下许多障碍,或设陷阱,或制造假象,这是敌人故意布下的疑兵计,我军不可不察。

(6)"鸟起者,伏也。"意思是说,树林里鸟群受到惊扰突然飞起、叽叽喳喳地翻飞盘旋不落,这下面肯定藏有伏兵。因为凡是禽鸟栖集的地方,一般说来,是人迹罕至、无猛兽奔驰、区域环境相对安静的地方,所以群鸟才在此聚栖。因而从事军事情态研究时,可凭借鸟群活动状态判断是否有敌军在那里潜伏。

(7)"兽骇者,覆也。"意思是说,旷野上野兽突然惊骇,慌忙四处逃窜,这是敌人潜伏在那里活动,隐蔽着,企图大举来偷袭我军。

下述四种"相敌"之法,是根据大路上的飞尘变化来窥测敌人的行动:

(8)"尘高而锐者,车来也。"意思是说,远望大路上尘土飞扬,所扬起的尘土形状高而尖,这是敌人的战车进攻来了。因为车马奔驰速度快,所以飞尘直上。

(9)"卑而广者,徒来也。"意思是说,大路上扬起的尘土漫漫,形状低而宽阔,散布面积大,这是敌人的步兵进攻来了。因为军队步行速度有限,不似车马奔驰时扬尘直上。

(10)"散而条达者,樵采也。"意思是说,如果远处飞尘散乱而细长,所扬起的尘土稀疏散落,缕缕上升,这是敌人士兵在砍薪伐柴,割草或采集野菜。

(11)"少而往来者,营军也。"意思是说,如果远处扬起的尘土稀少而时起时落飘浮的,是敌人在安营扎寨驻军。

下述两种"相敌"之法,是根据敌人的公开言论变化来窥测敌人的行动:

(12)"辞卑而益备者,进也。"意思是说,敌军派来的使者言辞谦卑,拖延时间,而实际上部队却正在加紧战备的,是敌人正准备向我军进攻。

(13)"辞强而进驱者,退也。"意思是说,敌军派来的使者言词强硬,而部队故意摆成进攻架势要向我进军的,实际上是敌人正准备撤退。

在军事交战过程中,作战双方往往直接或通过第三者进行政治外交接触,从中常常可以看出对方暗中军事活动进行的状态。在敌人使者非常谦卑地与我军谈判时,往往他们正加紧备战,准备向我方进攻。有时敌军使者言词强硬,摆出一副决战的姿态,也许他们正准备虚晃一枪,向后撤退。兵不厌诈,外交活动本身就是军事活动的伙伴,对于外交使者要"听其言,观其行",不能完全听信敌军使者的言论,应凭借外交使者的活动,不失时机地推测敌军隐蔽的军事活动。如公元前615年,秦国攻打晋国,因久战不胜,便决定撤退。在曲河(今山西永济)之战时,秦军为了掩饰自己撤退的意图,便派使者以强硬言词约晋军于次日再战。秦军的这一举动被晋上军的一个副将识破,建议乘其撤退时予以截击,结果秦军大败。

下述四种"相敌"之法,是根据强势之敌更为公开的战术活动,辨别真伪,窥测敌人的行动,从而设计我军战术,以对付敌军战术:

(14)"轻车先出居其侧者,陈也。"意思是说,敌人的轻战车先出动,分别部署列于两侧的,是敌人在备战,布列战斗队伍的行列。从战术上讲,这意味着敌军在部署好后即将发起进攻,我军应立即做好反击准备。同时,也说明敌人的阵势尚未"立定",如果我军在此时已经准备好,可乘机出击。所谓:"敌人新集(刚刚布阵)可击,人马未食(刚到阵地,而未食时)可击,不暇(张惶失措,部伍不严整时)可击。"(《六韬·武锋》)

(15)"无约而请和者,谋也。"意思是说,既无预约,又未受挫失利而贸然主动前来讲和的,必定是敌人在要弄阴谋,妄图施用诡计来加害于我军。从谋略上看,这种没有约言而在战中求和的不正常现象,其中往往隐藏有阴谋。可能是敌军一时后援未至而采取的缓兵之计;可能是特意通过外交形式来探我方虚实;也可能是巧用求和方式以麻痹我军,迷惑我军视听,以期达到全歼我军的战略目的;也有可能是由于敌军内讧,敌营中发生了意外情况。因此,不可一律疑心,以致失去瓦解敌人、不战而胜的谋攻机会。

(16)"奔走而陈兵车者,期也。"意思是说,敌人频繁调动兵力部署部队，士兵急速奔走，并摆开兵车列阵，是期求我军在近期内举行进攻，以便同我决战。

(17)"半进半退者，诱也。"意思是说，敌人进攻后又莫名其妙地半进半退的，是企图引诱我军上钩。

下述九种"相敌"之法，是根据弱势之敌将士的言行变化，来侦察判断敌军的真实战术行动：

(18)"杖而立者，饥也。"意思是说，敌人的士兵倚挂着兵器作拐杖站着发呆的，是饿坏了的表现。

(19)"汲而先饮者，渴也。"意思是说，敌人的水夫打上井水后自己先抢着喝的，是整个部队都干渴极了的表现。

(20)"见利而不进者，劳也。"意思是说，敌人看见利益而不前去争夺的，这是敌军已经极度劳累疲倦的表现。

(21)"鸟集者，虚也。"意思是说，敌人驻扎的地方，上面集聚鸟雀的，说明敌人已撤走，这里是空营。

(22)"夜呼者，恐也。"意思是说，夜间的敌人哨兵乱喊乱叫的，这是恐惧、害怕的表现。

(23)"军扰者，将不重也。"意思是说，敌营中无故惊扰，骚动纷乱，吵吵嚷嚷不安的，是敌将缺乏众望，没有威信。

(24)"旌旗动者，乱也。"意思是说，敌人的旗帜摇动无规律，不整齐的，这表明敌人的队伍已经开始混乱。

(25)"吏怒者，倦也。"意思是说，敌军官轻易发怒烦躁的，是其部队疲倦厌战的表现。

(26)"粟马肉食，军无悬瓿，不返其舍者，穷寇也。"意思是说，敌人用粮食喂马，杀掉拉辎重大车的牛马吃肉抵粮；收拾起炊具，不见营区有烧锅做饭，甚至砸烂炊具；士卒不返回营舍，昼夜露营集结在一起。这是危困至极、走投无路、准备以破釜沉舟之战术，拼命突围或想逃跑的"穷寇"，要防备这种敌人与我决一死战，以避免和减少我军不必要的伤亡。

孙武在此用了典型分析的方法，集中了尽可能多的事物现象，用简化方法去掉事物的表面现象，通过科学化的概括性分析，精练地概要提出了事物的规律，建立起显示事物本质的样板模型。如："鸟集者，虚也""粟马肉食，军无悬瓿，不返其舍者，穷寇也"，就是人们集中了大量的事物现象后所发现的规律。

下述四种"相敌"之法,是根据敌军将帅的言行变化,来分析和判断敌军将领的真实才能和所在部队中的威信:

(27)"谆谆翕翕,徐与人言者,失众也。"意思是说,敌指挥官低声下气,非常和顺地同部下讲话,谈话有气无力,吞吞吐吐,这是他们已失去了军心的表现。

(28)"数赏者,窘也。"意思是说,连续不断地采用奖赏的办法来犒赏部属,说明将领的办法不多,已陷入困境。

(29)"数罚者,困也。"意思是说,连续不断地使用刑罚的办法来惩处部属,说明将领也已无他法,处境非常困难。

(30)"先暴而后畏其众者,不精之至也。"意思是说,对部属发脾气以致群众害怕他的,是最不精明的将领。

下述两种"相敌"之法,是战争中双方处于均势情况下,根据敌人的行为变化来侦察和判断敌军的真实意图:

(31)"来委谢者,欲休息也。"意思是说,敌人派来的使者送礼、言好、谢罪,谈判措词委婉,态度平和的,是敌人企图休兵息战。

(32)"兵怒而相迎,久而不合,又不相去,必谨察之。"意思是说,敌军气势汹汹地向我开进,与我对阵,却久不交战又不退却撤走的,必须慎重地观察其动静,识破敌人的企图。

上述三十二种相敌法,是古代战争指挥经验的精华。孙武根据历史上各类战争的现象,典型化地提出了这些相敌术、作战术及侦察学研究,使战争在现象领域内抽象为古代侦察的样板模型。孙武所述"相敌"之法,虽然是古朴和原始的,但却是生动、具体的。它反映了春秋时代的战争特点,是当时战争实践的正确总结,是战车时代的典型侦察术。这种通过自然生态环境来侦察敌情的方法是经验性判断,对于日常生活和军事活动具有同等重要的价值,其相敌术"样板"在科学发达的今日对于军事及人类生活仍有较强的指导意义。因为客观世界的许多现象都有十分惊人的"类似",样板化的系统形式体现着事物的统一及相互之间的联系。所以,"样板"对于人的启示往往是十分丰富的。事实上,"相似"的事物总会在自然环境中遇到,如孙武在本篇中将自然环境中的危险之地归为"天井"等六种典型样板。如果我们一旦身入险地,即可以在惊人的"相似"中发生联想，迅速决策，脱离困境。

孙武在本篇中关于战术经验与多种战争现象的分析，其哲理思想对于后世战争的指挥具有重要的借鉴价值。这种借鉴价值并不在于完全按照古代模式解决现代战争的问题，而在于借鉴其思维分析方式发展现代军事科学及其相关学科。

〖经典战例〗

长勺之战——察微知著，处军相敌

长勺之战，发生于公元前684年（周庄王十三年）春天，它是春秋初年齐鲁两个诸侯国之间进行的一场车阵会战。战争的起因，在于鲁国插手了齐国君位争夺战，招致后来继位的齐桓公怨恨，兴师伐鲁。鲁庄公率军在长勺（今山东莱芜东北）迎战齐军，好胜心切的齐桓公率军"一鼓作气，再而衰，三而竭"，被鲁庄公打得大败而归。此战，是中国历史上处军相敌、料敌用人、察微知著、敌疲再打的著名战例。

争夺君位桓公胜出　甥舅惹祸齐鲁结怨

自公元前770年周平王东迁洛邑起，中国历史进入诸侯兼并、大国争霸的春秋时代。齐国和鲁国都是西周初年分封的重要诸侯国，又互相毗邻，在当时的动荡局面下，为了争霸，不免发生各种矛盾，而矛盾冲突的激化，又势必造成两国之间兵戎相见的结果。

齐国是春秋时期东方最强大的诸侯国之一，原是姜太公吕望的封地，辖有今山东东北部地区的广大地域，都城临淄（今山东淄博市东北）。由于齐国疆域广阔，土地肥沃，物产丰富，又东临大海，有渔盐之利，社会经济相当发达。早在春秋初期，齐国就已经开始使用铁制农具，砍伐森林，开垦荒地，扩大了耕地面积。太公立国后，推行"因其俗，简其礼""因地制宜，发展经济""举贤而上功""修道法"、礼法并用等一系列正确政策，因而实力雄厚，还先后吞并了邻近的一些小国，国力日益强大。自西周至春秋，一直成为东方地区首屈一指的大国。

鲁国则是比较弱小的诸侯国，据有今山东西南部地区，都城曲阜（今山东曲阜),它较多地保留了宗周社会的礼乐传统。当时的鲁国在春秋诸国中居于二等地位,无论是疆域还是国力,都无法与齐国相比,处于相对的劣势。公元前690年,齐国吞并了跟鲁国有亲戚关系的纪国;公元前687年,齐、鲁两国又共同进攻邻国,但是所得土地却被齐国独占。这样,齐鲁两国之间的关系便紧张了起来。长勺之战就是在这样的齐强鲁弱背景下爆发的,导火索是齐国宫廷内部为继承王位发生的一场动乱。

公元前686年冬,齐国国君齐襄公到远郊打猎,遇到了一头凶猛的野猪。齐襄公向它连射几箭,被激怒的野猪竟直立起来,大声嚎叫着扑来。齐襄公吓得浑身发抖,从车上掉下来,跌伤了脚,连鞋子也丢了,回到都城后,闭门养伤。

齐襄公有个名叫公孙无知的堂弟,早就想伺机夺取君位。这时,公孙无知听说齐襄公受伤,便派人杀死了齐襄公,夺取君位,自立为君。齐襄公的两个弟弟公子纠和公子小白,为避杀身之祸,赶紧逃往别国避难。几个月后,齐臣雍廪又杀死了即位不久的公孙无知。这样,齐国的君位便空置起来,急需有合适的人选填补。当时的备选人有两个,即齐襄公的两个兄弟公子纠和公子小白,这时都流亡在邻国未归。公子纠是鲁国国君鲁庄公的外甥,他和他的师傅管仲都住在鲁国。公子小白和他的师傅鲍叔牙住在莒国。公子纠和其弟公子小白听到公孙无知被杀的消息后,也都想赶快回到齐国继承君位,于是发生了一场残酷的君位争夺斗争。

鲁庄公为了让公子纠尽快得到国君的位置,特意派了一部分兵力和10辆战车,护送公子纠回国;同时派管仲带领一部分人马赶到从莒国到齐国的路上,准备半路上拦截公子小白。当管仲带领人马赶到即墨时,公子小白在莒国军队的护送下,刚刚过去不久。管仲得知这一情况后,一口气追了15里,果然追上了小白。管仲搭箭向小白射去,正好射在小白的铜带钩上。聪明的小白将计就计,乘机咬破嘴唇,大叫一声,口吐鲜血,倒在车上,假装已死。管仲见了,信以为真,赶快派人去报告公子纠。公子纠听到这个消息,也以为小白已经死了,就放宽了心,不慌不忙地向齐国进发。等公子纠进入齐国国境时,才知道公子小白早就到达都城临淄,捷足先登,率先入国抢占了君位,他就是历史上赫赫有名的齐桓公。公子纠和管仲见国君的位置已被小白抢先夺去,只好仍旧回到鲁国安身。

这件事,使齐鲁两国的关系更加紧张。因为鲁国在这场齐国内部斗争

中积极支持公子纠,想让他做齐国的国君,所以刚刚即位的齐桓公对鲁国非常恼火。鲁庄公也因为自己的外甥没有当上齐国的国君,对齐国更加仇视,最后发展到公开出兵攻齐,支持公子纠回国争夺君位。公元前685年秋,两国军队便在齐国境内的乾时(今山东临淄西)大动干戈。结果鲁国战败,损兵折将,大败而归。鲁庄公在逃跑中把自己乘坐的车子也丢掉了,后来另换了一辆车才逃脱性命。

鲁庄公扶持公子纠争夺王位的所作所为,与齐桓公结下深仇,导致齐鲁之间矛盾的进一步激化。齐桓公本人对此更是耿耿于怀,不肯善罢甘休。不久,桓公派齐将鲍叔牙领兵打上门去,他要鲁国杀死公子纠,交出凶手管仲,否则齐国军队就要继续围攻鲁国。鲁庄公没有办法,只得逼死公子纠,囚禁了管仲。齐公子纠时运不佳,在这场权力争夺中丢掉了自己的性命。

齐桓公多次派人向鲁国索要齐国"囚犯"管仲,无可奈何的鲁庄公不得不交出管仲。这时,鲁国的谋士施伯对庄公说:"管仲是一个了不起的人物,齐国要是重用了他,将对鲁国不利,不如杀掉管仲,把尸首交给齐国。"但是,鲁庄公没有采纳施伯的意见,把公子纠的头颅和管仲一并送交了齐军。

出乎所料的是,管仲被押解到齐国后,齐桓公亲自为他解枷换衣,备酒洗尘,任命为相国。管仲自然也是万分感激齐桓公的不杀之恩,从此成为齐国的重要谋臣,后来成为齐桓公霸业的重要奠基者。

鲁庄公本来杀了自己的外甥,为此受到齐国的侮辱,现在又失管仲,受到愚弄,大为恼火,实在已是忍无可忍,积极准备兴师伐齐。鲁国吸取了乾时之战失败的教训,加紧训练军队,赶造各种兵器,并疏通了曲阜以北的洙水,加强了对国都的守备,以防齐国的再次进攻。同时在政治上,整修内政,做了一些取信于民的工作。

桓公报仇兴师伐鲁　庄公应战曹刿论兵

经过乾时一仗,齐桓公的君位开始巩固。他自恃实力强大,决定亲率大军南下,先行攻鲁,以报复鲁国一年以前支持公子纠复国攻齐的宿怨,并向外扩张齐国的势力。

主政大夫管仲竭力劝阻齐桓公不要发动战争,而是主张"内修政治、外结与国、待机而动",等到自己的力量进一步强大起来以后,再乘诸侯内部发生变乱的机会,想法扩张势力。齐桓公则说:"我刚当上齐国国君,也不想兴师动众地打仗。但是在目前不得已的情况下,还是得先从鲁国开刀!"管仲说:"齐国军队还没有严格地训练,各项军规军纪都未齐备,不能派他们出去作战。"然而,齐桓公年轻气盛,又依仗齐国比鲁国地盘大,人口多,又很富有,自己刚夺得国君的位子,很想显显威风,所以他没有采纳管仲的正确意见,决意攻鲁。

公元前684年春天,齐桓公发动了对鲁国的战争,他任命鲍叔牙为全军统帅,率领齐军直逼鲁国都城曲阜,企图一举征服鲁国。

面对齐国的进攻,鲁庄公决心抵抗,动员全国的力量同齐国作战,发兵御敌。当他闻报齐军大举来攻后,于是检阅军队,征集战车,谋划攻打齐国,决心率国人同齐军一决胜负。

鲁庄公向谋臣施伯询问如何对付齐军,说:"齐国也太小看我们了,真是欺人太甚,我们应该怎么抵御他们呢?"施伯回答说:"我推荐一个人,名叫曹刿,是我们鲁国的士人,他有对付齐国的才能。现在隐居在东平乡下,从未做过官。但是颇具胆识谋略,具有将相的才华。"于是庄公急命施伯前去引曹刿来拜请。

曹刿在东平听说齐国来攻打鲁国,鲁庄公要派兵应战的消息以后,非常着急。他虽然不是什么肩负军国重任的大官,但是他认为对关系到国家存亡的大事,每个人都有责任关心和过问。于是他决定去见鲁庄公,想助一臂之力。乡亲们劝阻他说:"战争是国家的大事,有权位的人自会谋划,你何必去管它呢?让那些吃大鱼大肉的贵族官老爷们去出谋划策吧,你不要跟着掺和。"曹刿说:"不要高估了那些做官的人,他们实际上整天吃喝,目光短浅,浅陋无知,庸碌无能,不可能有深谋远虑。我不忍心看到我们的国家遭受齐国军队的蹂躏,因此我想去见庄公,进言齐鲁交战之策。"说这话时,正好施伯急匆匆地驾车前来,说明来意,两人于是前去拜见鲁庄公。

曹刿见鲁庄公后,开口就问:"齐军快打来了,听说你已经做出应战的决策,但不知你依靠什么战胜齐军?"鲁庄公正需要有人帮他出主意,见曹刿这样关心国家大事,就高兴地回答:"我对别人还算是宽厚的,对衣食等生活用品,从来不甘于一人暖衣饱食,不肯一个人独自享用,总是分赐一部分给别人。"曹刿则认为，单凭这一点还远远不够，还不能作为战胜齐国的保证，就对鲁庄公说："你这样做，不过是给人家一些小恩小惠，何况这些小恩小惠又只落到少数人身上，多数人并没有得到，不能普及全国，施之于大众，受之的人并不会为了这点利益跟随你去作战，老百姓也更不会因此为你出力与齐军死战的。"

鲁庄公接着说："我不仅待人好，对待天地神明也是很虔诚的。我在祭祀天地的时候，使用的牛、羊、猪和宝玉、锦帛等祭品，总是有多少就说多少，从来不敢以小当大，以恶充美，祷告祝辞都是据实反映。我这样诚实，天地神明一定会帮助我打败齐国。"曹刿还是不以为然，说："你不虚报祭品的多少、好坏，这只能算是有点信用，还说不上是很有信用。这点诚心不能代表全部，小信用未必能感动神灵，单凭这些，天地神明不会因此赐福保佑你，老百姓也不会信服你。"

鲁庄公想了一会儿，又继续谈他能够战胜齐国的理由，补充说："咱们鲁国每年发生千百起诉讼案件，我不敢说件件了如指掌，明察秋毫，判决公平，但是我总算尽了最大努力，必定按照原则，根据实情，慎重处理。我想老百姓会相信我，支持我。"曹刿听到这里，才点头表示赞同鲁庄公的说法，说道："诉讼案件，无论大小，都关系到人民的生命财产；案件处理的公平与否，会直接影响到老百姓的切身利益。尽心做事这是你的本分，如此为老百姓尽心尽力，这倒是尽到了君主的责任。你能够这样重视诉讼案件，并尽可能地公平处理，就是为老百姓办了一些好事，具备了同齐国决一胜负的基本条件，因此我认为你可以凭此与齐军一战了。"

深具谋略的曹刿在对时局进行分析后，认为鲁国能够上下一心，有效抗击齐国的侵略，并取得这次战争的胜利。在劝说鲁庄公先取信于民而后再战之后，曹刿自告奋勇，请求随同鲁庄公一起奔赴战场。鲁庄公见曹刿很有智谋，便允诺了曹刿的这一请求，让曹刿和自己同乘一辆战车前往长勺，率领鲁国军队，抗击齐军的进攻。

处军相敌以逸待劳　察微知著谨慎追击

齐国仗着兵强马壮，气势汹汹地侵入鲁国。当时鲁国总兵力为"车千乘，徒兵三万"，鲁庄公根据齐强鲁弱的客观形势，决定诱敌深入，采取战略退却，暂时避开齐国的锋芒，这反而助长了齐军的傲气。当鲁军撤退到有利于反攻的长勺时，鲁军不再撤退，列阵迎击来犯的齐军。

长勺是个古老的地名，位于鲁国东北部。公元前11世纪，武王伐纣灭了殷商，商朝的遗民纷纷流徙各地，姓长勺的这部分遗民来到杓山。因为这里是长久居住的地方，人们便把这地方叫作长勺，沿袭至今未变。长勺之战遗址，在今山东莱芜杓山寨西侧方圆四五公里的开阔地带，从莱芜市出发向东北方向行19公里便可到达。这里南、北、东三面环山，地形平缓，极易部署战车之阵。

齐、鲁两军在长勺相遇后，双方立刻摆开战车对阵。一场代表春秋时期的经典车战，由齐、鲁两军在长勺之地上演。

春秋时期，是战车盛行的时代，战车是军队的核心。随着战场和战争规模的扩大及军事技术的提高，各种多功能、实战性强的战车被发明出来。同时，与之相配套的专门武器装备也应运而生，开始出现铁盔铁甲。铁盔、兵器制造水平的提高，也推动了战车的改进。此时齐鲁两军的决战，即是以战车为主阵摆开的阵势。

战车林立中，齐军稍稍稳住阵脚，便首先擂响了战鼓，向鲁军发动猛烈进攻，希望能够先发制人。鲁庄公和曹刿共坐一辆战车指挥作战。鼓声震天动地中，庄公见鲁军阵地受到威胁，心急火燎，亦欲按传统战法下令击鼓对进，传令鲁军也擂鼓迎战，向齐军冲击。曹刿见状，连忙阻拦说："等一等，不要击鼓反击，还不到时机。眼下敌人士气正旺，如果我军出击，正合敌人心意，不如先不交锋，消磨他们的锐气后再说。"他建议庄公坚守阵地，暂时按兵不动，伺机破敌。鲁庄公接受了曹刿的敌疲后再打的建议。

齐国的鲍叔牙率兵严阵以待，然而手下的将士们求胜心切，都很轻视鲁军，认为不堪一击，于是凭恃强大的兵力优势，主动向鲁军发起猛烈的进攻。鲁庄公见齐军攻了上来，有些沉不住气，就要擂鼓下达应战的命令。曹刿立即劝阻说："齐军气势现在仍很猛，我军现在迎战正合齐军的心愿，这样就没有胜利的把握了，我们仍'宜静以待'，不能出击。"

鲁庄公再次采纳了曹刿的建议，鲁军不交战，只是组织有效的防御。曹刿指挥鲁军压住阵脚，固守阵地，只命令弓箭手对冲上来的齐军射箭。顿时，万箭齐发，齐的士兵、战马纷纷中箭，不能冲到鲁军的近前，齐军没有厮杀的对手，又冲不进鲁军阵地内，反而受到鲁军弓弩猛射而无法

前进，自己的战阵也乱了，只好向后撤退。

齐军经过稍事休整，又排战阵，鲍叔牙又下令展开第二次攻击，曹刿劝庄公仍然不要出击，继续固守阵地，齐军攻势虽猛，但和第一次一样攻不进阵内，没能和鲁军交锋，士气不免疲惫，于是再退回本营。

齐军接连发起冲击，鲁军均未开战，只是射箭而没有反击。鲍叔牙和齐军将领们都认为鲁军不敢应战，决定再次发动进攻。齐军声势浩大的第三次进攻开始了，由于齐军上下都认为鲁军胆小，不敢接战，放松了戒心，很快又冲到了鲁军阵前。但是，齐军接连三次擂鼓出击，迫近鲁军阵前，都在鲁军的严密防御之下，未能达到先发制人的作战目的，反而造成自己战力衰落，斗志沮丧，而鲁军斗志此时正旺盛。曹刿看到这次齐军来势虽猛，但势头没有上两次大，阵容也没有上两次整齐，将士们都已是轻敌麻痹，战场形势已经呈现出"彼竭我盈"的有利变化，认为出击的时机已到，立即建议庄公果断实施反击。

鲁庄公听从曹刿的意见，传令鲁军击鼓进攻，全线出击。齐军经连续行军，数次进攻，精神受挫，业已疲惫，而鲁军以逸待劳，士气高昂，将士们早已按捺不住，积攒了满身的力气正准备冲上去拼杀，听到攻击鼓声，立时奋勇出击，争先恐后，把全军的力量一下子倾泻出来，迅猛英勇地冲向敌人，锐不可挡，冲垮了齐军的车阵。

交战不久，齐军被打得七零八落，溃不成军。齐军败走，仓皇而逃。庄公见到齐军败退，急欲下令驱车发起追击，又被曹刿所劝阻。曹刿恐怕齐军诈败，跳下车来，仔细察看齐军战车的轮迹，又登上车厢远望，观察齐军撤退的情况，在"视其辙乱，望其旗靡"之后，才对庄公说："可以下令追击了！"

庄公一声令下，鲁军猛追猛打，给齐军以沉重打击，俘获大量甲兵和辎重，将其逐出了鲁国国境，洗刷了乾时之战所蒙受的耻辱，狠狠教训了齐国。至此，鲁军取得了长勺之战的最终胜利，鲁国国势也因此为之一振。

鲁庄公虽然打了胜仗，可是他不懂得曹刿为什么这样指挥作战，在战斗结束后向曹刿询问是役取胜的原因。曹刿回答说："战争是要靠勇气的，用兵打仗所凭恃的就是勇气。齐军第一次击鼓冲锋时，士气最为旺盛；第二次击鼓冲锋，士气就衰落了；等到第三次击鼓冲锋，士气便已经消失了。齐军三通鼓罢，士气已完全丧尽，而相反，我军士气却正十分旺盛，这时实施反击,自然就能够一举打败齐军,我军获得了胜利。"

接着,曹刿又说明齐军后退时鲁军未立即发起追击的原因:"因为齐国毕竟是一个强大的国家,兵力强悍,实力难以预测,不可等闲视之。那也许是诈败,所以要谨防其佯败设伏,以避免我方不应有的失利。后来我看到齐军的车辙痕迹紊乱,又登车远望,望见齐军的旌旗东倒西歪,队形混乱,兵器倒拖着,判明齐军的确是败溃,我才大胆地建议实施战场追击。"这一番话说得鲁庄公心悦诚服,点头称是,大喜,说:"曹先生您可以算得上是真正懂得兵法战术的专家了。"于是恭恭敬敬地拜曹刿为大夫。

长勺之战,鲁庄公处军相敌,以弱胜强,千古典范。最可贵之处,还在于曹刿论战,他所论述的作战原则和长勺战例,成为我国后世"后发制人"战略防御思想的宝贵借鉴,在中国战争史上闪耀着夺目的光辉,对后世兵家影响深远。《左传·庄公十年》中,记载有曹刿协助鲁庄公指挥战斗并取得胜利的谋略活动,其中内容《曹刿论战》被选入当今中学语文课本。

〖点评〗

长勺之战,以后发制人、敌疲再打、持重相敌、适时反击的积极防御原则取胜而著称,是中国战争史上疲敌制胜最早、最典型的战役。此役虽然规模不大,却多方面反映了战略防御的原则,一直为历代兵家所称道,在中国战争史占有重要地位。

(一)鲁军取得胜利的主要原因

1. 充分准备,取信于民。齐鲁长勺之战虽然是一次规模不大的战争,但是它生动地表明,小与大、弱与强是相对的,在一定的条件下,劣势和优势也是可以转化的。小国弱国只要依靠人民,充分准备,并采取正确的方针,是可以打败大国强国的。鲁国统治者在战前进行了必要的发动群众参战的政治准备,为展开军事行动创造了有利的条件。这也即是《孙子兵法》中所阐述的"上下同欲者胜"的思想。

2. 料敌用人,曹刿论战。《孙子兵法·行军篇》曰:"兵非益多也,惟无武进,足以并力、料敌、取人而已。"鲁庄公重用士人曹刿,并能在作战中虚心听取曹刿的正确作战指挥意见,遵循积极防御、适时反击的方针,从而牢牢地掌握了战争的主动权,赢得了战役的重大胜利。曹刿论战,鞭辟入里。从曹刿战前决策、战场指挥和战后分析的诸多言行里,我们可以看到鲁军取得长勺之战的胜利有其必然性。

3. 预设战场,相机处军。《孙子兵法·行军篇》第一句话讲的就是"处军相敌",说明选择战场和部署军队的重要性。处于防御地位的鲁军,在齐军的大举进攻面前,为了在有利条件下击破敌人,必须考虑战场条件。鲁军正确选择了有利于自己的战场,把长勺作为转入反攻的阵地,不仅地形有利于鲁军,而且有本国人民的支援。因为在主场上作战,便于民心士气的集中发挥。

4. 彼竭我盈,适时出击。积极防御的最后阶段必然是反攻,但若时机选择不当,就不能保证获胜。鲁军在开战之初,力量对比还没有发生利于己的变化时,按兵不动,直到敌气衰力竭,才一举出兵,击溃齐军。鲁军正确选择了利于开始反攻的时机,体现了他们在军事活动中对士兵锐气的重视,反映了他们利用进攻的时间差,创造双方士气差的谋略思想。《孙子兵法》中有多处阐述了这一思想。鲁军取胜后,曹刿曾向庄公解释取胜的原因说:作战靠的是勇气,一鼓气方盛,再鼓则气衰,三鼓则气竭。齐军三鼓气竭时,我们正一鼓气盛,所以能战胜他们。

5. 持重相敌,慎重追击。鲁军正确选择了"辙乱旗靡"的追击时机,在确定敌方是真败后,才发起追击,有把握地打败齐军,体现了他们谨防敌诈、慎重追击的用兵谋略。《孙子兵法·行军篇》中即有"旌旗动者,乱也"的察敌之法。曹刿向庄公解释之所以要察看后再追击的原因,说:大国多诈难测,恐怕有埋伏,以诈败引诱我军,我见他们后退的车辙杂乱,又望见他们旌旗倒下,知道他们是真的败退,所以才让您下令追击。

(二) 齐军遭遇失败的主要原因

1. 齐桓公不听管仲之言,轻率用兵,最终导致失败。

2. 齐军进入鲁境,在情况不明,地形不熟,未得休整时便一而再,再而三地冲击鲁军,过早地疲惫和削弱了自己。

3. 撤退时,队形仓皇混乱,给鲁军以可趁之机,招致失败。长勺之战是齐桓公争霸斗争史上经历的一次少有的挫折,也是齐鲁长期斗争中鲁国的一次罕见的胜利。此战,对齐国调整完善争霸战略方针具有一定的影响,使齐桓公不得不重新审度自己的争霸战略方针。

(三) 长勺之战对孙武等后世兵家的重大影响

长勺之战的规模虽然不大，但它却正确地反映了弱军对强军作战的基本规律和原则。因此，一直被历代兵家所称道。

此战，对于生长于齐国的孙武形成兵法无疑有着重大直接影响。150多年后，孙武对此战中体现的军事思想在《孙子兵法》十三篇做出了深刻的概括：一是避锐击惰。"是故朝气锐，昼气惰，暮气归。故善用兵者，避其锐气，击其惰归，此治气者也。"（《军争篇》）这正是对长勺之战鲁军用兵思想的总结。二是慎重追击。根据鲁军对逃跑之敌的顾虑和慎重的思想，孙武提出"无邀正正之旗"和"佯北勿从"（《军争篇》）的原则，即认为不应迎击旗帜整齐的敌人，对伪装败退的敌人不要追击。三是察微知著。根据曹刿对齐军败退真情做出判断的经验，孙武提出"旌旗动者，乱也"的察敌之法，后人杜牧曾直接用长勺之战中的有关情节注释此句。四是取心于民。据《国语·鲁语上》和《左传·庄公十年》载，长勺之战前曹刿问鲁庄公凭什么同齐军作战，当鲁庄公说到他曾尽力为老百姓做事时，曹刿认为这才是可以与齐国作战的根据。孙武将这类思想也做了概括，提出：用兵作战"不可取于鬼神""必取于人"（《用间篇》）和"上下同欲者胜"（《谋攻篇》）的军事思想。五是知己知彼。"知吾卒之可以击，而不知敌之不可击，胜之半也；知敌之可击，而不知吾卒之不可以击，胜之半也。"即是说，在作战中仅能知道敌与我一方面的情况，都不会有必胜的把握。战争的规律是"知彼知己，胜乃不殆"（《地形篇》）。鲁军作战和追击的胜利，在于能对齐鲁两军的基本情况和战场形势有相当的把握。

鲁军在这次作战中所运用的战术，对后世兵家"后发制人"战略战术的形成具有重大影响，具体内容主要有，料敌取人，处军相敌，以逸待劳，以静制动，敌疲我打，察微知著，慎重追击，避其锐气，击其惰归，等等。特别是其一鼓作气、再而衰、三而竭的军事思想，为后世兵家提供了宝贵的借鉴之处。如秦灭楚之战，楚汉成皋之战，新汉昆阳之战，袁曹官渡之战，吴魏赤壁之战，吴蜀彝陵之战，唐朝浅水原之战，柏壁之战，虎牢之战，嘉山之战，等等。唐太宗李世民以及当代大军事家毛泽东，都是后发制人、疲敌作战最卓越的代表。

毛泽东在1936年所著《中国革命战争的战略问题》一文中，就曾重点例举了齐鲁长勺之战。他说："春秋时候，鲁与齐战，鲁庄公起初不待齐军疲惫就要出战，后来被曹刿阻止了，采取了'敌疲我打'的方针，打胜了齐军，造成了中国战史中弱军战胜强军的有名的战例。"毛泽东在此大段引用了历史学家左丘明在《左传》中关于此战的记叙。并指出，长勺之战"虽然是一个不大的战役，却同时是说的战略防御的原则。中国战史中合此原则而取胜的实例是非常多的……都是双方强弱不同，弱者先让一步，后发制人，因而制胜的。"后来，毛泽东巧妙地把这次战争的战略运用到几次反"围剿"中，打败了强大的国民党军队，使红军队伍不断壮大。1947年，仍是在长勺这片古战场上，毛泽东指挥华东野战军仍采取"敌疲我打"的战法，拖住敌人，直到把敌人拖垮，一举歼灭国民党军7万多人，这就是著名的莱芜战役。

行军篇

【地形篇】

军事地形学经典论著

〖原文〗

孙子曰：地形有通者，有挂者，有支者，有隘者，有险者，有远者。我可以往，彼可以来，曰通。通形者，先居高阳，利粮道，以战则利。可以往，难以返，曰挂。挂形者，敌无备，出而胜之；敌若有备，出而不胜，难以返，不利。我出而不利，彼出而不利，曰支。支形者，敌虽利我，我无出也；引而去之，令敌半出而击之，利。隘形者，我先居之，必盈之以待敌。若敌先居之，盈而勿从，不盈而从之。险形者，我先居之，必居高阳以待敌；若敌先居之，引而去之，勿从也。远形者，势均难以挑战，战而不利。凡此六者，地之道也，将之至任，不可不察也。

故兵有走者，有弛者，有陷者，有崩者，有乱者，有北者。凡此六者，非天之灾，将之过也。夫势均，以一击十，曰走；卒强吏弱，曰弛；吏强卒弱，曰陷；大吏怒而不服，遇敌怼而自战，将不知其能，曰崩；将弱不严，教道不明，吏卒无常，陈兵纵横，曰乱；将不能料敌，以少合众，以弱击强，兵无选锋，曰北。凡此六者，败之道也，将之至任，不可不察也。

夫地形者，兵之助也。料敌制胜，计险阨远近，上将之道也。知此而用战者必胜，不知此而用战者必败。故战道必胜，主曰无战，必战可也；战道不胜，主曰必战，无战可也。故进不求名，退不避罪，唯人是保，而利合于主，国之宝也。

视卒如婴儿，故可以与之赴深谿；视卒如爱子，故可与之俱死。厚而不能使，爱而不能令，乱而不能治，譬若骄子，不可用也。

知吾卒之可以击，而不知敌之不可击，胜之半也；知敌之可击，而不知吾卒之不可以击，胜之半也；知敌之可击，知吾卒之可以击，而不知地形之不可以战，胜之半也。故知兵者，动而不迷，举而不穷。故曰：知彼知己，胜乃不殆；知天知地，胜乃可全。

〖原文意解〗

孙武先生说：用兵作战的地形主要有通形、挂形、支形、隘形、险形、远形六种。

第一，交通方便，也就是我军可以去，敌军也可以来的作战地域，称作"通形"。在"通形"地域内作战，应首先占据向阳、视野开阔的制高点，确保粮道畅通无阻，这样对敌作战才有利。

第二，去时好走回来难，也就是我军前进出击时容易，撤退返回时却困难的作战地域，称作"挂形"。在"挂形"地域内作战，如果敌人戒备不严或没有防备，可采取突然出击的方式进行突袭，则可获胜；如果敌人有防备，设防周密，出击后而不能取胜，又难以撤退返回，那样就不利了。

第三，敌我两军仅相隔于窄路两端，也就是说我军先出击不利，敌军先出击也不利的地域，称作"支形"。在"支形"地域内作战，敌人如果示以利，诱我们先出击，我军不能上敌人的当，绝不能抢先出战；可主动引兵佯装撤退，率领部队撤离该地，让敌人先出击，等敌人出兵一半、在半途中时，我军再迅速回师，予以反击，这样对我军就有利了。

第四，通道很狭窄的地域，叫作"隘形"。在这样的地域内作战，如果我军能够提前出兵抢先到达，占领隘口，就必须立即以充足的兵力进行扼守，周密设防，严阵以待，对付敌人的进犯；如果敌人提前出兵抢先到达，已经占领了隘口，并配备了充足的兵力进行扼守，设防周密，我军则不要去硬攻；如果敌人没有配备足够的兵力封锁隘口，设防不周，有隙可乘，我军可随即发起攻击，占领该地。

第五，地形险要的地域，称作"险形"。在这样的地域内作战，如果我军抢先占领有利地形，应占据和控制高而向阳、视野开阔之地，严密设防，等待敌人前来进犯；如果敌人抢先占据了有利地形，我军则应引兵撤退，迅速离开，不可主动进攻，力避与敌交战。

第六，敌我相距较远的地域，称作"远形"。在这样的地域内作战，如果双方地势均同，兵力相当，势均力敌，我军在这时就不适宜去向敌人挑战；如果勉强求战，结局则可能是两败俱伤或打成平手，甚至使自己陷入不利的境地。

以上六项，是利用地形采取相应措施作战的基本原则。这也是将帅的重大责任所在，作为将帅如何采取最有利的方式利用地形，是不可不予以认真考察和研究的。

军队作战有六种败象，分别称作：走、弛、陷、崩、乱、北。这六种

地形篇

败象的产生，不是天时地形等外部自然环境发生灾害造成的，而出自军队本身的内因，是将帅等高级指挥员的过错。

第一，在作战中，凡是敌我双方势力强弱相等，地理形势上有同等机遇，有一方却硬要"以一击十"，结果必是败而出局。这称作"走"。

第二，士卒强悍，训练有素，战斗力很强，但指挥员能力很弱，不知如何指挥作战，以致军纪废弛，队伍松懈，必然形成不了战斗力。这称作"弛"。

第三，指挥员强悍，军政素养很强，但士卒懦弱，训练很差，不能按命令指到哪里打到哪里，尤其是在冲锋陷阵时，指挥员冲上去了，士卒还在后头，军队缺乏战斗力，以致指挥员身陷敌阵。这称作"陷"。

第四，主将暴躁易怒，引起所指挥的偏将及部属们的不服，他们不再听从主将的调遣指挥；当遇到敌人时，偏将赌气愤然擅自出战，却没有把握能否战胜。将帅之间如此谈崩后再临战，会导致全线失败，这称作"崩"。

第五，将帅软弱，在部队中没有威严；在治军方面没有建立健全必要的规章制度、纪律等章法，不善于教育部队；指挥官调动频繁，上下级关系、官兵关系生疏，没有正常的沟通；布阵散而不整，列阵杂乱无章，出阵横冲直撞。如此必然不战自乱，这称作"乱"。

第六，将帅对敌情心中无数，不能正确判断敌情；用少数兵力去对付多数的敌人；用弱兵去打强大的敌人；使用部队不善于选择精锐，无法组织主力先锋尖刀部队。如此必然打败仗，这称作"北"。

以上六项败因，是招致失败的一般规律，将帅对此应负有重大责任。作为将帅，如何采取最有利的方式事先察觉和避免这些败象，是不可不予以认真考察和研究的。

值得注意的是，地形仅是用兵打仗的辅助条件，是用兵作战凭借的主要舞台，人的因素不得不慎重考虑。察明敌情，正确判断分析敌人的意图；采取制胜的措施，去争取胜利；计算和研究战地的险要，路途的远近；这是主将的职责和必须掌握的用兵方法。懂得这些道理并具体运用于指挥作战的将帅，必然会取得胜利；不懂得这些道理而盲目指挥作战的将帅，必定会失败。

从战争规律上看，如果此役必然能够取得胜利，虽然国君指示不要再打，但将帅也可以坚持去打，坚决打下去；从战争规律上分析，如果此役不能取得胜利，虽然国君说一定要打，将帅也可以根据战争发展的趋势和规律，坚持不能再打下去。所以，作为军队的高级将领，应该是前进不为自己贪图战胜的功名，撤退不怕自己承担违命的罪责，一切都是为了有利于国家，保全民众和符合国君的利益。这样的将帅，才真正是国家的宝贵财富。

将帅对待士卒，要像对待自己的婴儿一样，士卒就可以和将帅一起共赴艰险，克服任何困难；将帅善待士卒，要像对待自己的爱子一样，士卒就可以和将帅一起勇猛冲锋，拼命杀敌，同生共死。但是，如果对士卒厚待却不加以使用和重用，不指使他们参加急难险重的作战任务；爱护士卒而不加管教，不去命令他们执行各种任务；士卒违法乱纪而不予以惩治，得不到及时纠正；那么，如此像对待骄子一样加以宠爱的士卒就会被娇惯坏，这样的士卒是不能用来作战的。

判断能否取得胜利有三点要素，缺一不可：一是只知道我们的部队能打，却不知道当面之敌不能去打，胜利的可能性只有一半；二是只知道当面之敌可打，却不知道我们的部队此刻不能去打，胜利的可能性也只有一半；三是知道当面之敌可以打，也知道我们的部队能打，但不知道地形条件不利于我军作战，胜利的可能性也只有一半。

所以，懂得用兵作战的将帅，其指挥调动军队的决心绝不会迷惑不定，其所采取的战法及措施应是变化无穷的。由此说，既了解敌方，又了解我方，争取胜利就不会有多大危险；懂得天时，也懂得地利，夺取胜利就有完全的把握。

〖原句辨释〗

（一）破解"大吏"为何等官职

对"大吏怒而不服，遇敌怼而自战，将不知其能，曰崩"之句，历代都有不同解释，主要分歧点在于对"大吏"的理解，何为"大吏"，是谁在"怒"，谁在"不服"？主要有以下三种解释：

1. "大吏"为小官，是小将。原文"大吏怒而不服"，也即可替代为"小将怒而不服"。典型的说法是《十一家注孙子》中的曹操所注，他注解本句说："大吏，小将也。大将怒之，心不厌服，忿而赴敌，不量轻重，则必崩坏。"曹操在作注后，历代绝大多数注解均依此说。梅尧臣注："小将心怒而不服，遇敌怨怼而不顾，自取崩败者，盖将不知其能也。"张预注："大凡百将一心，三军同力，则能胜敌。近小将恚怒，而不服于大将之令，意欲俱败，逢敌便战，不量能否，故必崩覆。"但是，曹操的"大将怒之"之语义在这里却显得很不确切，既然指明"大吏，小将也"，那么就不是"大将怒之"，而是"小将怒之"并"不服"。

以此解释"大吏"为部卒，对该句可有如下两种解释。①本句中的"吏"与"将"是偏将与主将的关系。解释为：偏将怨怒而不服从主将的调遣指挥，遇到敌人，偏将愤然擅自出战，主将又不了解他的能力，如此临战必然崩溃，这就称作"崩"。②本句中的"吏"与"将"是士卒与将帅的关系。解释为：尽管部队筋疲力尽，将帅仍然让士卒带着情绪对敌作战，将帅又不知部队的战斗力究竟如何，对能否战胜敌人心中无数。如此而使部队崩溃的，称作"崩"。

2. "大吏"为大官，是大将、主将。原文"大吏怒而不服"，可断句为"大吏怒，而（引起下级军官）不服"。如《十一家注孙子》中贾林即认为"大吏""小将"不是一回事，"大吏"是大官，是职权高于"小将"的指挥官，他注解本句说："自上堕下曰崩。大吏小将不相厌伏，崩坏之道，将又不量己之能否，不知卒之勇怯，强与敌斗，自取贼害，岂非自上而崩乎？"另，陈皞注："此大将无理而怒小将，使之心内怀不服，因缘怨怒，遇敌使战，不顾能否，所以大败也。"为此，有学者认为，以上所引曹操之注中的"大吏，小将也"，这"小"字有可能是"大"字之误。曹操的一番"大将""小将"的解释把人搞糊涂了，因为"大将怒之"可解释为是大将在发怒，而小将"心不厌服"。按常理讲，也只有大将可发怒，小将不服，而不能反过来。

吏，在古代本是对大小官员的通称。《孟子·万章上》："天子使吏治其国而纳其贡税焉。"《韩非子·十过》："赵氏杀其守堤之吏而决其水灌知伯军。"但在汉代之后，"吏"特指低级官员。《汉书·高帝纪》："及壮，试吏，为泗水亭长，廷中吏无所不狎侮。"生活于春秋战国时期的孙武，在兵书中言"吏"而又冠以"大"字，从哪方面讲这"大吏"说的即是职位、权力较高的官员，而非"小吏"。曹操生活于东汉末年，则很可能受当时官场官位习称之影响，在注解孙子兵法时把"大吏"也视为是"小官"，却在下句中又言"大将怒之"。其实，统观孙武此句可看出，孙武在此同一句中并用了"吏"和"将"两个官位之称，这说明两者肯定是有区别的，区别在何处呢？一般来讲，"将"特指军事指挥官，"吏"则指地方政权之官，两者的根本区别是亲自带兵与否。但是，春秋战国时代以至此后历代的"大吏"即大官，如中央政府之官吏则是能节制和指挥军队的。由此看来，孙武在本句中的"将"是特指前线的军事指挥官，而"大吏"指的就是能够节制"将"的中枢机关的高级官员。

以此解释"大吏"为主将，可见本句中的"吏"与"将"是主将与偏将部属们的关系。为此，对该句做如下解释：因为主将随便发怒，引起了所指挥的偏将及部属们的不服，他们不再听从主将的调遣指挥，当遇到敌人时，偏将赌气愤然擅自出战，却没有把握能否战胜，将帅之间如此谈崩后再临战，会导致全线失败。这就称作"崩"。

本书采取的即是这种解释。孙武在《火攻篇》中所言"主不可以怒而兴师，将不可以愠而致战"，对主帅、主将的素质要求，强调的仍是这一点。"吏怒者，倦也。"（《行军篇》）"怒而挠之。"（《始计篇》）"怒"对军事指挥员有百害而无一利，在军事上怒而决策，往往会导致失败。在对将帅修养素质的要求上，强调的还是这一点。

3."大吏"泛指在战场上有军事指挥权的官吏，不分其职位高低大小。"吏"与"将"可统一认为是"下级与上级的关系"，孙武在此旨在说明全军上下应同心协力，步调一致。如《十一家注孙子》何氏注："三军同力，上下一心，则胜也。"李荃注："将为敌所怒，不料强弱，驱士卒如命者，必崩坏。"王晳注："谓将怒不以理，且不知裨佐之才，激致其凶忒，如山之崩坏也。"由此，将本句意解为：下级指挥员胸有怨气，不服从上级指挥。遇到敌人，下级指挥员因心怀不满而擅自带领所属部队去单独出战，上级指挥员则不了解下级指挥员在干什么，能打到什么程度。这称作"崩"。

（二）对"将弱不严，教道不明，吏卒无常，陈兵纵横，曰乱"之句的辨释

此句说明"乱"的原因有四，但对这四个原因的解释，却是众说纷纭，五花八门。可概括为如下两种意见：

1."严"指治军不严；"教道"指部队管理教育工作；"无常"指官兵

不守纪律；"陈兵"指列阵。全句解释为：将领懦弱，治军不严，小将愤怒而不服从主将；不善于教育部队，管教不明，难以严格要求；官兵目无法纪；出兵列阵时横冲直撞，散而不整，秩序紊乱。这称作"乱"。

2."严"指将帅无威严；"无常"指官兵关系不正常；"陈兵"指布阵。全句解释为：将帅软弱，没有威严；治军没有章法；上下级关系、官兵关系生疏，不正常，没有正常的沟通；布阵横七竖八，行阵杂乱无章。如此必然不战自乱，这称作"乱"。

《十一家注孙子》中张预注："将弱不严，谓将帅无威德也；教道不明，谓教阅无古法也；吏卒无常，谓将臣无久任也；陈兵纵横，谓士卒无节制也。为将若此，自乱之道。"

本书综合以上各种说法，联系上下文，将此句意解为：将帅软弱，在部队中没有威严；治军没有建立健全必需的规章制度、纪律等章法，不善于教育部队；指挥官调动频繁，上下级关系、官兵关系生疏，没有正常的沟通；布阵散而不整，列阵杂乱无章，出阵横冲直撞。如此必然不战自乱，这称作"乱"。

（三）对"厚而不能使，爱而不能令，乱而不能治，譬若骄子，不可用也"之句的辨释

历代各家对此句的解释从字面上看似乎大同小异，但细比较可见仍存在一些较大的差别。主要有以下两种解释：

1. 士卒不尽力，主要责任在士卒。将帅对士卒虽然给予厚爱，却无法使用他们。士卒不能知恩图报，违法乱纪不能惩治，士卒骄傲得已经不知天高地厚。全句解释为：如果对士卒恩情虽厚却不能使用他们，抚爱士卒却不能命令他们，军中混乱却不能去治理，好像骄纵的孩子不听招呼，这样的部队就没有战斗力了，不可用来作战。

2. 将帅治军无方，爱之失度，主要责任在将帅。对士卒只给予爱抚，却不使用、不管理，就会娇惯成无用的家庭浪荡公子。全句解释为：如果对士卒厚待却不加以使用、重用，不指使他们参加急难险重的作战任务；爱护士卒而不加管教，不去命令他们执行任务；士卒违法乱纪而不予以惩治，得不到及时纠正；那么，如此像对待骄子一样加以宠爱的士卒就会被娇惯坏，这样的士卒是不能用来作战的。

本书采取的是后一种解释。认为孙武在这里主要是阐述将帅对待士卒要"厚养而使，宠爱而教，乱法而治"，爱之应有度，这个度就是不能让他们成为骄子。因为，本句的前文即是在强调将帅一定要爱护士卒，孙武说："将帅对待士卒像对待自己的婴儿一样，士卒就可以和将帅一起共赴艰险，克服任何困难；将帅对待士卒像对待自己的爱子一样，士卒就可以和将帅一起不怕死地去拼杀敌人，同生共死"。紧接着的下文，即本句理应就是爱护士卒的另外一面，阐述的是不能宠爱士卒成为不能用的骄子。将帅对士卒在给予厚爱的同时，应爱畏并用，恩威相济，使用他们，重用他们，管教他们。"用"和"管"可谓本句深层含义的要旨所在。

〖专题解论〗

（一）军事地形学六论

孙武从当时的实际情况出发，将军队在作战中可能遇到的战场地形分为六种，并针对这六种不同的地形情况提出了具体而又适宜的用兵方法。

1."通形"地域上的处军原则。所谓"通形"，是指平易开阔，交通方便，我军可以去，敌军也可以来的作战地形。这种四通八达的地形，没有险要，视野敞亮，难以隐蔽，因此只有先处战地而待敌才能取得主动，否则就会处于被动的境地。所以，孙武认为在"通形"地域内作战，应首先占据向阳、视野开阔的制高点，以便察知敌情和控制制高点，确保后方补给线粮道的畅通无阻，这样对敌作战才有利。

2."挂形"地域上的处军原则。所谓"挂形"，是指去时好走回来难，也就是我军前进出击时容易，撤退返回时却困难的作战地形。"挂"之言外之意就是进入这种区域内作战是有所牵挂的，心中牵挂的就是入其内易，出其外难。这种前往容易而返回难的地形，通常有两种情况：一是易入难出的短小隘路，二是易进难返的高山陡坡。这种地形，虽然有险可据，隐蔽良好，但必须是在敌人无备的情况下才能有利。《十一家注孙子》张预注："若敌有备，出而弗克，欲战则不可得，被归则不得返，非利也。"因而孙武认为在"挂形"地域内作战有一利一弊：如果敌人戒备不严或没有防备，我军可采取突然出击的方式进行突袭，则可获胜；如果敌人有防备，设防周密，我军入境进攻则必然受到牵制，出击后而不能取胜，又难以撤退返回，那样就不利了。因此，在"挂形"地带，要充分利用地形特点，出其不意，一举克敌，否则就会招致重大损失。

3．"支形"地域上的处军原则。所谓"支形"，一般是指敌我两军仅相隔于窄路两端，双方都有险可凭守，对垒而阵，谁先出军谁就不利的地形。《十一家注孙子》中杜牧注解："支者，我与敌各守高险，对垒而军，中有平地，狭而且长，出军则不能成阵，遇敌则自下御上，彼我之势，俱不利便。"所以，孙武认为，在"支形"地域内作战要精于用谋，敌人如果示以利，诱我军先出击，我军万不可轻举妄动，不能抢先出战，小心上了敌人的当；遇到这种地形，可主动引兵撤退而暗设伏兵，让敌人先出击，然后等敌兵力出其一半、行军在半途中且立足未稳之时，我军再迅速回师，予以反击，这样对我军就有利了。

4．"隘形"地域上的处军原则。所谓"隘形"，一般是指在两山峡谷间、通道很狭窄的险要地带。这是古代兵家用兵作战特别重视的一种天险地形。它可以借助险要，节省自己的兵力，有效地阻击、牵制、疲惫敌人。孙武认为，在这样的地域内作战，如果我军能够提前出兵抢先到达，占领隘口，就必须立即以重兵充实防务，周密设防，严加扼守，不给敌人可乘之隙，从容对付敌人的进犯；如果敌人提前出兵抢先到达，已经占领了隘口，我军应视其兵力而动，敌人若配备了充足的兵力进行扼守，设防周密，我军则不要去硬攻；但若敌人没有设防，或没有配备足够的兵力封锁隘口，设防不周，有隙可乘，我军则可根据具体情况迅速发起攻击，占领该地。

5．"险形"地域上的处军原则。所谓"险形"，通俗地讲就是指山川险峻、关隘要地、行动不便、难以达到的险阻地形。在这种地形上作战，谁先处战地而居高临下，谁就处于有利态势，易于克敌制胜。因此，对这种地形，最好能抢先占领，《十一家注孙子》曹操注："地形险隘，尤不可致于人。"孙武在本篇中认为，在这样的地域内作战，如果我军抢先占领有利地形，应占据和控制高而向阳、视野开阔之地，严密设防，等待敌人前来进犯；如果敌人抢先占据了有利地形，我军则应引兵撤退，迅速离开，不可主动进攻与之相争，力避与敌交战。

6．"远形"地域上的处军原则。所谓"远形"，是指敌我营垒相距很远的地形。在古代，兵器和通讯极不发达，两军战车作战交锋若隔十五公里，就算是很远的距离。《十一家注孙子》陈皞注："夫与敌营垒相远，兵力又均,难以挑战,战则不利。"是说营垒相隔甚远相对,我军若去接近敌军打仗,对我军不利;敌军若来接近我方作战,敌军不利。一旦遇到这种情况,孙武认为,如果双方地势均同,兵力相当,势均力敌,我军在这时就不适宜去向敌人挑战。如果我军主动出兵挑战,会使士卒的体力耗费在长途跋涉的行军之中,容易造成敌逸我劳、敌锐我困的局面,结局可能是两败俱伤或打成平手,甚至使自己陷入不利的境地。面对这种对抗形势,可采取坐以待敌之计,使敌军疲劳就近我军;而我军不去主动挑战,不勉强就近敌军交锋。唐人杜牧在注解《孙子兵法》中解释说:"譬如我与敌垒相去三十里,若我来就敌垒,而延敌欲战者,是我因敌锐,故战者不利;若敌来就我垒,延我欲战者,是我佚敌劳,敌亦不利。故言势均。然则如何?曰:欲必战者,则移相近也。"

对以上六种地形上的应敌战术,孙武简要地概括了冷兵器时代以地形为依据的战术模式。古代两军交锋的阵地是在地形制约中完成的,设营、配置兵力、开辟交通线都是由地形条件决定的。孙武所确立的军事地理六种模式,为后代兵家开拓了研究地形、利用地形设计战术的先河。

现代军事地形学与《孙子兵法》有着较深的理论渊源关系。现代军事家在确立"地形"的军事属性时,特别强调它的战术性能,而孙武在本篇中所论的六种地形,核心即是阐释地形的战术性能。只有把握地形的战术性能,才能最有效地使用兵器,实施灵活而机动的基本战术,给敌人以突然袭击,同时在防御中,巧用地形的自然保护性能,使部队免遭敌人火力攻击。一般说来,利用地形性能,是确定战术的重要因素,在考虑我情、敌情及地形因素后,才能确立战术方案。确立战术方案后,才能制定与战术相适应的攻防原则,并依据攻防原则配备武器,以最佳战术运作保存自己,战胜敌人。利用地形设计战术时,还应考虑到我军与敌军在一定的地理环境中交锋时,双方皆可以利用地形的战术性能。这也正是孙武在本篇中所阐述的"我先居之,必盈之以待敌。若敌先居之,盈而勿从,不盈而从之"或"我先居之,必居高阳以待敌;若敌先居之,引而去之,勿从也"等地形的利用。

地形篇

在现代战争中,由于现代科学技术的飞速发展,军事技术的不断进步,作战样式已发生了跨时代的变化,军事地理观念已上升到战略高度,使军事家着眼于全球地理环境,并以其为本确立战略方针,从海洋、大陆、航天以及边缘地带等出发，研究地理战略思想。较典型的如20世纪初美国著名的海军战略理论家艾尔弗雷德·塞耶·马汉建立了海洋学派战略论，认为未来的战争将以海洋为世界战略重心。与马汉同时代的英国战略地理学家哈尔福德·麦金德提出了大陆学派，他认为大陆是世界战略的核心，他将欧亚非三洲作为"世界岛"，其心脏地区在中亚、波罗的海、黑海、伊朗等地，认为占领心脏地区的国家能不断向沿海扩张。1950年，亚历山大·德塞维尔斯基在他的代表作《空军·生存的关键》一书中则指出海上与陆地的战斗都不如空中战斗重要，因此提出了以制空思想为基础的战略地理思想，认为海军、陆军可用于防御，空中力量可用来发动进攻，迫使敌人投降，因此空中力量对战争将有决定性的作用。20世纪末、21世纪初，美军在海湾、科索沃、阿富汗的战争，在某种意义上验证了这一观点。

但不管现代战略地理理论有什么样的翻新变化，究其本源，从本篇可见孙武所建立的军事地理地形论，仍为其始祖。以上所举西方各战略家的各种论点，都是在孙武战略地域概念上的扩大，是他们在特定历史时代和政治背景中对孙武"地形论"的空间扩展。

（二）战场成败得失六论

胜败乃兵家常事。只准成功不准失败，是不切实际的幻想。因此，研究失利的作战，正是为赢得胜利而做准备。孙武在本篇中以敌我双方兵势均衡、胜负机会均等，基于战术策划的失误，在此前提下，概要地提出了可招致军队失败的六种境况和模式，指出："故兵有走者，有弛者，有陷者，有崩者，有乱者，有北者。凡此六者，非天之灾，将之过也。"并细致地剖析了其产生的原因。

1. "以一击十，曰走"，"走"指士卒败逃。一般说来，这种败兵情况可分为两大类型：一是敌人以奇兵制胜，"以十击一"攻我薄弱环节，我军预测不利，只能"以一击十"，临急中又不能以智胜敌，只得败走；二是敌我双方势力强弱相等，地理形势上有相同的条件，而我军估计失误，指挥员不懂分合之计，不善于集中优势兵力对敌，自不量力，轻敌而战，错误地"以一击十"，即用一份力量去对十倍于我的敌人，这就形成了敌专我分、敌强我弱之势，结果必是寡众悬殊，败而出局，士卒必定败走。

2. "卒强吏弱，曰弛"，"弛"指将吏软弱无能，队伍涣散难制。孙武认为，部队士卒素质虽然良好，身体强悍，训练有素，战斗力很强。但指挥员能力很弱，不敢管理，对士卒约束不严，纪律松弛，队伍松懈，而且不善于指挥，优柔寡断，在战争中不能发挥其威力，必然形成不了战斗力，也会导致失败。《尉缭子·兵令上》载："卒畏将甚于敌者胜，卒畏敌甚于将者败。"就是强调将帅的指挥作用与人格威严。军队是组织健全、训练有素的组织。在军队组织中将帅必须具有训练士卒的能力与赢得士卒敬畏的威严。"兵熊，熊一个；将熊，熊一窝。"说的就是指挥员的重要表率作用。将帅是军队的领袖，是军事组织的代表，将弱则意味着兵弱。古之经验，"千军易得，一将难求""强将手下无弱兵"，都说明了智勇的将帅是军队建设的重要条件。将帅不力，与无将相同，因此择将为上，练兵次之。

3. "吏强而卒弱，曰陷"，"陷"，是指将领身陷敌阵。《十一家注孙子》王晳注："为下所陷。"这一条与上一条正相反，是说将领的本事高强，体质强悍，意志坚强，军事素养等各方面都很棒，然而士卒却怯弱，训练很差，不能按命令指到哪里打到哪里，尤其是在冲锋陷阵时，将领冲上去了，士卒还在后面畏缩不前，军队缺乏战斗力，以致将领孤身奋战，力不能支，身陷敌重阵。这种将强而兵弱的情况，实际上仍是将领的失职，主要原因是缺乏对士兵的必要训练。兵无强弱，强弱在将。士卒是群体，是军队的基础，是战争的主力，军队的威力要通过士卒来体现。将领是一个人，充任指挥、决策之事，将领不能只靠个人的勇毅完成指挥大任，他必须训练士兵，使军队具有群体的勇毅才能战胜顽敌。将帅个人的优良品质是可贵的，更为重要的是将帅的文武之才要在练兵中体现出来。兵贵在练。士卒训练是具有战略意义的任务，所谓"养兵千日，用兵一时"，练兵的目的，就是要使士兵在战场上杀敌取胜。

军事训练首先要使士兵具有勇气、胆识、毅力以及坚韧不拔的忍耐精神，具备基本的军事常识及经验，熟悉军情、军法和作战条令、条例。这些精神和素质并不是天赋的，而是平常锻炼与培养的结果。军事训练就是古人所讲的"治军"。治军的根本就是在训练中吃苦流汗，其基本原则是一切从实战出发，战争需要什么就训练什么。中国近代著名军事家蔡锷曾描述军事训练之苦："战争之事，或跋涉冰天雪窟之间，或驰驱酷暑恶瘴之乡，或趁雨露营，或昼夜进程行军，寒不得衣，饥不得食，渴不得水，枪林弹雨之中，血肉横飞，极人世所不见之惨，受恒人所不经之苦，其精神，

地形篇

其体力,非于平时养之有素,练之有恒,岂能堪此!"所以说,勇敢的精神与铁的纪律是胜利的基本保证,士卒只有不惧怕敌人,才能在战场上一往无前。

4."大吏怒而不服,遇敌怼而自战,将不知其能,曰崩","崩",指全军崩溃。这是孙武概括指挥系统失控的一种模式。在战场上,由于主将治军无方,统御无力,对部属失去控制,脾气暴躁,随便发怒,引起了所指挥的偏将及部属们的不服,他们不再听从主将的调遣指挥。当遇到敌人时,偏将赌气愤然擅自出战,却没有把握能否战胜。将帅之间如此谈崩后再带着怨气去临战,这极有可能顶多是虽胜一角而损全局,导致全军的溃散。所以,必须加强军内严整的指挥系统控制,主将应了解偏将的能力,对所属部队的所有将领实施有效的指挥,掌握全军将领的活动,既控制他们又让他们发挥主观能动性,以灵活、机动的战术取胜于敌人。偏将则应树立大局观念,服从主将的指挥,听从主将的号令,上下一心,共同对敌。

5."将弱不严,教道不明,吏卒无常,陈兵纵横,曰乱","乱"指队伍混乱,也将导致失败。孙武在此所阐述的这一败军模式,说明军队素质有三大致命弱点:将领软弱,缺少训练,将士散乱。他认为,卒强吏弱会使军队组织涣散,丧失战斗力。然而,将帅软弱,在部队中没有威严;治军没有建立健全必需的规章制度、纪律等章法,不善于教育部队;指挥官调动频繁,上下级关系、官兵关系生疏,没有正常的沟通;布阵散而不整,列阵杂乱无章,出阵横冲直撞。如此仍然会不战自乱而失败。

6."将不能料敌,以少合众,以弱击强,兵无选锋,曰北","北",就是败北、失败。孙武所提出的这一败军模式,是指将帅因为不能准确地判断敌情而招致失败。将帅对敌情心中无数,不能正确把握和判断敌情,也就无从运用以少击多、以弱击强的方式胜敌;反而用少数劣势的兵力去对付多数占优势的敌人;用弱兵去打强大的敌人;使用队伍不会选择精锐,或根本没有精锐部队作骨干,无法组织主力先锋尖刀部队。这样的军队作战,很难完成预定的作战任务,而必将导致覆军杀将,遭到败亡。这说明,主将用兵打仗必须先谋而后战,才能成功。首先要综合各方信息,获得大量情报;其次善于分析情报,准确判断敌情。所得信息中,有相当部分可能互相矛盾,有的不确实,有些甚至是假的,因此要求各级指挥员必须具有分析判断能力,然后再做出正确的决策。

（三）对将帅素质的严要求

孙武在研究了"地有六形""兵有六败"两大问题之后，进而提出了"夫地形者，兵之助也"的观点。指出地形虽然重要，但它在整个军事活动中只是"兵之助也"，即只处于辅助的地位，起决定作用的还是人，是战争指导者对于地形条件的运用恰当与否。如果没有精明强干的将帅，没有训练有素的军队，地理条件再好，也难以达到克敌制胜的目的。所以，孙武就如何利用地形，对将帅提出了明确要求：

1. 要善于"料敌制胜，计险阨远近"，此为"上将之道"。意思是说，作战前要察明敌情，正确判断分析敌人的意图；采取制胜的措施，去争取胜利；计算和研究战地的险要，路途的远近；这是主将的职责和必须掌握的用兵方法。《十一家注孙子》中张预注解说："既能料敌虚实强弱之情，又能度地险阻远近之形，本末皆知，为将之道毕矣。"这实际上是孙武"知彼知己"思想在军事地形学上的体现。他要求把敌情、我情、地形等综合起来，认真分析利害得失，而后决定行动。并强调指出，这是将帅必须掌握的法则，懂得这些道理并具体运用于指挥作战的将帅，必然会取得胜利；不懂得这些道理而盲目指挥作战的将帅，必定会招致失败。

2. 要"进不求名，退不避罪，唯人是保，而利合于主"，此为将帅必须具备的高贵品质。孙武认为，作为军队的高级将领，应该是前进不为自己贪图战胜的功名，撤退不怕自己承担违命的罪责，一切都为的是有利于国家，保全民众和符合国君的利益。这样的将帅，才是国家的宝贵财富。因此，作为统兵作战的将帅，在保民利主的前提下，既要善于料敌计险，确实了解敌情地形，使胜利建立在确有把握的基础之上；又要敢于机断行事，勇于承担责任，做到"战道必胜，主曰无战，必战可也；战道不胜，主曰必战，无战可也"。即从战争规律上看，如果此役必然能够取得胜利，虽然国君指示不要再打，但将帅也可以坚持去打，坚决打下去；从战争规律上分析，如果此役不能取得胜利，虽然国君说一定要打，将帅也可以根据战争发展的趋势和规律坚持不能再打下去。

3. "爱"与"严"相结合，交映生辉，是孙武治军思想的一大特色。孙武认为，将帅一方面要爱护士卒，"视卒如爱子"，另一方面则要严格治军纪律，不可使其"若骄子"。这与《行军篇》中"令之以文，齐之以武"

的精神是一致的。

关于爱兵如子的思想,在孙子兵法中有多处表述,如将帅"五德"中的"仁""信",讲的主要就是爱抚士卒的哲理;"视卒如婴儿,故可与之赴深谿;视卒如爱子,故可与之俱死。"则是爱兵的经典军事名言。孙武爱兵如子的主要目的是抚卒为知己,这有以下两个方面的含义:

其一,是抚卒成为与其共生死的知己朋友。孙武作为代表当时新兴进步势力的军事家,对士卒的重要作用是有比较清醒认识的。身处奴隶社会向封建社会过渡时期的士卒,与奴隶社会的士卒相比,在人身自由和个性解放方面已有了质的变化。如果将帅不顾时代条件的变化,仍滥用刑罚,驱杀士卒上阵,士卒在阵前倒戈之事便会发生。故封建统治者不能不考虑民众的反抗力量,采取多种对策,把士卒的切身利益与封建政权联系起来,笼络思想感情,建立"父子"之兵。所以,就必须抚卒为"知己"。

"士为知己者死",是孙武爱兵抚卒的根本目的。由于劳动人民出身的士卒与维护剥削统治阶级利益的将帅之间,存在着阶级的矛盾与鸿沟,要使士卒服从于将帅,孙武认为,将帅必须对士卒有一颗仁慈之心,只有万般抚爱,才能使士卒成为推心置腹的知己,从而与将帅一同赴汤蹈火。

其二,抚卒是为了体察下情,了解军队思想现状,更深切地做到"知己"。孙武说:"知吾卒之可以击,而不知敌之不可击,胜之半也。"可见,"知吾卒"即"知己",对军队作战制胜是多么重要。它与知敌情即"知彼"相结合,就能成为战而不败之军,即孙武所概括的那种至理名言:"知彼知己,胜乃不殆。"

怎样才能"知吾卒"呢?作为将帅,不仅要有"视卒如子"之情,经常深入下层,了解士卒的疾苦,同时还要严以律己,率先垂范,做士卒的表率,这样才能取信于军,赢得士卒的爱戴,从而使其吐露心声,真正了解到部队的实情。荀卿在注孙子兵法中引古兵法云:"勤劳之师,将必先己,暑不张盖,寒不重衣,险必下步,军井成而后饮,军食熟而后饭,军垒成而后舍。"这说明,将帅要真正做到"知己",凝聚军心,必须对士卒有"爱如其子"之情和以身作则、身先士卒的表率作用。

将帅与士兵及其相互关系是构成军队内环境的主要因素,将帅如何对待士兵是治军原则的主体。孙武受先秦"仁爱"思想的影响,主张"爱兵"。他指出"视卒如婴儿""视卒如爱子"。战国时名将吴起,常与士卒最下者同衣食，卧不设席，行不乘骑，与士卒分劳苦。卒中有人生疽症，吴起为他吮脓血，这个病卒的母亲听说后，大哭。有人问她："你的儿子是个小兵，然而将帅亲自为他吮疽，你为何哭呢？"母亲说："从前吴将军曾为他的父亲吮疽，他父亲感念将军恩德，作战时死战不退，牺牲在沙场。现在将军又为这孩子吮疽，我不知将来他死在何处啊！"爱兵如子的将卒关系体现了中国古代治军的理想。

然而，爱卒并非娇惯。厚养而不教，乱法而不治，骄兵必败。所以将帅爱兵应真心善意，造就强兵。戚继光说道："爱军是爱军的心，操练是操练的心，上阵是上阵的心，必无不胜之理。"爱兵与练兵是一体的。不练兵而驱之上阵无异于送羊群入虎狼之口，所以练兵时，"与其失之宽，不如失之严，法立然后知恩，威立然后知感，以菩萨心肠，行霹雳手段"。（《蔡松坡集》）

将帅爱兵"以菩萨心肠，行霹雳手段"的做法，高度概括了治军原则。有菩萨心肠才能爱兵如婴儿，如父子；行霹雳手段，才能从严从难地训练士兵，以期成功。

[经典战例]

马陵之战——减灶诱敌，地形兵助

马陵之战，是中国古代战国时期齐、魏间的一场战争。发生在公元前341年（周显王二十八年），齐国将军田忌、孙膑率军在马陵（今山东郯城马陵山，还有它说）预设战场，聚歼魏军。战后，三晋之王皆朝齐王，齐取而代魏成为东方强国。《孙子兵法·地形篇》曰："夫地形者，兵之助也。"此战，是中国战争史上利用有利地形设伏歼敌的著名战例。

魏军攻韩齐军救援 孙膑出战再走大梁

战国时期，关东六国以魏国最强，到魏惠王（子罃）时极盛，而齐国也于此时崛起。

桂陵之战后，魏国虽然严重失利，元气大伤，开始走下坡路，但并未因此而一蹶不振，仍具有蔚为可观的实力，保持着强国的声势，经过几年

的休整后，又逐渐开始恢复对外进攻。卫鞅即认为"以一秦敌大魏，恐不如"，对魏国不敢掉以轻心。公元前350年，魏国攻秦上郡的定阳（今陕西延安东），迫使秦孝公在彤（今陕西华县西南）与魏惠王相会讲和。此年，魏惠王与赵成侯在漳水结盟，同时将邯郸归还赵国。公元前348年，魏惠王又与刚刚继位的赵肃侯在阴晋（今陕西华阴市东）相会修好。

魏国在与赵国讲和的同时，却又再次穷兵黩武，发兵攻打比它弱小的邻邦——韩国。公元前344年，魏惠王在逢泽（今河南开封市南）召集宋、鲁、邹、卫等小国诸侯相会，秦国也派公子少官参加，魏惠王在会上自称为"王"。魏国称王的举动，引起了齐、楚、韩等大国诸侯的不满，以韩国的抵制为最。所以，在公元前342年魏惠王再次任命庞涓为将，以韩国不赴逢泽会盟为由，联合赵国引兵进攻韩国。数战，韩师皆大败，魏军包围了韩都新郑（今属河南省）。

韩国自然不是魏军的对手，韩昭侯在危急中遣使奉书向齐国求援。齐宣王召集群臣，商议对策。由于韩国在魏国的西面，且距离较近，而齐国在魏国的东面，且距离较远。如立即发兵，魏国则很容易调回强大的魏军主力与齐军决战；如不发兵救韩，则韩国的灭亡必然对齐国不利。因此，齐相邹忌依然充当反对派，不主张出兵，说："不如勿救。"将军田忌则主张发兵救韩，并且力主早救、速救，他申明道理："弗救，则韩且折而入于魏。"即是说，不救则韩将附于魏，使魏益强，对齐不利。齐威王征求孙膑的意见，孙膑分析了当时的军事政治形势，谈了自己的看法，意见是既不同意不救，也不赞成早救。他认为："夫韩、魏交兵，未弊而救之，是吾代韩受魏之兵，顾反听命于韩也。"怎么办呢？正确的方法是可"深结韩之亲而晚承魏之弊，则可重利而得尊名也"（《史记·卷四十六·田敬仲完世家》）。孙膑的中心思想是首先向韩表示必定出兵相救，促使韩国竭力抗魏，待韩魏双方交兵皆疲之后，韩处于危亡之际，再发兵救韩，从而"尊名""重利"，一举两得。齐威王采纳了孙膑的这一计策，向韩国使者私下表示全力支持，答应出兵救韩。

韩国得到齐国答应救援的允诺，全国军民人心振奋。他们倚仗齐国为坚强后盾，与魏军先后展开五场大战，竭尽全力抵抗魏军的进攻，但结果仍然是五战接连败北，只好举国听命于齐，再次向齐国告急。

齐国待韩军五战皆败，魏军也实力大损时，才于次年（前341）正式出

兵救韩。齐宣王以田忌为主将，田婴、田盼为副将，孙膑为军师，率军救韩，经曲阜、亢父（今山东济宁），由定陶进入魏境。

孙膑在齐军中的角色，一如桂陵之战时那样，谋划指挥，居中调度。齐军重施"围魏救赵"的战法，行动和桂陵之战时一样，矛头指向与魏都大梁（今河南开封）近在咫尺的外黄（今河南兰考东南），直捣大梁，诱使魏军回救，以解韩围。

魏惠王恼怒愤懑，眼见攻韩胜利在望，又是齐国从中作梗，深恨齐国一再干预魏国的大事，闻齐军出动，于是决定放过韩国，转将倾国之兵锋指向齐军。为雪桂陵之耻，魏惠王像上次一样将攻韩的部队召回归国，以太子申为上将军，随军参与指挥，以庞涓为将军，率兵10万迎击齐军。庞涓闻讯，耻于桂陵之战之败，又自恃兵强马壮，忙弃韩而回，急于与入境齐军决一死战。这时，齐军已进入魏国境内纵深地带，魏军尾随而来，气势汹汹扑向齐军，一场鏖战是不可避免的了。

齐军佯怯避战示弱　　退军减灶诱敌冒进

面对气势汹汹的魏军，此役应该如何部署，孙膑胸有成竹，指挥若定。他在得到魏国起兵迎击的消息后，与田忌分析说："彼三晋之兵素悍勇而轻齐，齐号为怯，善战者因其势而利导之。《兵法》，百里而趣利者蹶上将，五十里而趣利者军半至。"（《史记·卷六十五·孙子吴起列传》）他分析此战形势不同于桂陵之战时，现在魏军悍勇，并且是有备而来，斗志旺盛，来势凶猛，敌我力量众寡悬殊，只可智取，不可力敌，更不可贸然决战。针对魏军强悍善战，素来蔑视齐军的实际情况，孙膑判断魏军主将庞涓一定会骄傲轻敌，急于求战，轻兵冒进。根据这一分析判断，孙膑认为战胜貌似强大的魏军是完全有把握的，方法是巧妙利用庞涓的轻齐心理，利用魏军求胜心切的弱点和急躁冒进的特点，采用欲擒故纵之计，"因其势而利导之"（《史记·卷六十五·孙子吴起列传》），示形误敌，引庞涓上钩，诱其深入冒进，然后予以出其不意的致命打击。他的想法，得到主将田忌的完全赞同。

这时，魏国军队的战斗力十分强大，其他国家的军队都害怕魏国的军队。孙膑正是利用这一现状，在认真研究了战场地形条件之后，于撤退途中与田忌定下了减灶诱敌、设伏聚歼的作战方针，让庞涓以为齐国军队的士兵由于害怕和魏军交战而逃跑。齐军主动后撤，前锋与魏军稍一接触，即佯装怯战，掉头东撤，并在撤退途中有意造成军力不断削弱的假象。齐军在孙膑指挥下由外黄向马陵方向撤退。魏太子申见齐军速退，恐怕有诈，本有退军之意，但庞涓不听，仍坚持率军紧追。

接下来的战争进程，完全按照孙膑的预定计划展开。齐军与魏军刚一接触，就立即佯败后撤。为了顺利诱使魏军追击到预设战场，不致脱钩，齐军按孙膑预先的部署，施展了"减灶"的高招，故意逐日减少营地军灶数目。孙膑传下命令，第一天挖了10万人埋锅煮饭用的灶坑，第二天减少为5万灶坑，第三天又减少为3万灶坑，造成在魏军追击下，齐军士卒斗志涣散、大批逃亡的假象，引诱魏军冒进追击。庞涓果然中计，他虽然曾与孙膑同时受业于同一位老师——鬼谷先生，可是水平却要比孙膑相差一大截。接连3天追下来以后，他见齐军退却避战而又天天减灶，大喜，不禁得意忘形起来，武断地认定"齐军胆怯，入吾地三日，士卒亡者过半矣"，更是壮起胆子，丢下辎重和步兵，脱离了大部队，只带着一部分轻装精锐骑兵，日夜兼程猛追齐军。

马陵设伏庞涓中箭　俘获太子齐军大胜

《孙子兵法·地形篇》曰："地形有通者，有挂者，有支者，有隘者，有险者，有远者。""凡此六者，地之道也，将之至任，不可不察也。"孙膑深谙地形对于夺取战争胜利的重要作用，他在战争一开始即寻觅着能取得决定性胜利的主战场。在齐军节节后退撤至马陵时，孙膑便决定不再后撤。根据魏军的行动，他计算行程，预测判断魏军将于当天日落后进至马陵山道，此地正是齐军可引兵埋伏的绝佳险地。

马陵山系低山丘陵地带，这里地势险阻，沟壑纵横，草深林密，道路曲折狭窄，两旁多阻隘，状似葫芦，适于设伏。孙膑决定利用这一有利地形，命令齐军主力在这里设下埋伏，又故意丢弃大批战车、武器作障碍，砍倒树丛，堵塞通路，并选择齐军中一万名善射的弓箭手夹道埋伏于两侧，专候魏军。让士卒把路旁一棵大树的皮剥掉，在上面书写了几个显眼的大字，约定到夜里以见火光为号，一齐向大树及周围放箭。

经长途追击而疲惫不堪的魏军，果真于孙膑预计的时间进入齐军预先设伏的地段。庞涓率骑兵追至马陵道时值傍晚，天色已黑。魏军士卒赶来报告，前有一写字的大树，内容不详。庞涓驱马前往，果然见剥皮的树干上写着字，但看不清楚，就叫士卒点起火把照明。火光下，只见一棵大树被剥去一段树皮，上书"庞涓死于此树之下"八个大字。庞涓顿悟中计，字还没有读完，刚要下令撤退，齐军伏兵四起，万箭齐发。在齐军迅雷不及掩耳的攻势打击中，魏军猝不及防，惊恐失措，进退两难中仓促应战，自相践踏下死伤无数，阵容大乱，很快溃败。庞涓中箭，左突右冲仍然无法突出重围。

魏军先后在桂陵、马陵中伏惨败，孙膑的两次用兵之法，如出一辙。此时的魏军败局已定，受伤后的庞涓更是深感智穷力竭，愤愧有加，明白已经无能为力在此役中帮助主帅太子申赢得胜利，反而丧师辱国，上无脸回国面见寄予厚望的君王，下无言愧对跟随自己多年的将士。桂陵之战时，他曾被孙膑所俘，后被放回，现在眼看着又被老同学戏弄了一把，又要被老对手所生擒，心中更是羞愧不堪，自知厄运难逃，大叫一声："遂成竖子之名！"拔剑自刎。

庞涓自杀后，魏军大溃。齐军乘胜追击，连续大破魏军。魏军主将太子申率后军赶到后，又是一阵猛烈冲杀。魏军乱作一团，兵败如山倒。齐军俘获太子申，先后歼灭魏军主力10万余人，大获全胜。史称此役为"马陵之战"，"减灶之计"成为此役中孙膑的经典战法。

马陵之战，以魏军惨败而告终结，魏国遭受沉重打击。此战后，魏国由盛转衰，次年又败于秦国，韩国、赵国也乘机侵掠魏国土地，魏国从此一蹶不振。齐国在马陵之战后国势更强，后来的宣王、缗王继承父祖之业，保持了东方强国的地位。孙膑因善于用兵而名扬天下。

地形篇

〖点评〗

"孙庞斗智"的故事，在中国家喻户晓。"围魏救赵""减灶诱敌"等谋略使得两千多年前发生在齐、魏之间的那场战争，成为中国战争史上的经典战例。同是孙膑谋划指挥的桂陵之战和马陵之战，是战国中期齐、魏两大国之间的两场著名战役，孙膑的对手都是先前的同窗好友、魏国大将庞涓。孙膑创造性地运用和发展了孙武"避实而击虚""攻其所必救""致人而不致于人""料敌制胜，计险阨远近""示形动敌"的作战指导思想，采取"围魏救赵""批亢捣虚""减灶诱敌"等高明战术,在桂陵和马陵地区,先后击败实力强大的魏国军队。用通俗的语言简要点评,桂陵之战可以用"围魏救赵"来解读,马陵之战则可用"减灶诱敌"来概括。齐军在马陵之战中的主要经验有:

1. 先进的战争指导思想。孙膑把"必攻不守"的军事理论,看作关照各个战场、各个阶段、带有全局性的战略指导思想,并与权、势、谋、诈等结合起来,贯彻到战略战术中,这是完全符合军事思想发展规律的。而庞涓却没有及时更新自己的战争观,仍然把战略战术合而为一进行指挥。庞涓的战争指导思想,实际上代表了春秋时期相对比较落后的军事思想,而孙膑则代表着战国中期新兴的军事思想。齐魏桂陵、马陵之战,实质上就是春秋时代的落后战法与战国时代先进战法的较量,两战均以齐胜魏败结束也就成了历史的必然。从此之后,在各诸侯国战争中再难见到应用春秋时期军事思想能战胜的踪迹。所以说,"孙庞斗智"的桂陵、马陵之战,作为军事思想跨越时代的分水岭,有着深远的历史影响。

2. 在战略战术上,正确预测战场和作战时间,善于示形、巧设埋伏是取胜的关键性因素。齐国正确把握救韩时机得当,俟双方削弱后再出兵击魏,攻其必救。在韩国求救时,齐先应允救援,以促韩竭力抗魏。但鉴于战事初起,魏、韩双方实力未损,过早出兵对齐不利,直到韩军五战俱败,情况危急,魏军也十分疲惫时,才发兵相救。"减灶"是这场战役中"示形"的主要方式,田忌、孙膑将帅之间密切合作,他们先率齐军后撤,以"避战示弱"之计助长魏军的骄傲情绪,然后采用"退军减灶""诱敌入伏"之计,造成齐军怯战、大量减员的假象,使庞涓更加轻敌,误以为齐军已溃退,急于报桂陵之战失败之仇,狂骄轻敌,率部分"轻兵锐卒"贸然追入马陵山,陷入孙膑设下的包围圈。孙膑利用庞涓的弱点,制造假象,诱其就范,实际上就是《孙子兵法》中"能而示之不能,用而示之不用"以及"以利动之,以卒待之"等"诡道"原则的实战体现,是中外战史上一场典型的"示假隐真"、制造假象、欺敌误敌的成功战例,为历代兵家留下了设伏歼敌的典范,在中国战争史上占有重要地位。

3. 知己知彼,知天知地。《孙子兵法·地形篇》曰:"料敌制胜,计险阨远近,上将之道也。"孙膑正确地选择作战地点、时间,调动敌军在预期的有利战场进行决战,并因势利导,使敌人产生错误判断而自动就范,始

终居于主导地位，完全掌握了战争主动权。孙膑与庞涓是同窗，他摸透了庞涓的脾气，深知庞涓为了魏国的利益统兵作战，有根深蒂固的忠君报国思想。在桂陵之战时，被激怒的魏君逼迫庞涓回军来救，庞涓作为魏国久经沙场的大将，对齐军布置的种种假象应有所警惕，但魏王急令他回军，本着"君命不可违"的忠君思想，他只能率军快速回援。马陵之战中的庞涓也不例外，齐军再攻大梁，魏君又急令庞涓回军相救，再次中计。庞涓的愚忠，恰恰成为导致桂陵、马陵之战魏国惨败的一个重要原因。马陵之战说明，在作战中必须准确掌握敌我双方的情况，充分了解与战争有关的各种情况，特别是地形等诸多因素。正如《孙子兵法·地形篇》所说："知彼知己，胜乃不殆；知天知地，胜乃可全。"

齐国在马陵之战中大获全胜，从根本上削弱了魏国的军事实力，对于结束魏国在中原地区的霸权具有决定性的意义，对战国整个战略格局的变化，产生了非常深远的影响。从此，魏国国势江河日下，退居二流，一步步走下坡路，后被迫充当齐、秦等强国的附庸，再也不能扮演主角，失去了在中原地区的霸权。而齐国则挟桂陵、马陵战胜之威，声威鹊起，力量迅速大发展，取代了魏国的霸主地位，成为当时名列前茅的强大国家，称霸中原。孙膑亦名扬四海，"围魏救赵"和"减灶诱敌"的战法，成为中国军事史上的经典之作，为后世兵家广泛推崇。

【九地篇】

因地制宜随敌应变的名篇

〖原文〗

孙子曰：用兵之法，有散地，有轻地，有争地，有交地，有衢地，有重地，有圮地，有围地，有死地。诸侯自战其地，为散地。入人之地而不深者，为轻地。我得则利，彼得亦利者，为争地。我可以往，彼可以来者，为交地。诸侯之地三属，先至而得天下之众者，为衢地。入人之地深，背城邑多者，为重地。行山林、险阻、沮泽，凡难行之道者，为圮地。所由入者隘，所从归者迂，彼寡可以击吾之众者，为围地。疾战则存，不疾战则亡者，为死地。是故散地则无战，轻地则无止，争地则无攻，交地则无绝，衢地则合交，重地则掠，圮地则行，围地则谋，死地则战。

所谓古之善用兵者，能使敌人前后不相及，众寡不相恃，贵贱不相救，上下不相收，卒离而不集，兵合而不齐。合于利而动，不合于利而止。敢问：敌众整而将来，待之若何？曰：先夺其所爱则听矣。兵之情主速，乘人之不及，由不虞之道，攻其所不戒也。

凡为客之道，深入则专。主人不克，掠于饶野，三军足食。谨养而勿劳，并气积力。运兵计谋，为不可测。

投之无所往，死且不北。死焉不得，士人尽力。兵士甚陷则不惧，无所往则固，深入则拘，不得已则斗。是故其兵不修而戒，不求而得，不约而亲，不令而信，禁祥去疑，至死无所之。

吾士无余财，非恶货也；无余命，非恶寿也。令发之日，士卒坐者涕沾襟，偃卧者涕交颐，投之无所往者，诸、刿之勇也。故善用兵者，譬如率然。率然者，常山之蛇也。击其首则尾至，击其尾则首至，击其中则首尾俱至。敢问：兵可使如率然乎？曰：可。夫吴人与越人相恶也，当其同舟而济，遇风，其相救也如左右手。是故方马埋轮，未足恃也；齐勇若一，政之道也；刚柔皆得，地之理也。故善用兵者，携手若使一人，不得已也。

将军之事，静以幽，正以治。能愚士卒之耳目，使之无知。易其事，革其谋，使人无识；易其居，迂其途，使人不得虑。帅与之期，如登高而去其梯；帅与之深入诸侯之地，而发其机，焚舟破釜，若驱群羊，驱而往，驱而来，莫知所之。聚三军之众，投之于险，此谓将军之事也。

九地之变，屈伸之利，人情之理，不可不察。

凡为客之道，深则专，浅则散。去国越境而师者，绝地也；四达者，衢地也；入深者，重地也；入浅者，轻地也；背固前隘者，围地也；无所往者，死地也。

是故散地吾将一其志，轻地吾将使之属，争地吾将趋其后，交地吾将谨其守，衢地吾将固其结，重地吾将继其食，圮地吾将进其途，围地吾将塞其阙，死地吾将示之以不活。

故兵之情：围则御，不得已则斗，过则从。

是故不知诸侯之谋者，不能预交；不知山林、险阻、沮泽之形者，不能行军；不用乡导者，不能得地利。四五者，不知一，非霸王之兵也。夫霸王之兵，伐大国，则其众不得聚；威加于敌，则其交不得合。是故不争天下之交，不养天下之权，信己之私，威加于敌，故其城可拔，其国可隳。

施无法之赏，悬无政之令。犯三军之众，若使一人。犯之以事，勿告以言；犯之以利，勿告以害。投之亡地然后存，陷之死地然后生。夫众陷于害，然后能为胜败。

故为兵之事，在于顺详敌之意，并敌一向，千里杀将，此谓巧能成事者也。是故政举之日，夷关折符，无通其使，厉于廊庙之上，以诛其事。敌人开阖，必亟入之。先其所爱，微与之期。践墨随敌，以决战事。是故始如处女，敌人开户；后如脱兔，敌不及拒。

〖原文意解〗

孙武先生说：用兵作战，通常在不同的环境中进行，有散地、轻地、争地、交地、衢地、重地、圮地、围地、死地，作战地形大致可分为这九种。

第一，诸侯国在本国境内与敌作战的地区，称作"散地"。

第二，军队进入别国境内不深、距本国边界还不远的地区，称作"轻地"。

第三，我军控制住对我军有利，敌军控制住对敌军也有利的地区，称作"争地"。

第四，我军可以去，敌军也可以来的地区，称作"交地"。

第五，处在几国交界，各国领土犬牙交错，互有影响，谁先到达并占领就可以结交周围列国诸侯，就能取得多方援助的地区，称作"衢地"。

第六，深入敌国境纵深之内，作战前线四周仍是比较多的敌占城邑的地区，称作"重地"。

第七，山岭、森林、阻塞、水泽、湖沼等难于行走、机动的地区，称作"圮地"。

第八，进入该地的道路狭窄难行，如果退出该地就须绕远迂回，敌人可以少数兵力抵抗我多数兵力的地区，称作"围地"。

第九，紧急投入战斗、奋勇激战可能还有生路，如不立即投入战斗，稍有松懈就会覆没的地区，称作"死地"。

因此，在"散地"上不宜与敌过早地进行决战；在"轻地"上应当以优势兵力，乘敌之隙，猛攻不止；遇到"争地"不要从正面去强攻，可采取迂回战术攻击敌人；过"交地"时部队不要失去联络，作战不能轻率地跨越前进，以防备敌人断绝我后路；到了"衢地"，就要加强外交活动，结交周围的诸侯，取得他们的支持；深入"重地"就要掠取粮食，取得军需物品；遇到"圮地"就要迅速地通过；逢"围地"就要善于运用计谋，千方百计突围；陷入"死地"，就要奋勇作战，以求生存。

所谓古时善于指挥作战的人，能够使敌人的前方与后方断绝联系，前锋与后卫无法相互策应；能使敌人的主力部队与小股部队彼此之间不能依靠和支持，一方有难另一方却不能救援；主帅与下级互不联络，官兵之间不能够相互沟通；上下隔断不能收拢聚集；士卒散乱而难于集合起来，分散的基层小分队不能集中；虽然集中了兵力，却难以形成整体战斗力。

能造成有利于我的局面就开打，立即行动；不能造成有利于我的局面就按兵不动，停止进攻。试问："如果敌人部队众多而且阵势严整地向我军开来，展开进攻，我军用什么办法去对付呢？"回答是："首先夺取敌人所偏爱、最心疼的不可割舍之所在，也就是打击敌人脆弱、要害之处，就能使其陷入被动局面，从而听从我军的调动摆布。"

用兵之理，贵在行动迅猛神速，乘敌人措手不及之时行动。走敌人意料不到的道路，攻击敌人没有戒备或疏忽戒备的地方。

凡是进入敌境作战，规律是：越是深入敌国境内，我军部队的战斗意志就越顽强专一。当敌军还未完全屈服，即战争处于相持状态时，我军就应到敌国富庶的地区去征集、夺取粮草等物资，使全军备有足够的给养，以利我军再战，以损敌国经济命脉要害地区的战备物资。要注意休整部队，精心搞好部队的生活，调剂伙食，恢复士兵的体力，不能使部队过度疲劳；搞好思想启发教育，同仇敌忾，以激励士气，提高部队的战斗意志，养精蓄锐，积聚力量；部署兵力要精于巧施计谋，详细研究制订作战计划，特别要注意严格保密，使敌人无从探知和判断我军的意图，感到高深莫测。

如果将部队置于无路可走的绝境，士卒就会奋力拼死命向前冲锋，而不向后败退。士卒们到了连死都不怕的境地，大家就会一齐尽力，英勇奋战。将帅要明白这样一个道理，当士卒们身临战场、深陷危险的境地后，反而会无所畏惧；当士卒们清楚已无路可走，军心就会稳定，团结更加牢固。我军越是深入敌国境内，士卒们的行动就会越加拘谨，听从指挥，不敢怠慢；处于绝地后，迫不得已，也就只好坚决战斗。

因此，处在这种情况下的军队不用等待上级特别的指令，就会自我加强戒备；不用作特别的要求，他们就会竭尽全力，按规定做好该办的事；不用约束，就能团结一致，亲如手足，亲密协同；不用三令五申，就会自觉严守纪律，彼此信任，服从指挥。

在军队中，要禁止搞迷信活动，以免引起不祥的情绪、出现不吉的预兆。要取缔惑疑言论，防止奸人瓦解士气，消除部下士兵的疑虑，让他们面对死亡、直至战死也不会逃避，并且没有什么怨言。

我军士卒没有多余的钱财，并非士卒们都厌恶钱财货物；我军没有贪生怕死的人，也并非士卒们都不想长寿。当作战命令下达的时候，士卒们坐着的泪湿衣襟，躺着的泪流满面。但一旦把他们投到无路可走的绝境，他们就会像专诸和曹刿一样的勇敢了。

所以，善于统兵作战指挥的将帅，调动部队在战场上就像"率然"那样。"率然"是常山地方的一种蛇。这种蛇，当你打它的头部时，它的尾巴来救应；打它的尾巴，它的头就来救应；打它的腰部，它的头尾都来救应。请问：指挥军队作战能像"率然"之蛇一样互相呼应吗？回答说：可以。

再譬如说，当时吴国人与越国人是彼此仇恨的，相互怀有憎恶之心，但当他们同乘一条船横渡江河湖泊的时候，若遇上暴风发生险情，他们会很自然地互相救援，就如同一个人的左右手。

所以，想采取如缚绑住战马、掩埋车轮使之定而不动的方法表示死战，以示坚守，稳定军队，那是靠不住的。要使全体士卒齐心协力，奋勇如同一人，在于将帅治军有道，领导、管理教育得法；要使强弱不同的士卒都能发挥作用，在于合理地利用地形。因此，善于用兵的将帅，能使全军携起手来团结得像一个人一样，能够做到在危难之中必然互相援救，这是战场形势所迫，若想取得战争的胜利，大家不得不这样去做。

统率指挥军队，从事战争，应做到：思考问题要沉着冷静，善于深入全面地研制作战计划，谋略深邃；行动部署缜密，严整而有条理，管理部队平正无偏，自身行为端正，正确处理各种问题，处变不乱。为了保守军事行动的高度机密，能蒙蔽士卒们的耳目视听，使他们不知道他们不该了解的情况，对军事意图和行动毫无所知。我军应经常翻新谋略，变换作战部署，变革战略战术和原定作战行动计划，使敌人无法识破我军计谋。我军部队要经常改换驻地，移防调动时故意多绕道，走迂回的弯路，使敌人难以推测出我军的真实意图。

主帅赋予部下战斗任务，明确作战要求后，就不要再继续加以帮助，而要像登高后抽掉梯子一样，使他们只能前进而不能后退；主帅率领军队深入诸侯敌国境内，要像击发弩机射出箭矢一样，使他们一往无前，只进不退，百折不回。烧掉渡船，打破饭锅，以示死战的决心。对士卒如同牧羊人驱赶羊群，赶过来，赶过去，让士卒坚决服从指挥，指到哪里就可以打到哪里，只知道跟着走，不知道也不问要到何处去，去干什么。集中全部兵力，把他们投入枪林弹雨、出生入死的战场上，置于险难之境地，使他们不得不拼命作战。上述这些措施，就是主帅统率军队的职责和要务。

掌握在各种地形地理上应采取的不同战术变化，特别是九种战略地域的不同应变处置举措；掌握进退转移、攻防的利害得失，特别是能屈能伸地利用各种有利地形；掌握全军上下思想情绪的规律，特别是各种情况下多种人员的心理活动。这些都是将帅不能不仔细观察并认真研究的。

凡进入敌国作战，规律是：进入敌境越深，士卒就越专心一致，军心就越是稳固；进入敌境越浅，士卒就越容易散乱，军心就越是容易涣散。

离开本国，出兵到敌境作战的地区，称作绝地；四通八达的地区，称作衢地；进入敌境纵深的地区，称作重地；进入敌境较浅的地区，称作轻地；背后有坚固的城堡，地势险要，而前面的进路狭窄的地区，称作围地；到处无路可走的地区，称作死地。

因此，处于散地作战，我军要统一全体将士的意志，专心一致奋战；处于轻地，我军要使部队营帐紧密相连，部署严密，没有漏洞，防止士卒逃散；处在争地作战，我军要抓住时机，派小部队急行军去抢占，大部队迅速跟进，先于敌人占领要地制高点；处在交地作战，我军要谨慎防守，对所依靠的诸侯国慎重小心；处在衢地作战，我军要巩固与邻国的外交结盟关系；处在重地作战，我军要抓紧补充粮秣，督促后续部队迅速跟进；处在圮地作战，我军要快速前进，及早通过；处于围地作战，我军要严密把守、堵塞缺口，迫使士卒死战；处于死地作战，我军要显示出拼死一战的坚强决心。

士卒的一般心理状态是：如果有被包围捕捉的危险，他就会坚决抵抗；在迫不得已的情况下，他就会拼命冲杀，全力奋战；陷入了危亡境地，他就会听从指挥。

因此说，如果我们事先不了解各诸侯国的政治动向和战略企图，特别是他们针对我国所制定的斗争策略，我们就不能预先制定与这些国家的外交大政方针，更不能与其进行密切的国事交往；如果我们不事先熟悉作战地区的山峦丛林、关隘险阻、河川水源、湖泊沼泽等各种地形地理的详情，我军就不能到这些地区去行军作战；如果我们不雇用熟悉当地地形地理、风俗社情的本地人做向导带路而盲目行动，那么我军就得不到有利地形的运用。

本篇所述九种地形之利害，只要有一种地形不知道，就谈不上是王霸之国的无敌军队。凡是称得上王者、霸者军队的，当他们进攻讨伐大国的时候，能使敌国的统治者来不及动员民众，兵力来不及集中，无法进行有效的防御抵抗；当我军以武力威胁加于敌国头上，就能使敌国的盟邦不敢前来配合策应，使敌国在外交上陷入孤立。

所以，没有必要争取天下各国都是朋友，争着同某一诸侯国结交；也没有必要扶持别国的权利，随便培植哪一国的势力，或在其他诸侯国培植自己的权势。应该是干好自己的事，韬光养晦，放手发展壮大自己的力量，增强国力,伸展兵威。然后把这偷偷发展壮大的军事实力,施加在敌人头上,其强大的兵势就可以拔取敌人的城市,毁灭敌人的国都,控制敌国的政权。

在战场上,要施行超越惯例的破格奖赏,颁布打破常规的号令,调动指挥三军之众就像使唤一个人一样。使用部队,应只赋予属下作战任务,而不能告诉他们真实的战略意图;使用士卒去执行危险任务,应只告诉他们去抢夺有利的地形,而不能告诉他们可能存在的危险。

把士卒置于"亡地",最后的结果反而能够保存下来,转危为安;当士卒陷入"死地",最后的结果反而能够生存下来,转死为生。这是因为军队只有赴危犯难,广大士卒陷入危险境地,然后才能在不胜必败中奋战,最后夺得胜利。

因此,指挥作战的事情,主要在于假装顺从敌人的意图;而实际上却集中兵力,朝一个目标进攻,长驱千里,杀掉敌人的将领。这就是所说的"巧"能胜敌。

当决定发动战争、开始征伐敌国的举兵行动之日,首先要封锁关口,封闭边界,废除和销毁通行凭证,停用入境签证,禁止敌国使者往来,断绝信使。在宗庙庙堂之上秘密地商讨谋划征伐举兵的军事方案,反复谋划,决定战争大事,做出战略决策和作战计划。

敌边境一旦出现空隙疏漏,就迅速发动进攻,乘虚而入,尽量深入敌境。首先夺取对敌至关重要、视作生命的所有东西,但这一秘密行动事先不要被敌人所察觉。实施作战计划时,既要遵循军事原则,借鉴历史经验教训,又要适应敌情的变化,灵活机动,采取相应的军事行动。

所以,作战行动开始之前,我军要像处女那样沉稳冷静柔和,诱使敌人疏于防备,张开门户;作战展开之后,利用敌人的麻痹,我军要像逃脱的兔子一样迅速奔驰,攻入敌境,打敌一个措手不及,使其来不及组织抵抗。

〖原句辨释〗

(一) 对"散地则无战""轻地则无止""争地则无攻""交地则无绝"等句的辨释

孙武在定义了"散地"等九种地形后,接着又详细阐述了在这九种地形上的作战方法："是故散地则无战，轻地则无止，争地则无攻，交地则无绝，衢地则合交，重地则掠，圮地则行，围地则谋，死地则战。"对此段的解释，历代各注释家除对"衢地合交""重地则掠""圮地则行""围地则谋""死地则战"等句的解释较一致外，对其他句子的解释则存在着明显差异，主要分歧点有："散地无战"是说根本不宜作战，还是仅说不能过早发起决战；"轻地无止"是说不宜停留止步，还是说对敌猛攻不止；"争地无攻"是说不宜与敌发生对攻，还是说对敌不可从正面发起攻击；"交地无绝"是说部队经过这种地区时不能失去联络，还是说不能轻率地超越这一地区以绝后路。可概括为以下两种较为典型的解释：

1. 简述原句。整段解释为：

因此，在"散地"上不宜作战，应避免作战；在"轻地"上不宜停留；遇到"争地"不要与敌对攻，特别不要去强攻；过"交地"时部队不要失去联络，应使队伍相联；到了"衢地"，就要加强外交活动，结交周围的诸侯，取得他们的支持；深入"重地"就要掠取粮食，取得军需物品；遇到"圮地"就要迅速地通过；逢"围地"就要善于运用计谋，千方百计突围；陷入"死地"，就要奋勇作战，以求生存。

2. 详述原句。整段解释为：

在本土上（散地）作战不能过早举行决战，应当对部队进行政治思想工作，坚定统一对敌斗争的意志。

在进入敌国境不深的地区（轻地）作战，应当以优势兵力，乘敌人的空隙，猛攻不止。对部队应加强组织纪律约束和行政管理，使部队组织更加严密。

在敌我双方都相争不下的地区（争地）作战，不可从正面夺取，应该派遣部队乘虚进入争地的后方，阻止敌人进占。

在道路四通八达、敌我彼此可以容易来往的地区（交地）作战，不可轻率地超越，把该地留置于本军的后方，应该首先进行周密的设防，不为敌人所攻占。

在谁先占领谁就可以结交周围列国诸侯，能取得多方援助的地区（衢地）作战，应重视外交工作，在平时推行睦邻政策的基础上，更加巩固同该地区的团结。

在深入敌人国境的地区（重地）作战，要重视在占领区征集军用物资。

其中特别要征集粮食，切不可使部队断粮，产生饥荒。

在行动多障碍，机动不便利，驻军不安全的地区（圮地）作战，就要立即走开，向前赶路，不可逗留，防备陷在此地。

在进入该地的道路狭窄难行，如果退出该地就须绕远迂回的地区（围地）作战，应该加强谋略，同敌人作斗争，如果敌人对我采取"围三阙一"，动摇我军心，就主动堵塞缺口，以示必战决心。

在紧急投入战斗、奋勇激战可能还有生路，如不立即投入战斗，稍有松懈就会覆没的地区（死地）作战，应立即动员部队拼死战斗，全军将士共同沥血奋战，以求生存。

本书综合各种意见，主要参考上述两种解释，将本段文字意解为：因此，在"散地"上不宜与敌过早地进行决战；在"轻地"上应当以优势兵力，乘敌之隙，猛攻不止；遇到"争地"不要从正面去强攻，可采取迂回战术攻击敌人；过"交地"时部队不要失去联络，作战时不能轻率地超越这一地区，以防备敌人断绝我后路；到了"衢地"，就要加强外交活动，结交周围的诸侯，取得他们的支持；深入"重地"就要掠取粮食，取得军需物品；遇到"圮地"就要迅速地通过；逢"围地"就要善于运用计谋，千方百计突围；陷入"死地"，就要奋勇作战，以求生存。

（二）对"兵合而不齐"之句的辨释

何为"兵合"，有人认为是兵力的集合，有人认为是两军交火；何为"不齐"，有人认为是指部队组织或人员，有人认为是指阵形。综合各家意见，主要有以下三种解释：

1. 从队列、各级组织是否整齐的角度理解。解释为：队伍虽然集合起来了，却不能整齐划一。

2. 从临战时部队是否齐装满员的角度理解。解释为：战斗已经打响交火，而部队却还没有到齐。

3. 从大战前的阵形是否布置规矩的角度理解。解释为：会战时阵形摆不整齐。

结合上句"卒离而不集"（士卒散乱而难于集合起来，分散的基层小队不能集中），本句当是上句的对句，"卒"与"兵"相对，"离"与"合"相对，"集"与"齐"当也相对。参照《十一家注孙子》杜牧注："我则无形以合战，敌则必备而众分。使其意慑离散，上下惊扰，不能合和，不得齐集。"张预注："其卒已散而不复聚，其兵离合而不能一。"据此，本书认为，本句中的"兵合"当是在讲兵力的集中，"不齐"当是在讲未形成战斗力。所以，本书不赞同以上三种解释。认为本句是在讲战斗力的合成是否能够实现，"兵合而不齐"应该意解为：虽然集中了兵力，却难以形成整体战斗力。

（三）破解"主人不克"孰胜孰败

"凡为客之道，深入则专，主人不克，掠于饶野，三军足食"之句，看似容易理解，其实不然。本句的前提条件是"为客之道"，全句明显有前后两层含义，前半句动作重点在"深入则专"，后半句动作重点在"掠于饶野"。本书认为，对此句不同理解的主要分歧点在"主人不克"的断句上，以及对"不克"做如何解释，究竟孰胜孰输？

历代注释家绝大多数在解释中，将前半句断为"凡为客之道，深入则专，主人不克"，后半句为"掠于饶野，三军足食"；将"主人不克"理解为敌人没有攻克、战胜我军，也就是我军如此作战，则可攻无不克，战无不胜。在典型的《十一家注孙子》中，各家所注都是如此说，将"主人不克"作为"深入则专"之结果。如李筌注："夫为客，深入则志坚，主人不能御也。"杜牧注："凡为攻伐之道，若深入敌人之境，士卒有必死之志，其心专一，主人不能胜我也。"梅尧臣注："为客者，入人之地深，则士卒专精，主人不能克我。"张预注："深涉敌境，士卒心专，则为主者不能胜也。"如此，将全句解释为：通常对敌国举行攻势作战的规律是：进入敌境越深，军队的意志就越专一，就越是能齐心合力，精诚团结，使敌军不能抵抗，无法战胜我军。在敌国富饶的田野上掠取粮草，全军就能得到足够的给养。

但是，联系上下文，细致考察本句在本篇中的深刻含义，通观《孙子兵法》全文，本书不赞同以上解释。认为本句前半句应断为"凡为客之道，深入则专"，后半句为"主人不克，掠于饶野，三军足食"；"主人不克"应理解为我军还没有攻克、战胜敌军。所以，将全句意解为：凡是进入敌境作战的规律是：越是深入敌国境内，部队的战斗意志就越顽强专一。当敌军还未完全屈服，即战争处于相持状态时，我军就应到敌国富庶的地区去

九地篇

征集粮草等物资，使三军备有足够的给养，以利我军再战，以损敌国战备物资。

理由主要有三：

其一，如此意解，与孙武在《作战篇》中的"因粮于敌"思想是一致的。将"主人不克"理解为未攻克敌人，此时克敌制胜的方法是"掠于饶野"，即到敌国富饶的地区进行抢掠，掠夺什么呢？作为在敌国重地上的客军不可能掠夺难以携带的东西，最好的物资就是部队急需、随时随地就可消化掉的"三军足食"的军需粮秣。这样做的妙处是，一则可以解决我"粮不三载，取用于国，因粮于敌，故军食可足"的"三军足食"问题；二则可以达到"食于敌，食敌一钟，当吾二十钟"的目的。

其二，如此意解，与本篇"先夺其所爱则听矣"之句的含义是相一致的。深入敌国重地，遇到未能攻克的"敌众整而将来"之强敌，我军的"杀手锏"就是攻取敌人的要害之地。"饶野"是敌国的经济命脉所在，当是敌国要害之地。如此首先夺取敌人所偏爱、最心疼的不可割舍之所在，也就是打击敌人脆弱、要害之处，就能使其陷入被动局面，从而听从我军的调动摆布，也就能克敌制胜了。

其三，如此意解，与本篇紧相连的下文"凡为客之道，深则专，浅则散"的句式和含义是一致的。在本篇中，仅就文字上来说，关于"为客之道，深则专"的叙述就有在字面上几乎是一样的表述，在后一表述中，紧跟"深则专"之后的是"浅则散"，两者是互相对应关系，再之后讲的已是另外一层文意，即"去国越境而师者，绝地也；四达者，衢地也……"等地形。所以，在上句"凡为客之道，深入则专"之后的"主人不克"，在文意上也当属于下层句子。

（四）对"令发之日，士卒坐者涕沾襟，偃卧者涕交颐，投之无所往者，诸、刿之勇也"之句的辨释

历代注释家多认为，此句的基本含义是说指挥员下达命令的同时，要激励士气，感化士卒，并把部队推向绝地而后生。如《十一家注孙子》中曹操注："皆持必死之计。"李荃注："弃财与命，有必死之志，故感而流涕也。"杜牧注："士皆以死为约。未战之日，先令曰：今日之事，在此一举！若不用命，身膏草野，为禽兽所食也。"王晳注："感励之使然。"张预注：

"感激之,故涕泣也。"所以,将全句解释为:当下达战斗命令的时候,历数敌人的罪恶,鼓起士卒们对敌人的满腔仇恨,坐着的士卒泪湿衣襟,仰卧躺着的士卒泪流满面。所以,只有把部队推向了除了向前拼命、再也无路可走的地步,就会出现像古代专诸和曹刿那样忠于国家和君主的勇士。

本书不同意以上观点,结合上文"吾士无余财,非恶货也;无余命,非恶寿也",即是说我军士卒没有多余的钱财,并非士卒们都厌恶钱财货物;我军没有贪生怕死的人,也并非士卒们都不想长寿。也即是说,士卒们也爱钱财,也惜命,因此,在接到出征交战的命令后泣哭流涕,害怕战争,不愿参战。解决的方法就是紧联之下句,将其投之于死地。所以,全句应解释为:当作战命令下达的时候,士卒们坐着的泪湿衣襟,躺着的泪流满面。但一旦把他们投到无路可走的绝境,他们就会像专诸和曹刿一样的勇敢了。

(五)对"是故方马埋轮,未足恃也;齐勇若一,政之道也;刚柔皆得,地之理也"之句的辨释

对此句解释的分歧点主要在"方马埋轮"的目的如何,以及"刚柔"究竟指的是什么?

1. "方马埋轮"的目的类似于破釜沉舟,在于激励将士拼一死战;"刚柔"是不同的地形。《十一家注孙子》中曹操注:"方马,缚马也。埋轮,示不动也。此言专难不如权巧。"王晳注:"此谓在难地自相救耳。"所以,全句解释为:因此,想用缚住战马、埋掉车轮的方法,向部队表示死战的决心,以示坚守,那是靠不住的。要使部队官兵人人都同样勇猛,行动一致,靠的是治军有道,是政治上一致的表现;要使部队在什么地方都能作战,在于充分利用地理环境。

2. "方马埋轮"在于比喻"稳定"部队,防止士卒逃亡;"刚柔"是或攻或守的地形。所以,全句解释为:所以,想采取如缚绑住战马、掩埋车轮使之定而不动的办法来稳定军队,防止士卒逃亡,那是靠不住的办法。要使全体士卒齐心协力,奋勇如同一人,在于将帅领导、管理教育要得法。或攻或守都能利用的,是地形对战争起作用的规律。

3. "方马埋轮"的目的在于固守阵地,或待来援,或以守为攻;"刚柔"是指士卒的强或弱。《十一家注孙子》中杜牧注:"缚马使为方陈

（阵），埋轮使不动，虽如此，亦未足称为专固而足为恃。须任权变，置士于必死之地，使人自为战，相救如两手，此乃守固必胜之道而足为恃。"所以，全句解释为：因此，想采取圈起战马、掩埋车轮为方阵的办法来固守长久，是靠不住的。要使军队齐心奋勇如同一人，在于管理教育得法。要使强弱不同的士卒都能发挥作用，在于合理地利用地形。

综合以上各种解释，结合上文"常山之蛇率然""击其首则尾至，击其尾则首至，击其中则首尾俱至""相救如左右手"，下文"故善用兵者，携手若使一人，不得已也"，这即是说善于用兵的将帅，能使全军携起手来团结得像一个人一样，能够做到在危难中必然互相援救，这是战场形势所迫，不得不这样去做。因此，本书将该句意解为：所以，想采取如缚绑住战马、掩埋车轮使之定而不动的方法表示死战，以示坚守，稳定军队，那是靠不住的。要使全体士卒齐心协力，奋勇如同一人，在于将帅治军有道，领导、管理教育得法；要使强弱不同的士卒都能发挥作用，在于合理地利用地形。因此，善于用兵的将帅，能使全军携起手来团结得像一个人一样，能够做到在危难中必然互相援救，这是战场形势所迫，若想取得战争的胜利，不得不这样去做。

（六）对"故兵之情：围则御，不得已则斗，过则从"之句的辨释

主要有以下两种解释：

1. 从敌情的角度理解。全句解释为：故此，敌人之情则是：被包围就会抵抗，迫不得已时就会作穷寇拼命之斗，陷入绝境则只有投降归顺了。

2. 从我军士卒的角度理解。杜牧注："言兵在围地，始乃人人有御敌持胜之心，相御持也。穷则同心守御。"李荃注："敌围，我则御。"全句解释为：所以，士卒的心理状态是：被包围捕捉就会坚决抵抗，迫不得已就会拼命冲杀，全力奋战，陷入危亡境地就会听从指挥。

根据上文"聚三军之众，投之于险"，"为客之道，深则专，浅则散"，"死地吾将示之以不活"等句，本书认为"故兵之情：围则御，不得已则斗，过则从"之句，应从我军士卒的角度理解。所以，本书意解采取的是后一种解释。

（七）对"四五者，不知一，非霸王之兵也"之句的辨释

此句看似简单，但历代注释者却有着多种意见，主要有以下几种解释：

1. "四五"为概指，并不确指。包括"九地"用兵之法，善用兵者"合于利而动，不合于利而止"的"六不"（不相及，不相恃，不相救，不相收，不集，不齐）原则，"三不"（不能预交，不能行军，不能得地利）原则，以及用兵投之于险、"率然"携手若使一人、愚兵等用兵之法。全句解释为：以上这些方面，有一方面不了解，都不能成为称霸称王的军队。

2. "四五"指周边邻国数目概数。全句解释为：对周边几个邻国情况，对某一个国家的政策不知道，也称不上是霸王的军队。

3. "四五"专指第四、第五两项。全句解释为：以上敌我第四、第五种地形各项，只要有一项不知道，就谈不上是王霸之国的无敌军队。

那么，"四五"究竟指的是什么呢？紧相联的上句"是故不知诸侯之谋者，不能预交；不知山林、险阻、沮泽之形者，不能行军；不用乡导者，不能得地利"，其中"不能预交""不能行军""不能得地利"仅是三项，孙武本意显然不是指此。再向上相联的句子即是散地、轻地、争地、交地、衢地、重地、圮地、围地、死地等九地。本篇篇名为"九地"，开篇即说九种地形及在这些地形上作战的方法，结尾又重复强调了在"九地"上的作战方法。由此见，"四五者"说的应是"九地"。《十一家注孙子》中曹操注："谓九地之利害。或曰：上四五事者。"张预注："四五，谓九地之利害，有一不知，未能全胜。"

那么，"四五者"既然是指九地之利害，具体说来是通指九地，既包括前四项，也包括后五项，"四五者"是"四加五等于九"的一种行文上的表述方法；还是专指第四项和第五项呢？在孙武所列"九地"中，按其顺序，第四种地形是交地，即是我军可以去、敌军也可以来的地区；第五种地形是衢地，即是处在几国交界，各国领土犬牙交错，互有影响，谁先到达占领就可以结交周围列国诸侯，能取得多方援助的地区。再从孙武"交地则无绝，衢地则合交"（过"交地"时部队不要失去联络，作战不能轻率地超越这一地区，以防备敌人断绝我后路；到了"衢地"，就要加强外交活动，结交周围的诸侯，取得他们的支持）的用兵原则看，这两种地形在九种地形中虽然说是重要，但与其他六种地形相比较，应该是难分轻重的，仅如"死地"，若陷入其内，战而不出，则就面临着全军覆灭的危险。再如逢山林、险阻、沮泽之"圮地"，孙武在本篇中仅就此种地形列举了两次："行山林、险阻、沮泽，凡难行之道者，为圮地""圮地则行""不知山林、险

阻、沮泽之形者，不能行军"。可推知，"四五者"不是专指某种地形，而是概指，指的是全部。

此外，"四五者，不知一，非霸王之兵也"之下的"夫霸王之兵，伐大国，则其众不得聚；威加于敌，则其交不得合"，应当看作"霸王之兵"的结果或说是其威力所至的表现形式，而不是条件。因为如果用"众不得聚""交不得合"这两项作为"霸王之兵"的条件，作为"四五者"中的一项，其他几项又是什么呢？

所以，本书认为"四五者，不知一，非霸王之兵也"中的"四五"，是专指"九地"之利害，是概指全部九种地形。所以，将全句意解为：本篇所述九种地形之利害，只要有一种地形不知道，就谈不上是王霸之国的无敌军队。

（八）对"故为兵之事，在于顺详敌之意，并敌一向，千里杀将，此谓巧能成事者也"之句的辨释

分歧点主要在"顺详敌之意"上，有如下不同的解释：

1. 慎重地考察敌人的战略意图，以达到以奇制胜的目的。全句解释为：所以，指挥战争的关键，在于慎重地考察敌人的战略意图；集中兵力于一个战略主攻方向，长驱千里奔袭，斩杀其将帅，这就是所谓巧妙用兵，实现以奇克敌制胜的目的。

2. 顺着有利于敌人的想法，奔袭千里歼敌。全句解释为：所以，对于举行战争这样重大的事情，应顺着有利于敌人的想法，周密地分析判断敌人的意图；我军应集中可能而应该集中的兵力在预定的某一方向上；尽管奔袭千里之长途行军，仍能歼灭敌人。这就是我们常说的主观努力符合于客观实际之以巧取胜。

3. 佯装顺从敌人的意图，实则暗中集中兵力，长途奔袭。全句解释为：因此，指挥作战的事情，主要在于假装顺从敌人的意图；而实际上却集中兵力，朝一个目标进攻，长驱千里，杀掉敌人的将领。这就是所说的"巧"能胜敌。

本书采用的是最后一种解释。句中"详"通"佯"。《十一家注孙子》中曹操注："佯，愚也。或曰：彼欲进，设伏而退；彼欲去，开而击之。"梅尧臣注："佯怯，佯弱，佯乱，佯北，敌人轻来，我志乃得。"李筌注：

"退伏利诱,皆顺其所欲。"杜牧注:"夫顺敌之意,盖言我欲击敌,未见其隙,则藏形闭迹,敌人之所为,顺之勿惊。"陈皞注:"顺敌之旨,不假多说。"

(九)对"先其所爱,微与之期。践墨随敌,以决战事"之句的辨释

此句是历代军事家所推崇的经典名言,但是,历代注释家对此句的解释却有明显的差异。主要有以下三种意见:

1. 重在用间,即先使用间谍为内应;践墨随敌,意为跟踪追敌,直到全歼。王晳注:"微者,所以示密"。全句解释为:首先要物色敌军亲信为内应,秘密与之达成默契。进入敌境后就打破常规跟踪敌军,到预定地区一举而歼灭之。

2. 重在统战,即先威加于敌,然后给以求和的希望;践墨随敌,意为在战术上不墨守成规。全句解释为:首先要控制敌人要害地点,并略微给敌以求和的希望。依据敌情的变化改变我们的行动计划,如此以求得结束战争。

3. 重在军事打击,即作战不能约定日期。杜牧注:"微者,潜也,言以敌人所爱利便之处为期,将欲谋夺之,故潜往赴期,不令敌人知也。"曹操注:"后人发,先人至。"张预注:"兵所爱者,便利之地。我欲先占,当微露其意,与之相期;敌方趋之,我乃后发而先至也。"践墨随敌,意为在战术上既遵守规矩,又随敌情而变。全句解释为:首先夺取敌人的战略要地,但不要事先与敌人约定时间再战。实施作战计划时,既要遵循军事原则,又要适应敌情的变化,灵活地采取相应的军事行动。

综合以上各种意见,参考历代注释家的解释,如李筌注:"先攻其积聚及妻子,利不择其用也。"杜牧注:"凡是敌人所爱惜倚恃以为军者,则先夺之也。"陈皞注:"是以欲取爱惜之处,必先微与敌人相期,误之使必至。"本书认为"先其所爱"中的"所爱"应是泛指,指一切为敌所看作重要的东西,包括以上各家所提出的诸如战略要地、物资财富,甚至是妻子儿女。将此句意解为:首先夺取对敌至关重要、视作生命的所有东西,但这一秘密行动事先不要被敌人所察觉。实施作战计划时,既要遵循军事原则,又要适应敌情的变化,灵活机动地采取相应的军事行动。

【专题解论】

（一）九种地形及其作战原则

孙武开篇首先从战略决策和实施战争的实际出发，根据战略位置和战略影响划分了九种不同的作战区域，并针对其不同的特点和将士所产生的不同心理状态，提出了相应的作战原则和应变措施：

第一，"散地"，指诸侯国在本土国境内与敌作战的地区。在本国境内作战，虽然具有熟悉的地理环境，具有后勤保障充足等有利条件，但士卒战于自己家乡附近，斗志则容易涣散，进无必死之心，退有归投之处，因此需要注意统一军队的意志。孙武为此强调"散地则无战"，是说在这种地域内不宜作战。

第二，"轻地"，指军队进入别国境内不深、距本国边界还不远的地区。张预注中指出："始入敌境，士卒思还，是轻返之地也。"孙武为此强调"轻地则无止"，是说在"轻地"上应当以优势兵力，乘敌之隙，务必迅速进军，猛攻不止，深入敌国腹地。

第三，"争地"，指我军控制住对我军有利，敌军控制住对敌军也有利的地区。这种政治上、经济上、军事上的要地，孙武要求"争地则无攻"，是说如果敌人先已占领此地，切不可耗费兵力一味从正面去强攻，可采取迂回战术攻击敌人，抓住时机，巧妙迂回，快速急进。

第四，"交地"，指我军可以去，敌军也可以来的地区。这种作战区域，道路纵横，通行便利，敌我往来。为此，孙武要求"交地则无绝"，是说过"交地"时部队不要失去联络，切不可断绝行军序列，以防遭敌阻截；作战不能轻率地超越这一地区，以防备敌人断绝我后路；同时还要巩固与邻国的结盟。

第五，"衢地"，指处在几国交界，各国领土犬牙交错，互有影响，谁先到达占领就可以结交周围列国诸侯，能取得多方援助的地区。这种四通八达之地，多为军事上的战略要地，"先至而得天下之众"。因而孙武强调"衢地则合交"，是说到了"衢地"，就要加强外交活动，广泛地结交周围的诸侯，取得他们的支持，求得多助，以御强敌；另一方面则要慎重小心地对待所依靠的诸侯国，以坚固其结盟。

第六，"重地"，指深入敌国境纵深之内，作战前线的背后左右仍是比较多的敌占城邑的地区。部队深处于"重地"，没有依托，后援不至，粮草不继，处境极为危险。梅尧臣注中说："过城已多，津要绝塞，故曰重难之地。"为了化险为夷，变害为利，孙武要求"重地则掠"，是说部队深入敌境"重地"就要掠取粮食，取得军需物资，因粮于敌；部队迅速跟进，不可断绝。

第七，"圮地"，指山岭、森林、阻塞、水泽、湖沼等难于行走、机动的地区。在这种地区行军艰难，无所凭依，极不利于作战，而且还容易受到敌人袭击，所以孙武要求"圮地则行"，是说遇到"圮地"不可宿营止歇，要迅速地通过。

第八，"围地"，指进入该地的道路狭窄难行，如果退出该地就须绕远迂回，敌人可以少数兵力抵抗我多数兵力的地区。军队处于这种不利之地，孙武认为"围地则谋"，是说逢"围地"就要善于运用计谋，千方百计突围，欺骗敌人，待敌麻痹，突然出击；要堵塞缺口，示无所往，以坚定军队斗志，迫使士卒死战。

第九，"死地"，指紧急投入战斗奋勇激战可能还有生路，如不立即投入战斗，稍有松懈就会覆没的地区。孙武指出："死地则战""吾将示之以不活"，是说陷入"死地"，就要奋勇作战，以求生存。《十一家注孙子》杜牧引李靖语说："若此死地，疾战则存，不疾战则亡。当须上下同心，并气一力，抽肠溅血，一死于前，因败为功，转祸为福。"

孙武在本篇中还着重论述了士卒在九种不同的地区作战，会有不同的心理状态，其内容在本篇中占了较大的篇幅，如"是故散地吾将一其志，轻地吾将使之属，争地吾将趋其后，交地吾将谨其守，衢地吾将固其结，重地吾将继其食，圮地吾将进其途，围地吾将塞其阙，死地吾将示之以不活。故兵之情：围则御，不得已则斗，过则从。"从上述孙武论述中可看出，针对士卒在这"九地"之上的心理活动，指挥员应采取不同的方法激励士兵，提高斗志。在战争中人是最活跃的战斗因素，有着很大的可变性。不同的情形下，其能量的发挥有很大的差异。三军可夺帅，匹夫不可夺志。激励士气，是将帅必须考虑、研究的课题，施行非常法的奖赏，颁布非常情的命令。所以，孙武特别要求"九地之变，屈伸之利，人情之理，不可不察"。

孙武在本篇末概括指出："四五者，一不知，非王霸之兵也。"是说对于上述"九地"的利害，有一方面不了解，就不能成为称王争霸的军队。要求将帅掌握"九地之变"，通晓"人情之理"，依据人情，活用地形，因地而异，制定对策。

（二）兵贵神速与缓兵之计

"兵之情主速"，这是古今中外军事家所公认并且被无数次战争证明了的至理名言。兵贵神速有两层含义：一是军队行动要快，"其疾如风""动如雷震""兵贵胜，不贵久"都是这种含义的表述。二是军队行动的时间要准确，不迟不早，恰到好处。迟了，会错过战机；早了，会暴露战略意图。所以关键在于恰到好处，及时把握住军事行动的时机。

兵贵神速是用兵的一般规律。只有发兵神速，速战速决，才能够攻敌不备，打敌人措手不及。这样就能解决军需物品不足的问题。如果发现战机却犹豫不决，敌人将要先发制我；我虽然先发制敌，但行动不快，敌人就会先收到利益。难得到的是时间，容易失去的是机会。所以，行动一定要迅速，捕捉战机一定要准确。需要速战速决时，就要以迅雷不及掩耳之势，压倒敌人，夺取胜利。军队的神速行动，是将帅随机应变，多谋善断，办事果敢的智慧表现。

兵贵神速并不排除缓兵之计。战争情况复杂多变，行动计划，有张有弛。形势有不宜进行立即决战的，关键所在是拖延时间，等待机会。敌人锋利气盛时，就稍微待它懈怠。敌人集中优势兵力进犯，就稍微等待它分散瓦解。我军调集的救兵还没到达时，就必须等待我兵力集结后再行动。新归附的士卒相处不融洽，也必须等待互相信任后再行动。计划还没考虑成熟，必须等待确定后再行动。时机不成熟不宜决战，暂时不打也是好的计策。缓兵之计，一般是在不利的形势下，没有把握取胜时所采用的，是为了争取一段时间休整，养精蓄锐。这样做的一般方法是暗地进行准备，表面上却提出和解、谈判、订立和谈条约等。

兵贵神速，先发制人；缓兵之计，后发制人。两种截然不同的用兵原则，既对立又统一，两者相辅相成。采用哪一种，要根据自己的实力和敌情等客观条件选择。运用之妙，存乎一心。兵贵神速，是在有利的形势下，不给敌人以喘息戒备、备战的时间，捕捉战机，克敌制胜。缓兵之计，是在不利的形势下，给自己争取更多的时间，做好充分的准备，做到有备无患，保存自己。

（三）由"常山之蛇率然"的故事说协同作战

为了说明军队步调一致的重要性，孙武在本篇中特别讲了"常山之蛇率然"的故事。常山，即今山西浑源之南的恒山，是五岳中的北岳，银雀山出土汉简（第一一六简）中作"恒山"。西汉时为避讳汉文帝刘恒的"恒"字，改为"常山"。北周武帝时，又改称恒山。率然，是古代传说中的一种蛇，《神异经·西荒经》记载："西方山中有蛇，头尾差大，有色五彩。人物触之者，中头则尾至，中尾则头至，中腰则头尾并至，名曰率然。"银雀山出土汉简中作"卫然"。孙武在本篇中说"常山之蛇"，意在以这种蛇"击其首则尾至，击其尾则首至，击其中则首尾俱至"的特殊自卫功能，阐明军队只有"齐勇若一"，对千军万马"携手若使一人"，才能"并敌一向，千里杀将"。

整体是由局部构成的，但整体力量并不简单等于局部力量之和。现代系统论认为：如果把局部力量合理地排列组合，整体力量会大于局部力量之和。否则，整体力量将小于局部力量之和。科学常识还告诉人们这样一个道理，湖水、石子相加是物理相加，这滴水和那滴水，这粒石子和那粒石子之间构不成一种更为复杂的有机关系。但人脑细胞的相加则不同，人群的增加也如此。科学家发现，白蚁的群体变大时，其智慧即随之增加，似乎当达到某种临界质量或法定数，于是思维就开始了，这叫作集群性智慧。协同作战所产生的奇效，正是这种集群性智慧所生发的。

协同作战，不是简单的集中兵力。兵力应当集中而不集中的，就是自己孤立自己，兵力应当分开使用而不分开的，就是自己束缚自己。何时聚好，何时分好，只能根据具体情况，审时度势，权衡利弊而定夺。

今天，现代化军队已发展成为诸军兵种的合成军队，协同作战是现代战争的客观要求和必然方式。指挥员应时刻记住，将每个环节都链接成"常山之蛇"军阵，强调协同作战，具有大局思想。那种不服从指挥的部队，只能是削弱甚至丧失了本有的战斗力，一定是上下混乱不堪，计划破绽百出，作战不堪一击。而服从指挥的军队，战斗力会倍增，一定是协同能力强，秩序井然，有条不紊，因敌应变，上下精诚团结，众志成城，将无坚不摧。

（四）"践墨随敌，以决战事"是本篇精髓

"践墨随敌，以决战事"，这是作战指挥的要点。意思是说实施作战计划时，既要遵循军事原则，又要适应敌情的变化，灵活机动地采取相应的军事行动。一般来说，在瞬息万变的战场上，"践墨"容易，"随敌"较难。世界上没有一成不变的东西，仅"践墨"是不够的，那种生搬硬套兵书上的用兵原则，不切实际，不用发展变化的眼光分析具体情况，最后只能打败仗。从本篇看，孙武认为作为前线指挥员，所面临的"变局"主要来自两个方面，即不同的敌情，不同的地形，我军所采取的对策也就必须根据这两个方面的变化进行适当的调整。一方面需要熟读兵书，吸取前人的经验，另一方面，也是最重要的方面，需要根据时刻变化的情况"因地制宜""随敌应变"。

1. 随敌应变

孙武极力反对一成不变的机械论观点，他在兵法中有相当一部分是讲随机应变的。如："地有所不争""军有所不击""途有所不由""君命有所不受""兵无常势，水无常形，能因敌变化，而取胜者，谓之神"等等。本篇中"践墨随敌，以决战事"是孙武用兵思想的重要内容之一，是以"知彼知己"为前提的用兵原则。

本篇的随敌应变观点是从敌变我变来阐述的。在"敌变我变"的同时，还要注意到"我变敌变"，敌人也在密切注视研究我们。见机行事，灵活多变，变化莫测，出神入化，智高一等，棋胜一着，要知变善变，才能出其不意，攻其不备，战无不胜。

2. 因地制宜

善于用兵者，首先善于选择战场。要正确选择战场，就要知彼知己，就要知天知地。根据敌我双方实力选择战场，根据战场的地形地理运用适宜的战略战术，则"胜乃不殆""胜乃可全"。有利的地形地理要配合正确的战略战术，两者相辅相成，缺一不可。同样的地形地理，不同的将帅所运用的战略战术，会有不同的结局。具体讲，因地制宜原则就是针对各种不同的地形地理，采取各种不同的战略战术。兵家必争之地，就要不惜任何代价，抢先争到，不争必败；兵家必弃之地，就要退避三舍，不弃则亡。

(五)"愚兵"与军纪的辩证关系

孙子兵法这部伟大的军事理论巨著,千百年来备受古今中外军事家的青睐,许多军事理论仍不失为今日之瑰宝,在现代战争中熠熠生辉。但是,孙武作为那个时代的人物所揭示的也只能是那个时代的军事思想,难免存在一些谬误甚至是糟粕。如在治军思想方面,他提出"愚卒"之术,就反映了封建统治阶级的利益,带有封建社会的明显印记,但其中也有其正确、合理、可供现代治军借鉴的方面,不能全盘否定。

1. "愚兵"治军思想

孙武为了达到"夫众陷于害,然后能为胜败"的目的,在本篇中直接而坦率地提出了"愚兵"政策,遭到一些人特别是现代人的批判,被视为糟粕。如"愚士卒之耳目,使之无知";视士卒为"群羊","驱而往,驱而来,莫知所之",等等。其"愚兵"之术,主要反映在以下两方面:

一是"若驱群羊""使之无知"。春秋时代,各诸侯国为争夺地盘互相混战,劳动人民无疑是战争的牺牲品。统治者由于与劳动人民之间存在的根本利害冲突,对战争的目的是不敢告诉士卒的,便采取愚兵政策。孙武提出:"能愚士卒之耳目,使之无知。"改变任务,变更计谋,使士卒不能识破;常变驻地,行军则迂回绕道,使士卒无法推断军事计划和行动目的;即使有时对士卒非讲不可的一些行动意图,也只能对其讲有利的一面,不能告诉有危害的一面。对士卒要"若驱群羊,驱而往,驱而来,莫知所之"。这种愚兵政策,备受历代统治阶级所推崇。如《十一家注孙子》中曹操讲:"民可与乐成,不可与虑始。"张预说:"群羊往来,牧者之随,三军进退,惟将之挥。"可见在这些人的心目中,士卒"只可使由之,不可使知之",是无所谓军事民主可言的。

二是"陷之死地然后生"。由于阶级性的根本对立,士卒是被迫出征打仗的,将帅们很担心士卒逃亡。为使士卒拼命作战,将帅不惜用种种手段,如主张用"登高抽梯"之法,迫士卒为生存而背水一战。孙武说:"凡为客之道,深则专,浅则散。""投之亡地然后存,陷之死地然后生。"他反复强调:"聚三军之众,投之于险,此谓将军之事也。"认为只有这样使士卒有进无退,士卒在险境中就会拼命战斗,不易涣散,就能加强戒备,亲近相助,信守纪律,就会像射出的箭一样勇往直前。这充分暴露了封建统治阶级的愚兵本质。

2. 孙武"愚兵"政策有其合理因素

对于孙子兵法中存在的缺陷，现代人不能过分苛刻责备求全。就其总体上的精湛治军艺术来说，其缺陷是瑕不掩瑜的。现代人应以历史唯物主义的态度，辩证地分析、批判、吸收其中治军思想的宝贵遗产，并使其在现代军队建设中不断发扬光大。"愚兵"论发展到今天，有些可谓是已经演变为名正言顺、合情合理的军纪。没有规矩不能成方圆，没有纪律不能成军队。细分析下，可见古时孙武的"愚兵"和现代军队所讲的"军纪"有异曲同工之妙。

第一，瞒兵为了保密。从孙武的"愚兵"内容看，主要有"能愚士卒之耳目，使之无知。易其事，革其谋，使人无识；易其君，迂其途，使人不得虑……若驱群羊，驱而往，驱而来，莫知所之。""禁祥去疑，至死无所之。"显而易见，这些论述说是"愚兵"，从另外一个角度讲是在"瞒兵"，"瞒"的是什么呢？瞒的是庙算的内容，是军事计划，是战略战术，是军事意图，总而言之，瞒的是军事情报。"瞒兵"是正确的，是必要的。对于机密、绝密的情报，不可能"广而告之"。如果谁在这方面实行所谓的"民主"，让士卒通盘知晓军队作战意图、行动方案，将是名副其实、彻头彻尾的愚蠢。愚蠢的将帅比愚兵更可怕。瞒天过海，兵不厌诈，这是军事常识。为了诈敌，为了瞒敌，对自己的军事情况就必须做到保密。为了不让敌方"知彼知己"，减少我军的牺牲，就要愚士卒之耳目。这是由敌我双方你死我活的斗争性质决定的，是不得已而为之，不以人的主观意志为转移的。

第二，言利不说害，为的是士卒坚定信心，提高士气。决心、信心和士气对战场上的将士非常重要。将帅派遣部队执行某项任务只讲怎样执行任务，不必多讲为什么的道理，免得泄露其他情况；只向部队说明执行某项任务的利益，不告诉他们有什么不利，免得受令者在执行任务时产生犹豫动摇。客观地讲，战争是一个充满不确定因素、险象环生的领域，当部队处在无法避免战争厮杀的情况下，不战则必死，战则可能求生的环境中，就会激发士卒拼死奋斗的情绪，以超常的勇气和必死的决心努力拼杀。

打仗依靠士卒，士卒有士气，才能充分保证"百战不殆"。士气从何而来，就在于激励。要教育鼓励士兵万众一心，视死如归，众志成城，是克敌制胜的法宝。在这方面，许多军事家都有精辟的论述。拿破仑指出："世界上有两种力量——剑和精神，从长远看来，剑总是要被精神击败的。"巴顿认为，指挥官的工作百分之八十左右是提高部属的士气。克劳塞维茨还特别强调精神因素对处于劣势的军队具有特别重要的意义。

孙武主张把部队投置于"死地""亡地""深入敌境"，这是一种追求智慧谋略超常发挥在险中求取胜利的积极思想。在被围困的情况下，将士们自然会抵御，在不能不战的时候只有战斗，情况越是严重，部队越听从指挥。把部队放在没有出路的环境里经过奋战可以保存下去；部队陷入死境经过拼死战斗可以获得生命。事在人为，部队陷入灾难之中时，如果处理得当将会胜利，处理不当就会失败。可见投置于"死地""亡地""深入敌境"，能使部队在艰难险阻面前产生出惊人的战斗力，士气大增，创造出转败为胜的奇迹。

第三，军中无个人自由，是军纪所要求。军人要牢固树立集体主义观念，个人英雄主义是用兵的大敌。军队是武装的斗争集团，要有严格的组织和铁的纪律。组织强，纪律强，才能战斗力强。没有军纪，就没有军队。严格执行神圣不可侵犯的纪律，是军队克敌制胜的必要条件。正因为如此，历代兵家都严格建立、执行铁的纪律。无条件的服从，在军事指挥上是没有任何道理可讲的。有则寓言说：一头狮子率领一百头羊同一头羊率领一百头狮子作战。一百头羊遵守纪律，服从狮子指挥，团结奋战，齐心协力；一百头狮子则不然，个个自以为是，自命不凡，恣意妄为，各自为战，不服从羊统帅的指挥。结果一头狮子率领的一百头羊打败了一头羊率领的一百头狮子。这则寓言的寓意是深刻的。

孙武在本篇中虽然没有直接涉及军纪问题，但其"愚兵"政策显然包含强调军纪。在军队中不能强调士卒的个人自由，这实际上就是一条军纪。西方军事家克劳塞维茨强调军人的勇敢必须摆脱个人勇敢所固有的那种不受控制和随心所欲地显示力量的倾向，军人必须服从更高的要求："服从命令，遵守纪律，遵守规则和方法。"纪律是协同作战的有力保证，服从命令是军人的天职。在军纪面前不可能有士兵个人的自由，这是古今中外军队莫不公认的铁的原则。

孙武的"愚兵"思想是有其时代局限性的。孙武及其所代表的阶级必然要以"众陷于害"的政策，迫使士卒为统治阶级卖命。当然，孙武在总体上是注重教育、爱护士卒的,本篇也提出了一些具有进步意义的治军主张,如"将军之事,静以幽,正以治""齐勇若一,政之道也""禁祥去疑",等等。因此,后人在学习和借鉴孙武本篇所提出的"深入敌境""众陷于害"的思想时,应当客观地对待,批判地继承。

"愚兵"政策是权宜之计,并非长久之计。从根本上讲,军队的勇敢精神、强大的战斗力,是由战争的性质和军政素质决定的。为正义而战,为自己的阶级和民族而战,将士则同仇敌忾,奋不顾身,拼死冲杀。《老子》曾言:"故抗兵相加,哀者胜矣。"即使是正义的战争和进步的军队,要使部队有强大的战斗力,也需要和军爱民,加强思想教育,严格军事训练,否则靠投之亡地、陷之死地来激发杀敌决心和勇敢精神,不仅是不能长久的,甚至是不能成功的。

〔经典战例〕

巨鹿之战——破釜沉舟,投之于险

巨鹿之战,是中国古代秦朝末年农民大起义中摧毁秦军主力的一次重要战役,发生于公元前207年(秦二世三年)12月。农民起义军与秦军章邯、王离主力在巨鹿地区(古县名,今河北省平乡县西南之平乡镇)进行战略决战,反秦名将项羽率领楚地义军,在作战中实施正确适宜的作战指导,以无比英勇顽强的气概,破釜沉舟,以一当十,一举歼灭秦军主力,扭转了整个农民战争的战局,对于消灭秦王朝反动腐朽的统治,具有决定性的意义。此役是秦末战争中消灭秦军主力的一次决定性战役,也是历史上著名的以少胜多的战役之一。

天下义军揭竿反秦　章邯领军围困巨鹿

巨鹿之战的主角是项羽(前233—前202),他名籍,字羽,下相(今江苏宿迁西南)人,楚名将项燕之孙,叔父项梁。秦灭楚后,项梁因杀人与项羽避难吴中(今江苏省苏州市)。项羽力能扛鼎,少时曾学书写、剑术、兵法,有大志。秦始皇东巡会稽时,在路旁观看的项羽曾说:"彼可取而代也。"

秦始皇统一六国，对于中国历史的发展，是有积极推动意义的。但是秦王朝建立后，对人民实施残酷的剥削和压迫，赋役繁重，刑政暴虐，使得"劳罢者不得休息，饥寒者不得衣食，亡罪而死刑者无所告诉"（《汉书·贾山传》），全国出现"褚衣塞路，囹圄满市"的恐怖局面，导致了社会矛盾的全面激化。公元前209年7月，在大泽乡爆发了农民大起义，陈胜、吴广首先举起了反秦的旗帜，点燃起我国第一次农民大起义的烈火。各地纷纷起兵响应，揭竿而起，反抗暴秦统治，一时间"天下从者如流水"。9月，项梁、项羽起兵于江东，杀死会稽郡（秦朝时会稽郡治，在今江苏省苏州）郡守殷通，聚众反秦举行起义，很快聚集到八千多人。到第二年。项梁率领八千"子弟兵"，渡过长江、淮河向中原进军，以配合陈胜的起义军。

秦王朝统治者不甘心退出历史舞台，进行垂死挣扎，调动军队，镇压农民起义。其中最为凶悍的一支，便是少府章邯统率的部队。这支秦军的主力，与农民军凶狠拼杀，首先镇压了陈胜、吴广起义军，旋即击灭齐王田儋、魏王咎等武装势力，继败楚地反秦武装，接着又调转兵锋，扑向项梁等人率领的楚地起义军主力。

项梁听到陈胜阵亡的消息，在薛（今山东省滕州市东南）召集各路义军反秦将领共商大计。谋士、居巢人范增向项梁建议说："你家世代为楚将，若能复立楚王的后裔，可以得人心。"项梁认为他说得有道理，就把楚怀王的孙子找来当楚王，仍称楚怀王。定都盱眙（今江苏省盱眙县境），建立了秦末第二个农民政权。项梁自称武信君，率领项羽、刘邦等，多次击败秦朝大将章邯的军队。陈胜部将召平在陈胜死后，诈奉陈王命拜项梁为楚王上柱国，急引兵向西击秦。项梁渡江后，沿途有陈婴领导的2万起义军前来会合；渡淮后，又有英布、蒲将军、吕臣等所率义军前来会合。总兵力发展到6万多人，成为当时反秦斗争的主力。被秦所灭亡的六国旧贵族也乘机起兵，出现了天下反秦的盛大形势。

项梁率部先后破秦军于东阿（今山东阳谷东北）、定陶（今山东定陶西北）、城阳（今河南范县城濮城东南）、雍丘（今河南杞县）等，斩秦将三川守李由。但是，项梁在胜利面前产生了轻敌情绪，放松了警惕。经过几次各有胜负的拉锯战后，公元前208年9月，当项梁引兵进至定陶西北时，章邯利用项梁小胜后轻敌麻痹的弱点，以优势兵力在夜间发动突然袭击，

九地篇

大败楚军于定陶，项梁战死，起义军遭受了一次重大的挫折。

定陶之战后，章邯认为楚军无足轻重，也产生了骄傲轻敌情绪，以为"楚地兵少不足忧"，遂乘胜移师北上，渡过黄河，攻打赵国反秦武装。这时代蒙恬戍守北方边塞的秦将王离，由上郡（今陕西榆林东南）急调至河北，也率军东向，包围了赵地反秦武装首领赵王歇、相国张耳所住的巨鹿城。当时赵国刚发生了一次动乱，赵王武臣的部将李良在秦将的离间下杀死武臣，张耳和将军陈馀立原赵国王族赵歇为赵王。在秦军压境之时，赵军将寡兵微，非秦军之对手，数战不利，赵王歇与张耳、陈馀自知不是章邯的敌手，遂被迫放弃都城邯郸，退守巨鹿。

章邯率军乘胜逼进，他命令王离率20万人将巨鹿用重兵团团围困，自己亲自带领20万人屯驻于巨鹿南数里的棘原，并在那里构筑两侧有土墙的通道，直达巨鹿城外王离营，以供应王离军的粮秣，以图长期围困巨鹿。由此看来，凭秦军40万大军拿下巨鹿城是不困难的，但是章邯却围而不攻，下大力修建粮道，要打持久战，他的如意战略计划显然是把巨鹿当作了吸引天下诸侯救赵的诱饵，一可困死赵军，伺机拔城，彻底平定赵地，打击诸侯士气；二可一举扫荡诸侯，席卷天下，以挽救摇摇欲坠的大秦王朝。

这时，赵将陈馀虽从常山（郡治东垣，今河北石家庄东一带）收集征得数万援兵，进驻巨鹿北边，但因慑于秦军人多势众，自度兵少，不敢直接驰援巨鹿，对秦军采取避而不战的做法。王离猛攻巨鹿，赵在巨鹿的守军兵少粮缺，城中形势日趋危急，于是赵王歇只好遣使向楚、齐、魏、燕等各路反秦武装紧急求援。

怒杀宋义执掌帅印　项羽统军北上救赵

这时，楚怀王已迁都彭城（今江苏徐州），接到赵王歇、张耳等人的求援文书后，即召集手下将领召开紧急军事会议，进行商议。大家认为，为避免反秦武装力量被各个击破，应当出兵救赵。尽管楚军自定陶战败后元气大伤，但若不及时救赵，章邯灭赵得手后就会移师南下攻楚，从而使得反秦武装有被各个击破的危险。同时，秦军主力胶着于河北地区，这造成了关中空虚，给反秦武装提供了乘隙进关灭秦的机遇。鉴于这一分析，公元前207年9月，楚怀王和楚军统帅部遂果断做出战略决策，决定兵分两路：一路以原项梁幕僚宋义为上将军，号为"卿子冠军"，项羽为次将，范增为末将，统率楚军主力5万人北上救赵，以伺机歼灭秦军主力。另一路由刘邦为主帅，率军乘虚经函谷关进入关中，伺机攻打咸阳。并许诺说，谁先攻下关中，就准其为关中王。楚怀王的这一战略部署的着眼点，在于两支军队互相配合、双管齐下，使秦军陷于两线作战、顾此失彼的被动局面，以收一举灭秦之效。

  10月，宋义率领大军由彭城出发，北上救赵。这时楚军将士们已经休整几个月，听说要去和秦军主力拼杀，个个摩拳擦掌，斗志旺盛。然而，宋义却是个极端自私卑劣的人，他一面用甜言蜜语，获得了楚怀王的信任，骗取了兵权，一面和齐国勾搭，寻求自己的外援。如今他兵权在手，却已被秦军的气焰所吓倒，对和秦军进行决战存有胆怯畏惧心理，根本不想到巨鹿城下和秦军拼命，想坐观秦、赵相斗，待其两败俱伤，然后收渔人之利。当他率援赵大军进至安阳（古地名，今山东曹县东南）后，即停止前进，号令全军扎营安寨，原地休息，在此地一连驻扎滞留了46天，按兵不动。每天只是在大帐中饮酒作乐，从不提出兵援赵之事。

  项羽急欲攻打秦军，为阵亡的叔父项梁报仇雪恨，一再催促宋义发兵，立即渡漳河救赵。他实在忍耐不住了，便亲自面见宋义，建议尽快进兵，同赵军内外夹击，一举击败秦军，劝说道："如今秦军围攻巨鹿，赵王危在旦夕。我们应该赶忙率兵渡过黄河，与赵军里应外合，就能够大破秦军。否则以秦之强，必灭新造之赵。"但是，宋义则想保存实力，故拒绝了项羽的正确建议，他斜着眼瞥了项羽一下，轻蔑地说："你哪里懂得兵法的妙用。让我告诉你吧，如今秦兵攻赵，要是胜了，就会疲惫不堪，那时我就出兵乘其疲惫而攻之；如若秦兵败了，我们正好一鼓作气，西入关中。所以我的主意是先让秦赵拼个你死我活，我们可以坐收其利。"并威胁警告项羽，不要抗命不听从指挥，挖苦项羽说："夫被坚执锐，义不如公；坐而运策，公不如义。"《史记·项羽本纪》。项羽走时，宋义冲着项羽的背影冷笑，随即起草了一道军令，公布于全军，军令说："军中将士，尽管他勇猛如虎，强狠如羊（羊在角斗时是很顽强的），武艺超群，但只要他敢不服从命令，就一律斩首！"这道命令，显然是针对项羽的，这一点，项羽自己心中也明白。

  与此同时，宋义还日夜置办酒会，大摆宴席，寻欢作乐，他把楚怀王的命令束之高阁，却加紧了与齐国的勾搭。齐王田荣见宋义手握重兵，正想拉拢他，就请他的儿子宋襄到齐国去做相国。宋义得了这个信儿，高兴万分，亲自把儿子送到无盐（古县名，今山东省东平县东南），并在那里举行了盛大的告别宴会，送其子宋襄出使齐国为相，以扩展个人势力。

而在这时，楚军营中少粮，士卒以芋菽为食，适又逢天气寒冷多雨，三九严寒，冷风刺骨。士卒饥寒交迫，苦不堪言，怨声连天，宋义的做法引起了将士们的普遍不满。可宋义照旧拥炉饮酒，谈笑风生。项羽对救赵的事心急如焚，气愤地对将士们说道："当此之时，我们本应齐心协力，攻秦救赵，可是宋将军却不引兵渡河，整日饮酒。还说什么让秦赵相拼，然后坐收渔翁之利。一个新建的小小赵国，怎能抵挡得住虎狼之秦呢？秦赵之战，胜败昭然，有什么渔利可收？宋将军手握重兵，身负主命，却心怀不轨，我看他不是效忠国家的臣子！"将士们对宋义的言行，也都表示十分气愤。

性格刚烈的项羽觉得实在忍无可忍，遂激于义愤，在宋义送其子出使齐国的次日早晨，全副武装，大步跨进宋义的军帐，痛斥宋义的怯懦行为，再次要求立即出兵救赵。宋义见项羽闯了过来，大发脾气，喊道："我的军令已下，难道你要以头试令吗？"项羽在再次据理力争未被采纳后，义愤填膺，大喝一声："我今天倒要借你的头来发令！"说着，一剑斩下了宋义的脑袋。项羽一只手提着人头，一只手执着宝剑，翘起的胡子根根如戟，像凶煞神一般，气昂昂地走出帐外。项羽对围在门外的将士们说："宋义私通齐国，背叛楚王，按兵不动，坐失战机，我已奉怀王之命把他处死了。"

将士们明知道没有什么怀王的命令，但一是惧怕项羽的武威，二是他们多数都是项梁的老部下，对项羽很有感情，三是他们也不满于宋义的胡作非为。所以，诸将一见项羽杀了宋义，都立刻表示拥护项羽所为，愿意服从项羽的指挥，拥戴他为代理上将军。项羽把军权掌握在自己手里，一面派人追杀正前往齐国赴任的宋襄，一面把诛杀宋义的事情报告给楚怀王。楚怀王无奈，见事态已经如此，只好正式任命项羽为上将军，并令英布和蒲将军两支起义军也归其指挥，由项羽率军北上救赵。

破釜沉舟以一当十　大破秦军章邯投降

这时，在河北攻赵的秦军，仗恃兵多粮足，围攻巨鹿甚急。从兵力对比上说，秦军20万人，楚军3万人，秦军占有绝对优势；从将领的指挥素质来说，章邯、王离、苏角、涉间等人皆名将，是当时秦国最优秀的高级将领；从双方作战能力说，秦军除了囚徒组成的军队外，还有秦朝名将蒙恬的北方边防军，是秦全国当时唯一的主力部队，秦军中的精华。应当说秦军无论从士卒的作战素质，还是部队的作战能力来说，在当时都是堪称第一流的。

因此，当赵将陈馀、张敖、燕将臧荼、齐相田都等各路反秦武装将领先后率军赶到巨鹿外围救援时，无不畏惧秦军，不敢出战。退守巨鹿城中的赵军兵力不多，矢尽粮绝兵疲，危在旦夕。守军望眼欲穿，千盼万盼等来的燕、齐、魏等援军尽管已抵达巨鹿附近，并与陈馀军会师，但见了秦军阵容后，个个都成了江湖街头艺人，只会摆花架子，就是不动真功夫，互相观望，筑垒固守，谁也不敢出战同秦军交锋。12月，张耳急派使者张黡、陈泽质问陈馀。陈馀被逼得没办法，只好给张黡、陈泽五千兵力，让他们与秦军对阵出战，秦军哪里把这五千人放在眼里，片刻就把五千人杀得精光。诸侯救援将领看到这种情况，哪个还敢有什么行动，皆不敢言战。

这时，唯独有已取得指挥权的项羽敢下决心挥师渡河与秦军决战。《史记》记载："诸侯军救巨鹿下者十余壁，莫敢纵兵。及楚击秦，诸将皆从壁上观。"这即是成语"作壁上观"的由来。项羽担任了援赵大军的主帅后，率军进抵漳水（一说黄河）南岸后，立即派英布和蒲将军带领两万人马为先头部队，首先渡过漳河救赵击秦，解巨鹿之围。楚军渡过漳水，援救巨鹿，初战告捷，切断了秦军运粮的甬道，分割王离与章邯军之间的联系，使王离军陷入缺粮的困境。接着，项羽本人亲自率领的楚军主力部队也开到了漳河南岸，准备渡过河后跟进。项羽下令立刻埋锅做饭，准备渡河船只，吃完饭马上渡河。忽然，赵国使者又来告急道："齐、燕等国援兵虽然已到了巨鹿，因为见秦军人多势众，凶悍异常，只是远远扎营观望，不敢出战。赵国的安危存亡，全系在将军您身上了！"

项羽探知了秦军的部署，知道要解围救赵并非易事，但他却把手一挥，对赵国的使者说："你回报赵王，我项羽一定不负贵国厚望！"

《孙子兵法·九地篇》曰："投之无所往，死且不北。死焉不得，士人尽力。兵士甚陷则不惧，无所往则固，深入则拘，不得已则斗。""登高而去其梯……聚三军之众，投之于险，此谓将军之事也。"这也正是项羽在送走赵国使者后所考虑的事。他下令规定每位将士只带三天的干粮。第二天，天刚蒙蒙亮，全军整装待渡，项羽又下令砸碎全部行军做饭的锅。大军渡过了漳河，项羽又命令士卒把渡船全部砸沉，同时烧掉所有的行军帐篷，以显示全军上下一往无前、义无反顾、与秦军决一死战的决心。项羽以破釜沉舟、自绝后路表示了必胜的决心，这就是成语"破釜沉舟"的由来。在《孙子兵法·九地篇》中，原句是"焚舟破釜"，由此也可佐证《孙子兵法》对项羽的深刻影响。

再说楚军渡过漳河、破釜沉舟之后，项羽率领大军直插章邯和王离这两军之间的空隙，进至巨鹿城下。楚军一面阻拦章邯的援军，一面切断甬道，断绝粮运，这就使得巨鹿城下的王离大军失去了后援和粮草供应。楚军将王离军团团包围，以雷霆万钧的气势，迅雷不及掩耳的行动，猛扑过去。秦将王离见楚军如此勇猛，急忙指挥兵马拦截。楚军将士们奋勇死战，以少胜多，一个楚军士卒能抵得上十个秦军士卒，将王离麾下的秦军杀得溃不成军。《史记》记载："楚战士（指项羽军）无不以一当十，楚兵呼声动天"（这就是成语"以一当十"的由来）。激战中，王离三进三退，才算逃回了本营。章邯率部援救，也被楚军击退。项羽的军队拼死作战，锐不可挡，连续作战，不给秦军以任何喘息的机会。

孙子兵书论解

当时，各路将领来救赵国的有10多路人马，可是他们都害怕秦军，筑营垒自保，不敢跟秦军交锋。现在听到楚军震天动地的喊杀声，挤在壁垒上看热闹。他们睁大眼睛，当瞧见楚军横冲直撞杀进秦营的情景，吓得伸着舌头，屏住了气息。这些在交战伊始恐惧秦军如虎、作壁上观的诸侯援军，时见楚军胜局已定，也乘势冲出壁垒助战，参与对王离军的围攻，解巨鹿之围。等到项羽率军打垮了秦军，请这些诸侯援军将领到楚军营地来相见的时候，他们都膝行伏往大帐中见项羽，连头也不敢抬起来，颂扬项羽说："上将军的神威真是了不起，自古到今没有第二个。我们情愿听从您的指挥。"项羽在巨鹿之战中所表现的杰出指挥才能和一往无前的英勇气概，使各路诸侯反秦将领无不为之震慑和敬重，自此皆服项羽。他们一致拥戴项羽为诸侯上将军，统一指挥所有集结在赵地的军队。项羽受命后，即率军对败退中的章邯余部实施战略追击。

项羽的决心和勇气，对楚军将士起了很大的鼓舞作用，士气振奋，越战越勇。章邯早在东阿之战中，就领教过项羽的勇猛，这次前锋败北，王离失利，他更不敢大意了，立即重新排兵布阵，想诱项军深入，聚而歼之。

章邯引楚兵深入阵中，以为楚兵中计，却不料楚军由于断了后路，三五成群，各自为战，十分勇猛，两天之内，九战九捷。项羽见秦军已经溃不成军，就派英布、蒲将军夺取秦军甬道。这场惊天动地大鏖战的结果是，秦将王离被俘虏，副将苏角身首异处，另一名副将涉间走投无路，被迫自焚而死。楚军取得了辉煌的胜利，巨鹿之围遂解。

巨鹿解围后，章邯军退至棘原，项羽军驻漳水之南，两军临水相持。秦军的连续失败使章邯不见信于秦国朝廷，当年夏，因秦军屡败，秦二世遣人追究，章邯恐惧中作困兽犹斗，据守棘原与项羽对峙，并派别将司马欣回咸阳（今陕西咸阳东北）禀报军情，向秦廷告急求援。然而，这时秦廷内部早已分崩离析，赵高专权，猜忌将相，不但没有抽调兵力援助章邯，反而追究其战败的罪责，欲杀司马欣。司马欣潜返棘原，劝章邯早图良谋。赵将陈馀亦致书章邯，晓以利害，劝其反戈，裂地而王。这使得章邯进退失据，计无所出，在降楚、退军之间犹豫不决。无奈之下，他秘密遣使向项羽求和，但未获应允，只好准备退兵。项羽抓住时机，乘章邯狐疑不定之际，及时派遣蒲将军率部日夜兼程，渡漳水三户津（古漳水渡口，在今河北磁县西南），切断秦军的退路，破秦军于漳南。而后项羽亲率主力北渡，与秦军激战于汙水（漳水支流），再次大破秦军。

章邯见大势已去，完全成为瓮中之鳖，走投无路，不得已被迫率领20万秦军在洹水南岸的殷墟（今河南安阳西）向项羽无条件请降。项羽也自度粮少不能久战，乃于7月在殷墟接受章邯军的投降，秦军主力遂告覆灭。不久，项羽担心秦降卒不服，怕降军生变，在新安城南把降卒全部坑杀，但并没有处死章邯等秦将。《史记》中记载："项羽乃召黥布、蒲将军计曰：'秦吏卒尚众，其心不服，至关中不听，事必危，不如击杀之，而独与章邯、长史欣、都尉翳入秦。'于是楚军夜击坑秦卒二十余万人新安城南。"巨鹿之战的尾声，这时也就最终沉寂了下来。而刘邦乘项羽鏖战、秦关中空虚之机，抢先一步进入秦朝首都咸阳，秦王子婴出降。

想当年大秦雄师气吞如虎，横扫六合，百万铁军征讨四方，打下前所未有的天下。然而短短的十五年间，泱泱大秦，竟然毁于一旦。秦朝大厦倒塌之快，其内在外在有各种问题，但是给予大秦最沉重一击，使强悍的大秦再也没有还手之力的，即是项羽军事生涯的扛鼎之作——巨鹿之战。

〖点评〗

　　巨鹿之战，是灭秦战争中决定性的一战，是秦末农民大起义走向最后胜利的关键性一战。农民军以无比英勇顽强的气概，正确适宜的作战指导，一举全歼秦军主力，为刘邦乘虚入关，扭转了整个农民战争的战局，对于推翻残暴的秦王朝的反动腐朽的统治创造了极为有利的条件，从根本上决定了整个秦末农民大起义的历史命运，奠定了反秦斗争胜利的基础，具有决定性的意义，影响深远。

　　1. 排除干扰，果敢出击。楚军在开始出兵的徘徊中，最终坚决排除了宋义的错误战略方针的干扰，确保北上救赵的战略决策得以实施，从而避免了使反秦武装被秦军所各个击破的危险。《孙子兵法·九地篇》曰："凡为客之道，深则专，浅则散。"所以，当项羽诛杀宋义后，楚军开拔，特别是进入作战区域和渡过漳水后，军队内部原来的争端也就自然消失，将士同心协力，此时想的是如何夺取战争的胜利，"并敌一向，千里杀将"。

　　2. 破釜沉舟，气势勇猛。士气在战争中是非常重要的因素，《孙子兵法·九地篇》曰："投之亡地然后存，陷之死地然后生。"项羽抱有破釜沉舟的大无畏胆略和决心，敢于以弱击强，以寡敌众，在精神气势上完全压倒了敌人。他以劣势兵力成功地实施分割、围歼战术，楚军作战英勇无比，以一当十，喊声震天，作壁上观的诸侯军将领人人惴恐。破秦军后，项羽召见诸侯军将领，都膝行而前，莫敢仰视。项羽由是为诸侯上将军，各路诸侯军都听从项羽的指挥。在这次战役中，项羽也赢得了威名，为他以后当上"西楚霸王"打下了基础，"破釜沉舟"也被传为千古佳话。巨鹿之战是著名的以少胜多的战例，项羽统率的楚地起义军在巨鹿之战中表现出了卓越的战略战役指导优势，以3万破20万，如此悬殊的战果令无数后世人对其充满了好奇与景仰。秦军是中国历史上公认的强军，但和项羽的楚军一比，则显得山外有山，秦军就得退而居其次，难望项背。巨鹿之战中的楚军并不是因为秦军衰弱而胜，而是因为敢于破釜沉舟的楚军更狠更强而胜。

　　3. 迫敌分散，速战速决。楚军善于分割、孤立敌人，使秦军章邯部与王离部之间失去联系，无法互相救援，造成楚军在局部上的优势，为全歼王离军创造了十分有利的条件。在聚歼王离军的过程中，楚军发扬连续作战的作风，不予敌以任何喘息的机会，始终牢牢地掌握住战场的主动权。此战前，楚军刚败，项梁战死，士气不高。王离20万攻赵，章邯20万建粮道，就是为了耗尽赵军粮草，破城在旦夕之间。秦军从来还没有输过，诸侯都畏战。反秦起义军虽然取得暂时胜利，面对的是没有组织的地方军，而面对章邯这样有头脑的主帅和王离精锐的秦边防军，起义军就显得战斗力不足。然而，项羽善于激励士气，下令人带三天口粮，既是为了鼓舞斗志，又是为了速战速决。因为如果不能迅速击溃章邯部，王离救援，项羽就会腹背受敌。有效方法只有一个字，这就是"快"，必须赶在章邯、王离没有反应过来之前，在他们的空隙间做文章，先破章邯，再与赵军前后夹击，全歼王离军。《孙子兵法·九地篇》曰："始如处女，敌人开户；后如脱兔，敌不及拒。"这"脱兔"，讲的就是"快"的道理。

4. 战略追击，扩大战果。在胜利化解巨鹿之围，歼灭秦王离"兵团"后，项羽及时组织实施了远距离战略追击，将残余的秦军主力章邯部逼到走投无路的困境，迫使其无条件投降。扩大了战果，使得秦王朝赖以镇压起义的军事力量全面崩溃。

巨鹿之战，历时近一年，是秦末农民战争所取得的一场巨大胜利。项羽率楚军以破釜沉舟、义无反顾的勇猛精神，成功地实施分割截击、围歼等战法，基本上摧毁了秦军的主力，扭转了整个战局，为西路刘邦军攻取关中创造了有利条件，奠定了反秦斗争胜利的基础，对最后推翻秦朝暴虐统治起了决定性作用。此战，项羽以劣势兵力大败秦军，是灭秦战争中辉煌的战略决战，其中所反映的起义军及其领袖项羽的高超作战指导艺术和勇猛精神，永远值得后人称颂和借鉴。史学家司马迁在所著《史记·项羽本纪》中，详细地描述和记载了这一巨大战役，成为名传千古的不朽之笔。"破釜沉舟""以一当十""作壁上观"成为流传极广的成语。

【用间篇】

无形战线上的战争

〖原文〗

孙子曰：凡兴师十万，出征千里，百姓之费，公家之奉，日费千金，内外骚动，怠于道路，不得操事者，七十万家。相守数年，以争一日之胜，而爱爵禄百金，不知敌之情者，不仁之至也，非人之将也，非主之佐也，非胜之主也。

故明君贤将，所以动而胜人，成功出于众者，先知也。先知者，不可取于鬼神，不可象于事，不可验于度，必取于人，知敌之情者也。

故用间有五：有因间，有内间，有反间，有死间，有生间。五间俱起，莫知其道，是谓神纪，人君之宝也。因间者，因其乡人而用之；内间者，因其官人而用之；反间者，因其敌间而用之；死间者，为诳事于外，令吾间知之，而传于敌间也；生间者，反报也。

故三军之事，莫亲于间，赏莫厚于间，事莫密于间。非圣智不能用间，非仁义不能使间，非微妙不能得间之实。微哉！微哉！无所不用间也。间事未发而先闻者，间与所告者皆死。凡军之所欲击，城之所欲攻，人之所欲杀，必先知其守将、左右、谒者、门者、舍人之姓名，令吾间必索知之。必索敌人之间来间我者，因而利之，导而舍之，故反间可得而用也。因是而知之，故乡间、内间可得而使也；因是而知之，故死间为诳事，可使告敌；因是而知之，故生间可使如期。

五间之事，主必知之，知之必在于反间，故反间不可不厚也。

昔殷之兴也，伊挚在夏；周之兴也，吕牙在殷。故惟明君贤将，能以上智为间者，必成大功。此兵之要，三军之所恃而动也。

〖原文意解〗

孙武先生说：凡是动用10万人的军队，出征到千里之外去作战，老百姓所负担的费用，国库的开支，算起来每天平均要花费一千两黄金之多。并且举国都被牵动，给全国内外带来动乱和不安，朝野上下都不得安静，很多人奔波在漫长的运输线上，疲惫倦怠，运输军需物资的队伍和行军的兵车在道路上疲于奔命，因而为保证前线需要而不得从事耕作等正常生产的每年大约有70万家。

敌我双方这样对峙数年之久，无非是为了决胜于一旦，争取一朝的胜利。对于这么重大的事情，如果因为吝惜爵位、俸禄和花费金钱，不肯收买、重用间谍去探明敌情，以致不能了解敌情而导致失败，那就是不仁到了极点，是最不爱护民众百姓的了。这种人，不是民众的好将军，不配做军队的统帅，也称不上是国君的好助手；若是国君，他不是能使国家得到安全并取得战争主动权的优秀领导人，也决不会成为胜利的主宰者。

因此，英明的国君和贤能的将帅举兵作战，之所以一出兵就能战胜敌人，功业超出众人，成功率高于一般人，主要原因就在于他利用了间谍，战前了解和掌握敌情。作为国君和主帅，事先要了解敌人的情况，不可用迷信的方法算卦占卜、祈求鬼神；不可只看敌人的表面现象，用相似的事情做类比，推测吉凶；不可用自己的经验去验证当前的情况，或用天象星辰运行的度数来推证。军事情报必须取之于包括间谍在内的所有真正了解敌情的人，从他们那里获取敌人的最新情况。

要从各方面、多层次使用五种间谍，这样，敌人就会感到莫名其妙，无法摸清我军的用间规律，惊呼我军用间如同鬼神所为。如此综合使用五种间谍的方法，是国君胜敌的法宝，国君对此应严格保密，秘而不示外人。

所谓因间，又称乡间，就是利用敌国的当地人、敌军官兵的乡邻亲朋，通过同乡关系进行间谍活动。所谓内间，是诱使利用敌国官吏作为间谍，为我方提供情报。所谓反间，是诱使利用敌方间谍，经过教育改造，善待和贿赂，使敌方间谍为我所用，再进行间谍活动。所谓死间，就是制造和散布假情报，故意泄露给潜入敌营的我方间谍传给敌间，让敌人落入我之圈套，如敌人发现中我之计受骗，一旦真情败露，我方间谍难免要被处死。所谓生间，就是派出去侦察、探明敌情后马上回来报告的间谍，这种间谍一般都应按时、安全地返回。

因此，在全军人际关系中，与主帅关系最亲密的莫过于间谍；奖赏最优厚的莫过于间谍；所有军中事务最秘密的莫过于间谍。主帅不具有高超的智慧，就不能很好地使用间谍；没有仁爱胸怀和忠义之感，就不能指使间谍；不是用心微妙，细心观察，就不能取得间谍的真实情报。

微妙啊，微妙！间谍无时、无处、无事不可以使用。如果准备派出进行间谍活动的人还未动，间谍工作还未进行，计划就被泄露了，那么对泄密者、知密者——间谍与知情者都要处极刑，以示惩罚和灭口。

凡是我军计划要攻击的敌方军队、计划要攻占的敌方城邑、计划要刺杀的敌方官员，必须事先了解敌军防守该地的主管将佐、左右亲信、掌管通信传达工作的官员、幕僚门客、警卫官吏的姓名等情况，务必指令我方间谍一定要调查清楚，获得真实情报，以便利用。

必须严密搜索，查出前来侦察我军情报的敌方间谍；在可能的情况下应趁机争取他，不惜重金收买，秘密安排住宿，优厚款待，劝说诱导，利害压服，然后再放他回到敌营中去，成为"反间"，重用他为我方工作。

由此通过反间了解敌情，这样就可以得到乡间（因间）、内间，并为我所用；由此通过反间了解敌情，这样就可得到死间，利用他们把虚假情报故意传给敌人；由此通过反间了解敌情，这样就可以得到生间，利用他们取得情报，按时返回，我们的期望和目的自然也就得以成功实现。

使用五种间谍的所有诀窍，君主都必须真正了解和掌握。而了解敌情、掌握使用间谍的诀窍，关键在于使用好反间，所以，对反间不可不给予优厚的待遇。

在往昔，殷商之所以能得天下，兴建商朝，是因为商汤以伊挚（伊尹）为相，伊挚曾在夏王朝为夏桀之臣，他了解夏朝的内情，成为商汤的内间，因此能帮助商汤摧毁夏王朝；周朝之所以得天下，是因为有吕牙（姜子牙，又称吕尚、姜尚，姜太公是他的封爵）曾在殷朝作官，他熟悉殷朝的内情，作为周朝的内间，因此能协助周文王、周武王取代殷商政权，兴建周朝。所以，明智的国君，贤能的将帅，能使用具有高超智慧、极聪明的人去从事包括执掌国家安全和情报机关的间谍工作，必定能建立非凡的功业。因此，用间谍了解敌情，是军事工作中用兵成败的关键，是用兵作战的要诀，全军都必须依据它所提供的敌情来决定应采取何种军事行动。

〖原句辨释〗

（一）对"先知者，不可取于鬼神，不可象于事，不可验于度，必取于人，知敌之情者也"之句的辨释

对此句的分歧点主要在后半句上，即"不可象于事，不可验于度，必

取于人，知敌之情者也"，"象于事""验于度"指的是什么？敌情取自何人？

1."象于事"，指用相似的事情做类比；"验于度"，指的是用天象星辰运行的度数来验证；情报取自了解敌情的人。杜牧注："象者，类也。言不可以他事比类而求。"张预注："不可以事之相类者，拟象而求。""鬼神、象类、度数，皆不可求，先知必因人而后知敌情也。"全句解释为：要事先了解敌人的情况，不可用祈求鬼神去获取，也不可用相似的事情做类比推测吉凶，不可用天象星辰运行的度数来验证，必须取之于人，而且是了解敌情的人。

2."象于事"指只看敌人的表面现象；"验于度"指的是用自己的经验去验证当前的情况；若想获得来自敌方的真实情报，必须派遣得力的人去刺探。李筌注："度，数也。夫长短、阔狭、远近、小大，即可验之于度数。人之情伪，度不能知也。"张预注："不可以度数推验而知。"全句解释为：要想先知敌情，不可算卦占卜，不可祈求鬼神迷信，不可只看敌人的表面现象，不可用自己的经验去验证当前的情况，必须派遣得力的人去刺探掌握敌人的真实情况。

3."象于事"指拿类似的事情做形式类比；"验于度"指的是用星相运行度数去验证；敌情必须取自间谍。李筌注："因间人也。"梅尧臣注："鬼神之情，可以卜筮知；形气之物，可以象类求；天地之理，可以度数验。唯敌之情，必由间者而后知也。"全句解释为：要事先了解敌情，不可祈求于鬼神，不可拿类似的事情做形式类比进行推测，不能用星相运行度数去验证，必须取自间谍，从他们那里获取敌情。

以上三种解释，应该说各有其道理。本书综合以上观点，并旨于本篇重点说"间"谈"情报"的特点，联系上下句，将本句意解为：要事先了解敌人的情况，不可用迷信的方法算卦占卜、祈求鬼神；不可只看敌人的表面现象，用相似的事情做类比推测吉凶；不可用自己的经验去验证当前的情况，或用天象星辰运行的度数来验证。情报必须取之于包括间谍在内的所有了解敌情的人，从他们那里获取敌人的真实情况。

（二）对"五间俱起，莫知其道，是谓神纪，人君之宝也"之句的辨释

对此句的分歧点主要在断句上，以及对"人君之宝"做何解释。

1. 断句，上半句为"五间俱起，莫知其道"，下半句为"是谓神纪，人

君之宝也"。"人君之宝"是指这些用间手段，是国君胜敌的法宝。王晳注："五间俱起，人不之测，是用兵神妙之大纪，人主之重宝也。"张预注："五间循环而用，人莫能测其理，兹乃神妙之纲纪，人君之重宝也。"全句解释为：五种间谍方法从各方面多层次进行，综合使用，使敌人莫名其妙，难以预料，无法摸清我军的用间规律。这种神妙的、奇异莫测的用间手段，是国君胜敌的法宝。

2. 断句，上半句为"五间俱起，莫知其道，是谓神纪"，下半句为"人君之宝也"。"人君之宝"是指国家领导人对间谍活动也应如家中藏有宝贝一样保密。曹操注："同时任用五间也。"李筌注："五间者，因五人用之。"全句解释为：在同一时间里综合使用这五种间谍手段，使敌人无法摸清我军的用间规律，奇妙得如同鬼神所为。国君对间谍活动也应保密，如家有藏宝一般，不可泄露，秘藏不宣。

《十一家注孙子》中各家及当代学者多持第一种意见，但是，本书以为此说有欠全面和准确。破释这句话的关键在承接词"是谓"上，特别是"谓"，有"说"和"认为"的含义在内。"是谓"通俗地翻译为"也就是说"、"如此这样认为"，在全句语义上是承上句，与下句较少关联。"是谓神纪"，意思即是，敌人说我军用间如同神仙一般。为此，本书综合以上两种说法，将此句意解为：当从各方面、多层次使用五种间谍时，敌人会感到莫名其妙，无法摸清我军的用间规律，惊呼我军用间如同鬼神所为。如此综合使用五种间谍的方法，是国君胜敌的法宝，国君对此也应保密，秘而不示外人。

（三）对"非圣智不能用间，非仁义不能使间，非微妙不能得间之实"之句的辨释

各注家对此句由于所站的角度不同，其解释也就有很大的差别，主要有以下三种解释：

1. 从主帅自身素质讲。陈皞注："仁者有恩以及人，义者得宜而制事。主将者，既能仁结而义使，则间者尽心而观察，乐为我用也。"张预注："间以利害来告，须用心渊微精妙，乃能察其真伪。"杜牧注："间亦有利于财宝，不得敌人之实情，但将虚辞以赴我约，此须用心渊妙，乃能酌其情伪虚实也。"全句解释为：主帅不具有高明的智慧，就不能很好地使用间

谍；没有仁爱和正义，就不能指使间谍；不是用心微妙，细心观察，就不能取得间谍的真实情报。

2. 从间谍自身素质讲。杜牧注："先量间者之性，诚实多智，然后可用之。厚貌深情，险于山川，非圣人莫能知。"张预注："仁则不爱爵赏，义则果决无疑。"杜佑注："用意密而不漏。"王晳注："谓间者必性识微妙，乃能得所间之事实。"全句解释为：不是特别智慧、聪明的人，不能胜任间谍之职；不是最爱国家、爱人民而且遇到任何情况都能正确处理的人不能去担负间谍任务；不善于窥测细微情节认真思考的间谍，就不能侦察到敌人的真实情况。

3. 从选拔、使用间谍的方法上讲。张预注："圣智则能知人。"梅尧臣注："知其情伪，辨其邪正，则能用。""抚之以仁，示之以义，则能使。""防间反为敌所使，思虑故宜几微臻妙。"王晳注："仁结其心，义激其节，仁义使人，有何不可？"全句解释为：主帅不是聪颖睿智的人，不能选用间谍；不是仁厚载德、义薄云天的人，不能使用间谍；没有精细入微的体贴照顾和巧妙的收买人心，就得不到真心实意、敢于慷慨赴死的间谍。

综合考察以上三种意见，思考本篇篇题"用间"主旨，联系全篇内容，本书意解采取的是第一种解释。从原句中的"用间""使间""得间"的主人身份看，也当是主帅，只有主帅才有"用间""使间""得间"的特权。所以，本句话的基本含义是：非超凡智慧之人不能选用间谍，非仁德义节之人不能指使间谍，非精细机敏之人不能辨别间谍所获得情报的真伪。

（四）三个"因是而知之"之后句子的重点在说什么？

孙武在论说"故反间可得而用也"之后，紧接着论述道："因是而知之，故乡间、内间可得而使也；因是而知之，故死间为诳事，可使告敌；因是而知之，故生间可使如期。"本句基本含义明显分为三层，分别由三个"因是而知之"做导语。对本句不同解释的分歧点，也主要就在于"因是而知之"上，也即这前提条件究竟是什么？是讲选择、培养、获得间谍人员，还是讲间谍的具体工作？

1. 重点在事，就通过"反间"了解到敌情为前提而推论。"反间"的工作做好了，其他种类间谍的工作依次可顺利开展。全句解释为：由此通过反间了解敌情，这样乡间（因间）、内间就可以得到并为我所用了；由此通过反间了解敌情，这样就能使死间把虚假情报传给敌人；由此通过反间了解敌情，这样就可以使生间按预定时间取得情报，如期返回报告。

2. 重点在人，就选拔、造就间谍自身而推论。只要工作做到家，如此以重利策反敌方间谍即"反间"为我所用，那么，其他种类的间谍也可很容易地如法炮制获得。杜牧注："若敌间，以利导之，尚可使为我反间，因此乃知，厚利亦可使乡间、内间也。此言使间非利不可。"全句解释为：如果连"反间"都可以为我所用，由此可知，"乡间""内间"也是可以得到和使用的；由此，也可得"死间"，利用他们制造假情报故意泄露给敌间谍，敌间谍必然回报给敌方；那么，所得"生间"自然也就可以满足我们的期望。

考察以上两种意见，所言都各有其道理。从全句看，其实是既言间谍之"人"，也论间谍之"事"。联系上句"故反间可得而用也"，本句中的"故乡间、内间可得而使也"，这显然是在说"可得""可用""可使"的间谍之人。但从本句末尾两层含义看，言事的成分显然大于言人。所以，本书主要采取了第一种解释，并加以综合，将此句意解为：由此通过反间了解敌情，这样乡间（因间）、内间就可以得到并为我所用了；由此通过反间了解敌情，这样就可获得死间，利用他们把虚假情报故意传给敌人；由此通过反间了解敌情，这样就可以得到生间，利用他们取得情报按时返回，我们的期望和目的自然也就得以成功实现。

综上所论，本书认为本句主要阐述了五种间谍之间的关联关系，以及下句"知之必在于反间，故反间不可不厚也"，说明了"反间"的重要性。如果能成功策反"反间"为我所用，应用得当，"乡间""内间""死间""生间"的工作也就如同一盘棋，全活了。陈皞注："言五间皆循环相因，惟生间可使如期。"杜佑注："因反敌间而知敌情，乡间、内间者皆可得使。"《十一家注孙子》中，张预所注，是比较贴题和准确的，他说："因是反间，知彼乡人之贪利者，官人之有隙者，诱而使之。因是反间，知彼可诳之事，使死间往告之。因是反间，知彼之情，故生间可往复如期也。"

〖专题解论〗

（一）隐蔽战线上的五类间谍

孙武根据用间的各种情况，将间谍分为因间、内间、反间、死间、生间五种，并分别表述了他们的不同特点。

1. 所谓"因间"，是"因其乡人而用之"。这是一种较为低层次的、简单的用间手段，主要是利用与敌军官兵的同乡关系，打入敌营从事间谍活动，或者利用敌军驻地的居民进行间谍活动。

2. 所谓"内间"，即"因其官人而用之"。要求充分利用敌人的内部矛盾，使用敌方官吏做间谍。至于敌营内何种人可以成为"内间"，杜牧在注《孙子兵法》中说："敌之官人，有贤而失职者，有过而被刑者，亦有宠嬖而贪财者，有屈在下位者，有不得任使者，有欲因败丧以求展己之才能者，有翻覆变诈、常持两端之心者。如此之官，皆可以潜通问遗，厚贶金帛而结之，因求其国中之情，察其谋我之事，复问其君臣，使不和同也。"(《十一家注孙子》)

3. 所谓"反间"，是"因其敌间而用之"。张预在注《孙子兵法》中说："故有间来，或重赂厚礼以结之，告以伪辞。或佯为不知，疏而慢之，示以虚事，使之归报，则反为我利也。"是说使用反间的手段有两种：一是用重金厚礼收买，使之为我所控制和利用；二是对敌方间谍佯装不知，故意透露假情报让他回报，我则利用敌人的错误达到目的。

4. 所谓"死间"，孙武指出："死间者，为诳事于外，令吾间知之，而传于敌间也。"意思即是，"死间"就是先制造虚假情报，通过潜入敌营的我方间谍传给敌间，使敌军上当受骗，进我圈套，一旦真情败露，我方间谍就难免一死。可以看出，这是一种安插在敌人内部的间谍。

5. 所谓"生间"，即准确窃取情报后，能及时安全返回的间谍。对于这种间谍，古今注家大都认为非智能之士难以胜任，只有机智敏捷、忠诚坚定及大智若愚之人才能圆满地完成任务。

孙武在此篇中提出了五种用间方法，但还有一种为古代兵家常用的用间方法没有直接提出来，这就是离间计。离间计在战争史上使用得也很广泛，如果一方内部发生矛盾，离间计就很容易成功。在战国时期，六国经过苏秦的游说，结成联盟，合纵抗秦。但六国表面联合，实际上都各自维护自己的利益。经受不住秦国的离间计的破坏，终于"合纵"计策被"连横"攻破，个个被秦所灭。"灭六国者，六国也，非秦也"。

(二) 用间基本方法和原则

1. 同时并用五种间谍手段，是用间基本方法的高境界。用间是"知彼"

的重要手段,各种间谍在战争中都将起着极为重要的作用,可以单独使用,但如果把各种间谍并用,其效果将是神奇的。孙武认为:"五间俱起,莫知其道,是谓神纪,人君之宝也。"他把五种间谍同时结合起来使用,使敌人不能了解我方的用间规律,陷入盲目境地;而我方则能广开情报来源,全面准确地掌握敌情,这是战胜敌人的重要法宝。

2. 使用"五间"以反间最为重要。孙武指出,"五间之事,主必知之,知之必在于反间"。他认为,反间在各种间谍中处于主导地位,只有策反敌间为我所用,其他间谍才能运用自如和有效地发挥作用。所谓"因是而知之,故乡间、内间可得而使也。因是而知之,故死间为诳事,可使告敌。因是而知之,故生间可使如期"。因此他要求"必索敌人之间来间我者",并提出了"因而利之,导而舍之""反间不可不厚"等方法,以更好地利用和驾驭反间。

3. 主帅用间三原则。为了使各种间谍能赤胆忠心地服务于国家,效忠于国君和主帅,孙武对使用间谍的幕后人提出了三条原则:

一是在军中的亲抚问题上,"莫亲于间"。即对间谍要宽厚仁慈,以诚相待,用感情、仁爱去感化和笼络他,使其决心为国君和主帅效力。

二是在军中的奖赏问题上,"赏莫厚于间"。这是因为,"非高爵厚利,不能使间"(《十一家注孙子》张预注),间谍工作非常艰难,而又万分危险,可说是时刻都在刀刃上过日子。但是,间谍对于战争的取胜却有着至关重要的作用,明君贤将之所以决策胜人一筹,功业超出众人,出兵能战胜敌人,就在于用间察敌,预先掌握了敌人的情报。所以,对敢于效命于这一军事领域的谍报人员、侦察人员、外交人员,应给予重赏。

三是在军中的保密问题上,"事莫密于间"。间事不密,则为己害,是兵家名言。"用兵莫善于用间,用间之术不一,急欲使人不测,机欲密。"(《武备集要》)这即是说用兵作战最重要的一项工作是使用间谍;使用间谍的方法虽然很多,但总的要求是使敌人无法探测我方的情况,而关键问题是要做得秘而不露,不显丝毫痕迹。孙武早就注意到了这一点,十分重视"间事"的保密问题。他不但要求"事莫密于间",而且还主张:"间事未发,而先闻者,间与所告者皆死。"为了保证上述原则的实施,孙武提出了用间者必须具备的素质,即"非圣智不能用间,非仁义不能使间,非微妙不能得间之实"。要求掌管和使用间谍之人要有非凡的智慧、仁义的胸怀、微妙的手段，以保证充分发挥"用间"的威力。

（三）孙武"用间"的重要思想

孙武认为："不知敌之情者，不仁之至也，非人之将也，非主之佐也，非胜之主也。"

1. 使用间谍是"知彼""先知"的最有效方法。孙武认为，"知彼知己"是指导战争的重要原则。"知"是战的前提，是胜利的基础。用间的目的就是为了"知彼"。而"知彼"，即"知敌之情实"，最重要的手段之一就是使用间谍。孙武极力反对"盲目行动"，因为盲目的军事行动很有可能导致失败。在军事行动之前，必须用间准确地了解敌情。孙武在《谋攻篇》中认为："不知彼而知己，一胜一负；不知彼，不知己，每战必殆。"只有做到了"知彼""知己"，才能有的放矢，才能以己之长，攻彼之短，才能出其不意，攻其不备，才能避实就虚。只有充分准确地"知彼"，才能正确运筹庙算，才能获得"多算胜"，避免"少算不胜"。这是"用间"在制定总体战略上的重要作用。

孙武在本篇中提出了利用间谍而"先知"的观点。他明确指出："故明君贤将，所以动而胜人，成功出于众者，先知也。"所谓"先知"，就是利用间谍了解敌情，掌握敌方"守将、左右、谒者、门者、舍人"的情况，获知敌人的虚实、众寡、强弱，以此做出正确的决策和部署。只有熟知彼方的这些情况，才能"胜乃可全"；只有用间探听彼方需要哪些利，才能"利而诱之"，使其上当受骗；只有用间了解彼方何处混乱，何方为患，才能找到敌人的弱点，等等。这是用间在制定具体战术上的重要作用。

用间篇

2. 使用间谍获取敌人的实情内幕，是代价小而收效大的好方法。孙武从重视间谍的基本点出发，把战争的巨大耗费与用间的耗费相比，进一步说道："凡兴师十万，出征千里，百姓之费，公家之奉，日费千金，内外骚动，怠于道路，不得操事者，七十万家。相守数年，以争一日之胜。"其用意是说，一场战争的代价是极其昂贵的，使用间谍虽然也需要耗费金钱，但与战争的种种巨额耗费相比却是微乎其微的。因而他认为，敌我双方相持数年，就是为了争取战时的胜利，如果执政掌兵者吝惜"爵禄百金"，不使用间谍，以致不了解敌情而造成巨大损失和耗费，那才是"不仁之至也，非民之将也，非主之佐也，非胜之主也"。从中可以看出，孙武把用间了解敌情提到了非常重要的位置。

3. 孙武在"先知"方面的思想是唯物的。从本篇中可看到孙武的智慧之光：与其求鬼神，不如用间谍。间谍的智慧高于鬼神。这是孙武朴素的唯物主义观点。

谋事在人，成事亦在人。有知才有谋，有知才能谋，有谋才能成功。古代由于科学落后，兵家多也是迷信鬼神的。战争这种带有极大偶然性的行为，而且关系一国、一个家族的兴亡命运，将帅在对胜利没有把握的无可奈何中，往往把命运寄托在对鬼神的迷信上，作战之前一般要占卜，祈求鬼神和祖先给以指点。但是，世界上本来就没有鬼神，民众百姓也不会保佑无知者，也绝不会使昏君蠢将永远得势。孙武在本篇中要求国君和将帅在了解敌情时，"不可取于鬼神，不可象于事，不可验于度，必取于人知者"。他在这里摒弃了当时人们用求神问卜、主观臆断来探知敌情的唯心观点，树立了"必取于人"的朴素唯物主义的思想。告诫不要去问鬼神能否出兵打仗，能否取胜，而是要从知情者那里获取敌方情况，根据敌情，再做决策。

孙武的智慧精华在于运筹决策要坚持"唯物"，要有科学性、创造性，对具体敌情需要做具体分析。不可"唯鬼神"；不可"象于事"；不能搞教条主义，不能搞纸上谈兵；不能根据以往经验指挥作战，也不能受狭隘经验的束缚，仅仅依据过去的经验对错综复杂、千变万化的事物进行判断，那样做难免会有失误。两千多年前的孙武能有如此深刻的认识，是此后历代兵家无不为之敬佩的。

（四）孙氏家传兵书中的用间经典句与本篇相通之处

在孙氏家传兵书中，有许多关于用间的典型词句。孙武《用间篇》中的所有内容，基本上都能从孙氏家传兵书中看到其潜影。从以下两者相通之句中可看出，《用间篇》全文 460 余字的主要内容，多囊括在以下八类句子中：

1. "彼此间策，瞍豁黢觅，侦奸扶礼"

彼此间策——意指利益之争的开初，并非就是战争，而是互相暗中使绊子，桌子底下揣脚，以谋略算计对方。你用间谍刺探敌方情报，敌方也会用间策之计打入你的内部。本句诫示，用间和防间必须同步进行。

瞍鼢黢觅——瞍：眼睛没有瞳仁，看不见东西，常指盲人。鼢：一种田鼠，眼小尾短，眼睛几乎被毛所覆盖，也叫盲鼠，在地下打洞生活，洞道极其复杂，长达数十米，对农牧业危害很大，在我国主要分布在北方，有中华鼢鼠和东北鼢鼠两类。黢：黑。觅：寻找。本句直译是盲人寻找盲鼠，黑对黑。本句意指对待暗中刺探军情的敌方间谍，要即其人之道，还其人之身，暗中查访，用己方间谍对抗之；对待暗中捣乱的乱臣，君王要暗中进行查访，然后一网打尽。此句并告知一种寻找问题症结的方法，全面了解事物的明暗两个方面，特别要注意对阴暗角落的搜寻，敌方间谍、乱朝之贼常活动在"地下幽深复杂的洞穴"中。

侦奸扶礼——侦：探听，暗中察看。奸：邪恶，狡诈。扶：扶持。礼：礼物。意指我对敌用间，敌人也会对我用间。因此，要防止内部的人被敌人利用为内奸，暗中侦察和掌握内奸的活动。同时，扶植和引诱这些人为我所用，在职级待遇上给以特殊照顾，重金收买，使其成为反间。

孙武的"必索敌人之间来间我者，因而利之，导而舍之，故反间可得而用也""反间者，因其敌间而用之""五间之事，主必知之，知之必在于反间，故反间不可不厚也"，均与此相通。

2."遣斩针质，甄间报息"

遣斩针质——遣：派遣。斩：斩钉截铁，果断。针质：喻小与细，单针单线。意指派遣间谍要果断迅速，拖沓就易出问题。派遣间谍又犹如以针纫线，最好是单线联系，知秘范围越小越好，细致小心，大意不得。

甄间报息——甄：审查。间：间谍。意指认真审查和鉴定各方报来的信息，去伪存真，加以选择使用。

孙武的"非微妙不能得间之实""故三军之事……事莫密于间""间事未发而先闻者，间与所告者皆死"，均与此相通。

3."军汇谍时，扩纵留翎，顽护亢奸"

军汇谍时——意指军事行动要汇总各方面的情况，特别要注重间谍的使用，探明敌人的虚实；谍报所反映的军情时间性很强，情报的传递和处理要及时，当天事情当天处理完毕，处置问题不能过夜，过时的情报是没有价值的；主官需要什么情报，就应上报什么情报，不需要的情报报上去是耽误正事，贻误战机。

扩纵留翎——纵：纵队，队伍。翎：鸟翅和尾巴上的长羽毛，在此指心腹骨干分子。意指搜罗新的间谍,扩大势力范围,在各个部门要安插有忠诚于自己的党羽。

顽护亢歼——护:统辖,保护。亢:咽喉,要害,非常。歼:歼灭。意指方方面面的间谍总是有用的,要广交朋友,扩大保护面。对那些顽固分子,也要暂时施以保护政策,以达到最终统辖的目的;只对那些顽固不化的首要分子才加以灭口打击。

孙武的"无所不用间""明君贤将,所以动而胜人,成功出于众者,先知也""明君贤将,能以上智为间者,必成大功。此兵之要,三军之所恃而动也",均与此相通。

4."间圯楔首,义用心肠,愿付歧冥"

间圯楔首——间:间谍。圯:桥。楔:插在木器榫缝中的木片。首:脑袋。间圯楔首,意指被派遣出国的间谍一旦"过桥"走出国门,必须具备自我牺牲精神,不怕吃苦,不怕受刑,哪怕木楔钉头,也绝不叛变,忠于职守。这是选择间谍的基本条件之一。

义用心肠——意指选择间谍,要用讲义气的心腹之人,用一心一意报效国家的人才。同时,对间谍也要给以重义、重利、重礼,以真心换真义。

愿付歧冥——付:付出。歧:岔路。冥:迷信中所说人死后进入的世界。本句意指被利用之人受到感动,心甘情愿走上歧途,甚至替主人卖命。士为知己者死,就是这个道理。

孙武的"三军之事,莫亲于间,莫厚于间""非圣智不能用间,非仁义不能使间,非微妙不能得间之实",均与此相通。

5."姿舍瑰金,钦使金商"

姿舍瑰金——姿:无拘束。舍:给。瑰:珍奇,瑰宝。意指不论是正间,还是反间,在使用上都应不惜重金瑰宝,为间谍创造一切有利的条件。

钦使金商——钦:对帝王所行事的敬称。使:外交使节。金:金钱,财物。商:商量,往来。意指钦差外交使节代表着国家的形象,特别是常于用间伐谋,在外交事务上办事不能吝啬、小气,要重礼仪,有腰缠万贯的巨商之气派,以丰金厚财打通关节。

孙武的"三军之事……赏莫厚于间""反间不可不厚",以及从另一个方面说明——重赏间谍的代价比战争支出为之小得多的"凡兴师十万,出征千里,百姓之费,公家之奉,日费千金,内外骚动,怠于道路,不得操事者,七十万家。相守数年,以争一日之胜,而爱爵禄百金,不知敌之情者,不仁之至也,非人之将也,非主之佐也,非胜之主也",均与此相通。

6."遗神障目"

遗神障目——意指使用"障眼法",迷惑敌国的耳目神经,遮挡住敌国的反间谍视线,造成真假难辨之相。

孙武的"死间为诳事,可使告敌""死间者,为诳事于外,令吾闻知之,而传于敌间也",与此相通。

7."抽筋挖肚,觥缙罘奎,巧入天门,悠眆眚政,脏腑嵌疮"

抽筋挖肚——意指我方间谍深入敌国内部,"翻箱倒柜",搜集重要情报。

觥缙罘奎——觥:弯曲,聚。缙:钓鱼或穿铜钱的绳子。罘:古代设在门外的一种屏风。奎:两腿之间,在此是指见不得人的隐私。本句意指绳线质在能弯曲;屏风的作用在于能遮挡隐私。

巧入天门——天门:最高处,在此指敌国最高层。本句意指巧妙施用计谋,钻空子,力争打入敌国高层,把非常难得到的情报拿到手中。间谍要使用各种手段,能曲能伸,能攻能守,从而得到敌国军政要人的信任,从他们那里得到最有价值的情报。

悠眆眚政——悠:差错。眆:明亮。眚:眼睛上长膜,过失。本句意指破坏敌国的形象,使其政治混乱,百姓对国家命运和前途产生迷茫。

脏腑嵌疮——本句意指从敌国内部着手进行破坏,离间其内政,腐蚀其要员,使其集团内部不团结,如疮生腹内,不治自亡。

孙武的"凡军之所欲击,城之所欲攻,人之所欲杀,必先知其守将、左右、谒者、门者、舍人之姓名,令吾间必索知之""内间者,因其官人而用之""昔殷之兴也,伊挚在夏;周之兴也,吕牙在殷",均与此相通。

8."鬼心鬼市,鬼手鬼凭,丛幺戏耍"

鬼心鬼市——此处的"鬼"通"诡",指耍弄鬼把戏,尔虞我诈,讨价还价。

鬼手鬼凭——本句意指使用欺骗手段,隐瞒事实真相,提供假凭证。将商市中的唯利手段引入军政领域,说明与敌斗争中的隐蔽动作,必须诡诈多端。

丛幺戏耍——丛:众多。幺:小,排行最末;数目"一"的另一个说法。意指无论是多，还是少，一个一个地进行调动，调教如同玩把戏一样。此处指间谍玩弄花招，使用间术对付组织或个人的高超用谋手段。

孙武的"非圣智不能用间""五间俱起，莫知其道，是谓神纪，人君之宝也"，以及重于人而否定鬼神迷信的"先知者，不可取于鬼神，不可象于事，不可验于度，必取于人，知敌之情者也"，均与此相通。

〖经典战例〗

鸣条之战——上智为间，里应外合

孙武在"用间篇"中对历史上用间的成功经验给予高度评价，特别列举了"昔殷之兴也，伊挚在夏；周之兴也，吕牙在殷"的故事，推崇充当间谍的伊挚、吕牙。这里所说的"伊挚"，即是商汤的丞相伊尹，他在鸣条之战中充当多重间谍身份，对取得情报、策反敌军，发挥了重要作用。

鸣条之战，发生在公元前约16世纪的中国古代夏商之际。在商灭夏的战争中，商汤率领商军与夏军在鸣条（今山西运城东北，有说在今河南洛阳附近）进行决战。《易·革·象辞》中有"汤武革命，顺乎天而应乎人"的名言，这里所说的"汤"，就是中国历史上第二个统治王朝的开基者——商汤天乙。他领导商部族和其他反抗夏王朝残暴统治的同盟部族，以伊尹为内间，策反夏桀的宠妃妹喜，最后运用战争的暴力手段，一举攻克夏邑，推翻夏王朝，建立起商朝新的统治秩序。

先弱后强翦除羽翼　　战略包围试探虚实

商，是中国上古时代一个历史悠久的氏族部落，在漫长的发展过程中，它逐渐强盛起来，由夏的属国演变为足以与之抗衡的对手。商汤即位并迁徙部族统治中心到亳地（今山东曹县东南）后，他积极筹措攻夏立国的大计。当时，夏朝的统治者是桀，他骄侈淫逸，宠用嬖臣，对民众及所属方国部落进行残酷的压榨奴役，引起普遍的憎恨与反对。民众愤慨地诅咒他："时日曷丧，予偕汝皆亡。"这表明夏朝的统治已经是风雨飘摇，走到了历史的尽头。商汤的灭夏战略方针，就是在这样的历史背景下制定的。

夏朝衰落，商将取而代之。当时，夏王朝总体力量仍然大于商部族。在这种情况下，商汤不急于马上从正面进攻夏王朝，而是在贤臣伊尹、仲虺等人的有力辅佐下，在军事战略上巧妙谋划，制定了"先为不可胜"的正确战略方针，采取先弱后强、由近及远的正确方针，翦除夏桀的羽翼，孤立夏后氏，完成对其战略包围，为最后决战攻占夏都创造条件。商汤把第一个打击目标指向夏的属国葛（今河南宁陵东北），以替童子复仇的名义起兵攻灭葛国。这不仅翦除了夏桀的一个羽翼，也大大提高了政治威望。继而他又集中兵力，逐次灭亡了韦国（今河南滑县东南）、顾国（今山东鄄城东北），并攻灭夏桀最后一个支柱，即实力较强的昆吾氏国（今河南许昌）。几年内，商汤逐个清除了灭夏的障碍，完成了各项准备，打通了最后灭桀的道路。

在完成对夏桀的战略包围后，商汤对最后决战仍持十分慎重的态度。几经试探和权衡方才做出决定。俗话说，"百足之虫，死而不僵"。立国近400年的夏王朝，即便已面临灭亡，这时仍具有相当的实力。当商汤停止向夏桀纳贡以试探其反应时，夏桀即调动九夷之师，准备讨伐商汤。商汤视情马上"谢罪请服，复入职贡"，稳住夏桀，继续积蓄力量，等待时机。不久传来了夏桀诛杀重臣、众叛亲离的消息。商汤乃再行停止向夏桀的贡奉。这次，夏桀的指挥棒完全失灵了，九夷之师不起，有缗氏公开反抗。只有到此时，商汤方才认为伐桀的时机完全成熟，于是果断下令起兵，开始大举攻夏。

战前动员征集兵士　策动妹喜充当内间

商汤对于灭夏处心积虑，深知自己作为一个方国要对抗夏朝，不仅有以下犯上之嫌，而且实力也悬殊，要想在此情况下能实现灭夏的目标，必须对敌手的情况有一个全面的了解。为此，他派自己得力的辅臣伊尹到夏桀身边任职。伊尹到夏朝任职后，一面熟悉情况，刺探情报，一面联络夏臣和在夏桀面前失宠、遭冷落的元妻妹喜，离间策反为内间。

夏商时代，诸方国尚无常备军，如有战事，临时召集军队，卜辞中常有"登人""登旅"的记载。临时组成的军队未经训练，为能完成作战任务，当时所采取的方法就是战前举行誓师动员。在灭夏鸣条之战前，由商王、王后亲自主持誓师，明确发动军事行动即征伐的原因和目的。为了争取更多的民众和其他方国的支持，商汤在政治上开展了揭露夏桀暴政罪行的政治攻势，为战争的胜利奠定了政治基础。还在商军灭昆吾时，商汤即集合商军和各国诸侯联军进行誓师，指出之所以要伐夏，是因为"有夏多罪，天命殛之，予畏上帝不敢不正""有夏若兹，今朕必往"（《尚书·汤誓》）。意思是说夏桀罪恶多端，失却民心，天怒人怨，所以必须代行天命，攻而灭之。除此而外，商汤还宣布了必须服从的严明纪律，主要内容为赏罚分明，用命立功者受奖赏，不用命者或杀戮或罚为奴隶。这也正反映了当时军队素质不高，同时这种战前动员还多少带有氏族社会、氏族部落对外作战的痕迹，有明显的时代特色。

此时，妹喜向伊尹提供情报，说夏桀梦见东西方两日相斗，西方日胜，十分迷信。商汤利用夏桀对众叛亲离的恐惧心理和对"两日相斗，西方日胜，东方日败"的迷信，把军队调到斟寻西面，再向东进攻夏都。夏桀恐惧这是天意，连忙指挥夏军撤出夏都斟寻。商汤手持铜钺亲率商军武士6000人、战车70乘和各诸侯国联军，浩浩荡荡进攻斟寻。夏桀也调集军队准备迎战，向故都安邑（今山西夏县西北）方向退却，至有娀（约在今山西永济境）与商军接战。商汤率军紧追不舍，在河曲渡过黄河，经郱（今山西中条山麓），至有娀（永济境）击败夏军。夏桀率军退至鸣条，摆开阵势欲与决战。

正确把握决战时机　鸟阵雁行击败夏军

约在公元前 1766 年，商汤正式兴兵伐夏。

战前，商汤使用宣传战、攻心战的策略，展开政治攻势。一方面布仁德，收罗人心，争取各方国的支持拥护；另一方面利用夏桀的荒淫暴虐，不失时机地揭露渲染夏政的腐败不得人心。——列举夏桀破坏生产，残酷盘剥压迫民众的罪行，申明自己是秉承天意征伐夏桀，目的是为了拯民于水火之中，从而树立自己的道义形象，孤立敌手。并隆重举行誓师活动，宣布严格的战场纪律。这番誓师，极大地振奋了商军的士气，促使夏桀在精神上崩溃，瓦解其军事上的抵抗。

誓师后，商汤简选良车，联合各方国的军队，采取战略大迂回战术，绕道到夏都以西，出其不意，攻其无备，突然发起进攻，直袭夏都。

夏桀仓促应战，西出拒汤，同商汤军队在鸣条一带展开战略决战。

商汤亲自赶到鸣条，将大军列成左、中、右三军阵，自己在中军，指挥军队各横列看齐，向夏军阵发起进攻，史称"鸟阵雁行"（《墨子·明鬼》）。商军士气高昂，阵容整齐，协同良好，战斗力强。夏军则士气低落，抵挡不住商军的攻势。商军奋勇作战，一举击败夏桀的主力部队。夏桀败退，只带500人仓皇逃至原归依于夏的属国三朡（今山东定陶东一带，又说今山西中条山内）。商汤发扬速战速决、连续作战的作风，率军乘胜追击，攻占了三朡。夏桀穷途末路，率少数残部仓皇逃奔南巢（应离三朡不远，一说今安徽寿县南巢湖一带），不久被困死在该地，夏王朝宣告灭亡。

商汤回师西亳（今河南偃师西），召开了众多诸侯参加的"景亳之命"大会，得到三千诸侯的拥护，取得了天下共主的地位。在夏王朝的废墟之上，一个新的强盛的统治王朝——商建立起来。

商汤"革命"是政治上的一项进步之举，客观上推动了历史的发展，符合人民的愿望，因此得到后人的肯定和赞扬。在这场革故鼎新的变革中，鸣条之战是其关键的一着，歼灭了夏桀的军队，灭亡了夏朝，确立了商王朝的统治。此战是中国古代通过"用间""伐谋""伐交""伐兵"的全面运用，最终达到战争速胜的最早的成功战例，同时也是最早有确切文字记载的一次使用阵法的作战，成为我国军事历史上一篇辉煌的杰作，对于后世战争的发展，军事理论的构筑，都产生过相当深远的影响。

〖点评〗

1. 内间与反间并举。孙武注重用"间"，认为"明君贤将，能以上智为间者，必成大功"，他在"用间篇"中对用间的作用和间谍的分类做了充分的论述："故明君贤将，所以动而胜人，成功出于众者，先知也。先知者，不可取于鬼神，不可象于事，不可验于度，必取于人，知敌之情者也。"这就需要使用间谍。他还把间谍分为乡间、内间、反间、死间、生间五种，认为只要"五间俱起"，就"必成大功"。商汤是使用间谍的高手，他为了彻底查明夏王朝内部的情况，大胆派遣丞相伊尹数次打入夏桀内部，以到夏国任官的名义打入夏王朝内部开展情报工作，充当间谍。商汤对于派出的间谍特别重视，这正如孙武在本篇兵法中所说："三军之亲，莫亲于间，赏其厚于间，事莫密于间。"

伊尹第一次赴夏，是为了侦察夏王朝的政情民情，掌握了夏王朝"上下相疾，民心积怨"的混乱状况，以便做到知彼知己，有针对性实施自己的战略方针，制订灭夏的计划。伊尹第二次赴夏，则利用所掌握的情报，联络夏臣和当时已失宠于夏桀的妹喜，扩大敌人内部的矛盾，以削弱其实力。这对于瓦解敌人内部，正确认识敌我态势，对于商汤准确抓住时机和下定决心灭夏提供了有力的保证，为后来灭夏战争的胜利打下了基础。《孙子兵法·用间篇》曰："反间者，因其敌间而用之。"是说要利用敌方的间谍为我所用，但在具体运用过程中，反间计大多是用己方间谍混入敌军实施离间，因此，反间计又可称为离间计，如伊尹离间妹喜等。

2. 用间是谋略的一个重要内容。使用间谍作为用"兵之要"，是军队"恃而动"的重要依据，即制定谋略的重要来源。伊尹的行动说明，派出的间谍一方面可以侦察敌人的情况形势，为制定谋略时的知彼提供依据；同时，又可以直接分化瓦解敌人。从这两方面看，用间既是为制定谋略提供基础条件，又是谋略运用的具体内容。用间作为古代谋略的重要内容，有时能够达到比强拼硬攻更有效的克敌制胜效果。所以清代研究"用间"的专家朱逢甲在其所著《间书》中说："主战，斗力也；用间，斗智也。斗力何如斗智？"

在"用间"斗智用谋问题上，既要巧于用间，还要警惕上当，避免被人离间。明代大学士张居正曾引用"木必先腐而后蠹之；人必先疑而后谗入之"来评论离间计。这主要是因为除了少数明君圣贤能够荣辱与共、肝胆相照之外，大部分君臣之间还是心怀疑惑，尤其对于那些大权在握的将军更是如此，总是担心手握重兵的臣子有谋反之心。可见在谋略用兵大计之时，既用间也必须防间。

3. 开中国军事史"上智为间"先河。间谍情报战，在现代战争中多见，但在中国古代早期战争或者说在伊尹之前则还没有人使用过。在人类早期战争中虽然也注意到了侦察敌情的重要性，但那种侦察只是纯军事的战场侦察，而没有深入敌人内部去从事情报的搜集和瓦解敌军的工作。据《竹书纪年》记载：桀"命扁伐山民，山民送女于桀，二人，曰琬、曰琰。后爱二人，而弃其元妃于洛，曰妺（末）喜氏，以与伊尹交，遂以亡夏。"《吕氏春秋》也有类似记载，充分肯定了伊尹在灭夏"用间"中的重要作用。所以，《孙子兵法·用间篇》总结说："能以上智为间者，必成大功，此兵之要，三军之所恃而动也。"此后，"用间"的重要性随着战争的发展越来越受重视，而伊尹成为中国军事史上"用间"第一人，具有开创性意义。

用间篇

【火攻篇】

特殊战术论的杰作

〖原文〗

孙子曰：凡火攻有五：一曰火人，二曰火积，三曰火辎，四曰火库，五曰火队。

行火必有因，烟火必素具。发火有时，起火有日。时者，天之燥也。日者，月在箕、壁、翼、轸也。凡此四宿者，风起之日也。凡火攻，必因五火之变而应之：火发于内，则早应之于外；火发兵静者，待而勿攻，极其火力，可从而从之，不可从而止。火可发于外，无待于内，以时发之。火发上风，无攻下风，昼风久，夜风止。凡军必知有五火之变，以数守之。

故以火佐攻者明，以水佐攻者强。水可以绝，不可以夺。

夫战胜攻取而不修其功者凶，命曰费留。故曰：明主虑之，良将修之。非利不动，非得不用，非危不战。主不可以怒而兴师，将不可以愠而致战。合于利而动，不合于利而止。怒可以复喜，愠可以复悦，亡国不可以复存，死者不可以复生。故明君慎之，良将警之。此安国全军之道也。

〖原文意解〗

孙武先生说，用火作为武器攻击敌人，火攻的目标通常有五种：一是火烧敌军营寨中的人马等有生力量，二是火烧敌军堆积的谷物粮草等物资储备，三是火烧敌军的物资器材运输队等辎重，四是火烧敌军仓库，五是火烧敌军运输粮队、战车、战船等。

实施火攻必须具备一定的能放火的客观条件，火攻的材料器具在平时就必须准备好。放火要依据天候，要选准能着起火来的日子。所谓天时，是指季节气候干燥之时；日子是指月亮运行到箕、壁、翼、轸这四颗星的方位上的时候。月亮处在这四个星宿的时期，通常是刮大风的日子。

凡是用火攻击敌人，必须根据五种火攻形式所引起的敌情变化而变换火攻的方法，部署兵力，进行策应。

最好是利用潜伏在敌人营垒内部的人员放火,以策应从外部进攻的我军部队。敌营内的火已经烧起来了,但敌人仍然保持安静如常,镇静不乱,这时我军要暂时按兵不动,应防备敌人已侦探到了我军的计谋,是敌人自我放火,在诱我军上钩,所以我军绝不可贸然发起进攻;应等待一下,待火势旺盛起来后,看情况再决定进退,可以进攻时就进攻,不能进攻则立即停止。

如果在敌营外部使用火攻,要按规定时间放火,这时就不必等待内应有什么动作了,只要适时放火就行。火攻的放火位置只能处在上风处,以便借助风势,不可从下风逆火势进攻,以免引火自焚。有些地区在一定季节白天的风刮久了,夜间就会停息,所以不要等夜晚再放火进攻,以免延误了时机。军队不论平时战时、或攻或守,都必须懂得灵活地运用五种火攻的形式,随机应变,根据观察有没有起风的气候来使用它,并依照防火的规律提高警惕,防备敌人的火攻。

用火辅助进攻,效果显著;用水辅助进攻,攻势强大。水可以把敌人分割阻绝起来,但不能夺取敌人的积蓄辎重。

如果想在战争中攻占敌国土地城邑,获得利益,取得胜利,而平时却不认真进行国防建设,修整战争工具,严格组织军队训练,这是非常危险的。可以说,这是白白浪费了国家的财力和物力,而军队建设也会停滞不前。因此说,明智的国君应当经常慎重地考虑国防建设这一重要问题,贤良的将帅应当亲身参与研究这个问题。在进行战争决策时,无利可图就不要采取军事行动,没有胜利的把握就不要随意用兵,不到非战不可、危急紧迫之时就不要轻易开战。

国君不可以因愤怒,不冷静思索,而贸然兴兵发动战争;将帅不可以因一时的恼怒,有点怨恨,而轻率出阵作战,随意挑起战争。符合国家的利益,才能去行动发兵;不符合国家的利益,就息兵停止战争。

人发脾气,气消后可以恢复喜悦,愤怒还可以转而欢喜;有怨恨情绪可以恢复到高兴;可是一旦国家灭亡了就不能复存,人死了就不能复生。所以对于发动战争这样的重大问题,明智的国君需要慎之又慎,贤良的将领必须高度警惕!这是安邦定国、保证国家安全,保全军队、使军队不遭受损失的大事情。

〖原句辨释〗

(一) 对"火发于内，则早应之于外"之句的辨释

对此句解释的分歧点主要在于把重点放在何处，放火与军事进攻孰轻孰重？

1. 重点在军事进攻，内应放火，策应外部军事进攻。《十一家注孙子》杜佑注："使间人纵火于敌营内，当速进以攻其外也。"全句解释为：利用潜伏在敌人营垒内部的人员放火，以策应从外部进攻的部队。

2. 重点在放火，外部军事进攻为的是策应内应放火。曹操注："以兵应之。"全句解释为：在敌人军营内部放火，应该尽量及早派兵在外面配合，从外部发起进攻以支援内应放火。

3. 放火与军事进攻同步进行。张预注："火才发于内，则兵急击于外，表里齐攻，敌易惊乱。"全句解释为：从敌营内部放火，要事先把兵力部署在外围，及时发起进攻。

综合以上各种观点，参考下句"火发兵静者，待而勿攻""以火佐攻者明，以水佐攻者强"，本书认为本句的要旨在于以放火为辅，重点在于军事进攻。所以，采取第一种解释。

(二) 对"故以火佐攻者明，以水佐攻者强。水可以绝，不可以夺"之句的辨释

本句争议的核心在于四个字，何为"明"，何为"强"？"绝"什么，"夺"什么？对此，历代各家说法不一。

1. "明"为易胜，"强"为攻势加强，"绝""夺"的是粮草。梅尧臣注："势之强也。"全句解释为：因此，用火辅助向敌人进攻，就明显地容易取得胜利。用水辅助向敌人进攻的，攻势可以得到加强。水可以断绝敌人的粮草，但不能夺取到敌人积存的粮草。

2. "明"为攻势白热化，"强"为攻势强劲，"绝"为隔绝分割敌人，"夺"是毁灭性打击。张预注："水能分军之敌，彼势分，则我势强。"全句解释为：军队以火助攻，其攻势炎烈；以水助攻，其攻势强劲。水可以分割隔绝包围敌人，但不能毁灭敌人。

3. "明"为夜间照明,"强"为水势流急,"绝"为可以渡河,"夺"的是水利可资利用的条件。梅尧臣注:"明白易胜。"杜佑注:"水以为冲,故强。"全句解释为:用火帮助进攻可以照明战场便于交锋,用水的激流冲击力攻击敌人可占气势强大的利益。但是用水攻的条件不同于用火攻的条件,如前面讲的举行火攻要求的客观条件是天气干燥和起风之日,其他条件都在人为。在战时,河水是可以渡过的,但用水力来助攻则主要决定于河川有没有可利用的条件,不是以人们的主观愿望去强求。

4. "明"为效果显著,"强"为攻势强大,"绝"为隔绝分割敌人,"夺"的是敌人积蓄。曹操注:"火佐者,取胜明也。水佐者,但可以绝敌道,分敌军,不可以夺敌蓄积。"张预注:"用火助攻,灼然可以取胜。水能隔绝敌军,使前后不相及,取其一时之胜,然不若火能焚夺敌之积聚,使之灭亡。"全句解释为:用火辅助进攻,效果显著;用水辅助进攻,攻势强大。水可以把敌人分割阻绝起来,但却不能夺取敌人的积蓄。

对比以上四种观点,本书认为最后一种的解释比较符合孙武的本意,因为无论是用水佐攻,还是用火佐攻,其效果都将是显著的。而这一解释也更符合水流的隔绝道路特性和火的焚烧特性。

(三) 破解"费留",是破解《孙子兵法》首篇末篇整合关系的一把神奇钥匙

对"夫战胜攻取而不修其功者凶,命曰费留"之句,历代注家对此争议颇大,意见集中在什么是"费留"两字上,主要有以下四种观点,有趣的是古代人如《十一家注孙子》各家大多数持第一种说法,现代人多持后两种说法。

1. "功者"为应立有战功之将士,若不能及时对有功人员进行评功行赏,则凶多吉少,所进行的战争则会前功尽弃,白费力。"费留"的含义即有功不及时奖赏。曹操注:"若水之留,不复还也。或曰:赏不以时,但费留也,赏善不逾日也。"李筌注:"赏不逾日,罚不逾时。若功立而不赏,有罪而不罚,则士卒疑惑,日有费也。"王晳注:"战胜攻取,而不修功赏之差,则人不动。不动,则费财老师,凶害也已。"张预注:"不修举有功而赏之,凶咎之道也。财竭师老而不得归,费流之谓也。"全句解释为:凡战胜敌人,夺取了城邑土地,而不能及时对有功人员进行评功行赏,则凶

多吉少,为之拼命流血所取得的胜利则会前功尽弃,枉费了力气,如水流之而去。

2."功者"为战略目的,巩固战果。白"费"的是兵力财力,枉"留"在外的是军队将士。全句解释为:凡是打了胜仗,夺取了土地城邑,而不能达到既定战略目的,难以巩固战果的,则很危险,会引发祸患,这种徒劳无益的军事行动浪费了国家的兵力财力,使军队广大将士白白留在外面,风餐露宿,这就称之为"费留"。

3."功者"为战后的治理,若不能治理,所进行的战争则是白费力,徒劳无益。梅尧臣注:"欲战必胜、攻必取者,在因利乘便,能作为功也。作为功者,修火攻、水攻之类,不可坐守其利也。坐守其利者,凶也,是谓费留矣。"全句解释为:凡战胜敌人,夺取了城邑土地,而不能加以治理的,反倒是一场灾祸,这叫作徒劳无益的浪费与流失。

分析考察比较以上三种观点,若仅孤立地看本篇的主要论题是"火攻",孙武是在讲具体的战术原则,以上第二种意见似乎较合乎篇题旨意。如果再打开一点思路,古代人如曹操等人认为的有功不及时奖赏是谓"费留",似乎也有道理。若按正常的思维和现在对《孙子兵法》篇序的通常排列,本书如果从中选取某一方案,当也是这第一种。但是,统览《孙子兵法》全书,原文叙述到此句,本书认为此处是一个在篇章结构上的"鸿沟"和分界线。此前,是在讲"火攻"战术,此后这几句直至篇尾当是《孙子兵法》全书的结语。也就是说,"火攻篇"当为第十三篇,而不应是第十二篇。

《孙子兵法》开篇《始计篇》开篇即讲:"兵者,国之大事。死生之地,存亡之道,不可不察也。"说"主孰有道?将孰有能?"等有关国君与将帅治理国家和军队的大事,点明了主题,在中间各篇中再详加论述,逐项展开,在结尾写了这段总结性的文字。这段对整部兵法总结性的文字,本书认为就是《火攻篇》末尾所讲"明主虑之,良将修之……主不可以怒而兴师,将不可以愠而致战……故明君慎之,良将警之。此安国全军之道也",如整部兵法开篇所讲,论的也是国君与将帅关于国防的军政大事之道。这前后首尾正好呼应,符合中国人著作行文的习惯。这开篇开头之句"兵者,国之大事",与末篇最后一句"明君慎之,良将警之。此安国全军之道也",讲的同是"国之大事"和"安国全军"的规律,可谓概括了整部兵法,使全书浑然一体。这"国之大事"和"安国全军"之句说是首尾,并非生拉活扯式的"巧合",显然原文顺序当如此。《用间篇》的末尾"故明君贤将,能以上智为间者,必成大功。此兵之要,三军之所恃而动也"之句,虽然看似也有言君说将之意,但细考来,显然此句的文意要旨仍在本篇论"间"上,"能以上智为间者,必成大功。此兵之要",即点明了这一切,明白无误地说明这全篇文末的结语非"用间"篇莫属,而"火攻"篇的结语则不然。

还有一个重要的佐证,银雀山出土汉简《孙子兵法》木牍,"火攻"篇即列在"用间"之后,为第十三篇,与世间各传本相反。本书认为银雀山出土汉简《孙子兵法》木牍的篇题顺序,正是《孙子兵法》篇题顺序的原来模样。

为此,本书判断"火攻"篇当为第十三篇,即《孙子兵法》的最后一篇。"费留"之句恰是打开这一迷宫的一把钥匙,"费留"之句及以下至末尾的全部文字,虽然看似挂在"火攻"篇中,但在内容上实际并不属于"火攻"篇,当是《孙子兵法》全书的结语。

为此,理解"费留"之句的准确含义,也就应提高到国君、将帅"不可不察"的高度,应是事关全局的国防建设之国之大事。如此再来理解"夫战胜攻取而不修其功者凶,命曰费留"之句,可得出"功者"实为国防建设之千秋功业,"不修其功者"白"费"的是国家财力,滞"留"不前的是军队各项建设。古代有人在解释"费留"时,也做如此解释。如贾林注:"费留,惜费也。"左思《魏都赋》:"朝无刓印,国无费留。""刓印"指精雕细刻的国玺大印。所以,"夫战胜攻取而不修其功者凶,命曰费留"之句应意解为:如果要想在战争中攻占土地城邑,获得利益,取得胜利,而平时却不认真进行国防建设,修整战争工具,严格组织军队训练,这是非常危险的。可以说,这是白白浪费了国家的财力和物力,而军队建设也会停滞不前。

〖专题解论〗

(一)火攻与兵攻相结合,以火佐攻

人类社会,离不开水与火。水滋润、养育芸芸众生,使人类繁衍生存;

火攻篇

火催化、陶冶人类进步，使人类进化发展。但是，水火有情又无情，人们说到"水火"，常常挂在嘴边的一句口头禅是"水火无情"。古代兵家也看到了这一点，引"水火"于战争中，用来杀伤敌人，辅助自己夺取胜利。双方将帅无不都想方设法借助于水、火，力图驾驭它，驯服它，为己所用。特别是在古代战争中，火攻有着不可低估的作用，兵家认识到如运用得当，弱国可以打败强国，小国可以打败大国，败者可以转败为胜。

火攻优于水攻，是本篇的重要观点之一。孙武对水攻描写道："以水佐攻者强。水可以绝，不可以夺。"孙武对水攻为何如此轻描淡写呢？主要是因为水攻的局限性很大，巧妇难为无米之炊，水攻除了受季节、地势等条件限制之外，还要看有无水源。进行水攻必须用水，没有充足的水源，就无法实施水攻。火攻则不然，只要有人群的地方，几乎处处可为，时时可为，如果"发火有时，起火有日"，效果更为明显。因此，实施火攻要有必要的气象知识，要求上知天文，掌握天时，熟悉地理，把握时机。但如果粗心大意，哪怕稍有失误，就要弄巧成拙，引火烧身，更有甚者会"玩火者自焚"。

里应外合，是实施火攻的主要方法。孙武指出："以火佐攻者明"。同时又说："凡火攻，必因五火之变而应之。"即凡是火攻，必须利用五种火攻形式所引起的敌情变化，正确及时地指挥军队进行策应。在孙武看来，火攻仅仅是作战的辅助手段，单依靠它并不足以消灭敌人。要达到歼敌目的，将帅必须根据"五火"给敌人造成的混乱，把火攻与兵攻结合起来，适时运用军队进行策应。具体地讲，孙武所说"以火佐攻"之法主要有三：

第一，"火发于内"，即在敌营内部放火。这时，部队应迅速从外部发起进攻。但如果内火已起，而敌营兵众安静如常，并不因起火而混乱，则要慎重行事，不可贸然进攻。因为"火而敌不惊者，必有备也。我往攻，则反或受害。"（《十一家注孙子》何氏注）此时应继续观察敌营动静，待火势旺盛后，再根据敌情决定或攻或退，可攻则攻，不可攻则止，以免中敌伏兵之计。

第二，"火发于外"，即从敌营外部放火。火发于外与火发于内的情况不同。使用这种方法，攻方因具有进攻的主动权和机动能力，故可以按照预定时间发起攻击，而不必等待内应有行动。

第三，"火发上风，无攻下风"，即要求在上风放火，不要从下风进攻。

这属于一般常识，从事战争者都应懂得。

本篇是孙武于春秋时代对"火攻"战术的基本总结，带有明显的局限性。春秋战国时代火药还未发明，火器还未出现，不像今天已有火焰喷射器和燃烧弹。所以孙武的火攻思想仅仅局限在"以火佐攻""以火助攻"上。孙武的论述也比较简单，只讲了火攻的种类和火攻的条件及实施火攻的注意事项，即"凡火攻有五""行火必有因""必因五火之变而应之"。

孙武论述火攻的浅显性，恰给后人留下了更大的发挥余地，后代将帅得以创造性地运用"火攻"。在不具备火攻条件时，创造条件，创造时机，并非教条地认为"行火必有因，烟火必素具。发火有时，起火有日"。如田单的"火牛阵"，即是历史上少有的巧妙利用火攻反败为胜的战例。田单创造性地运用了孙武的火攻思想，但并没有局限于孙武所论的五种火攻方法。虽然当时没有风能把火吹向敌营，他就用牛代替风，作为火的载体，把火引向敌营。把火源系在牛尾上，就解决了火攻所需要的发火器材、气候干燥、风及风向等问题。同样道理，在现代高科技战争中，运用孙武的"火攻"基本思想，巧妙地选择风和火的载体，就会创造出前师古人而高于古人的"以火佐攻"新战法。

(二)"火攻"主要使用于毁敌军需

战争是敌对双方的事，我有后勤军需，敌同样也有后勤军需。在古代，武器装备低劣，军队的战斗力主要表现为人的意志和体力，而军若无粮草，就会马上丧失战斗力，故兵家都把攻击对方的粮草或断其粮道，作为用兵之大法，破敌之根本计策。孙武进而认为，毁灭敌军需，最好的办法是"火攻"，在"掠于饶野"的同时，还要再以坚决的军事行动，迅速、彻底焚毁敌军需物资。

孙武在兵法中专辟本篇，论述火攻的种类、条件、实施方法等问题。引人注目的是，孙武所讲的"火攻"，几乎全部都是用来焚毁敌军需，讲的基本上都是后勤问题。他说，火攻主要有五种目标：焚烧敌军的有生力量（火人），焚烧敌军的粮草积聚（火积），焚烧敌军的辎重（火辎），焚烧敌军的仓库（火库），焚烧敌军的运粮队及运输设施（火队）。并说，实施火攻必须具备一定的条件，发火器材要经常准备好，发火要选择有利的时机，起火要选准有利的日期，只有在具备了实施火攻的物质条件和气象条件后，

火攻才能奏效。

孙武在论述用火攻焚毁敌军需的同时，又与水攻相比较，说："以火佐攻者明，以水佐攻者强。水可以绝，不可以夺。"是说水攻不如火攻那样能彻底焚毁敌人的器械物资。

孙武还认为，火攻敌军需与兵攻密切配合，焚毁敌资仅是辅助进攻的一种形式，要"因五火之变而应之"，利用纵火所引起的敌情变化，适时指挥军队发起攻击，扩大火攻战果。

火攻要与"野无所掠"战术相结合。火攻断敌军需，纵火一般都在敌国或敌营内，而如果敌军进入本国国土，如何断敌军需呢？孙武对这个问题做了很精辟的回答，说："敌人深入吾都，多背城邑，士卒以军为家，专志轻斗。吾兵在国，安土怀生，以陈则不坚，以斗则不胜。当聚合人众，聚榖蓄帛，保城备险；遗轻骑绝其粮道。彼挑战不得，转输不至，野无所掠，三军困馁。因而诱之，可以有功。"（《全上古三代文·孙武》）即是说，敌进入我国土，断敌军需最好的办法是坚壁清野，使敌"野无所掠"，我把粮秣、布帛等物资都集中于城里，固守城池；敌人挑战，我不予以理睬，仅派数股轻骑断敌粮道。如此，敌军就会必然陷入饥饿疲惫不堪境地。孙武这一坚壁清野、断敌军需的思想，曾在我国抗日战争时期的敌后根据地得到充分运用和发展，并收效甚巨。在未来反侵略战争中，仍存着重要的借鉴作用和指导意义，在国门之内制敌于死地。

（三）将帅要警惕"心头火"

同样条件下，我军能用火攻，敌军也能用火攻。因此，高度防备敌人纵火助攻，是将帅必须时刻注意的大事。同时，还有一种无形之火在战争中同样也起着至关重要的作用，这就是"怒火"或叫作"心头火"。因而也就有另一种不易察觉的"火攻"形式，叫作"激将法"。

孙武在本篇中论述了将帅心理素质的重要性，认为两军交战不仅仅是双方军事实力的较量，而且还是双方将帅心理素质的较量。一个不能控制自己的心理活动，不能把握自己情绪的将帅，也就很难控制战争的局势，很难把握战争发展的趋势。所以，孙武告诫国君和将帅："主不可以怒而兴师，将不可以愠而致战。合于利而动，不合于利而止。怒可以复喜，愠可以复悦，亡国不可以复存，死者不可以复生。故明君慎之，良将警之。此

安国全军之道也。"孙武总结的是战争规律:避免由于国君、将帅个人的怒与喜,决定战争的败与胜,国家的亡与存。

将帅只有在按捺住"心头火"的前提下,才能充分显示和发挥智、信、仁、勇、严。心理学认为,人的喜怒哀乐影响人的判断力、组织能力、管理能力、指挥能力,等等。喜形于色,怒形于色,是将帅的大忌。医学上也通过大量资料证明,人的七情六欲制约着人的体能,影响着人的体能的发挥。军事科学对将帅心理素质的要求则更高,更严,近乎于苛刻,所以有"千军易得,一将难求"之说。

沉着冷静,清醒理智,是将帅必须具备的基本心理素质。同仇敌忾,英勇杀敌,是军队士兵必须具备的士气。将帅只有沉着冷静,理智清醒,才能在纷繁复杂,瞬息万变,变化莫测的形势中,准确地权衡利害,才能正确判断识别哪些是"诱饵之利",哪些是真正的必争之利。只有这样,才能防止利令智昏,见利忘义,避免唯利是图。

激石成火,激人成祸。聪明成熟的将帅能够控制住自己的"心头火",却能使对方将帅的"心头火"烧起来,怒气冲天。这时,我方则对敌将帅再"怒而挠之,卑而骄之",使用激将法,使其怒而轻率出兵。对士卒而言,则要点燃我方士卒的"心头火",使其大怒,怒气冲冲,才能杀气腾腾。要使敌方的士兵不怒,使其四面楚歌,丧失斗志,溃不成军。

历史上有许多将帅善于用"怒"激励自己的士卒,在"怒"字上大有文章可做。战国时,齐军所守即墨城被围困,齐将田单用间计,对燕军造谣说,齐军最怕燕军割去所俘齐军士卒的鼻子放在燕军的阵前,那样即墨城的守军就要被攻破了。燕军听到这一消息,不知是计,就割去齐军俘虏的鼻子放在阵前。城中的齐军见到被俘士卒的鼻子,异常愤怒,死守不屈,都怕被抓去。田单又派出间谍散布谣言说,齐军最怕燕军挖掘即墨城外先人的坟墓,那样会使齐军伤心沮丧。燕军又中计,挖了全部坟墓,烧了尸骨。齐国军民从城墙上看到此种情景,个个悲痛欲绝,义愤填膺,怒火冲天,要求与燕军决一死战。田单看到高昂的士气到了无以复加的程度,于是亲自带兵,与士卒并肩作战,实施火攻,打败燕军。

(四) 解读孙武言"利"

将帅必须考虑争利,兵法必须言利。孙武在整个兵法中,篇篇都在讲

火攻篇

利，除《军形篇》《兵势篇》外，篇篇都有"利"字。孙武在兵法十三篇中共用"利"字51次，这在兵法全篇中是少见的，就动词、实词的意义看，仅次于"战"字（出现74次），同时使用"利"的对立面"害"字还有7次。可见"唯利""争利"原则在孙武的整个兵法中有着举足轻重的作用。逐条梳理这些"利"字，大致分为如下几种情况：

1. 将帅必须以"争利"为战争出发点

孙武的言论主要有：

"故善用兵者……必以全争于天下，故兵不顿而利可全，此谋攻之法也。"（《谋攻篇》）

"军争之难者，以迂为直，以患为利。"（《军争篇》）

"军争为利，军争为危。"（《军争篇》）

"举军而争利则不及，委军而争利则辎重捐……百里而争利……五十里而争利……三十里而争利……"（《军争篇》）

"掠乡分众，廓地分利，悬权而动。"（《军争篇》）

"彼得亦利者，为争地。"（《九地篇》）

2. 用兵之道的"唯利是争"原则

第一，得利的情况。孙武的言论主要有：

"取敌之利者，货也。"（《作战篇》）

"进不求名，退不避罪，唯人是保，而利于主，国之宝也。"（《地形篇》）

"故将通于九变之地利者，知用兵矣。"（《九变篇》）

"故兵以诈立，以利动，以分合为变者也。"（《军争篇》）

"半济而击之，利。"（《行军篇》）

"凡此四军之利，黄帝之所以胜四帝也。"（《行军篇》）

"丘陵堤防，必处其阳而右背之。此兵之利，地之助也。"（《行军篇》）

"其所居易者，利也。"（《行军篇》）

"通形者，先居高阳，利粮道，以战则利。"（《地形篇》）

"敌虽利我，我无出也；引而去之，令敌半出而击之，利。"（《地形篇》）

第二，不得利的情况。孙武的言论主要有：

"不用乡导者，不能得地利。"（《军争篇》）

"将不通于九变之利者，虽知地形，不能得地之利矣；治兵不知九变之术，虽知五利，不能得人之用矣。"(《九变篇》)

"夫兵久而国利者，未之有也。故不尽知用兵之害者，则不能尽知用兵之利也。"(《作战篇》)

"敌若有备，出而不胜，难以返，不利。我出而不利，彼出而不利，曰支。"(《地形篇》)

"远形者，势均难以挑战，战而不利。"(《地形篇》)

"犯之以利，勿告以害。"(《九地篇》)

第三，视情而定。孙武的言论主要有：

"计利以听，乃为之势，以佐其外。势者，因利而制权也。"(《始计篇》)

"是故智者之虑，必杂于利害。杂于利而务可信也，杂于害而患可解也。是故屈诸侯者以害，役诸侯者以业，趋诸侯者以利。"(《九变篇》)

"合于利而动，不合于利而止。"(《九地篇》《火攻篇》)

"非利不动，非得不用，非危不战。"(《火攻篇》)

"九地之变，屈伸之利，人情之理，不可不察也。"(《九地篇》)

3. 以利诱敌

孙武的言论主要有：

"利而诱之，乱而取之。"(《始计篇》)

"能使敌人自至者，利之也。"(《虚实篇》)

"以利动之，以卒待之。"(《兵势篇》)

"故迂其途，而诱之以利，后人发，先人至，此知迂直之计者也。"(《军争篇》)

"见利而不进者，劳也。"(《行军篇》)

"敌人之间来间我者，因而利之，导而舍之。"(《用间篇》)

由上可见，孙武是典型的功利主义者，他在两千多年前能把唯利原则论述得如此充分和深刻，实在难能可贵。在当时还有一种与此截然相反的学说，即儒家的"君子尚义，小人尚利""君子喻于义，小人喻于利"等。孙武不避小人之嫌，在兵法中撕去一切假仁假义的面纱，一针见血地剖析了战争的实质是为利益而战，说穿了就是保卫本国利益或侵占他国利益。

纵观兵法全篇，孙武关于"利"的论述要点有两条：

第一，趋利避害、变害为利，是决策者必须把握的基本原则。在战争中，利害并存，如果不知用兵之害，就难知用兵之利。孙武的唯利原则，首先是指在考虑问题、采用战术、制定方针、谋划战略时，要以现实的利害为依据，对所作所为要有一个清醒、冷静、理智的正确态度。唯利原则不是唯利是图，利令智昏最终要失败。见利就争，见便宜就抢，争抢到手的往往是诱饵，会变成害。利害攸关，有利有弊，唯利原则是辩证的。所以，聪明者考虑问题做决策时，总是兼顾到利和害两个方面。该争必争，该弃必弃。争是为了趋利，弃则是为了避害。

第二，国家利益至高无上的原则。何为利，何为害，如何量化利与害，其标准是什么，孙武的"唯利原则"是"安国强军"，即以国家为本，个人为末，公而忘私；是"进不求名、退不避罪，而利于主"；是利国、利民、利兵；是以国家利益为重，以百姓利益为重，以长远利益为重，以整体利益为重。孙武关于将帅的五个标准是智、信、仁、勇、严。他的出发点是考虑是否符合国家利益，这是孙武用兵的主要宗旨。对于个人来讲，"怒可以复喜，愠可以复悦"；对于国家来说，"亡国不可以复存"。孙武对将帅的五条要求，没有一条不是为国家利益考虑的。智：为国家施展聪明才智，申明大义，为国家利益而战，这样的将帅才是智。信和仁：赏罚有信，取信于民，爱抚士卒，就会得到士兵们的信任，才能带兵打仗。自私自利，损人利己者，就会失信于人，最终只能是众叛亲离。勇和严：舍生忘死，不怕牺牲个人利益，不计较个人得失，才能勇敢果断。做事出于公心，严于律己，才能赏罚分明，才能使广大士兵冲锋陷阵，才能攻无不克，战无不胜。

孙武言兵形像水，其兵法十三篇到此则以《火攻篇》掩上了大幕。

孙武的兵法，给历代将帅兵家以点燃智慧的火焰，锻烧出一部部以战止战、善战全胜、当当作响的千古战史，如金砖万块，垒砌出将士们保家卫国的宏伟长城绵延千年。

孙武的兵法，给历代帝王国君以开启思维的雷电，敲击出一代代慎战不战、安国全军、养生处实的和平乐章，如编钟千组，合奏出老百姓安居敬业的田园牧歌传世万载。

兵法十三篇，这团犹如天火一般的人类智慧星座，已历时两千五百年，至今仍是世界兵坛上的太阳，灿烂辉煌，无与伦比。其启迪作用，并不止在军界，在任何存在有人类斗智慧和思维的领域，它都是一把神奇的钥匙。

兵法十三篇，这簇犹如圣火一般的人类战争宝典，孙武献书于吴王时，年不过而立，谈不上有实战经验，人们不仅疑惑，书是孙武亲笔所写吗？历代多有注家，释意却不尽相同，兵法中有些词句，至今仍难说已得到正解。孙武的生平更是烟雾笼罩，试图观其火的现代人如今仍处在洞外。携其火南下助吴，燃其火西破强楚，裹其火羽化而去的孙武，真的是如传说中那样，妙计火焚敌军，无奈火烧兵书，于战火中诞生，于天火中永生，他与火真的如此结下了生死不解之缘吗？孙武其人、其事、其书，至今仍犹如一座神奇未开的宝库，人们在不懈地寻觅着打开它的钥匙。

〖经典战例〗

赤壁之战——以火佐攻，因时制宜

赤壁之战，发生在中国古代三国形成时期的东汉建安十三年（208），是曹操和孙权、刘备联军在长江中游的赤壁（今湖北江陵与汉口间赤壁市西北的赤壁山，一说在今湖北武汉江夏区西赤矶山）进行的一场战略会战，对于三国鼎立局面的确立具有决定性意义。在这场战争中，孙、刘联军5万人处于劣势地位，面对总兵力达23万之多的曹军，孙权及刘备正确分析形势，找出曹军的弱点和不利因素，采取密切协同、以长击短、以火佐攻、乘胜追击的作战方针，打得曹军丢盔弃甲，使曹操原先气吞山河的雄心就此付诸东流，从而也在战史上创造了以火攻战胜强敌的著名战例。

曹军南下进占荆州　刘备败退江陵樊口

东汉末年，中原动荡。公元200年，曹操在官渡之战中击败袁绍，因势而起，逐渐扫平群雄，分别于公元204年、207年取得了攻取邺城、北征辽东地区乌桓势力的胜利，一举歼灭了袁绍集团的残余势力，占据了幽、冀、青、并、兖、豫、徐和司隶（今河南洛阳一带）共八州的地盘，统一北方，形成了独占中原的格局。然而，对于富有雄心大志的曹操来说，统一北方地区，只能算作他称霸天下的第一步。接连而来的胜利，增强了曹操早日统一天下的决心，他的宏伟目标是扫平所有的割据势力，实现"天下混一"

的理想。这时的曹操成为中国历史舞台上不可一世的风云人物。

公元208年春,曹操基本统一北方后,开始消灭南方割据势力的战争准备。他在邺城修建玄武池训练水军,准备挥师南下。同时,对可能动乱的关中地区采取措施,派人到西北地区凉州(今甘肃)拉拢马腾及其子马超,分别授以卫尉和偏将军之职,以避免南下进军时他们作乱,使其侧后方受到威胁。一切就绪后,曹操紧擂战鼓,随即于这年七月出兵10多万南征荆州(约今湖北、湖南),浩浩荡荡向南方地区杀奔而来,欲一统南北。

当时,南方的割据势力主要有两个,一是立国三世的东吴孙权集团,据有扬州六郡。这些地方土地肥沃,物产丰富,战乱也较少,时北方人的南迁给当地带来了先进的生产技术,东吴经济有了很大的进步。在军事上,孙权拥有精兵数万,有周瑜、程普、黄盖等著名将领,时已自江东统军攻克夏口(今武汉境),打开了西入荆州的门户,正相机吞并荆州、益州(今四川省成都地区),再向北发展。孙权集团内部团结,加上据有长江天险,因而成为曹操吞并天下的主要障碍。南方另一个主要割据势力是荆州的刘表,他年老多病,处事懦弱,基本上采取了维持现状的政策,其子刘琦和刘琮因争夺继承权而闹得不可开交,所以政权并不稳固。

依附荆州牧刘表的刘备,在当时还没有自己固定的地盘。他原先依附袁绍,官渡之战后投奔刘表。刘表让他屯兵新野、樊城一带,据守阻止曹军南下的门户。刘备志在"匡复汉室",素号"枭雄",所以他趁着这一机会扩充军队,网罗人才,"三顾茅庐"得诸葛亮为谋士,以其隆中对策,制定了先占荆、益,联合孙权,进图中原的策略,并拥有关羽、张飞、赵云等猛将,在樊城大练水陆军,是曹操吞并天下的又一重要障碍。

全力南征的曹操采用侍中、尚书令荀攸之计,直出叶县、宛城(今河南南阳),领大军挥师南下,另遣轻骑袭襄阳(今属湖北)。曹军的第一个战略目标是荆州,欲先灭刘表,再顺长江东进,击败孙权,以统一天下。荆州历来为兵家必争之地,如占据了它,既能够控制今湖北、湖南地区,又可以顺江东下,从侧面打击东吴;向西进军则可以夺取富饶的益州。就在战争一触即发的紧要关头,刘表病亡。曹军放慢进军速度,施加军威,欲不战而得荆州。九月,曹军进占新野(今属河南),接替刘表的次子刘琮更不争气,他让曹操的兵威吓破了胆,未做任何抵抗,就遣使投降曹操,不战而降,迎接曹军,将荆州双手拱出。曹操接受刘琮投降后,逼向荆州腹地，兵不血刃，完成了南下战略的第一步。然后收编刘表部众，号称80万大军向长江推进。

屯兵樊城（今属湖北）的刘备正加紧准备迎敌，获悉刘琮投降的消息时，曹军已过宛城。刘备为避曹军锐气，与诸葛亮、徐庶等急忙率10余万军民仓促向战略要地江陵（今属湖北荆州）退却，并令关羽领1万余名水兵顺汉水溯江而上到江陵会合。

江陵为军事重镇，是兵力和物资的重要补给基地。曹操自然不甘心让它落入刘备之手，于是亲率轻骑5000余人，日夜兼行150公里，顺流而下，水陆并进，追赶行动迟缓的刘备部队。在当阳长坂坡（今属湖北当阳）击败刘军，并俘获徐庶之母，迫徐庶来归。张飞率20名骑兵断后，拆长坂桥，勒马横矛，令曹军疑惧，刘备方得脱险，东奔汉津（今钟祥境），恰遇关羽船队，刘表长子、江夏太守刘琦也领1万余人接应。刘备仅同诸葛亮、张飞、赵云等数十骑突围，在与关羽、刘琦等部会合后，退守长江南岸的樊口（今湖北鄂城西北）一线。曹军占领江陵。

孙刘联盟合力抗曹　诸葛献策天下三分

占荆州，克江陵，军事上接二连三的胜利，使得曹操踌躇满志，他决意乘胜顺流东下，占领整个长江以东地区，一举消灭孙权势力。这时，尽管谋士贾诩建议曹操利用荆州的丰富资源，巩固新占地，体恤军民，休养生息，然后再以强大优势迫降孙权，可是曹操哪里能听得进去。曹操咄咄逼人的攻势，却促成了南方两个主要割据势力——东吴孙权与荆州刘备的联合。在强敌压境、存亡未卜的危急关头，孙权和刘备两股势力为了避免彻底覆灭的共同命运，终于结成了联合抗曹的军事同盟。

早在曹操进兵荆州以前，东吴即曾打算夺占荆州与曹操对峙。刘表死后，孙权又派鲁肃以吊丧为名去侦察情况，往观形势，拉拢刘备，团结刘表旧将，对付曹操。鲁肃抵江陵时，刘琮已投降了曹操，刘备正向南撤退。鲁肃在途中得知曹操进军荆州的消息后，当机立断，乃昼夜兼程赶往襄阳，在当阳长坂坡约见了刘备，说明联合抗曹的意向。正处于困境中的刘备欣然接受鲁肃的劝说，当即表示愿意率军转向东面，向孙权靠近。刘备军顺汉水至夏口，于退军途中先遣诸葛亮随同鲁肃至柴桑（今江西九江西南）见孙权，共谋抗曹，自率军屯樊口。

诸葛亮说服孙权结盟抗曹，分析敌我形势，指出：刘备最近虽兵败长坂坡，但是尚拥有水陆2万余众的实力。曹操虽然兵多势众，但经长途跋涉，连续作战，非常疲惫，就像一支飞到尽头的箭镞，它的力量连一层薄薄的绸子也穿不透了。何况曹军多是北方人，不习水战；荆州又是新占之地，人心不服。在这种形势下，只要孙、刘双方同心协力，携手合作，就一定能击破曹军，造就三分天下的局面。

孙权对诸葛亮的这番精辟分析虽然深表赞同，但见刘备新败长坂坡，损兵折将，又慑于号称80万曹军的声威，对联刘举棋不定。在此时的东吴内部，也存在着反对抵抗、主张投降的势力。长史张昭等人被曹军的声势所慑服，认为曹操"挟天子以令诸侯"，兵多势众，又挟新定荆州之胜，势不可挡。双方实力相差悬殊，东吴难以抗衡，不如趁早投降，保民安境。张昭是东吴的重臣，颇具影响，他这样的态度，使得孙权感到左右为难。东吴处在存亡之际，孙权急需要一个有坚定信心战胜曹军的人。在这种情况下，鲁肃竭力密劝孙权召回东吴军事主帅周瑜商讨对策。

周瑜奉召从鄱阳赶回柴桑。他坚决主张抗御曹操，坚持不降，认为：曹操虽已统一北方，但其后方并不稳定。马超、韩遂在凉州的割据，对曹操侧后是潜在的重大威胁。曹操舍弃北方军队善于骑战的长处，而同吴军进行水上较量，这是舍长就短。加上时值初冬，马匹缺乏饲料，北方士兵远来江南，水土不服，必生疾病，这些都是用兵大忌。曹操又贸然东下，远道劳师，短于水战，失败不可避免。周瑜又向孙权分析了曹操的兵力，指出曹操的兵力号称80万，实际上中原部队不过15万多人，并且疲惫不堪，又掺杂了几万人的荆州刘表降兵，这降兵最多不过7万多人，而且心存恐惧，斗志低落。周瑜为此推断："以疲病之卒，御狐疑之众，众数虽多，甚未足畏。"只要动用精兵5万，就足以打败曹军。

周瑜、鲁肃还有诸葛亮等深入全面的分析，使孙权坚定了联刘抗曹的决心。于是，孙权不顾主降派张昭等人的反对，任命周瑜、程普为左右都督，鲁肃为赞军校尉，率3万精锐水军，联合屯驻樊口的刘备军，共约5万人溯长江西进，共同抗击曹操。

曹操乘胜取江陵后，又以刘表大将文聘为太守，仍统本部兵，镇守汉川（今江汉平原）。益州牧刘璋也遣兵给曹操补军，开始交纳贡赋。曹操更加骄傲轻敌，不听谋臣贾诩暂缓东下的劝告，送信恐吓孙权，声称要决战吴地，并亲统大军顺长江水陆并进。

十月，周瑜率兵沿长江西上到樊口与刘备会师。孙、刘联军在夏口部署后，溯江迎击曹军，继续挺进。十一月，在赤壁与曹军打了一个遭遇战。曹军步骑兵面对大江，失去威势，新改编及荆州新附水兵，战斗力差，又逢疾疫流行，以致初战受挫失利，慌忙退向北岸，屯兵乌林（今湖北洪湖境嘉鱼西），与孙、刘联军隔江对峙于赤壁。

黄盖诈降以火佐攻　赤壁鏖兵曹军败北

这时，曹操军队的优势非常明显：一是曹操"挟天子令诸侯"，诸侯自然在道义上难以争锋；二是曹操以新胜之军南下，其气自盛；三是曹操兵力四五倍于孙、刘两家。孙、刘联军虽占有天时、地利、人和方面的优势，但毕竟力量弱小，要打败强大的曹军谈何容易。然而，此时的胜利天平却倾向了弱者孙、刘一边。孙、刘联军统帅部善于捕捉战机，精确地分析了曹军的兵力、作战特点及战场条件等客观情况，比较双方优劣长短，进而突出看到了曹军不善水战的致命弱点，找到了克敌制胜的法宝——以长击短，避强击弱；乘隙蹈虚，欺敌误敌；因风放火，以火助战。核心战法是出其不意地以火攻击败曹军。

当时曹军中疾病流行，又因多是北方人，不习水性，长江的风浪把他们颠簸得口吐黄水，苦不堪言。于是，曹操自以为是找到了解决这一问题的好办法，下令将战船用铁环首尾相连，结为一体，减弱了风浪颠簸，以利于北方籍士兵上船演练，伺机攻战。与此同时，周瑜鉴于敌众己寡，久持不利，决意寻机速战。部将黄盖针对敌强我弱、不宜持久及曹军士气低落、战船连接的实际情况，建议采取火攻，奇袭曹军战船。周瑜采纳这一建议，制定了"以火佐攻，因乱而击之"的作战方略。并利用曹操骄傲轻敌的弱点，先让黄盖写信向曹操诈降。曹操轻敌，不知是计，竟信以为真，欣然容允，并事先约定了投降的时间和信号。

届时，黄盖率蒙冲（一种用于快速突击的小船）、斗舰数十艘，满载干草，灌以油脂，并以布遮掩，巧加伪装，插上与曹操约定的旌旗，同时预备快船系挂在大船之后，以便放火后换乘，然后扬帆出发，驶向曹营。时值东南风劲吹，战舰顺风而驰，航速很快，迅速向曹军阵地接近。接近对岸时，戒备松懈的曹军均以为是黄盖如约前来投降，皆"延颈观望"，无丝

毫戒备。此时，黄盖下令各船同时点燃柴草，然后各自换乘小船退回。风助火势，火船乘风闯入曹军船阵。而曹军船只首尾相连，分散不开，移动不得，顿时成了一片火海。这时，大风猛吹，熊熊烈火遂向岸上蔓延，烧到了岸上的曹军营寨。曹军将士被这突如其来的大火烧得惊慌失措，溃不成军，伤亡惨重，烧死、溺死者不计其数。

在长江南岸的孙、刘主力舰队乘机擂鼓前进，横渡长江，大败曹军。势穷力尽的曹操深知已不能挽回败局，下令烧毁余船，被迫率军由陆路经华容道向江陵方向仓皇撤退，行至云梦时曾一度迷失道路，饥病交加，又遇上大风暴雨，道路泥泞不堪，以草垫路，才使得骑兵得以通过。一路上，曹军人马自相践踏，死伤累累。孙、刘联军乘胜水陆并进，穷追猛打，扩大战果，一直追击到南郡（今湖北江陵境内）。曹操留曹仁、徐晃驻守江陵，乐进驻守襄阳，自己率领残兵败将退回北方。

周瑜等率军与曹仁隔江对峙，并遣甘宁攻夷陵（今宜昌境）。曹仁分兵围甘宁。周瑜率军往救，大破曹军，后还军渡江屯北岸，继续与曹仁对峙。刘备自江陵回师夏口后，溯汉水欲迂回曹仁后方。曹仁自知再难相持，次年被迫全线撤退。

这场赤壁大鏖兵，最后以孙权、刘备联军大获全胜而宣告结束。曹军在战前具有绝对优势，战局的结果反衬孙、刘联军的战绩更加辉煌。

〖点评〗

赤壁之战，融含有许多《孙子兵法》的战略战术思想，如避实击虚、扬长避短、速战速决、用间等，但火攻是其主要内容，是《孙子兵法·火攻篇》的典型战例。这场大战，创造了中国军事史上以弱胜强的著名战例，对当时历史的发展具有深远的影响，使得曹操势力不再有南下的力量；孙权在江南的地位得到了进一步的巩固；刘备乘机获取立足之地，势力日益壮大，三国鼎立的形势就此形成。

（一）孙权、刘备统帅部卓越的战略筹划与灵活的作战指导

1. 同仇敌忾，联盟抗曹。战争的成败，没有必然的因果，而其影响则是国家的兴亡关键。《孙子兵法》云："非利不动""非危不战"。对待战争，

决不可掉以轻心。赤壁之战关乎孙、刘两家前途，均是背水一战，不战胜则不能存国，军民保家卫国，自然理直气壮，上下同心，战斗意志相当坚决，这在一定程度上也弥补了军队数量上的劣势。曹军则以外敌的身份进袭东吴，时人看来实"为汉家除残去秽"。在强敌面前，孙权与刘备冷静分析形势，认识到分则俱亡、合则势强，只有精诚合作，结成政治、军事同盟，才能形成一股可以与曹军抗衡的力量。

2. 欺敌诈降，火攻助战。在知彼知己的基础上，孙权与刘备统帅部找出曹军的弱点，针对曹操骄傲轻敌，舍长用短的特点，利用地理、天时方面的有利条件，果断乘敌之隙，扬水战之长，采取"以火佐攻"的作战方针，予其以出其不意的打击。在实施火攻过程中，周瑜、刘备遵循了《孙子兵法·火攻篇》中提出的实施火攻的原则、步骤与方法，即事先准备好火具，选择干燥而有风的天气。放火之后，乘敌混乱之时，以主力配合进攻敌军，做到了"火发于内，则早应之于外"，一举战胜强敌。《孙子兵法·火攻篇》提到五种以火作为争胜工具的方法，包括：火人（烧杀军士）、火积（烧毁粮草）、火辎（烧毁运送粮草及装备的车辆）、火库（烧毁兵器仓库）、火队（火烧整队军队）。赤壁之战所展示的是"火队"。

3. 因时制宜，把握时机。《孙子兵法·兵势篇》云："善战者，求之于势，不责于人，故能择人而任势。"周瑜取胜在于冷静的分析及不可屈的骨气，而对时机的把握、善于"任势"也是决定性的因素。周瑜请战于孙权时曾说："瑜请得精兵数万，进住夏口，保为将军破之。"然而，周瑜在未到夏口之时就与曹操"遇于赤壁"。可见周瑜在说"保为将军破之"时，并未想到会在赤壁大破曹军。而东吴军队是从看到曹军"船舰首尾相接"，才想到"可烧而走也"。提议采用火攻的黄盖，也不会想到一场大火便能把20多万训练有素曹军彻底击败。可见机会常留给有思想准备和有"任势"能力的人。

4. 水陆配合，分进合击。东吴的水师，一向训练有素，战斗力较强。孙、吴联军不单是从水路打击了曹军，在陆地上也有精兵出击，在实施火攻袭击成功的情况下，不失时机地率领主力舰队横渡长江，乘敌混乱不堪之际，奋勇打击曹军，奠定了胜局，水陆配合作战起到了一定的成效。孙、吴联军在赤壁之战后坚决实施战略追击，夺取荆州，扩大了战果。

(二)曹操曾胜于火攻,也败于火攻

曹操在阅读《孙子兵法·火攻篇》时做了许多批注,如"以火攻人,当择时日也""烟火,烧具也""火佐者,取胜明也;水佐者,但可以绝敌道,分敌军,不可以夺敌蓄积""不得以己之喜怒而用兵",等等。说明他是非常重视火攻战术的,并在官渡之战中利用火攻战败袁绍,展现出他具有优秀的领军才华及曹军具有出色的火攻作战能力。然而,事隔数年,23万曹军却惨败于5万孙、刘联军,具有讽刺意味的是孙、刘联军赖以取胜的,同样是采用了火攻。纵观赤壁之战的全过程,可见曹操的失败绝非偶然。虽然他久历行伍,战绩辉煌,但在赤壁之战中却屡犯战略、战术上的错误。

1. 轻敌自负,随意开战。曹操在官渡之战中,在恶劣的情况下仍坚守不退,结果等到了争胜的时机,就是这些重要的作战经验,令曹操犯了经验主义、轻敌冒进的错误。赤壁之战中,他依仗其优势兵力,在一路进展顺利的情况中难以保持清醒头脑,产生了骄傲轻敌的情绪,急于求战。事实上,当曹操大军逼近东吴之初,东吴政权中以主降的意见为主,曹操以压倒性的军事压力,目的在于逼东吴投降,以最少的损失达到最大的作战效果,但曹操没有把握好"逼"的度,军事压力有余,瓦解争取不够,结果闹出了个孙、刘联盟。

2. 远道劳师,弃骑用舟。曹军长途跋涉,疲病之极,士气不高,正所谓"强弩之末势不能穿鲁缟"。临近冬天,曹军马无粮,兵有疾,实力大打折扣。两军隔岸相对,曹军水军不强,步兵不习水战,一日不能渡江,便不能运用数倍的军事力量围困吴军,使自己的优势丧失。如此用兵,以己之短,击敌之长,成了舍长就短,犯了兵家大忌。一经接战,曹军便告不利。

3. 指挥失误,连接战船。曹操不熟悉南方水系作战,特别是疏忽了气候对军队作战行动的影响。曹军不适应水上作战,因而将战船"首尾相接",以求平稳,在作战部署上犯了使战船调转不动的常识性错误,未防患于未然。

4. 疏于戒备,轻信诈降。曹军为何对周瑜的火攻毫无提防:一是如《孙子兵法·火攻篇》所云"发火有时,起火有日"。战事发生的时节是九

月，西北风不会令位于西北方的曹军引起忧虑。然而，火烧曹军当天却是"东南风急"；二是"火可发于外，无待于内，以时发之"。正由于黄盖所采用的是长江的盛风，无需曹军中有内应发火，曹军更是防不胜防；三是曹军的绝对军事优势，使黄盖的诈降更具可信性，可以说曹军是败在深信己方实力太强之故。曹操对敌手可能实施火攻的情况如此茫然无知，在受降的过程中又疏于戒备，面对奇袭更是惊慌失措，猝不及防，终于导致了可悲的失败。

赤壁之战，是形成魏、蜀、吴三国鼎立局面的关键性战役。经过这次战役，曹操集团力量受挫，退回北方，再也没有机会如此大规模地南下荆州，也失去了在短时间内统一全国的可能性。曹操只好吸取失败教训，大兴水军，进控江淮，与孙权对峙。孙权集团通过此战，保住了江东，为了抗曹，继续与刘备联盟，并任其在荆州发展。刘备集团在战后乘胜取得武陵、长沙、桂阳、零陵等四郡，次年又任荆州牧，有了立足之地，奠定了发展壮大的基础，接着又取得了天府之国的益州。割据兼并战争中，三个大战略集团从而逐渐形成了三分天下的格局。赤壁之战，以弱胜强，为《孙子兵法·火攻篇》做了成功的历史鉴证。

火攻篇

主要参考书目

1. 《孙子集注》（明）谈恺校刊本，1555年刻版

2. 《孙子十家注》（清）孙星衍、吴人骥校，兖州观察署藏版，1797年刻版

3. 《赵注孙子十三篇》（明）赵本学注，北洋陆军编译局重印，1906年版

4. 《苏氏孙子注解》（民国）苏荫森注解，长沙万福街藻华铅印，1933年版

5. 《孙子新释》（日）藤冢邻、森西洲著，株式会社东京弘道馆出版，1943年版

6. 《史记》（西汉）司马迁撰，宋刻明印金陵局本，中华书局，1963年版

7. 《越绝书》（东汉）袁康、吴平辑录，《四部丛书》，明嘉靖刻本，岳麓书社，1996年版

8. 《国语》（三国）韦昭解，国学基本丛书本，商务印书馆，1958年版

9. 《春秋左传集解》（晋）杜预辑，《四部丛书》，影印宋刻本，上海人民出版社，1977年版

10. 《资治通鉴》（宋）司马光编著，《四部丛书》，影印宋刻本，中华书局，1956年版

11. 《宋本十一家注孙子》曹操等注，陈毅署，郭化若译，中华书局，1961年版

12. 《今译新编孙子兵法》郭化若编译，中华书局，1962年版

13. 《孙子兵法新注》军事科学院战争理论研究部，中华书局，1977年版

14. 《银雀山汉墓竹简》银雀山汉墓竹简整理小组，文物出版社，1985年版

15.《武经七书注释》《中国军事史》编写组,解放军出版社,1986年版

16.《孙子解故》张文穆著,国防大学出版社,1987年版

17.《孙子校释》吴九龙主编,军事科学出版社,1990年版

18.《孙子新探·中外学者论孙子》首届孙子兵法国际研讨会论文选,解放军出版社,1990年版

19.《〈孙子〉新论集粹》第二届孙子兵法国际研讨会论文选,长征出版社,1992年版

20.《孙子兵法新译》朱军著,海潮出版社,1993年版

21.《孙武孙膑兵法试说》邵斌、宋开霞编著,齐鲁书社,1996年版

22.《白话孙子兵法》普颖华、黄启宝编著,时事出版社,1996年版

23.《孙子兵法全译》田昌五著,齐鲁书社,1998年版

24.《孙子兵法浅说》吴如嵩著,解放军出版社,1999年版

25.《孙子学刊》杂志中国孙子与齐文化研究会主办,1992～1995年各期

26.《军事历史》杂志军事科学院军事历史研究部主办,1983～2001年各期